HOSPITAIS LEAN

G727h   Graban, Mark.
             Hospitais Lean : melhorando a qualidade, a segurança
         dos pacientes e o envolvimento dos funcionários / Mark
         Graban ; tradução: Raul Rübenich. – Porto Alegre :
         Bookman, 2013.
             xviii, 293 p. : il. ; 25 cm.

         ISBN 978-85-8260-005-4

         1. Administração – Produção. 2. Gestão da produção –
         Desempenho. I. Título.

                                                        CDU 658.5

Catalogação na publicação: Ana Paula M. Magnus – CRB 10/2052

Mark Graban

HOSPITAIS LEAN

2ª edição

MELHORANDO A QUALIDADE,
A SEGURANÇA DOS PACIENTES
E O ENVOLVIMENTO DOS FUNCIONÁRIOS

Tradução
Raul Rübenich

2013

Obra originalmente publicada sob o título Lean Hospitals: Improving Quality, Patient Safety, and Employee Engagement, 2nd Edition ISBN 978-1-4398-7043-3

Copyright (c)2012 by CRC Press, an imprint of Taylor & Francis Group LLC, an Informa business.

Authorized translation from English language edition published by CRC Press, part of Taylor & Francis Group LLC.

All Rights Reserved.

Gerente editorial: *Arysinha Jacques Affonso*

Colaboraram nesta edição:
Editora: *Juliana Lopes Bernardino*
Capa: *MSDE/Manu Santos Design* (arte sobre capa original)
Preparação: *Ronald Saraiva de Menezes*
Leitura final: *Laura Ávila de Souza*
Editoração: *Know-How Editorial*

Reservados todos os direitos de publicação, em língua portuguesa, à
Bookman Companhia Editora, uma empresa do Grupo A Educação S.A.
Av. Jerônimo de Ornelas, 670 – Santana
90040-340 – Porto Alegre – RS
Fone: (51) 3027-7000 Fax: (51) 3027-7070

É proibida a duplicação ou reprodução deste volume, no todo ou em parte, sob quaisquer formas ou por quaisquer meios (eletrônico, mecânico, gravação, fotocópia, distribuição na Web e outros), sem permissão expressa da Editora.

Unidade São Paulo
Av. Embaixador Macedo Soares, 10.735 – Pavilhão 5 – Cond. Espace Center
Vila Anastácio – 05095-035 – São Paulo – SP
Fone: (11) 3665-1100 Fax: (11) 3667-1333

SAC 0800 703-3444 – www.grupoa.com.br

IMPRESSO NO BRASIL
PRINTED IN BRAZIL
Impresso sob demanda na Meta Brasil a pedido de Grupo A Educação.

O AUTOR

Mark Graban é consultor, autor, palestrante e blogueiro no mundo da prestação de serviços *lean* na área da saúde.

Mark é um experiente consultor e agente de mudança, com formação em engenharia industrial e mecânica e um MBA do Sloan Leaders for Global Operations Program, do Massachusetts Institute of Techonology (MIT). Antes do atendimento à saúde, Mark trabalhou em diversos ramos, entre eles a indústria automobilística (General Motors), de eletrônicos (Dell) e de tecnologia (Honeywell). Na Honeywell, Mark obteve seu certificado como "Lean Expert" (o equivalente a faixa preta em *lean*).

Desde agosto de 2005, Mark trabalha exclusivamente com assistência à saúde, servindo como *coach* de equipes *lean* com clientes pela América do Norte e Reino Unido, entre os quais figuram laboratórios médicos, hospitais e clínicas de primeiro atendimento. A motivação de Mark é aplicar os princípios *lean* e do Sistema Toyota de Produção para melhorar a qualidade do atendimento e a segurança dos pacientes, otimizar a experiência do cliente/paciente, contribuir no desenvolvimento de profissionais médicos e funcionários e ajudar a construir organizações sólidas a longo prazo.

Entre junho de 2009 e junho de 2011, Mark foi pesquisador sênior com o Lean Enterprise Institute (LEI), uma organização educacional sem fins lucrativos líder no mundo *lean*. Nessa condição, Mark serviu também como diretor de Comunicação & Tecnologia da Healthcare Value Network, uma parceria entre o LEI e ThedaCare Center for Healthcare Value. Mark continua fazendo parte do corpo docente do LEI.

Em junho de 2011, Mark associou-se à empresa de *software* KaiNexus, como seu Diretor de Melhoria, a fim de ajudar a concretizar sua missão de "tornar a melhoria mais fácil" nas organizações de atendimento à saúde, mantendo, paralelamente, suas atividades de consultoria e palestras.

Mark nasceu em Livonia, no estado norte-americano de Michigan, e reside atualmente em Keller, no Texas, com sua esposa, Amy.

Para interagir com Mark e com a comunidade *lean* de atendimento à saúde, visite o *site* www.LeanHospitalsBook.com.

PREFÁCIO

Este é um livro cuja autoria posso realmente considerar um privilégio e uma honra, especialmente porque seria muito difícil imaginar que uma carreira iniciada com uma década de trabalho na indústria manufatureira pudesse me transportar ao campo da assistência à saúde. Minha formação acadêmica teve como cenário a engenharia industrial, sempre focada em produção industrial e questões de negócios. Em um estranho prenúncio, meu trabalho de conclusão na Northwestern University foi feito em banco de sangue, algo que certamente pareceria uma escolha assaz inadequada para um "homem da manufatura", como eu me considerava à época. Mal sabia eu que, dez anos depois, estaria trabalhando como profissional desse setor.

Tendo passado a infância e a juventude nas imediações de Detroit, Michigan, eu me encontrava um tanto descrente em relação às possibilidades de carreira na indústria automobilística; assim mesmo, consegui emprego em uma fábrica da General Motors (GM) que garantia (durante o recrutamento na faculdade) ser administrada de acordo com a filosofia de Deming. Este foi um argumento muito tentador para mim, que fui exposto ao pensamento do Dr. W. Edwards Deming por meu pai, além de ser provavelmente o único aluno da escola a ter lido o seu livro *Out of the Crisis*, durante umas férias de verão, por puro prazer. Infelizmente (e também por uma espécie de ironia), a filosofia de Deming não passou, como eu constataria depois, de um pôster na parede, enquanto a administração da fábrica operava de acordo com a abordagem extremamente tradicional da indústria automobilística – muito longe dos ideais da Toyota (fortemente influenciados por Deming).

Assim, ali estava eu, um engenheiro de 21 anos, trabalhando num ambiente em que os gerentes gritavam e intimidavam; os funcionários não recebiam a menor atenção, representando apenas fontes de problemas (por indolentes ou descuidados) aos olhos da administração. Foi ali que ouvi pela primeira vez a frase "deixe o cérebro pendurado na entrada", que muitos trabalhadores proclamavam ter ouvido literalmente dos gerentes. Muitos funcionários, ainda assim, se preocupavam com a qualidade e tinham orgulho de trabalhar na fabricação de motores *premium* Cadillac, mas a gerência queria exclusivamente manter a linha de produção funcionando a qualquer custo. A produção restringia a qualidade, e ambas acabavam sofrendo sob aquele sistema.

A partir dessa experiência, aprendi que os problemas existentes na fábrica não eram culpa dos trabalhadores; eram consequência do sistema de administração. Não se tratava sequer da falta de qualidade individual dos gerentes; o problema residia no sistema sob o qual eles eram treinados e nas expectativas que deveriam, supostamente, satisfazer. Ver tantos funcionários deprimidos com a realidade criou em mim uma profunda empatia para com aqueles que são maltratados no local de trabalho. Nossos resultados em matéria de custo, qualidade e produtividade se mostravam horríveis, e ninguém se atrevia a apostar que a nossa fábrica tivesse mais do que alguns escassos anos de vida útil pela frente. Aquele estilo superado de gestão não ia bem.

Mesmo tendo estudado e aprendido bastante sobre a Toyota e Deming na faculdade, aprendi muito mais sobre os mesmos temas com alguns incríveis mentores que tive na GM. Esses *experts* me tomaram aos seus cuidados e usaram a fábrica, apesar de todos os problemas e desperdícios existentes, como uma oportunidade de aprendizagem. Observávamos o processo e conversávamos com as pessoas. Meus mentores discorreram e discutiram sobre como entendiam que as coisas deveriam ser, e tentamos implementar algumas pequenas melhorias, mas o ambiente dominante era extremamente hostil em relação a qualquer grande mudança.

Como o método predominante de gestão e seus resultados deixavam muito a desejar, nosso diretor de fábrica foi finalmente substituído pela corporação – foram provavelmente mais os resultados, e não os métodos, que levaram a sua saída. Nosso novo diretor de fábrica, Larry Spiegel, era um líder de renome que havia sido treinado no Sistema Toyota de Produção na NUMMI (New United Motor Manufacturing Inc.), a fábrica resultante de uma *joint venture* entre a GM e a Toyota na Califórnia. Spiegel passou grande parte dos seus primeiros meses simplesmente percorrendo a fábrica e examinando tudo que nela havia, muitas vezes andando por ali sozinho, detendo-se para conversar com os funcionários. Ele pretendia sentir os problemas ao vivo e garantir que os empregados soubessem que ele sabia quais eram, realmente, tais problemas. Spiegel postou-se diante da fábrica inteira, com seus 800 funcionários, para dizer que os problemas não eram culpa deles – o sistema de gestão é que não funcionava. Esse sistema seria modificado, e todos, desde que participassem do processo, conquistariam melhores resultados. O velho costume de denunciar culpados e fazê-los pagar por isso estava lentamente sendo relegado ao esquecimento.

Com a nova liderança e os renovados *coaches* (treinadores) *lean*, conduzimos um treinamento intensivo e começamos a implementar muitas melhorias com os trabalhadores da produção. A fábrica, no período de alguns anos, foi alçada da condição de pior fábrica de automóveis nos Estados Unidos (ou pelo menos assim a qualificava a administração anterior, com os dados de que dispunha) ao quartil superior de suas equivalentes.

Graças à insistência de um de meus mentores na GM, Steve Chong, deixei a fábrica para participar do programa Leaders for Manufacturing no Massachusetts Institute of Technology (MIT), onde fiz alguns cursos sobre *lean* e tive a oportunidade de conviver pela primeira vez com Jim Womack, um dos principais gurus mundiais na área. Mais tarde, depois de concluir a pós-graduação, eu estava trabalhando em Phoenix, Arizona, e passei a fazer parte de uma rede informal chamada Valley Lean Council, um grupo de fanáticos pelo *lean*, provenientes de diferentes companhias e que se encontravam trimestralmente para comparar trabalhos e visitar as instalações de uma fábrica. Uma dessas visitas foi a um hospital em Scottsdale, Arizona, que estava utilizando métodos *lean* para melhorar seu serviço de emergência. Essa foi minha primeira exposição às aplicações da engenharia na assistência à saúde desde aquele meu projeto escolar, e se revelou uma experiência que realmente ampliou meu campo de interesse. Pouco depois disso, minha esposa recebeu uma nova proposta de trabalho no Texas, o que me jogou no mercado de empregos.

Tive a grande felicidade de receber um telefonema de um recrutador da Johnson & Johnson, que buscava alguém para uma posição no grupo ValuMetrix Services, serviço de consultoria da Ortho-Clinical Diagnostics, que assessora hospitais no aprendizado e implementação do *lean* e do Seis Sigma. O trabalho com *lean* que fiz em hospitais foi de longe o mais compensador, mais atraente e mais gratificante que já realizei. Posso garantir que nem sempre ele é fácil, mas a verdade é que tudo aquilo que realmente tem valor sempre envolve algum tipo de desafio.

Para mim foi uma surpresa constatar, e que talvez não devesse ter sido assim tão surpreendente, que a dinâmica humana em um hospital pode ser similar àquela existente numa fábrica. Afinal de contas, o que temos nos dois locais são pessoas. Técnicos em equipamentos de saúde falavam coisas que me faziam recordar de afirmações semelhantes de antigos companheiros de trabalho nas fábricas, a saber, que seus supervisores não lhes davam ouvidos e nunca chegavam a divisar o problema enfrentado. Caixas de sugestões tinham cadeados, e parecia que ninguém sabia onde encontrar a chave. Vi pessoas tratando situações sérias com paliativos, em vez de parar para consertar o problema de maneira que ele não se repetisse. Vi pessoas que se mostravam estressadas pelo próprio trabalho e que por isso não conseguiam voltar a encontrar nele alguma satisfação. A motivação para melhorar o sistema de gestão era sempre a mesma, às vezes tristemente similar.

O que é diferente, porém, é a motivação para ajudar os pacientes. Não pretendo lançar uma sombra de desrespeito, por mínima que seja, sobre a comunidade médica, pois nossos médicos e cirurgiões fazem um trabalho fabuloso que salva incontáveis vidas e torna melhores outras tantas. Existem muitas pessoas brilhantes, muitas das quais dão o melhor de si de formas muitas vezes heroicas – e, mesmo assim, o sistema está falido. Precisamos atrair os médicos para o nosso "navio" e colaborar com eles no *lean*, pois o *lean* irá sustentá-los em suas capacidades de passar mais tempo fazendo aquilo que aprenderam nas escolas de medicina, e menos tempo com problemas e frustrações. Os pensadores *lean* e os especialistas em processos não podem fazer tudo isso sozinhos, mas a verdade é que têm um fantástico potencial para melhorar o sistema de saúde em formas que os clínicos e prestadores dos serviços não têm, em geral, utilizado. Não podemos culpá-los por isso, uma vez que a maioria dos médicos recebeu quase tanto treinamento em melhoria de processos quanto eu tive em matéria de anatomia, e os farmacêuticos receberam tanto treinamento em gestão de estoques quanto eu recebi em matéria de formulação de soluções intravenosas. Para que isso possa funcionar, precisamos todos nos tornar parceiros, deixar nossos egos de lado (se isto for necessário), e nos declararmos dispostos a admitir tudo o que sabemos e tudo o que não sabemos, passando então a encontrar soluções para combinar nosso conhecimento de uma forma que funcione em benefício geral.

Este livro pretende ajudar a responder a pergunta "o que é o *lean*?" para um público de líderes hospitalares ou de assistência à saúde, administradores, médicos e funcionários. Parto do princípio de que os leitores envolvidos com hospitais sabem quais são seus problemas e estão à procura de novas ideias e abordagens. Assim, tentei não me tornar enciclopédico na minha documentação dos problemas que os pacientes e os hospitais enfrentam. Em vez disso, procurei captar alguns quesitos particulares que podem ser abordados pelo *lean* (e, ao mesmo tempo, destacar alguns que estão, de certa forma, fora do seu escopo).

Tentei, igualmente, resumir alguns dos problemas fundamentais para leitores iniciantes na assistência à saúde, incluindo aqueles que possam estar seguindo minha transição profissional, da indústria manufatureira para a melhoria da assistência à saúde. A esses leitores, espero que acreditem que seus métodos e experiências poderão ser úteis para os hospitais, desde que respeitem as diferenças desse ambiente. Os hospitais são muito mais baseados em missão, e o lucro não constitui normalmente uma prioridade (naturalmente, antes do *lean*, muitas fábricas pareciam ser administradas como se o lucro não fosse uma prioridade).

Este livro tampouco se destina a ser um guia abrangente do tipo "como fazer", pelo menos no que diz respeito aos detalhes de como implementar ferramentas específicas do *lean*. Já existem muitos desses livros, entre os quais as séries *Shopfloor* e *Operator*, da editora Productivity Press, a respeito de tópicos como 5S, *kanban* e outras ferramentas *lean* que podem ser adaptadas a ambientes hospitalares. As ferramentas são as mesmas; a chave é por que motivo você deve usá-las e o que você está tentando melhorar; então, é este o foco deste livro. Estamos agora assistindo à publicação de livros especificamente voltados para ferramentas *lean* na área da assistência à saúde, bem como de novos livros que compartilham as experiências de hospitais como o ThedaCare, o Seattle Children's e o Virginia Mason Medical Center.

Este livro também limita seu escopo geral a operações hospitalares, em vez de abranger as questões globais da assistência à saúde. Não é possível incluir exemplos de cada uma das aplicações viáveis do *lean*, e, por isso mesmo, a exclusão de determinado departamento ou fluxo de pacientes não deve ser vista como uma indicação de que o *lean* não se aplica a ela. Existem inúmeras formas de desperdício a serem identificadas em todo o sistema da assistência à saúde, e os métodos *lean* podem ser aplicados a situações existentes na área em matéria de manutenção, prevenção e relacionamentos de cuidados primários, mas esses tópicos são deixados para algum outro livro, inclusive aqueles que estão sendo publicados sobre o *lean* no que tange a cuidados primários, medicina de emergência e outras situações específicas.

Outro comentário que devo fazer é que foi um grande desafio criar uma estrutura linear (uma forma de livro) para um elenco de conceitos *lean* que são extremamente interligados. Espero que o livro consiga ser uma fonte de inspiração para que os leitores se dediquem a entrar em ação, a aprender mais e a compartilhar aquilo que funciona (e também aquilo que não funciona) com os seus colegas no ramo.

Agradeço a todos aqueles que foram meus mentores e me ensinaram tudo o que sabiam sobre o *lean* ao longo de minha carreira, entre os quais devo citar Sid Siddiqi, Glen Elmore, Rich Rachner, Paul Scheel, P. L. Godwre, Blake Headey, Mike Santarelli, Mark Spearman, Stan Gershwin e Steve Graves.

Tenho uma dívida especial com Dean Bliss, que me levou à Productivy Press. Dean é há muito tempo um dos leitores especiais do meu *blog* (http://www.leanblog.org) e conhecia o meu trabalho com hospitais. Nada disso teria acontecido sem a sua ajuda e permanente apoio.

Agradeço igualmente a meus antigos líderes e colegas na ValuMetrix Services pelo apoio aos esforços iniciais para este livro e pela especial assessoria que me proporcionaram. Um agradecimento especial vai para Rick Malik, Steve Friedland, Jo Ann Hegarty, Jamie Miles, Audrey Knable, Lewis Lefteroff, Ken LePage, Shana Padgett, Norka Saldaña, Chetan Shukla e Susan South, entre outros, por sua ajuda, *insights* e incentivo. Tive sorte de fazer parte de uma equipe forte e tão dedicada à melhoria da assistência à saúde. Muito obrigado a todos os componentes do nosso grupo e àqueles que anteriormente trabalharam conosco e nos ensinaram, especialmente Charlie Protzman e Mike Hogan, por construírem os fundamentos do nosso sucesso atual e futuro. Nem todos os exemplos presentes no livro decorrem de minhas experiências pessoais, e por isso posso garantir que não estou tentando requisitar os créditos pelo excelente trabalho desenvolvido antes de mim por todos esses outros agentes das mudanças *lean*.

Obrigado também para aqueles que revisaram rascunhos e forneceram contribuições, como Jim Adams, Lee Fried, Dr. Ted Eytan, Andrew Castle, David Meier, Jamie Flinchbaugh, Gwendolyn Galsworth, Naida Grunden e Norman Bodek. Especiais agradecimentos a Jeff Maling e Bryan Lund por sua incansável pesquisa sobre os primórdios da utilização do *lean* e a metodologia Training Within Industry na assistência à saúde. Muito obrigado igualmente a Mike Wroblewski por descobrir um grande exemplo de Henry Ford e um "hospital *lean*" de 1922. Sou especialmente grato também ao Dr. Sami Bahri, o "primeiro dentista *lean* do mundo", pois seu inovador trabalho *lean* na prática dentária constituiu realmente uma inspiração para mim. Eu não poderia ter feito isto sem os esforços e a dedicação dos meus maravilhosos clientes, líderes e membros da equipe de projetos, especialmente Jim Adams, Dra. Beverly Rogers, Stephanie Mitchell, Dr. Mark Pool, Robin Aldredge e Kim Morris. É uma honra trabalhar com cada um de vocês e apoiar suas importantes missões. Há também incontáveis outros indivíduos estimulantes com quem trabalhei e que não tenho condições de citar, mas, se você trabalhou comigo anteriormente, por favor me desculpe por não mencioná-lo aqui (e me perdoe também pelos momentos em que, tenho certeza, não correspondi àquela descrição de liderança ideal presente no livro).

Tenho absoluta admiração pelos esforços de Cheryl Fenske, que foi de imensa ajuda na edição e inclusive na manutenção e até mesmo orientação do foco deste trabalho em todo o seu andamento. Obrigado também à editora de aquisições, Kris Mednansky, por me proporcionar esta oportunidade e por me ajudar a permanecer calmo à medida que os prazos se esgotavam. Obrigado à editora do original, Maura May, e a nossa editora Laura Zobe, por seu apoio e assessoria.

Em grande parte dos três anos decorridos desde a publicação da primeira edição, tive a grata oportunidade de trabalhar com o Lean Enterprise Institute, um instituto educacional e de pesquisas sem fins lucrativos. Tive a honra de fazer parte da equipe que ajudou a construir nossa Healthcare Value Network, fruto de colaboração entre hospitais norte-americanos comprometidos a melhorar a assistência à saúde utilizando o pensamento *lean*, e, ao mesmo tempo, compartilhando as lições assim aprendidas com outros membros e com o mundo da assistência à saúde em geral.

Muito obrigado a Helen Zak e ao Dr. John Toussaint por sua liderança e inspiração, e à toda equipe pelas oportunidades de aprendizado que pude usar em meu benefício. Minha gratidão também se estende aos líderes pioneiros nessas organizações em rede, incluindo, mas não limitados, ao Dr. Jack Billi, Dr. Michel Tétreault, Dr. Dean Gruner, Dr. Zeev Neuwirth, Barbara Bouche, Paul Levy, Alice Lee e Amir Rubin.

Agradeço aos meus pais, Bob e Marlene Graban, por seu amor e apoio – em especial, seu sustentáculo ao longo de toda a minha vida de estudos, da pré-escola à pós-graduação, e pelos sacrifícios que eles fizeram no sentido de criar oportunidades para mim ao longo desse caminho.

Agradeço também aos meus sogros, Charlie e Debbie Gowder, por compartilharem sua filha e seu amor comigo. À minha esposa, Amy, um agradecimento muito especial pelo seu amor e apoio, que jamais se esgotam. Além do nosso amor e amizade, sou sempre inspirado pelo seu entusiasmo, intelecto e sucesso profissional. Tenho orgulho de ser seu marido e sou feliz demais por ter você como minha esposa. Obrigado por ser a parceira permanentemente colaboradora para que este livro se tornasse realidade.

SUMÁRIO

Introdução 1

Capítulo 1
Em defesa dos hospitais *lean* 3
    Por que os hospitais precisam do *lean*? 3
    Propósitos renovados 4
    Métodos *lean* não são novidade no atendimento à saúde 4
    O papel da Toyota na difusão do *lean* 5
    Origens do termo *lean* 6
    Eficiência comprovada do *lean* em ramos fora do setor automobilístico 7
    O *lean* ajuda na melhoria dos hospitais 8
    Problemas na assistência à saúde 9
        Pressões dos preços e desafios dos custos 10
        Lidando com escassez de pessoal 11
        Atendimento de baixa qualidade 12
    Boa qualidade custa menos 13
    Um flagrante de sucesso departamental: laboratório do Children's
        Medical Center, Dallas 14
    Do sucesso departamental ao sucesso no hospital 18
    Conclusão 19
    Lições *lean* 19
    Pontos para discussão em grupo 20

Capítulo 2
Visão geral do lean para hospitais 21
    O que é *lean*? 21
    O *lean* na definição de Ohno 21
    Pensamento *lean* 23
    O triângulo Toyota: ferramentas, cultura e sistema de gestão 23
        Desenvolvimento humano 24
        Filosofia 24
        Ferramentas técnicas 25
        Métodos gerenciais 26
    A filosofia do "Modelo Toyota" 26
        Melhoria contínua 27
        Respeito pelas pessoas 27
    Quatro competências organizacionais para o *lean* 29
        Competência nº 1: o trabalho é projetado como uma série
            de experimentos duradouros que revelam imediatamente os problemas 29
        Competência nº 2: problemas são enfrentados imediatamente
            pela experimentação rápida 31
        Competência nº 3: as soluções são disseminadas adaptativamente por
            meio da experimentação colaborativa 32

Competência nº 4: pessoas em todos os níveis da organização são
ensinadas a se tornarem experimentalistas 33
Conclusão 34
Lições *lean* 35
Pontos para discussão em grupo 35

Capítulo 3
Valor e desperdício 37
Desperdício não é o mesmo que custo 37
O que é desperdício? 37
O que é valor? Comece pelo cliente 39
Como definimos valor? 40
Regra nº 1: o cliente deve estar disposto a pagar pela atividade 41
Regra nº 2: a atividade precisa transformar de alguma forma o produto
ou serviço 42
Regra nº 3: a atividade deve ser feita corretamente desde a primeira vez 43
Exemplos de atividades com e sem valor agregado 43
Aprendendo a identificar e descrever o desperdício 45
Desperdício por falhas 46
Desperdício por superprodução 47
Desperdício por transporte 48
Desperdício por espera 49
Pacientes e produtos esperando 49
Funcionários esperando 49
Desperdício de estoque 50
Desperdício de movimento 51
Desperdício do movimento da enfermagem 52
Desperdício por excesso de processamento 53
Desperdício de talento 54
Quais atividades sem valor agregado são necessárias? 55
Desperdício completo, sem valor agregado 56
Conclusão 57
Lições *lean* 58
Pontos para discussão em grupo 58

Capítulo 4
Observando o processo e as cadeias de valor 59
Como encontrar o desperdício? Vá e veja 59
O que é uma cadeia de valor? 60
Mapeamento da cadeia de valor 60
Criando um mapa de cadeia de valor do estado atual 61
Os mapas do estado futuro 62
Acabando com os silos e reduzindo a subotimização 63
Observando o processo 64
Atividade do produto 65
Análise de produto – laboratório 68
Atividade do funcionário 69
Atividade do funcionário – enfermagem 71
Atividade do funcionário – atendimento inicial 72
Atividade do funcionário – serviços perioperatórios 74
Conclusão 75
Lições *lean* 76
Pontos para discussão em grupo 76

Capítulo 5
O trabalho padronizado como um alicerce do lean 77
    A necessidade do trabalho padronizado 77
    A metáfora da Casa Toyota 78
    Visão geral dos alicerces *lean* 78
    Alicerces do *lean*: trabalho padronizado 78
    Definição de trabalho padronizado 80
        "Atual" 80
        "Resultado adequado e a mais alta qualidade" 80
        "Completar com segurança" 81
        "O melhor modo" 82
        "Mínimo possível de recursos" 83
    Padronizado, não idêntico 83
    Escrito por aqueles que fazem o trabalho 84
    Analisando o tempo médio das operações 85
    Distribuição de pessoal com base em dados 86
    Tipos de documentos de trabalho padronizado 87
    Padronizando rotinas diárias 88
    Definindo papéis e responsabilidades 89
    Trocas rápidas como trabalho padronizado 90
    Explicando os porquês pelo trabalho padronizado 91
    Documentos de trabalho padronizado e o sistema de trabalho padronizado 92
    Medindo e observando a adesão ao trabalho padronizado 93
    "Resistência" ao trabalho padronizado? 94
    Perguntando "por quê?" quando o trabalho padronizado não é seguido 94
    O trabalho padronizado pode se aplicar aos médicos 97
    Lean e *checklists* 98
    Trabalho padronizado é aplicável aos administradores 99
    Treinando de acordo com o trabalho padronizado 100
    Conclusão 101
    Lições do *lean* 101
    Pontos para discussão em grupo 102

Capítulo 6
Métodos lean: gerenciamento visual, 5S e kanban 103
    Lean é mais que um conjunto de ferramentas, mas ferramentas podem ajudar 103
    Reduzindo o desperdício pelo gerenciamento visual 103
    Exemplos de gerenciamento visual para o fluxo de pacientes 104
    Exemplos de gerenciamento visual para prevenir problemas no processo 105
    5S: organizar, armazenar, limpar, padronizar e sustentar 106
        Primeiro S: organizar (*seiri*) 107
        Segundo S: armazenar (*seiton*) 108
        Terceiro S: limpar (*seiso*) 111
        Quarto S: padronizar (*seiketsu*) 111
        Quinto S: sustentar (*shitsuke*) 115
    A segurança, um sexto S? 115
    Kanban: uma abordagem *lean* do gerenciamento de materiais 116
    Problemas com os sistemas tradicionais de materiais 116
    Trade-offs com inventário 118
    Usando *kanban* para repor suprimentos 119
    Conclusão 129
    Lições *lean* 129
    Pontos para discussão em grupo 129

Capítulo 7
Resolução proativa da causa-raiz dos problemas **131**
    A história de Mary McClinton 131
    Melhorando a qualidade e a segurança do paciente 132
    Obstáculos culturais à melhoria da qualidade 133
    Por que os erros acontecem? 134
        Violações e erros, lapsos e deslizes 134
    Exemplos de melhoria da qualidade 135
    Descobrindo causas-raiz e evitando erros 137
    Paliativos e a necessidade de eliminar as causas-raiz 137
    Perguntando "por que" em vez de "quem" 139
    Comece no *gemba* 140
    Encontre causas-raiz usando métodos simples 141
    Resolução de problemas pelo A3 142
    Seja proativo e use a análise de modos de falhas e efeitos 149
    Resolução proativa de quase acidentes 150
    A pirâmide de segurança 152
    Conclusão 153
    Lições *lean* 153
    Pontos para discussões em grupo 154

Capítulo 8
Prevenindo erros e danos **155**
    Um problema que insiste em não sair de cena 155
    Fazendo mais do que apontar culpados individuais 155
    O caso Darrie Eason 156
    Criando qualidade na fonte pelo impedimento de erros 157
    Ser cuidadoso não basta 158
    Por que 100% de inspeção não é algo 100% eficaz 158
    Tipos de impedimento de erros 160
        Torne impossível criar o erro 160
        Dificulte a criação do erro 161
        Torne óbvio que o erro ocorreu 163
        Torne o sistema robusto para que ele consiga tolerar o erro 164
    À prova de erros, não à prova de burros 165
    Exemplos de impedimento de erros em um hospital 165
        Abreviações banidas para evitar os erros 166
        Sistemas informatizados como inibidores de erros 167
        Prevenindo erros em cirurgias pelo bloqueio de erros 168
    Parando a linha (*andon*) 169
    Colocando à prova o sistema à prova de erros 171
    Conclusão 172
    Lições *lean* 172
    Pontos para discussão em grupo 172

Capítulo 9
Aprimorando o fluxo **173**
    A espera: um problema mundial 173
    Foco no fluxo 174
    Cadeias de valor devem fluir como um rio 175
    Cargas de trabalho desiguais como barreira ao fluxo 176
        Desigualdades de fundo natural 177
        Mura causada pelos *rounds* matutinos 177
        Mura causada pela subutilização de rotas de entrega 178

  Mura criada pelo agendamento de serviços 179
  Mura no processo de alta dos pacientes 181
 Abordando a *mura* ao equilibrar pessoal e cargas de trabalho 183
 Aprimorando o fluxo de pacientes 186
  Aprimorando o fluxo de pacientes no departamento de emergência 186
  Reduzindo o tempo "porta-balão" 189
  Melhorando o fluxo de pacientes no tratamento oncológico ambulatorial 190
 Melhorando o fluxo para departamentos auxiliares de suporte 192
  Aperfeiçoando o fluxo nos laboratórios clínicos 192
  Reduzindo os atrasos na coleta de amostras 193
  Reduzindo atrasos nas áreas de recepção do laboratório 194
  Melhorar o fluxo também melhora a qualidade e o trabalho em equipe 195
  Reduzindo atrasos nas áreas de testes do laboratório.................................... 196
  Melhorando o fluxo na patologia anatômica 197
  Melhorando o fluxo nas farmácias 199
 Conclusão 202
 Lições *lean* 202
 Pontos para discussão em grupo 203

Capítulo 10
Conquistando e liderando funcionários **205**
 Mudando o estilo de gerenciar 205
 Qual é o papel do gerente? 207
 Implantação estratégica 209
 Problemas comuns de gerenciamento 210
 Lean como um sistema e uma filosofia de administração 211
 Um sistema *lean* de gerenciamento diário 212
  Auditorias de processos ou *rounds* 213
  Auditorias padronizadas do trabalho padronizado 213
  Uma hierarquia de rounds 214
 Avaliação de desempenho 215
  Medidas ágeis orientam melhorias oportunas 216
  Um Balanced Scorecard engloba todas as partes interessadas 217
  Os parâmetros devem ser visíveis, visuais e estatisticamente significativos 219
 Reuniões diárias em pé com as equipes 222
 Kaizen e gerenciamento por influência 223
  Problemas com as caixas de sugestões 224
  O papel dos supervisores no kaizen 225
  Encontrando um método melhor para gerenciar kaizen 226
  Acompanhamento visual das sugestões 229
  Comunicação das mudanças kaizen 230
 Conclusão 232
 Lições *lean* 232
 Pontos para discussão em grupo 232

Capítulo 11
Os primeiros passos do lean **233**
 Como começamos? 233
 Por onde começamos? 234
 Qual é o nome? 237
 Tipos de *kaizen* 237
 Eventos *kaizen* 239
  Armadilhas dos eventos *kaizen* 240
 Transformação *lean* 241

Patrocínio e liderança por parte dos executivos 243
Partindo da metade do caminho 245
Estabelecendo uma linha-modelo e um plano de ação 246
Mapeando um projeto 247
Dedicando recursos internos: a equipe *lean* 247
A importância do gerenciamento da mudança 249
Retrato do sucesso de um hospital: Avera McKennan Hospital 251
Conclusão 255
Lições *lean* 255
Pontos para discussão em grupo 256

Capítulo 12
Uma visão para um hospital lean **257**
Introdução 257
O que é um hospital *lean*? 257
Qual seria o aspecto de um hospital *lean*? 259
Qual seria a experiência de um paciente em um hospital *lean*? 259
Como seria trabalhar em um hospital *lean*? 260
Como descreveríamos um hospital *lean*? 261
    Estratégia e gerenciamento de sistemas 261
    Pacientes 262
    Funcionários 263
    Desperdício e *kaizen* 263
    Tecnologia e infraestrutura 263
Pontos para discussão em grupo 264

Notas **265**

Glossário **279**

Índice **285**

Introdução

Os Estados Unidos estão falidos. Acredito que os líderes das organizações de assistência à saúde foram os responsáveis por esta situação, ou pelo menos contribuíram para ela, ao não se concentrarem no fornecimento de assistência à saúde de alto valor. Esse valor pode ser expresso simplesmente como uma equação em que é igual à razão da qualidade pelo custo. Má qualidade e altos custos oferecem escasso valor no atendimento à saúde, e era exatamente isso o que estávamos entregando ao público, antes do *lean*.

Como todos os processos, contudo, nossos processos e sistemas de assistência à saúde são projetados à perfeição para entregar os resultados que temos obtido. Interessante notar como as palavras do Dr. W. Edwards Deming ainda soam tão verdadeiras como quando ele as pronunciou, sobretudo em relação à assistência à saúde. À medida que os Estados Unidos avançam para um patamar em que 20% do seu PIB é gasto na assistência à saúde, temos pela frente um enorme problema que provavelmente poderia ter sido evitado pelo pensamento *lean*, mas que agora precisa ser resolvido por ele, sob pena de continuarmos vendo nosso *status* na economia mundial despencando. Outros países também enfrentam problemas similares causados pelos custos crescentes da assistência à saúde. Embora nos Estados Unidos esses custos sejam significativamente mais elevados, não existe país algum satisfeito com a atual situação de sua curva de custos.

Desde 2003, temos provado que o *lean* funciona bem na assistência à saúde, e, por isso mesmo, já podemos parar de argumentar em tal sentido. A história do ThedaCare, exaltada em incontáveis publicações especializadas ou leigas, os resultados do Seattle Children's e o sistema Virginia Mason comprovaram claramente que o *lean* funciona. À esta altura, o que todos devem se perguntar é: como é possível implementar esse sistema? Qual é o modelo de liderança exigido para tanto? Quais são os recursos necessários? Como se aprende o que não se sabe, e com quem? As perguntas serão muitas, e acredito que começar com esta versão atualizada de *Hospitais lean*, de Mark Graban, seja um passo inicial muito sensato.

Ao abordar o *lean*, Mark Graban sabe do que está falando. Ele dedicou sua carreira a aprender e ensinar a metodologia *lean* a profissionais da assistência à saúde, e este livro é um verdadeiro testamento dessa dedicação. Mark inclui novos ensinamentos e exemplos que dão ao livro maior profundidade, com a intenção de nos ajudar a proporcionar aos pacientes cuidados com menor custo e maior qualidade, ou seja, com melhor valor.

No entanto, você também precisa saber que não conseguirá aprender o *lean* somente por meio de livros que tratam do tema. Tais livros criam um modelo mental diferente para pensar a respeito de problemas, e, como acontece com este, podem aumentar a confiança de que uma ideia funcionará na prática. Porém, a única forma de saber se ela funcionará é ir ao *gemba*, lugar em que o trabalho é realizado, para ali observar, aprender e vivenciar. Se um líder não passa pelo menos 20% do seu tempo diário no *gemba*, ele nunca irá aprender ou ser capaz de aplicar o *lean*. No ThedaCare, estabelecemos "zonas livres", períodos em que todos os executivos têm de ir ao *gemba*. Isso acontece normalmente entre as 8 e 10 horas da manhã, todos os dias, e tem conduzido a melhorias notáveis em termos de qualidade, segurança e custos para nossos pacientes. Quanto mais frequentes forem as visitas e estadas dos executivos no *gemba*, menos tempo eles passarão "apagando incêndios", pois estarão chegando à frente da corrente de queixas e problemas dos pacientes, o que conduz muitas vezes à prevenção de defeitos e a um maior tempo disponível para a melhoria.

Não se trata, porém, de uma jornada fácil. É extremamente difícil desfazer as tradicionais noções do setor de assistência à saúde, segundo as quais tudo é feito por comitês, e o mais poderoso deles acaba saindo vencedor, silenciando as ideias dos trabalhadores da linha de frente (enfermeiros, médicos, técnicos, etc.), que quase sempre são aqueles que realmente entendem os problemas e têm, por isso, condições de elaborar as melhores soluções.

Este livro explica os detalhes práticos da metodologia *lean* e descreve os desafios mais penosos, que geralmente dizem respeito à gestão da mudança. *Hospitais lean* tem incontáveis conquistas – do mesmo tipo daquelas que acontecem diariamente no sistema ThedaCare. Eu gostaria de ter lido um livro como este em 2004, pois assim certamente teria evitado alguns dos erros cometidos na nossa jornada de transformação *lean*.

O pensamento *lean* muda toda a "mentalidade convencional da assistência à saúde", o que é muito bom, pois o que precisamos é justamente de uma completa transformação em nosso setor se quisermos manter qualquer tipo de esperança em melhorar o valor oferecido ao paciente. Neste livro, Mark escreve a respeito do novo pensamento que constitui a parte central do *lean*: como colocar o foco sobre o processo e parar de jogar a culpa nos indivíduos. Esses novos modelos mentais, juntamente com as técnicas *lean* aqui descritas, são a chave para reduzir erros, melhorar a qualidade, liberar mais tempo para o cuidado dos pacientes e aprimorar o fluxo de pacientes. Todas essas melhorias levam a uma maior qualidade com custos reduzidos – em outras palavras, a um maior valor.

John Toussaint, MD, CEO
ThedaCare Center for Healthcare Value

Capítulo

1

EM DEFESA DOS HOSPITAIS LEAN

Por que os hospitais precisam do *lean*?

Taiichi Ohno, um dos criadores do Sistema Toyota de Produção, é muitas vezes citado por sua afirmação de que as organizações precisam "começar pela necessidade". No mundo moderno, a "necessidade" do *lean* na assistência à saúde fica mais do que evidente em termos de qualidade e segurança do paciente, custos, tempo de espera e disposição das equipes. Os hospitais enfrentam um número cada vez maior de pressões externas e desafios. Eles alcançam feitos magníficos, mas o líder sênior de um hospital universitário de renome resumiu seus desafios internos ao lamentar que tinha "médicos de nível mundial, tratamentos de nível mundial e processos completamente falidos".

Então, de que maneira a chamada abordagem *lean* pode ajudar as organizações de assistência à saúde? Ouvindo pela primeira vez o termo *lean* (enxuto), as pessoas sentem-se em geral inclinadas a dizer que não contam com pessoal nem com recursos suficientes. O uso diário desse termo e o noticiário a respeito reforçam as conotações geralmente negativas. Contudo, estejam certos de que a abordagem aqui apresentada não tem nenhuma relação com demissões em massa. A ideia de erros "evitáveis" pode ser recebida com ceticismo, uma vez que funcionários e médicos acreditam que estão agindo sempre da maneira mais cuidadosa possível. Os hospitais que usam métodos *lean* não melhoram sua qualidade solicitando ao seu pessoal que seja mais cuidadoso, tampouco aumentam a produtividade exigindo que as pessoas façam tudo com mais rapidez. O *lean* é muito diferente das tradicionais abordagens de "redução de custos" já tentadas em diversos setores, inclusive no de atendimento à saúde.

O *lean* é um conjunto de ferramentas, um sistema de gestão e uma filosofia que podem mudar a forma pela qual os hospitais são organizados e administrados. Sua metodologia proporciona aos hospitais condições para melhorar a qualidade da assistência aos pacientes por meio da redução dos erros e do tempo de espera. O *lean* é uma abordagem que pode dar suporte a funcionários e médicos, eliminando obstáculos e permitindo que eles se concentrem na provisão da assistência. Trata-se de um sistema para fortalecer as organizações hospitalares com vistas a longo prazo – reduzindo custos e riscos ao mesmo tempo em que proporciona e facilita o crescimento e a expansão. O *lean* ajuda a quebrar barreiras entre "silos" departamentais independentes, proporcionando uma melhor forma de trabalhar em conjunto, em benefício dos pacientes.

Alguém poderia perguntar de que maneira os métodos *lean* podem ajudar a resolver todos os irritantes problemas que tantos comitês e equipes já tentaram eliminar. O *lean* é diferente porque as pessoas aprendem a olhar detidamente os detalhes dos processos, porque as pessoas encarregadas de determinada tarefa encontram soluções para os problemas no próprio local em que trabalham, em vez de dependerem de especialistas que se desloquem até ali para dizer o que deve ser feito. O *lean* ajuda os líderes a ver e entender que não são os indivíduos que estão emperrados, mas sim o próprio sistema. E o sistema pode realmente ser consertado e melhorado por meio de avanços pequenos e gerenciáveis. A abordagem *lean* também requer o aprendizado contínuo e o permanente desenvolvimento profissional dos funcionários, em benefício deles mesmos e do avanço da organização e do sistema.

Propósitos renovados

A profissão da assistência à saúde é movida por uma importante missão e um forte sentido de propósito. Os problemas diários, o desperdício e os processos superados interferem naquilo que provedores e trabalhadores da assistência à saúde querem sempre realizar: proporcionar a melhor assistência possível aos pacientes e manter as pessoas saudáveis. Esses problemas podem também tomar muito tempo das pessoas, interferindo em sua capacidade de proporcionar um ambiente acolhedor para o atendimento clínico.

O Dr. Jacob Charon, cirurgião ortopedista e chefe da equipe médica do St. Elisabeth Hospital (em Tilburg, na Holanda), é um dos maiores defensores e promotores do *lean*. Durante uma apresentação em 2009, em um simpósio holandês sobre assistência *lean* à saúde, o título do seu *slide* de abertura dizia: "Lean e amor... uma missão impossível?". Para o St. Elisabeth, uma motivação importante para reduzir o desperdício é dar mais tempo para os clínicos. Esse tempo recém-descoberto é usado não apenas para um melhor atendimento clínico e uma maior atenção às necessidades dos pacientes, mas também naquilo que eles descrevem como "atendimento carinhoso".[1] Quando o corpo de enfermagem não está ocupado em encontrar suprimentos e medicamentos, seus profissionais podem conversar com os pacientes, respondendo suas dúvidas e aliviando a ansiedade porventura causada pelo fato de estarem internados.

Métodos *lean* não são novidade no atendimento à saúde

Frank e Lillian Gilbreth, às vezes reconhecidos pela versão original de 1950 do filme *Cheaper by the Dozen* (no Brasil, *Doze É Demais*), foram dois dos primeiros especialistas em eficiência do final do século XIX e começo do século XX, e muitos de seus métodos influenciaram o desenvolvimento posterior do *lean*. Além do seu primordial método de trabalho em fábricas, os Gilbreths publicaram muitos estudos no campo da medicina, figurando entre os primeiros a demonstrar que métodos de engenharia industrial poderiam ser aplicados nos hospitais. Uma inovação dos estudos de Gilbreth foi estabelecer que o enfermeiro de uma cirurgia entregasse ao cirurgião instrumentos à medida que ele os fosse solicitando, poupando assim o tempo gasto com a escolha de tais instrumentos, uma prática que, hoje, tomamos como óbvia.[2]

Henry Ford, em 1922, escreveu sobre os esforços para aplicar seus métodos de produção a um hospital em Dearborn, Michigan. Ele afirmou: "Não é de todo certo se os hospitais como são hoje administrados existem para os pacientes ou para os médicos. (...) Em nosso hospital, o objetivo principal vem sendo o de nos afastar de todas essas práticas e colocar o interesse dos pacientes em primeiro lugar. (...) Em um hospital comum, os enfermeiros são obrigados a dar passos inúteis. (...) A maior parte do tempo é gasta vagando-se pelo hospital, em vez de atender aos pacientes. Nosso hospital é projetado para economizar esforços. Cada um dos andares é um hospital em si mesmo, e, assim como nas fábricas temos tentado eliminar a necessidade de movimentos inúteis, no hospital estamos tentando evitar o desperdício de movimentos".[3] Passado quase um século, enfermeiros no mundo inteiro ainda passam mais tempo no local de trabalho lidando com desperdício do que junto ao leito do paciente – até que o *lean* seja empregado para sanar essa situação. Em vez de depender de uns poucos especialistas, o *lean* envolve todos os integrantes de um local de trabalho na melhoria desse ambiente.

O papel da Toyota na difusão do *lean*

A Toyota Motor Corporation é também conhecida como "a empresa que inventou a produção *lean*".[4] A companhia desenvolveu o Sistema Toyota de Produção ao longo de muitas décadas, começando em 1945.[5] A invenção e o refinamento de um novo sistema de produção não ocorreram da noite para o dia, nem isso irá acontecer com a transformação *lean* em seu hospital, pois modificar convicções arraigadas e culturas organizacionais é algo que demanda tempo. Dizer que a Toyota "inventou" o *lean* seria inteiramente correto, pois a companhia aprendeu e foi inspirada por muitos outros fatores, inclusive pelos escritos de Henry Ford, pelo autor escocês de autoajuda do século XIX Samuel Smiles e pelas práticas de reabastecimento contínuo das gôndolas dos supermercados norte-americanos.[6] A Toyota foi também muito influenciada pelas visitas do Dr. W. Edwards Deming, como contou o presidente da Toyota em 1991: "Não se passa um dia sem que eu lembre o que o Dr. Deming representou para nós. Deming é o centro do nosso gerenciamento".[7]

A Toyota adotou alguns aspectos do sistema Ford, mas criou seu próprio sistema de administração, usando métodos que suprissem suas necessidades e situações. É indispensável que os hospitais sigam o modelo Toyota de adaptar aquilo que se aprende com os outros e desenvolver métodos que resolvam os problemas existentes na instituição. É importante aprender com outros hospitais (e outras companhias *lean* fora do setor), sem chegar a copiar cegamente as práticas de qualquer um deles. O *lean* é um processo de pensamento, mais do que uma simples lista do tipo "como fazer", com ferramentas a serem implementadas. Em 1945, a Toyota passou a melhorar a qualidade ao mesmo tempo em que acelerava a produtividade e reduzia os custos, pois era então uma companhia com recursos financeiros escassos em um mercado japonês muito pequeno para seus automóveis. A crise e as vacas magras forçaram a Toyota a ser criativa e inovadora; ela não visou especificamente à criação de um sistema de produção como tal. Na verdade, foi apenas no começo da década de 1980 que a companhia começou a normatizar os detalhes de seu sistema. Norman Bodek foi um dos primeiros norte-americanos a fazer viagens de estudo ao Japão, traduzindo para o inglês e publicando os trabalhos de Taiichi Ohno e Shigeo Shingo, considerados os fundadores do Sistema Toyota de Produção.[8]

> Notícias de problemas com os veículos da Toyota em 2010 levaram a muitos questionamentos sobre a eficácia do *lean*. Cabe ressaltar que nenhum dos veículos acidentados foi montado incorretamente nas fábricas da empresa. Pelo contrário, as acusações se concentraram em problemas de *design* de produtos e na reação inapropriada da sede no Japão quando tais problemas foram relatados por revendedoras norte-americanas. Um relatório de 2011 da NASA concluiu que os problemas resultaram da instalação incorreta de tapetes ou de erro do motorista, e que não houve quaisquer falhas eletrônicas nos carros.[9] Isso posto, a Toyota refletiu sobre os rumos da empresa, e o diretor-presidente Akio Toyoda foi ao Congresso dos Estados Unidos em 2010 para afirmar que a companhia havia errado ao se concentrar em um crescimento que excedeu "a celeridade com que pudemos desenvolver nosso pessoal e nossa organização" e que a Toyota havia decidido restabelecer e reforçar seu tradicional foco na "qualidade acima da quantidade".[10]

Origens do termo *lean*

Ainda que os conceitos tenham chegado a nós via Toyota, o termo *lean* (ou enxuto) é atribuído a John Krafcik, integrante da equipe de pesquisadores do International Motor Vehicle Program[11] no Massachusetts Institute of Technology (MIT) e atual diretor-presidente da empresa automobilística Hyundai. Aquela equipe, liderada por James P. Womack, Daniel T. Jones e Daniel Roos, estudou a indústria automotiva mundial no final da década de 1980 buscando as práticas que levaram os japoneses ao sucesso. Com suas pesquisas, eles refutaram a hipótese de que todas as fabricantes automobilísticas japonesas faziam coisas de maneira diferente das demais – era principalmente a Toyota que agia assim. O termo *lean* foi concebido para descrever um sistema (o da Toyota) que produzia resultados com a metade de tudo – espaço físico, esforço dos trabalhadores, investimentos de capital e estoques – e bem menos que metade dos defeitos e incidentes de segurança apresentados pelas outras empresas. O termo descrevia os resultados, mas a palavra entrou na linguagem corrente como uma definição do método.

A expansão inicial do *lean* se deu na indústria automobilística, onde era fácil constatar a aplicabilidade direta do método da Toyota e, sobretudo, onde havia um reconhecimento generalizado da necessidade de melhorias. Os produtores ocidentais de automóveis normalmente se concentravam em copiar ferramentas e práticas facilmente vistas a olho nu, tais como os cartões *kanban* (um método para direcionar peças às linhas de montagem). Ainda que a Toyota tenha começado a compartilhar suas ferramentas por meio de publicações e visitas abertas (permitindo até mesmo que os concorrentes percorressem suas fábricas), o sistema de gerenciamento oculto era (e continua a ser) mais difícil de copiar.[12] Os outros fabricantes de automóveis não estavam realmente pretendendo desafiar seus sistemas de gerenciamento e processos de pensamento em vigor; era mais fácil adotar uma ferramenta como o *kanban* e proclamar "estamos trabalhando *lean*" do que adotar integralmente o modelo Toyota. Os hospitais que proclamam sua adesão ao *lean* devem refletir seriamente sobre se isso indica apenas o uso ocasional do método ou se representa realmente a adoção, em sua integralidade, do sistema de gerenciamento e da cultura *lean*.

Eficiência comprovada do *lean* em ramos fora do setor automobilístico

O *lean* eventualmente expandiu-se para além dos horizontes da indústria automobilística, à medida que outros setores industriais passaram a adotar os métodos em suas fábricas. Produtores começaram também a entender que o *lean* não era apenas um sistema de manufatura; era um sistema de negócios, incorporando todos os aspectos de um produto, desde sua concepção até a colocação no mercado, o que incluía *design*, gerenciamento de fornecedores, produção e vendas. O Sistema Toyota de Desenvolvimento de Produtos, por exemplo, ficou renomado por introduzir novos carros no mercado com uma agilidade duas vezes superior à de seus concorrentes nos Estados Unidos (algo verdadeiramente *lean*, segundo a definição do MIT).

Devido ao fato de que cada tipo de organização – hospitais inclusive – precisa preocupar-se com o fluxo de caixa, com a satisfação dos clientes e com a qualidade, os métodos e filosofias *lean* estão sendo usados, pelos menos até certo ponto, em alguns bancos, empresas *startups* de *software*, empresas aéreas, agências governamentais e nos principais vendedores de café nos Estados Unidos (Starbucks) e Canadá (Tim Horton's).

A Toyota University, na Califórnia, tem feito o *coaching* de alguns estudantes nada convencionais, como alguns membros do Departamento de Polícia de Los Angeles (LAPD, na sigla em inglês), em métodos de solução de problemas cuja origem está no chão da fábrica. Isso tem contribuído para que o LAPD consiga administrar com mais eficiência as suas prisões. Um *coach* Toyota afirmou o seguinte, depois das aulas de treinamento: "O que eu vi foi uma semelhança entre os comportamentos humanos, uma semelhança em algumas das questões e desafios que cada companhia enfrenta".[13] Essa semelhança estende-se também aos hospitais. Todos temos problemas para resolver, e todos estamos buscando formas melhores de liderar e administrar funcionários.

O lean ajuda na melhoria dos hospitais

É difícil identificar precisamente em que momento os hospitais se voltaram, uma vez mais, para ideias lean em progresso fora do seu ramo. Alguns hospitais começaram a experimentar o método na década de 1990, em alguns desses casos com a ajuda dos fabricantes de automóveis do estado norte-americano do Michigan. O Children's Hospital, de Seattle, pôde reconstituir os rumos de sua jornada lean retornando às discussões mantidas em 1996 com a consultora Joan Wellman, que trabalhara anteriormente para a Boeing.[14] Em 2001, o jornal USA Today publicou um artigo a respeito de um estudo realizado pela Robert Wood Johnson Foundation cujo objetivo era encontrar, nos hospitais, verdadeiros líderes, aqueles que estivessem trabalhando de maneira radicalmente diferente de outros hospitais. Lewis Sandy, vice-presidente executivo da fundação, afirmou então: "Queremos encontrar a Toyota do setor da assistência à saúde. Esta tem sido uma das barreiras na área. Ninguém consegue apontar para um sistema de assistência e garantir que 'é assim que tudo deve ser feito'".[15] A motivação deixava claro que os hospitais precisavam olhar para além das fronteiras de seus pares se quisessem encontrar soluções para problemas sistêmicos generalizados.

Existem agora muitos exemplos do impacto positivo que o lean vem conseguindo nos hospitais em todo o mundo. A título de amostragem, os métodos lean tiveram como resultados nesta área:

- Redução de 60% no tempo de espera pelos resultados de exames clínicos laboratoriais em 2004, sem a necessidade de agregar pessoas ou novos instrumentos; tempos de espera ainda mais baixos (queda de 33%) de 2008 a 2010 – *Alegent Health, Nebraska*.[16,17]
- Redução de 54% no tempo do ciclo de descontaminação e esterilização de instrumentos, acompanhada de uma melhoria de 16% na produtividade – *Kingston General Hospital, Ontario*.[18]
- Redução de 76% nas infecções relacionadas às movimentações de corrente sanguínea, diminuindo as mortes de pacientes causadas por essas infecções em 95% e economizando US$ 1 milhão no processo – *Allegheny Hospital, Pensilvânia*.[19]
- Redução de 48% nos índices de reinternação de pacientes com doenças pulmonares obstrutivas crônicas (DPOC) – *UPMC St. Margaret Hospital, Pensilvânia*.[20]
- Redução do tempo de espera por internação para pacientes de cirurgias ortopédicas, de 14 semanas para 31 horas (do primeiro alerta à cirurgia); melhoria nos índices de satisfação de pacientes internados, subindo de 68% para 90% ("muito satisfeitos") – *ThedaCare, Wisconsin*.[21]
- Aumento de 15% nos escores de comprometimento dos funcionários com sua missão – *St. Boniface Hospital, Manitoba*.[22]
- Redução de 29% no tempo médio de permanência dos pacientes e economia de US$ 1,25 milhão na construção de novos departamentos de emergência – *Avera McKennan, Dakota do Sul*.[23]

- Resultado positivo de US$ 54 milhões, derivado da redução de custos e do aumento das receitas, ajudando uma rede urbana de hospitais de segurança a evitar demissões – Denver Health, Colorado.[24]
- Economia de US$ 180 milhões em gastos de capital derivada das melhorias concretizadas pelos métodos lean – Seattle Children's Hospital, Estado de Washington.[25]

Problemas na assistência à saúde

Os problemas permanentemente enfrentados pelos hospitais constituem uma lista extensa demais para ser aqui apresentada na íntegra. O *lean* não trata de reparar qualquer um dos grandes problemas no âmbito da assistência à saúde; ele trata, sim, de resolver as centenas, ou milhares, de pequenos problemas que infernizam a vida diária dos hospitais. Em vez de ficarmos discutindo soluções políticas de ampla abrangência, podemos empregar melhor nosso tempo agindo e implantando melhorias já, seja qual for o regime de financiamento encarregado de arcar com os custos. Poderemos fazer isso juntos se iniciarmos pelo aprendizado e começarmos a agir hoje mesmo.

> *Você enfrenta alguns destes problemas em seu hospital?*
> - Entregas de suprimentos atrasadas em razão de erros nos pedidos
> - Justaposições na busca de suprimentos
> - Artigos devolvidos por outros departamentos por defeitos
> - Dificuldade dos funcionários na utilização de equipamentos de tipos diferentes
> - Espaço de armazenamento limitado (para vestuário, roupas de cama e abastecimentos correlatos) e mal aproveitado
> - Equipamento de segurança não utilizado
> - Pequenos ferimentos ou doenças simples não relatados
> - Procedimentos não seguidos
> - Funcionários que se demitem para trabalhar em outros hospitais
> - Funcionários que fazem "corpo mole" – deixando que outros façam o que eles deveriam fazer
>
> Esses são problemas dos hospitais modernos? Sim, mas eram também os problemas em 1944 nos Estados Unidos, como documentado pelos materiais de treinamento para hospitais fornecidos pelo programa *U.S. Training Within Industry* (TWI, ou Treinamento na Indústria).[26] O TWI foi deixado de lado após o fim da Segunda Guerra Mundial, e por isso os métodos desapareceram dos hospitais, e também das fábricas, ao mesmo tempo em que passaram a ganhar destaque na Toyota e na implementação do *lean*.[27]

Hospitais tendem a apresentar problemas semelhantes onde quer que estejam instalados, pois foram projetados a partir da mesma matriz. As disposições físicas compartilham características semelhantes, quase sempre projetadas por arquitetos que têm um entendimento incorreto do trabalho realizado nos hospitais, e os processos foram desenvolvidos usando os mesmos paradigmas e perspectivas educacionais similares. Copiar outros hospitais e suas "melhores práticas" pode proporcionar melhorias significativas, mas a verdade é que podemos usar os conceitos *lean* para concretizar melhorias mais radicais quando passamos a analisar nossos próprios processos sob uma nova perspectiva, envolvendo os funcionários na identificação dos desperdícios e no desenvolvimento de soluções próprias. Na mentalidade *lean*, precisamos ser transparentes no reconhecimento de que os problemas representam o primeiro estágio da melhoria dos processos.

Sempre que perguntados sobre o que é necessário para a melhoria, os funcionários de hospitais costumam responder que precisam "de mais dinheiro, mais espaço e mais pessoal!". Mesmo que o acréscimo de pessoal fosse uma garantia de ajuda na concretização da melhoria, a questão é que vivemos em um mundo de recursos finitos, o que inclui escassez de enfermeiros, de técnicos em equipamentos médicos e outros profissionais fundamentais ao trabalho clínico. Se não conseguirmos mais recursos, de nada adiantará trabalhar mais duro. Pensadores *lean* não atribuem à falta de trabalho árduo os problemas em seus hospitais. O que precisamos é melhorar o sistema, e às vezes isso significa que as pessoas não precisarão se esforçar tanto, já que seu trabalho se tornará mais eficiente e os resultados apresentarão melhorias para todos.

Pressões dos preços e desafios dos custos

Os custos da assistência à saúde encontram-se em acelerada ascensão, à medida que os custos dos planos de assistência nos Estados Unidos aumentam em índices superiores aos da inflação. Os gastos com a assistência à saúde atualmente consomem 17,3% do produto interno bruto (PIB), chegando a patamares superiores a US$ 2,3 trilhões por ano.[28] O gasto *per capita* nos Estados Unidos é o mais elevado no mundo, sendo inclusive muito superior ao de outros países industrializados. O gasto elevado na verdade proporciona um alto grau de inovação e tecnologia, o que melhora o atendimento e salva vidas, mas o aumento dos custos não parece uma tendência sustentável.

Na tentativa de reduzir os custos, os pagadores (públicos ou privados) seguidamente propõem a redução dos benefícios. Ao agirem assim, eles estão mudando o preço pago, mas não os custos subjacentes do sistema. Preços reduzidos sem as correspondentes reduções de custo acabam atingindo as margens de lucro dos hospitais, o que pode desaquecer os investimentos futuros ou desorganizar por inteiro sua estrutura financeira. As reduções dos preços pelos pagadores pode também, infelizmente, incentivar reduções disfuncionais de custos pelas organizações de assistência à saúde, nas quais as demissões e o fechamento de unidades e linhas de serviços podem afetar a qualidade ou reduzir o nível do atendimento provido à comunidade.

Em vez de reduzir os gastos por meio da redução dos pagamentos ou pelo racionamento do atendimento, os métodos *lean* nos permitem reduzir os custos reais do atendimento, possibilitando com isso que tenhamos mais serviços e cuidados para nossas comunidades. Um hospital que economiza dezenas de milhões de dólares mediante a utilização de métodos *lean* para evitar fantasiosos e caríssimos projetos de expansão é um hospital que custa menos à sociedade e continua a proporcionar os mesmos níveis de atendimento, quando não níveis superiores.

Reduzir preços também significa colocar alguns médicos fora do alcance de muitos pacientes, como comprovado pelo alto número de médicos norte-americanos que optam por sair dos sistemas Medicare e Medicaid ou que deixam de atender a pacientes novos nesses programas.[29] Reduzir unilateralmente os preços parece um resquício das práticas de gestão de fornecedores das três grandes montadoras da indústria automobilística norte-americana (Ford, General Motors e Chrysler), que tradicionalmente exigiam reduções anuais de preços dos seus fornecedores. Muitos desses fornecedores foram levados a tamanho esgotamento de recursos por essas pressões que acabaram falindo.

Em comparação, a abordagem *lean*, tal como demonstrado pela Toyota, é uma parceria entre cliente e fornecedor, que trabalham juntos para identificar verdadeiras economias de custos. Essas economias são compartilhadas, beneficiando a ambas as partes, pois a Toyota e seus fornecedores operam em um ambiente de confiança e com relações de longo prazo. Na assistência à saúde, pagadores e provedores deveriam fazer todo o possível para estabelecer relacionamentos mais parecidos com os existentes entre a Toyota e seus fornecedores, em vez de esgotar os fornecedores – no caso, os hospitais ou médicos. Em alguns estados norte-americanos e em Porto Rico, os afiliados de uma grande companhia de seguros estão trabalhando diretamente com hospitais em projetos de aperfeiçoamento *lean*, dividindo a economia daí resultante.[30]

Na abordagem *lean*, as empresas aprendem que os preços são estabelecidos pelo mercado e que a principal forma de melhorar a margem de lucro de qualquer empresa é reduzir os custos internos. Esse pensamento está em flagrante contradição com o antigo pensamento do *cost-plus*, segundo o qual devemos levar primeiramente em consideração nossos custos e estabelecer preços baseados em uma desejada margem de lucro. A realidade é que muitas companhias, sejam elas indústrias ou hospitais, não têm poder de mercado para estabelecer preços a seu bel-prazer. Precisamos trabalhar para reduzir os custos, melhorando o fluxo e aumentando a qualidade, ou então encontrar formas de agregar valor aos nossos serviços, de forma que o mercado possa vir a aumentar, ou pelo menos manter, aquilo que está disposto a pagar. Por mais disfuncionais que os mercados da assistência à saúde possam parecer, devemos manter o foco menos na injustiça do que nos pagam e mais naquilo que está sob nosso controle – nossos custos. Um estudo estimou que 13% dos custos de um hospital são decorrentes de "práticas ineficientes no próprio controle do hospital",[31] havendo outras estimativas que chegaram perto de 20%.[32]

Lidando com escassez de pessoal

Os hospitais sofrem com uma generalizada escassez de pessoal, especialmente nos casos de enfermeiros, farmacêuticos e técnicos de equipamentos médicos. Nos Estados Unidos, o índice de vagas para enfermeiros ficou em 8,1% em 2008, e 34% dos hospitais relataram a existência de vagas em aberto na área farmacêutica.[33,34] Os hospitais são frequentemente obrigados a contratar funcionários temporários ou "itinerantes" com custos bem superiores aos dos empregados fixos, reduzindo ainda mais as suas margens. Isso também representa um problema no Reino Unido, onde o fundo do National Health Service (NHS) em Londres despende US$ 727 milhões por ano com enfermeiros temporários.[35] Quando não existem agências oferecendo esses profissionais – ou quando seus custos são impagáveis –, os hospitais veem-se às vezes forçados a fechar unidades, reduzindo a oferta de atendimento que são capazes de proporcionar às comunidades em que atuam e, naturalmente, reduzindo o montante de suas receitas.

A falta de equipes de enfermagem pode levar a um excesso de trabalho de outros profissionais, o que, por sua vez, prejudica a qualidade, a segurança dos pacientes e o moral dos funcionários. Destacando a conexão entre funcionários, pacientes e qualidade, vários estudos já mostraram que empregados sobrecarregados, cansados ou estressados são mais propensos a cometer erros que podem prejudicar os pacientes.[36] Farmácias e laboratórios com escassez de pessoal apresentam tempos de resposta mais prolongados, o que, por sua vez, atrasa o atendimento ou coloca pacientes em risco. Médicos insatisfeitos com os serviços mal feitos pela equipe ou por departamentos auxiliares podem reagir transferindo seus pacientes para um hospital concorrente, exacerbando assim a questão das receitas.

Atendimento de baixa qualidade

Embora existam diferenças entre os sistemas de atendimento de diferentes países, existem alguns universais para os pacientes: erros evitáveis que levam ao agravamento das condições e até mesmo à morte. Em vez de se restringir exclusivamente ao problema do acesso dos pacientes ao atendimento, o *lean* proporciona ferramentas para também melhorar esse atendimento. É imperativo que examinemos e entendamos nos mínimos detalhes toda a operação de um sistema de atendimento à saúde, implementando processos que deem sustentação a um tratamento mais seguro, eficiente e de qualidade. O *lean* é a melhor maneira de concretizar tais objetivos.

Exceto quando concentra suas atenções em alguns incidentes de grandes proporções, a mídia costuma negligenciar os problemas de qualidade no atendimento à saúde nos Estados Unidos. É muito maior, por exemplo, o número de norte-americanos que sabe quantos de seus compatriotas não têm plano de saúde (aproximadamente 50 milhões)[37] do que aqueles que conhecem as estimativas de quantos pacientes morrem anualmente como resultado de erros médicos evitáveis (segundo um estudo, esse número chega a 98 mil pessoas) e em consequência de infecções evitáveis (número estimado em cerca de 100 mil pessoas).[38,39]

Qualidade e segurança dos pacientes não são preocupações exclusivas dos Estados Unidos. O Canadian Institute of Health Information estima que cerca de 24 mil canadenses morrem a cada ano em consequência de erros médicos, tais como erros cirúrgicos, erros de medicação e infecções hospitalares. O auditor-geral do Canadá calcula que um a cada nove pacientes hospitalizados adquire algum tipo de infecção.[40] No Reino Unido, o Royal College of Physicians estima que erros médicos contribuem para a morte de quase 70 mil pacientes por ano, e o médico britânico mais renomado advertiu que o risco de morrer em consequência de um erro hospitalar evitável é de 1 em 300, similar ao existente nos Estados Unidos.[41] Estima-se em 850 mil o número de pacientes vítimas de erros, dos quais 200 mil levam a sequelas permanentes ou moderadas. O NHS calcula que a metade desses erros é evitável, novamente concordando com as estimativas dos Estados Unidos.[42,43]

Avanços e melhorias sistêmicas ocorridas na segurança das viagens aéreas, fazem os passageiros dar como certo que chegarão sempre a salvo aos seus destinos. Deveríamos almejar avanços similares no atendimento à saúde, para que os pacientes possam ter a certeza de que não serão prejudicados em alguma hospitalização. Na verdade, nos anos mais recentes, os hospitais têm recorrido à indústria da aviação comercial para aprender mais sobre questões de segurança e qualidade, tirando daí lições como a utilização das listas de controle de usuários.[44] Existem pacientes que confiam cegamente no sistema de atendimento à saúde, dando como certo que irão receber o melhor dos atendimentos todas as vezes que recorrerem a seus serviços. Os métodos *lean* podem nos ajudar a trabalhar para transformar essa confiança em realidade.

Boa qualidade custa menos

Como em outros ramos, muitos dos participantes do setor de saúde supõem que exista uma compensação inerente entre custo e qualidade; uma maior qualidade deve automaticamente ter custo maior. É bem verdade que alguns métodos para melhorar a qualidade dos resultados para os pacientes podem custar mais, tais como novas tecnologias, tratamentos ou medicamentos. Os hospitais, no entanto, têm inúmeras oportunidades de melhorar a qualidade de seus métodos e processos de tal forma que eles também venham a reduzir os custos. Em todos os hospitais dos Estados Unidos, existe uma enorme oportunidade de redução de custos mediante a prevenção de erros e a melhoria da qualidade. Os eventos evitáveis decorrentes de erros de medicação, por exemplo, custam aos hospitais, segundo as melhores estimativas, US$ 4 bilhões por ano.[45]

David Fillingham, diretor-presidente do Royal Bolton Hospital NHS Foundation Trust, no Reino Unido, afirmou que "a boa qualidade custa menos".[46] Isso ficou comprovado como um resultado das melhorias *lean* no Bolton: o hospital reduziu a mortalidade por trauma em 36% e a duração média da estadia dos pacientes em 33%. O grupo ThedaCare, nos Estados Unidos, documentou resultados similares em cirurgia cardíaca: a mortalidade caiu de 4% para praticamente zero (11 vidas salvas por ano), e a duração média da estadia caiu de 6,3 para 4,9 dias, com custos 22% menores.[47] Isso pode parecer bom demais para ser verdade, mas muitos hospitais estão provando que é possível melhorar simultaneamente qualidade, acesso e custo.

O *lean* ensina a ver a melhoria da qualidade como um meio de reduzir custos, uma abordagem melhor do que restringir o foco direta e exclusivamente nos custos. Bill Douglas, diretor financeiro do Riverside Medical Center (Kankakee, Illinois), resumiu a maneira pela qual o hospital começou seu primeiro projeto *lean* ao afirmar: "O Lean é uma iniciativa em qualidade. Não é uma iniciativa visando à redução de custos. Mas, se você melhorar a qualidade, o resultado final será uma redução dos seus custos. Se você estiver realmente focado na qualidade e segurança do paciente, não terá como errar. Se fizer a coisa certa em matéria de qualidade, os custos irão se autoeliminar".[48] O laboratório do hospital Riverside, por exemplo, esteve anteriormente focado nos custos, usando demissões e outros métodos tradicionais de enxugamento de despesas, mas a qualidade dos seus serviços não melhorou. No entanto, ao adotar seu projeto inicial *lean*, reduziu erros e melhorou o fluxo, produzindo resultados como a entrega dos testes aos médicos com uma rapidez de 37 a 40% a maior, ao mesmo tempo melhorando a produtividade dos funcionários.[49] A melhoria dos serviços do laboratório ajudou a reduzir a duração da permanência dos pacientes na emergência, o que permitiu ao Riverside adiar uma expansão que custaria US$ 2 milhões.[50] Esse hospital passou desde então a empregar o *lean* em outras áreas, entre elas a farmácia, a assistência aos pacientes internados e os centros de cuidados primários.

Um flagrante de sucesso departamental: laboratório do Children's Medical Center, Dallas

As melhorias introduzidas no laboratório do Children's Medical Center (Dallas, Texas) ajudam a ilustrar a gama de benefícios que o *lean* pode proporcionar a todos os grupos interessados – pacientes, funcionários, médicos e o próprio hospital. A equipe de liderança do laboratório teve contato pela primeira vez com o *lean* em agosto de 2006, durante uma apresentação do Seattle Children's Hospital, um dos pioneiros na adoção desse método na assistência à saúde. O laboratório vinha estudando a dinâmica de sistemas por meio do trabalho seminal *The Fifth Discipline*, de Peter Senge, e nutria metas ambiciosas de se tornar uma "organização de aprendizagem".[51] O *lean* proporcionou os meios para a implantação dessa filosofia na prática, conforme Jim Adams, diretor sênior de operações do laboratório desde 2005.

Antes do *lean*, dados de *benchmarking* pareciam confirmar a visão das pessoas de que o laboratório era bom, até mesmo superior à média. Por exemplo, 90% de seus resultados em testes estatísticos estavam dentro dos limites de prazo aceitos no setor. Contudo, uma avaliação inicial por consultores *lean* externos em novembro de 2006 ajudou Adams a entender que o laboratório vinha, na verdade, há muito tempo experimentando uma "excelência ilusória", pois os laboratórios usados como *benchmark* haviam apresentado o mesmo desperdício acumulado em seus *layouts* físicos e processos. Em vez de ficar satisfeito com o fato de se sair bem nessa comparação limitada, o laboratório começou a explorar seu verdadeiro potencial – o de ser o melhor laboratório possível para os seus pacientes.

As primeiras análises, posteriormente repetidas por técnicos de laboratório à medida que aprenderam a entender melhor seu próprio trabalho, mostraram que 70 a 90% do desempenho comum do tempo de rotação era tempo em que as amostras permaneciam paradas e esperando. O novo desafio passou a ser minimizar esse tempo de espera. Em vez de pensar que os *benchmarks* mostravam que eles não precisavam se aperfeiçoar, a equipe aprendeu que todos os seus componentes tinham grandes oportunidades para reduzir o tempo de rotação em 50% ou mais, proporcionando melhor serviço aos pacientes, aos médicos requisitantes desses testes e aos departamentos que dependiam de resultados de testes precisos e apresentados no menor prazo possível.

Um projeto *lean* formal foi iniciado em março de 2007, liderado pelo autor. Diferentemente dos eventos *lean* com duração de uma semana que são usados em muitos hospitais (ver Capítulo 11), formou-se uma equipe para trabalhar em um projeto de "transformação *lean*" de 12 semanas, focado inicialmente no fluxo de ponta a ponta da testagem laboratorial clínica. Essa equipe era formada por quatro técnicos de laboratório e dois assistentes de laboratório de áreas diversas do departamento. Esse grupo dedicou-se em tempo integral aos esforços de redesenho e melhoria, aprendendo em profundidade acerca dos princípios *lean*, analisando seu estado à época e trabalhando com o grupo mais amplo de colegas para transformar tanto o espaço físico quanto seus processos de maneira integrada.

Como outro passo inicial, a liderança do laboratório desencadeou discussões com clientes internos e descobriu que determinados testes eram considerados cruciais pelo departamento de emergências em razão da necessidade de diagnóstico imediato e de um melhor fluxo dos pacientes. A surpresa foi geral quando se constatou que testes que o laboratório não considerava prioritários eram, na verdade, tidos como tais pelo DE. Tornou-se então mais importante melhorar o relacionamento com aqueles que haviam encomendado os testes e usavam os seus resultados – uma parte importante da abordagem *lean* com foco no cliente/paciente. Com essa melhor compreensão a respeito do cliente, o sucesso seria definido pelas necessidades dos clientes do laboratório, em vez de ser determinado pelo próprio laboratório.

A equipe de tempo integral aprendeu e usou os métodos de análise definidos no Capítulo 4 para traçar o trabalho de testagem desde a coleta das amostras até o anúncio dos resultados dos testes. Como no trabalho de muitos hospitais, o fluxo movimentava-se ao longo de múltiplas funções nos mais variados departamentos. A equipe concentrou-se em melhorar o fluxo geral, em vez de levar em consideração simplesmente a otimização dos seus próprios resultados, algo que se baseava em uma definição estritamente departamental de sucesso.

Embora tenha existido uma iniciativa de longo prazo para redesenhar e reconstruir por inteiro a disposição física do laboratório (um projeto que só foi integralmente concluído no final de 2010), a equipe de liderança do laboratório, incluindo a Dra. Beverly Rogers, patologista-chefe, ajudou todos a entender que o *lean* não era um projeto isolado de longo prazo. Em vez disso, ele passaria a constituir um novo sistema de gestão e um novo estilo de vida. Em vez de colocar todas as suas esperanças no redesenho principal, o laboratório começou a adotar ações destinadas a criar melhorias imediatas.

Foram adotadas medidas para melhorar o fluxo das amostras por meio de mudanças pequenas e incrementais. Os analisadores de gases sanguíneos, utilizados para testes que exigem rapidez, foram transferidos para um ponto bem mais próximo do posto de enfermagem, onde chegam as amostras. Isso reduziu a média do tempo de rotação de 20 minutos para cerca de 5 minutos. A "linha de frente" do processo (as áreas não clínicas em que as amostras eram recebidas, rotuladas e preparadas) foi reconfigurada. Em vez de duas áreas isoladas de trabalho, com cerca de oito metros de distância a separá-las (que incentivava a formação de lotes e as demoras excessivas), a área pré-analítica foi estabelecida como quatro "bancos de fluxo" idênticos e separados, em que uma pessoa poderia fazer todo o trabalho necessário em uma amostra sem a movimentação extra e os atrasos anteriores. Isso reduziu o tempo médio de rotação para testes químicos e hematológicos em até 43%.

Ao observar e mesmo registrar em vídeo o trabalho de seus colegas nos laboratórios, a equipe ajudou a identificar desperdícios (descritos mais detalhadamente no Capítulo 3) e adotou medidas que poderiam reduzir as caminhadas e deslocamentos que representavam desperdício no laboratório. O laboratório implementou métodos básicos, entre eles o dos 5S e o *kanban* (ver Capítulo 6) para ajudar a garantir que os suprimentos e testes reagentes estivessem permanentemente disponíveis nos locais certos e nas quantidades ideais, reduzindo o tempo que técnicos altamente treinados gastavam localizando e coletando tais elementos. No primeiro ano do sistema *kanban* (um sistema para planejar e substituir estoques e abastecimento), o laboratório reduziu seus custos em US$ 80 mil. À medida que a produtividade da equipe foi aumentando, graças aos esforços de redução de desperdícios e aos novos "padrões de trabalho", como discutiremos no Capítulo 5, o laboratório conseguiu reduzir seus custos com mão de obra em US$ 147 mil no primeiro ano, sem precisar demitir qualquer um de seus integrantes.

Adams e a Dra. Rogers também continuaram a transição para uma cultura *lean*, familiarizando todos os integrantes da equipe com os princípios, envolvendo-os no trabalho de melhoria e continuando as discussões de grupo sobre livros como *O Modelo Toyota*. Essas conversas sobre os pontos principais da cultura *lean*, como concentrar-se em processos e sistemas em vez de culpar indivíduos, foram fortalecidas por uma série de práticas de gestão, descritas mais detalhadamente no Capítulo 10. Reuniões diárias de 10 minutos eram realizadas para revisar indicadores de desempenho, capacitando os integrantes da equipe a conversar sobre suas ideias para a melhoria dos processos. Essas ideias eram então acompanhadas por meio de um boletim informativo, uma abordagem muito mais visual e mais interativa do que a antiga caixa de sugestões. À medida que novas ideias eram implementadas, por menores que fossem, recebiam o reconhecimento em um "mural da fama *kaizen*", que criava o reforço positivo que levava a mais *kaizen*, ou melhoria contínua.

Enquanto o laboratório clínico implementava práticas e métodos de gestão *lean*, os líderes e integrantes da equipe transmitiam essas abordagens e essa forma de pensar para outras partes do laboratório, como as áreas de microbiologia, banco de sangue e patologia anatômica. A experiência no laboratório foi alavancada para ajudar uma equipe posteriormente formada no âmbito do departamento de diagnóstico por imagem. Adams refletiu sobre a experiência dizendo: "Houve um reconhecimento crescente entre os usuários do laboratório no hospital de que o laboratório estava focado em entender e satisfazer necessidades específicas. Enfermeiros e médicos começaram a trabalhar com a equipe do laboratório com mais respeito e colaboração mútuos. Passamos cada vez mais a nos sentir como parte da equipe de atendimento aos pacientes".

O impacto positivo dessa transformação cultural foi ilustrado pelos resultados de uma pesquisa a respeito do comprometimento da equipe, comparando números "pré-*lean*" com os de 12 meses após o início do ensino das práticas *lean* e do projeto geral de melhoria. Como mostrado na Tabela 1.1, os escores melhoraram em questões-chave (em uma escala de 1 a 5, sendo 5 a gradação máxima). Cada uma das perguntas feitas na pesquisa apresentou uma melhoria, destacando assim os benefícios de um ambiente *lean*.

Tabela 1.1 Melhoria nos escores de envolvimento dos funcionários no Children's Medical Center, em Dallas

	Antes do lean	12 meses após a implantação
3. Tenho a oportunidade de exercer melhor minha função a cada dia	3,11	3,92
8. Tenho liberdade de fazer sugestões para melhorias	2,84	3,48
10. Sinto-me seguro no meu trabalho	2,32	3,42
13. O estresse no trabalho é controlável	2,43	3,23
17. Sinto-me satisfeito com o laboratório como lugar de trabalho	2,51	3,43
18. Recomendaria minha área de atuação como um bom local de trabalho para outros	2,38	3,46
Média geral dos escores	2,96	3,69

Como amostra adicional da significativa mudança cultural, dois dos integrantes da equipe do laboratório aceitaram trabalhar como supervisores, posição que haviam reiteradamente rejeitado assumir em anos anteriores. Ambos atribuíram a mudança de opinião ao fato de a liderança do laboratório ter redefinido com sucesso a missão de um supervisor, transformando-o de "chefe" executivo em *coach* e professor que trabalha com os membros da equipe para concretizar melhorias focadas no paciente, a fim de criar um local de trabalho melhor. Segundo Adams, os dois supervisores em questão "progrediram e são eficientíssimos na cultura *lean*".[52]

Mesmo tendo concluído seu maior projeto de reconstrução, o laboratório vê o *lean* como sua cultura e como parte fundamental de seus continuados processos de melhoria. Esse projeto, na verdade, jamais será dado por concluído, pois a melhoria é contínua e permanente. Evidências dessa mudança de mentalidade e cultura puderam ser vistas entre os técnicos de laboratório do "laboratório central" clínico, que rapidamente sugeriram novas ideias para adaptar e modificar o recém-renovado *layout* no final de 2010, depois de anos de planejamento e de espera. Culturas tradicionais poderiam não dar atenção a essas contribuições, ficando bem satisfeitas com o novo projeto. O laboratório do Children's Hospital, no entanto, permitiu que os membros de sua equipe fizessem experiências e inclusive mudanças no trabalho e no *layout* padronizados, com base em dados e na própria experiência direta com o trabalho ali realizado.

Ao refletirem sobre seus primeiros quatro anos de *lean*, as lições aprendidas pelos líderes do laboratório incluíam a garantia de que:

- ocorra uma educação consistente e contínua sobre os princípios e métodos *lean*, especialmente em funções com rotatividade tradicionalmente elevada;
- os integrantes da equipe passem a conhecer de que forma medidas centrais, tais como o tempo de rotação, estão alinhadas com as necessidades dos pacientes no fim da cadeia e que isso diz respeito à melhoria do atendimento, não apenas à concretização de números;

• as pessoas não suponham automaticamente que métodos como o 5S e trabalho padronizado se destinem meramente a controlar, e que os gestores constantemente reforcem a importância do comprometimento dos funcionários com a melhoria contínua desses padrões.

Mesmo considerado o "Laboratório Médico do Ano em 2009" por uma publicação de renome do setor,[53] é a mudança cultural e a disposição de nunca se dar por satisfeito e de continuar a aprender que indicam que o laboratório do Children's provavelmente continuará sendo o melhor do ramo a cada ano.

Do sucesso departamental ao sucesso no hospital

O *lean* não causa impacto apenas em departamentos específicos. Essa metodologia pode passar a fazer parte da estratégia central e da abordagem operacional do dia a dia do hospital, como ilustrado por exemplos que incluem o ThedaCare, o Virginia Mason Medical Center, o Seattle Children's Hospital e o Denver Health.

A história do Avera McKennan Hospital and University Health Center (Sioux Falls, Dakota do Sul) é destacada no Capítulo 11, mostrando como seus projetos iniciais *lean*, que começaram em seu laboratório em 2004, acabaram se tornando um sistema de gestão e metodologia de melhoria diária para o conjunto do hospital.

No Avera McKennan, os funcionários de todos os departamentos aprendem atualmente os métodos *lean*, e seu Programa de Excelência em Serviços e Processos transformou-se em pedra fundamental da estratégia e visão do hospital. Seus objetivos não são tímidos, muito pelo contrário, pois proclamam que "com excelência em serviços e processos, o Avera McKennan irá assumir a liderança em atendimento à saúde acessível e de alta qualidade nos Estados Unidos".

Essa liderança e pleno empenho nasceram com Fred Slunecka, ex-presidente regional do Avera McKennan Hospital e atual diretor-presidente da Avera Health, e com o seu pessoal em toda a organização. Para Slunecka, é um "imperativo moral" racionalizar processos e eliminar desperdícios, uma vez que "30 a 40% de toda a assistência à saúde não passa de desperdício – pura e simplesmente". A motivação para a melhoria surgiu com a conscientização de que o reembolso dos custos pelos governos estava aumentando entre 2 e 3% ao ano, enquanto os custos dos hospitais aumentavam 5% no mesmo período. "Precisamos acima de tudo trabalhar melhor", afirmou Slunecka, e o hospital se preparou para concretizar exatamente esse objetivo. Apesar da preocupação com a questão financeira, o paciente está no centro das melhorias do hospital. "O objetivo é uma experiência do paciente sem rupturas, marcada por excelência nos serviços, assistência aos pacientes e eficiência", afirma Kathy Maass, diretora de excelência em processos. "O *lean* examina o processo de atendimento ao paciente passo a passo, redesenhando-o em torno do paciente para eliminar o desperdício. Os funcionários se mostram envolvidos na solução desde a mais básica de suas funções", diz Slunecka.

Este é o potencial dos hospitais *lean*, o de redesenhar estrategicamente o espaço físico e os processos que fornecem esse atendimento e tratamento aos pacientes, ao mesmo tempo que engaja todos os profissionais e líderes da assistência à saúde em contínua e interminável melhoria.

Conclusão

Os hospitais e seus processos estão repletos de desperdício e ineficiência, os quais de maneira alguma podem ser atribuídos aos profissionais talentosos, dedicados e comprometidos que neles trabalham. Os problemas enfrentados pelos hospitais podem ser desalentadores – a menos que nós tenhamos uma metodologia comprovada para orientar a busca de qualidade sustentável e melhoria dos processos. Isso poderia ser uma tarefa inglória se não tivéssemos outros com quem aprender e em quem nos espelhar para modelarmos nosso próprio aperfeiçoamento – tanto a Toyota quanto nossos colegas dos hospitais que estão trilhando e desbravando a rota do *lean*.

O *lean* pode ser descrito de uma forma muito simples: ele está dando certo. Por um lado, ele trata de examinar a maneira como fazemos nosso trabalho e de imaginar e concretizar formas de melhorar a realização desse mesmo trabalho. O *lean* busca melhorar qualidade e produtividade, sendo também a forma de consertar problemas permanentemente, em vez de escondê-los ou continuar trabalhando com eles.

Em outro sentido, o *lean* comprovou ser uma metodologia eficiente para melhorar segurança, qualidade e custos aos pacientes, ao mesmo tempo que evita demoras e aumenta a satisfação dos funcionários. Tudo isso pode ser feito. O *lean* é eficiente e contribui para economizar dinheiro para os hospitais ao mesmo tempo que cria oportunidades de crescimento e aumento de receitas. Os métodos *lean* podem beneficiar todos aqueles envolvidos com os hospitais. Entender seus princípios é apenas um ponto de partida. O verdadeiro desafio está em encontrar a liderança necessária para implementar essas estratégias e transformar a maneira pela qual o seu hospital presta atendimento.

Todos os que viram os líderes usar *lean* em hospitais sabem que não é fácil. Os métodos *lean* ajudam a melhorar a gestão. Os métodos *lean* ajudam a melhorar a qualidade. Mas o *lean* exige visão, liderança e persitência. Temos vários casos de sucesso do *lean* em diferentes hospitais ao redor do mundo. Como disse o escritor de ficção científica William Gibson: "O futuro já chegou. Só não está bem distribuído."[54]

Lições *lean*

- Os métodos *lean* foram desenvolvidos nas fábricas, mas têm se mostrado igualmente valiosos em vários outros setores, inclusive o do atendimento à saúde.
- As melhorias da qualidade são um meio de reduzir os custos.
- Aumentos da produtividade e da economia de custos podem ser concretizados por outros meios que não as simples demissões e reduções de pessoal.
- O *lean* tem como foco a segurança do paciente, a qualidade do atendimento e a melhoria dos serviços, e não apenas eficiência, custos e produtividade.
- Aperfeiçoar o sistema, em vez de aumentar a carga de trabalho, é a chave para as melhorias do *lean*.

- Para concretizar grandes mudanças, é quase sempre necessário começar com pequenos passos.
- Os hospitais não podem simplesmente copiar os outros; eles precisam pensar com base em suas próprias melhorias depois de aprender os conceitos do *lean*.

Pontos para discussão em grupo

- Os crescentes custos do atendimento à saúde estão afetando a qualidade do tratamento prestado pelo seu hospital?
- De que forma a melhor qualidade pode custar menos?
- Qual é o impacto da satisfação pessoal no emprego sobre a produtividade e a qualidade?
- Quais são os maiores problemas enfrentados pelo seu departamento? E pelo seu hospital?
- Como um hospital tradicionalmente cria "silos" departamentais?
- Existem situações em que seu departamento ou seus processos não estão tão focados no paciente quando poderiam estar?
- Por que outras filosofias de melhoria não deram resultados anteriormente? Como podemos evitar a repetição desses mesmos erros?
- Qual o percentual de tempo que a liderança emprega driblando, amenizando ou contornando problemas?
- Como os métodos *lean* podem ser orientados em torno da missão e do objetivo de sua organização e de seus funcionários?

Capítulo

2

VISÃO GERAL DO LEAN PARA HOSPITAIS

O que é *lean*?

Inúmeros livros já foram escritos sobre *lean*, criando muitos modelos mentais e definições, alguns dos quais são mostrados na Tabela 2.1. É difícil apresentar uma definição única, sucinta e ainda assim abrangente, mas resta o fato de que sempre temos algo a aprender com cada uma dessas definições. O *lean* é tanto um conjunto de ferramentas quanto um sistema de gestão, um método para a melhoria contínua e o engajamento dos funcionários, uma abordagem que nos permite resolver os problemas de real importância para nós, como líderes e como uma organização.

Uma definição sucinta usada por muitos instrutores no Lean Enterprise Institute ensina: "*lean* é um conjunto de conceitos, princípios e ferramentas usado para criar e proporcionar o máximo de valor do ponto de vista dos consumidores e, ao mesmo tempo, consumir o mínimo de recursos e utilizar plenamente o conhecimento e as habilidades das pessoas encarregadas da realização do trabalho". De que forma o atendimento à saúde pode proporcionar o maior valor possível aos usuários ao mesmo tempo que consome o mínimo possível de recursos e maximizar o uso das habilidades e conhecimentos dos indivíduos? Esta é a questão primordial do *lean* em matéria de atendimento à saúde.

O *lean* na definição de Ohno

Taiichi Ohno, um dos líderes da Toyota, juntamente com Shigeo Shingo, um dos principais criadores do Sistema Toyota de Produção, definiu o *lean* em termos de objetivos empresariais que iam além daqueles da fábrica. Ohno escreveu: "Tudo que fazemos é olhar para a linha divisória do tempo, do momento em que o cliente nos encaminha um pedido até o ponto em que recebemos o dinheiro por esse pedido. E nós estamos reduzindo essa linha divisória por meio da remoção dos desperdícios que não agregam valor".[1] Um hospital poderia interpretar essa definição como o intervalo entre o momento em que o paciente é encaminhado por um médico até o verdadeiro atendimento lhe ser proporcionado, culminando no ponto em que o hospital recebe o pagamento dos honorários.

A definição de Ohno apresenta o *lean* como uma abordagem baseada em tempo; a redução dos atrasos leva a maior qualidade e menores preços – sendo esses custos um resultado final das melhorias do fluxo. Isso é de alguma forma diferente da tradicional redução de custos, obtida, de maneira geral, pela redução dos orçamentos e do pessoal dos hospitais. Nesse contexto, *desperdício* tem uma definição específica, vindo a ser qualquer problema que interfira na capacidade das pessoas de realizar seu trabalho com eficiência ou qualquer atividade que não proporcione valor ao cliente, como discutiremos no Capítulo 3.

Tabela 2.1 Definições de *lean*

Definição	Detalhes
Triângulo Toyota[a]	*Lean* é um sistema integrado de desenvolvimento humano, ferramentas técnicas, abordagens de gestão e filosofia, que cria uma cultura organizacional enxuta
Dois pilares[b]	*Lean* é eliminar por inteiro o "desperdício" e demonstrar "respeito pelo indivíduo"
"Consertando a assistência à saúde por dentro, hoje"[c]	1. O trabalho é projetado como uma série de experiências continuadas que revelam imediatamente os problemas 2. Os problemas são abordados imediatamente por meio da experimentação rápida 3. As soluções são disseminadas de forma a criar adaptações, por meio da experimentação colaborativa 4. As pessoas em todos os níveis da organização são ensinadas a se tornarem experimentalistas
Princípios do pensamento *lean* (Womack e Jones)[d]	Os cinco princípios do "pensamento *lean*" são: 1. Especificar o *valor* do ponto de vista do consumidor final. 2. Identificar todos os passos na *cadeia de valor*, eliminando todos os passos que não criam valor. 3. Fazer com que os passos de valor agregado ocorram em uma sequência rigidamente integrada, para que o trabalho possa *fluir* com suavidade. 4. Permitir que os clientes *puxem* o valor. 5. Perseguir a *perfeição* mediante a melhoria contínua.

[a] Adaptada de Convis, Gary, "Role of Management in a Lean Manufacturing Environment". Society of Automotive Engineers, http://www.sae.orog/manufacturing/lea/column/leanjul01.htm (acessado em 20/12/2007).
[b] Adaptada de Ohno, Taiichi, "Toyota Production System: Beyond Large-Scale Production" (Nova York: Productivity Press, 1988), xiii.
[c] Spear, Steven J., "Fixing Healthcare from the Inside, Today". Harvard Business Review, reprodução #1738, 05/09/2005.
[d] Marchwinski, Chet, e John Shook, ed. *Lean Lexicon: A Graphical Glossary for Lean Thinkers* (Brookline, MA: Lean Enterprise Institute: 2003), 5.

Pensamento *lean*

O livro *Lean Thinking* (O Pensamento Lean) define o termo *lean* da seguinte forma: "Em resumo, o pensamento *lean* é enxuto porque proporciona uma maneira de fazer cada vez mais com cada vez menos – menos esforço humano, menos equipamento, menos tempo e menos espaço – ao mesmo tempo que se aproxima continuamente de entregar aos consumidores exatamente aquilo que eles desejam".[2]

É importante definir *lean* em termos das metas e objetivos de um hospital. Como outros tipos de organizações, os hospitais devem fazer mais com menos. Entregar aos consumidores (inclusive nossos pacientes) exatamente aquilo que eles desejam inclui o atendimento preciso, feito de maneira correta desde a primeira vez. Os pacientes querem um atendimento eficiente, com custo adequado, e que não os prejudique durante sua estadia no hospital. A partir de uma perspectiva mais ampla, os pacientes querem ser mantidos saudáveis pelo seu sistema de atendimento à saúde. O *lean* não se restringe unicamente a "cada vez menos"; não devemos perder de vista o propósito de proporcionar, sempre da maneira apropriada, mais valor e mais serviços aos pacientes e a nossas comunidades.

O triângulo Toyota: ferramentas, cultura e sistema de gestão

A Figura 2.1 mostra uma forma de ilustrar o Sistema Toyota de Produção (STP).[3] O diagrama indica que o *lean* é um sistema integrado que tem as pessoas e o desenvolvimento humano como parte central. Isso é cercado por uma abordagem equilibrada, que combina ferramentas técnicas (o que fazemos), ferramentas de gestão (como administramos) e filosofia (aquilo em que acreditamos). Tudo isso, em conjunto, formará a cultura organizacional, ou uma cultura *lean*.

Figura 2.1 A representação do Sistema Toyota de Produção pelo triângulo Toyota.

Desenvolvimento humano

Em primeiro lugar, olhe para o centro do triângulo na Figura 2.1. Não é por acaso que diagramas como este da Toyota situam as pessoas no seu centro. Os líderes da companhia gostam de usar a expressão "construir pessoas, não apenas automóveis", definindo assim que o desenvolvimento de seus funcionários é a chave para a melhoria dos seus produtos e processos.[4] O desenvolvimento humano, na abordagem *lean*, significa colocar em "uma sólida estrutura para cultivar líderes eficientes e para dotar os funcionários das necessárias habilidades práticas".[5] Um desafio fundamental para os hospitais é desenvolver capacidades de liderança por toda a organização, e não apenas desenvolver habilidades com métodos *lean*.

Filosofia

A base do triângulo é a filosofia: em que acreditamos como organização e quais são nossos objetivos? O que é descrito como a filosofia *lean* surge muitas vezes daquilo que aprendemos a respeito da Toyota – é a sua cultura empresarial que estamos descrevendo. A filosofia da Toyota inclui compromissos com suas "contribuições de longo prazo para a sociedade" e com o "desenvolvimento econômico e o crescimento da companhia".[6] Ter um foco a longo prazo é um tema recorrente, já que o princípio nº 1 do *Modelo Toyota* proclama que uma empresa precisa "basear suas decisões administrativas em uma filosofia de longo prazo, mesmo que em detrimento de metas financeiras a curto prazo".[7]

As declarações de missão e os valores dos hospitais muitas vezes se parecem com os da Toyota, pois muitos deles estabelecem como prioridades a segurança, o comprometimento dos funcionários e a prestação de serviços às suas comunidades e ao ambiente. Contudo, será que os funcionários dos hospitais estão em condições de andar pela instituição e empregar seu dia de trabalho sentindo como tais valores são vividos e praticados a cada minuto? Seguir à risca esses ideais pode constituir um desafio para qualquer organização, mesmo que seja a Toyota, considerando que todos somos humanos e que nem sempre agimos e nos comportamos de acordo com nossos padrões autoproclamados. Reconhecendo esse fato, a liderança tem a responsabilidade de dar o bom exemplo e insistir que os outros correspondam à filosofia e aos ideais organizacionais todos os dias. Se nossos valores proclamam que respeitamos e valorizamos as pessoas, como um sistema tradicional de administração não *lean*, que se prende ao tipo comando e controle, de cima para baixo, pode se ajustar a isso?

Em um hospital, precisamos escolher entre implementar métodos *lean* no contexto de nossa cultura ou realmente redefinir tudo aquilo que precisa ser modificado em nossa cultura. Muitos hospitais podem ter uma filosofia em relação aos pacientes e funcionários voltada a implementar as ferramentas e o sistema de gestão do *lean*. Outros hospitais, aqueles que não se coadunam com os ideais e objetivos de suas próprias proclamações de valor, poderão entrar em conflito com o *lean* se estiverem esperando encontrar uma simples panaceia para os males da cultura do seu local de trabalho. Portanto, experimentar algumas das ferramentas *lean* pode conduzir a novas formas de enxergar e trabalhar com pessoas. Segundo uma frase usada no setor, "as pessoas são muito mais propensas a transformar seu modo de agir em uma nova forma de pensar do que a transformar seu modo de pensar em uma nova forma de agir".[8] Dizer que "nossa cultura não é como a da Toyota" não deveria constituir uma desculpa para não tentar o *lean*, mas a necessidade de mudar a cultura irá exigir mais tempo, liderança e esforços.

> Os conceitos *lean* podem ser simples, mas uma transformação *lean* requer muitos anos. O Dr. W. Edwards Deming dizia, energicamente: "A mudança não acontece de repente. Não existe pudim instantâneo". Um certo arquiteto se queixou de hospitais que exigiam respostas fáceis e ágeis, dizendo: "Não tenho como projetar para eles um hospital milagrosamente *lean*".

Ferramentas técnicas

O lado técnico do *lean* pode ser descrito como as ferramentas e métodos que implementamos e utilizamos. Você pode ter conhecido o *lean* por meio de alguns dos métodos específicos já utilizados em hospitais, mostrados da Tabela 2.2, entre eles *kanban*, 5S, *kaizen*, eliminação de erros e gerenciamento visual.

Falar a respeito de uma ferramenta isolada ou mesmo de uma coleção de ferramentas não é algo que defina o *lean* com precisão. É mais fácil definir e copiar ferramentas, mas, para conseguir o pleno impacto do *lean*, é preciso trabalhar na implementação do sistema total de administração. Isso vale tanto para hospitais quanto para qualquer outro cenário ou indústria. O ThedaCare (Appleton, WI) e o Virginia Mason Medical Center (Seattle, WA) são dois exemplos proeminentes de hospitais que aspiram a estabelecer uma cultura *lean* de forma integral em suas organizações.

Tabela 2.2   Ferramentas *lean* selecionadas

Ferramenta *lean*	Definição
Kanban	Termo japonês que significa "sinal", um método para administrar estoques
5S	Método para organizar o local de trabalho de maneira a reduzir tempo e movimentações desperdiçados pelos funcionários, de modo que os problemas se tornem mais rapidamente aparentes
Kaizen	Termo japonês que significa "melhoria contínua", focado na melhoria do local de trabalho pelos funcionários
Verificação de erros	Método para determinar ou aperfeiçoar processos de maneira a diminuir a possibilidade do surgimento de erros
Gerenciamento visual	Método para dar visibilidade aos problemas, proporcionando reações e soluções mais rápidas

Métodos gerenciais

Indo além da filosofia e das ferramentas técnicas, o *lean* também desafia a forma pela qual administramos pessoas e sistemas. Capacidades de liderança e gerenciamento são importantíssimas para a implementação dos métodos *lean*. Sem liderança, os funcionários podem ficar sem entender o porquê da necessidade da melhoria e a razão pela qual os métodos *lean* são um caminho em direção a essa melhoria. Uma vez implementados esses métodos, uma liderança consolidada e um sistema de gerenciamento são componentes indispensáveis para sua sustentação.

Gary Convis, um vice-presidente da Toyota já aposentado que chegou a ser um dos norte-americanos de maior destaque na hierarquia da empresa, escreveu que "a cultura gerencial para o STP é enraizada em vários fatores, incluindo o desenvolvimento e a sustentação de um senso de confiança, um compromisso com o envolvimento dos primeiros afetados, trabalho de equipe, tratamento igualitário e justo para todos, e, finalmente, tomada de decisões com base em fatos e no pensamento a longo prazo".[9] Trata-se de uma mentalidade que os hospitais podem confortavelmente adotar em seus projetos *lean*.

Os líderes do ThedaCare trabalharam diligentemente para criar novos métodos de administração como parte de sua cultura *lean*. Parte dessa evolução consiste sempre na transição de um ambiente de comando e controle, em que "os líderes falam sobre como tornar seus desejos – ou comandos – conhecidos pelos funcionários" para um local de trabalho em que o respeito seja demonstrado a cada indivíduo, ouvindo-o, pedindo sua opinião, buscando sua cooperação quando surgem problemas e proporcionando treinamento para que cada equipe possa orientar o aperfeiçoamento em suas respectivas áreas.[10]

A filosofia do "Modelo Toyota"

A definição mais simples, e provavelmente mais elegante, do *lean* é a da própria Toyota, dividida em duas partes.[11]

1. Melhoria contínua
2. Respeito pelas pessoas

Isso é descrito por Taiichi Ohno da seguinte forma: "O objetivo mais importante do sistema Toyota tem sido o aumento da eficiência de produção pela consistente e continuada eliminação do desperdício. O conceito e o igualmente importante respeito pela humanidade que foram legados pelo venerável Sakichi Toyoda (1867-1930) (...) são os fundamentos do Sistema Toyota de Produção".[12] Esse respeito estende-se a todas as partes interessadas – clientes, funcionários, fornecedores e comunidades nas quais a Toyota tem suas operações.[13]

Esses conceitos não são novos na abordagem *lean*; contudo, muitas organizações que buscaram implementá-los se restringiram simplesmente à eliminação do desperdício. Para obtermos sucesso, precisamos nos concentrar nestes dois aspectos com igual intensidade: melhoria contínua e respeito pelas pessoas. Usar o *lean* para fazer melhorias de qualidade e produtividade que levem a demissões em massa constituiria um exemplo de como não sustentar esse equilíbrio. Um número cada vez maior de organizações de assistência à saúde proclamaram publicamente políticas que garantem a não utilização do *lean* como motivo para demissões indiscriminadas.[14]

Melhoria contínua

Embora muitos associem o *lean* com projetos ou eventos de uma semana de duração, o maior potencial dessa abordagem surge quando cada pessoa na organização se sente empenhada na melhoria dos seus processos dia após dia. A palavra japonesa *kaizen* é frequentemente usada para descrever a melhoria contínua, às vezes traduzida como pequenas mudanças ou mudança para melhor. Esses esforços de melhoria têm como foco muitas vezes a redução do desperdício existente no tratamento do paciente ou no trabalho das pessoas.

O termo *desperdício* (que também é representado usando-se a palavra japonesa *muda*) tem um significado todo especial quando usado em conexão com o *lean*. O desperdício pode ser definido como qualquer atividade que não ajuda os pacientes ou que não os leva mais agilmente para os estágios de diagnóstico, tratamento ou alta. Um exemplo de desperdício é o tempo gasto na espera por uma consulta ou pelo passo seguinte no tratamento do paciente. Outro exemplo de desperdício pode residir nas atividades ou erros que prejudicam um paciente. Examinaremos com mais profundidade o desperdício no Capítulo 3.

David Sharbaugh, diretor de melhoria de qualidade no Shadyside Hospital (Pittsburgh, PA), afirmou: "Não é exagerado pensar em 40 ou 50% de desperdício no sistema de assistência à saúde."[15] O Dr. Donald Berwick, ex-presidente e diretor-presidente do Institute for Health Care Improvement, argumentou que os hospitais estão repletos de desperdícios, mas que a sua verdadeira extensão é desconhecida. Berwick sustentou que de 30 a 40% do gasto total com assistência à saúde nos Estados Unidos – cerca de meio trilhão de dólares – é desperdício.[16] O desperdício, até certo ponto, está presente em cada um dos processos e na organização dos hospitais. Não se trata de uma condenação de nossos profissionais; pelo contrário, é apenas um reconhecimento do sistema em que trabalhamos.

As metodologias de aperfeiçoamento contínuo têm sido, de maneira geral, usadas em sistemas que são estáveis e relativamente isentos de desperdício. Hospitais de renome estão usando os princípios *lean* para redesenhar por inteiro ou para radicalmente verificar seus processos e espaços. Além desse redesenho, as organizações *lean* de assistência à saúde criam um ambiente para a melhoria contínua por meio de sua mentalidade administrativa e seus mecanismos para conseguir a adesão do seu quadro de funcionários, como iremos examinar com mais detalhes no Capítulo 10.

Respeito pelas pessoas

Quando os líderes na Toyota falam de "respeito pelas pessoas" (ou, no original, "respeito pela humanidade"),[17] isso tem um significado diferente daquele que as organizações tradicionais podem interpretar como respeito – afinal de contas, qual o líder que estaria disposto a admitir que não respeita seus liderados? O respeito não significa que os gerentes proporcionam aos funcionários alguma autonomia para fazerem suas tarefas da maneira que melhor entenderem, demonstrando confiança total, desde que os resultados sejam bons.[18] Em um hospital que utiliza os princípios *lean*, os administradores e líderes frequentemente fazem uma verificação dos detalhes da realização do trabalho. Isso é feito em respeito ao paciente (a fim de assegurar resultados e qualidade apropriados) e de uma forma que ainda assim demonstre respeito pelos funcionários.

Nessas organizações, o respeito não significa que administradores e líderes sejam sempre simpáticos com seus funcionários, ou que estes evitem conflitos uns com os outros. Nosso objetivo não é simplesmente contar com funcionários felizes, pois isso pode ser concretizado de inúmeras formas superficiais que se mostram custosas para os hospitais ou então que não significam melhorias no cuidado dos pacientes. Respeito, em um contexto *lean*, significa uma infinidade de coisas, inclusive desafiar as pessoas e estimulá-las a trabalhar melhor, de uma forma construtiva.

Respeito não significa deixar os funcionários sozinhos para enfrentar problemas ou cargas excessivas de trabalho. O *lean* é um sistema que "exige que os funcionários deem o melhor de si, sem que isso signifique sobrecarregá-los. O sentimento de confiança criado entre a administração e os trabalhadores pode promover a eficiência e, ao mesmo tempo, um sentimento mais descontraído".[19]

Além de uma palavra para desperdício (*muda*), os japoneses têm também termos que descrevem sobrecarga de trabalho (*muri*) e cargas de trabalho desequilibradas (*mura*). Ter respeito pelas pessoas significa que não permitimos que nossos funcionários cheguem aos estágios de sobrecarga e de desequilíbrio. O *lean* não significa forçar as pessoas a trabalharem com pressa ou a estarem em dois lugares ao mesmo tempo. Um funcionário de um hospital, ao ouvir pela primeira vez falar do *lean*, brincou que com isso todos precisariam de patins para poderem estar em todos os lugares com a presteza exigida. Um pensador *lean*, na mesma situação, questionaria por que os funcionários precisam percorrer distâncias tão longas e se dedicaria a encontrar meios de eliminar a necessidade de se andar sempre correndo.

Parte da abordagem do respeito pelas pessoas consiste no comprometimento com os trabalhadores, confiando a eles a solução de problemas e a eliminação do desperdício. Não é função dos líderes resolver todos os problemas para os funcionários. Como discutimos ao longo deste livro e, mais detalhadamente, no Capítulo 10, a melhoria precisa ser fruto de uma parceria entre funcionários e administradores. Não buscamos criar um sistema em que os gerentes façam tudo no campo das ideias, da solução dos problemas e do desenvolvimento de projetos, e os funcionários simplesmente sigam instruções, sem demonstrar a mínima iniciativa.

Funcionários de hospitais geralmente se declaram mais realizados quando lhes é permitido passar mais tempo em seu trabalho primordial de cuidar do paciente, quer isso signifique atenção direta ao paciente ou um trabalho que dê suporte indireto a esse atendimento. Temos uma grande vantagem sistêmica na assistência à saúde – a motivação intrínseca de nossos funcionários pelo desejo de ajudar as pessoas, um desejo que acaba levando muitos deles a essa área de trabalho. É nossa função, então, como líderes, garantir que essa motivação intrínseca não se dilua com o passar do tempo em virtude de frustrações ou de um sentimento de esgotamento. O autor Peter Scholtes gostava de perguntar a respeito do chamado "peso morto" em nossas organizações, destacando a facilidade com que nos dispomos a contratar "peso vivo para então matá-lo".[20]

É justamente em razão da noção do respeito pelas pessoas que trabalhamos incansavelmente para criar um ambiente no qual nosso "peso vivo" (nossos funcionários, que constituem nossos ativos mais importantes) seja apoiado e incentivado a crescer, em vez de se sentir frustrado e abandonar a profissão ou se transferir para um hospital concorrente. Funcionários que são "peso vivo" podem fazer uma sugestão na primeira vez que constatam a falta de um instrumento cirúrgico. Porém, se essa sugestão não é levada em conta, ou quando o problema não é resolvido, eles podem, compreensivelmente, se sentir frustrados e acabar desistindo, transformando-se em um "peso morto" que já nem tenta solucionar a fonte do problema.

Esses dois conceitos – a melhoria contínua e o respeito pelas pessoas – são elementos importantes do *lean*. Quando aplicado ao ramo do atendimento à saúde, o respeito pelas pessoas inclui o respeito por nossos pacientes, nossos funcionários, nossos médicos, nossa comunidade e todas as partes interessadas do hospital; um ambiente em que é inaceitável que qualquer pessoa trate mal os outros.

> John Toussaint, ex-diretor-presidente do hospital ThedaCare, descreveu assim a maneira pela qual Paul O'Neil, ex-diretor-presidente da Alcoa, o ensinou a respeito das três perguntas-chave a serem feitas como teste para identificar se o seu ambiente é realmente um local capaz de induzir o respeito pelas pessoas:[21]
>
> 1. Meus funcionários e médicos são tratados com dignidade e respeito por todos na organização?
> 2. Meus funcionários e médicos contam com o treinamento e o incentivo para realizarem um trabalho que os faça sentir que suas vidas têm realmente sentido?
> 3. Costumo demonstrar reconhecimento por aquilo que os funcionários e os médicos fazem por aqui?

Quatro competências organizacionais para o *lean*

O professor Steven J. Spear descreveu o *lean* como uma abordagem racional e científica com a qual os funcionários dos hospitais podem se adaptar facilmente, já que muitos deles são treinados cientificamente. Quando temos respeito pelas pessoas e as envolvemos por inteiro na melhoria, em vez de depender de que alguns supostos especialistas cheguem com suas ideias, esse quadro está adequadamente traçado. Spear definiu quatro competências organizacionais no artigo "Fixing Healthcare from the Inside, Today", e discorreu amplamente a respeito delas em seu livro *The High-Velocity Edge*.[22,23]

Competência nº 1: o trabalho é projetado como uma série de experimentos duradouros que revelam imediatamente os problemas

Existem três elementos-chave nessa declaração. Em primeiro lugar, "o trabalho é projetado" significa que o modo como fazemos as coisas não é aleatório, inconsistente ou desordenado. O conceito *lean* de trabalho padronizado (discutido no Capítulo 5) significa que o trabalho deve ser projetado tanto pelos funcionários quanto por seus líderes, em vez de se permitir que práticas aleatórias se desenvolvam e acabem predominando. Não é sempre assim nos hospitais. O diretor de segurança dos pacientes em um hospital comentou: "Nosso sistema de administração dos estoques de sangue é complexo e parece ter evoluído meio aleatoriamente. Existem nele muitas deficiências e oportunidades para que se cometam erros".

Os funcionários de um hospital precisam padronizar processos e tarefas-chave a fim de aprimorar a segurança dos pacientes, evitar perdas de tempo, facilitar o trabalho para os funcionários e reduzir os custos. Quando um paciente fica aos cuidados de um enfermeiro diferente a cada dia, a existência de métodos padronizados ajuda a garantir uma experiência e um atendimento consistentes para aquele paciente. Um paciente em um cenário de tratamento ambulatorial de portadores de câncer queixou-se: "Tudo funciona de maneira diferente cada vez que venho aqui". Enfermeiros de diferentes setores encarregados de cuidar dos pacientes em dias diferentes operavam de maneira distinta uns dos outros. Alguns permitiam que pacientes atrasados fossem atendidos de imediato, enquanto outros os faziam esperar até o surgimento de uma vaga, mesmo se a culpa pelo atraso não fosse desses pacientes. Isso talvez não afetasse necessariamente o seu atendimento clínico e os resultados de seu tratamento, mas assim mesmo provocava frustrações e poderia prejudicar os escores de satisfação dos pacientes com relação ao serviço.

Em segundo lugar, padronizar nosso trabalho não significa que os procedimentos passem a ser normas gravadas em mármore, imutáveis. O conceito *lean* do *kaizen* significa que temos obrigação de encontrar novas formas de melhorar nosso trabalho. Existe uma expressão da Toyota segundo a qual a função de cada pessoa não é apenas fazer o seu trabalho, mas também buscar sempre uma forma de aperfeiçoar a maneira de cumprir aquela tarefa. Dito isso, é preciso tomar cuidado para que "experimentos duradouros" não signifiquem o caos, muito menos um recuo para os tempos em que todo mundo fazia suas tarefas ao seu próprio estilo. Quando temos um método padronizado para inserir, por exemplo, um cateter venoso central, só podemos mudar isso de maneira muito cuidadosa e controlada.

O terceiro ponto é que precisamos estruturar o trabalho de tal forma que os problemas se tornem rapidamente aparentes, a fim de que possam ser corrigidos com a maior rapidez possível. Métodos simples, como o gerenciamento visual, nos proporcionam ferramentas para fazer isso. Eles nos permitem identificar quando suprimentos ou equipamentos indispensáveis estão fora do lugar, possibilitando que tais problemas sejam resolvidos e de maneira mais proativa. Em vez de esperar que suprimentos de itens como cobertores se esgotem em uma unidade de internação de pacientes, simples indicadores e controles visuais podem nos ajudar a constatar que estamos chegando perto da linha de perigo – porque usamos mais do que a média habitual ou porque a entrega de novos cobertores sofreu algum atraso indevido. Muitas vezes não vemos tais problemas porque os suprimentos ficam ocultos pelas portas fechadas dos armários ou em gavetas. Quando é seguro agir desta forma, os conceitos *lean* nos levam a manter os suprimentos visíveis (e a ter um processo padronizado para verificar os níveis dos estoques), o que, por sua vez, pode prevenir desperdício, problemas e frustrações. O gerenciamento visual e o sistema de *kanban* para a administração dos suprimentos são discutidos no Capítulo 6.

Competência nº 2: problemas são enfrentados imediatamente pela experimentação rápida

Em um ambiente *lean*, tornamos os problemas visíveis e aparentes porque reconhecemos que é aceitável ter problemas, desde que estejamos trabalhando para resolvê-los. Existe uma história famosa na Toyota sobre executivos japoneses que visitaram gerentes norte-americanos em sua nova fábrica em Georgetown, Kentucky. Os executivos japoneses fizeram questão de perguntar quais eram os principais problemas ali existentes, e um gerente norte-americano respondeu: "Não temos problemas". A típica ideia fixa na indústria automobilística indicava não ser recomendável revelar a existência de problemas ao seu chefe, porque ou você seria destratado em razão disso, ou seria alvo de atenção indesejada e de "soluções" orientadas pela administração que poderiam não resolver o problema. Um executivo japonês respondeu então: "Não ter problemas é um problema".[24] Na visão da Toyota, é altamente improvável que uma área como aquela, que ocupava no momento a atenção dos executivos, não tivesse problemas ou oportunidades para a promoção de melhorias.

Quando se descobre um problema, o foco é colocado na sua solução imediata, no lugar em que se manifesta e com a contribuição das pessoas que estão enfrentando aquele problema. Existe uma expressão *lean* que diz que problemas não são resolvidos em salões de conferências; eles são resolvidos no *gemba*, termo japonês que indica o local em que se realiza o trabalho prático.

Caso surgisse, por exemplo, um problema pelo fato de os enfermeiros esquecerem de encaminhar, juntamente com os pacientes que recebem alta, os remédios a eles receitados pelos médicos, a equipe não se dedicaria somente a pendurar sinais exortando os enfermeiros a serem mais cuidadosos. Em vez disso, ela poderia modificar os pontos em que os medicamentos são armazenados, para que pudessem ser enviados com mais praticidade durante o processo da alta hospitalar. A equipe poderia também desenvolver uma relação padronizada de verificações que os enfermeiros deveriam fazer durante cada alta, incluindo um lembrete sobre a medicação. Ela poderia inclusive imprimir essa lista de controle no envelope que é usado para levar informações e objetos dos pacientes. Com a abordagem *lean*, os problemas são resolvidos mais rapidamente, e, sempre que ocorrem, é mais provável que consigamos adotar medidas corretivas por meio da experimentação rápida, segundo o ciclo do planejar-fazer-verificar-agir (ou PDCA, na sigla em inglês), ciclo esse criado por W. Edwards Deming. Sempre que surgem problemas, é melhor tentar alguma coisa para ver se dá certo, em vez de perder um tempo precioso tentando desenvolver a solução "perfeita".

As raízes da abordagem de melhoria contínua podem ser buscadas no ciclo PDCA (também chamado de planejar-fazer-estudar-ajustar, cuja sigla em inglês é PDSA) que Demings ensinou aos japoneses depois da Segunda Guerra Mundial. Na abordagem do PDCA, consideramos qualquer condição nova e aprimorada como o novo ponto de partida para futuras melhorias, jamais nos dando por satisfeitos com nosso desempenho em determinado momento.[25]

O ciclo do PDCA, como mostrado na Figura 2.2, tem a pretensão de correr paralelamente ao método científico, no qual qualquer mudança proposta é meramente uma hipótese apresentada para ser testada. Mediante testes em pequena escala, nos tornamos capazes de identificar se a mudança de processo conduz aos resultados esperados e se podemos reagir de acordo com eles. Se os resultados esperados não se materializarem, teremos a possibilidade de desafiar nossa hipótese inicial e deixar de lado a mudança proposta, ou recuar para experimentar uma alternativa (ou até mesmo voltar ao processo original). Quando os resultados esperados se materializam, podemos formalizar os novos processos e difundir as mudanças para outras áreas. É importante sempre voltar ao ciclo do plano, seja para encontrar um novo método de melhoria, seja para descobrir um novo problema que precise de uma solução, via processo PDCA.

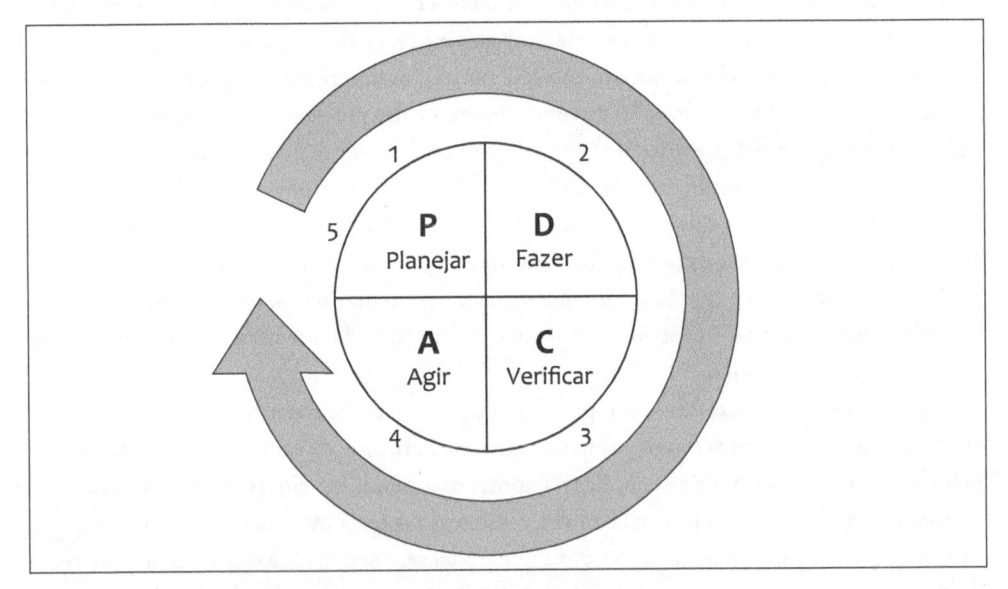

Figura 2.2 O ciclo planejar-fazer-verificar-agir (PDCA).

Abordagens tradicionais de gestão seguidamente dão como garantido o sucesso pela simples concretização das mudanças, não fazendo os testes necessários para conferir se os resultados almejados foram obtidos, ou não se dispondo a alterar comportamentos no sentido de defender ou justificar uma eventual falta de resultados, por causa do receio de fracassar. Uma cultura *lean* saudável não espera que as pessoas sejam bem-sucedidas o tempo inteiro em todas as suas iniciativas. Uma expectativa de 100% de sucesso resulta em uma cultura avessa a riscos na qual o medo de um fracasso acaba levando a uma carência de experimentações e de melhorias.

Competência nº 3: as soluções são disseminadas adaptativamente por meio da experimentação colaborativa

As melhorias feitas em uma área precisam ser compartilhadas com outros departamentos ou áreas, a fim de evitar que todos precisem passar pelos mesmos ciclos de melhoria individualmente. Podemos observar isso em relação às diferentes unidades de pacientes internados e aos diversos andares do hospital. Embora possamos ter diferenças entre unidades especializadas, determinados processos centrais podem ser padronizados, entre os quais a forma de encaminhar pedidos à farmácia. Quando uma melhoria *kaizen* é feita em uma unidade, precisamos de um mecanismo para que essa melhoria venha a ser compartilhada entre todas as unidades.

Uma disseminação adaptativa é diferente do tradicional lançamento de uma nova prática preferível que possa ter sido desenvolvida em uma unidade. As pessoas costumam se queixar de estarem sendo "atropeladas" quando são forçadas a adotar uma nova prática que talvez não satisfaça as necessidades precisas de sua unidade. Sistemas de saúde como o ThedaCare estão aprendendo que o modelo *lean* leva a uma abordagem com mais nuanças. Em vez de cada unidade do hospital duplicar completamente esforços de melhorias, a segunda unidade poderia receber o processo que foi criado pela primeira – considerando esse processo como um ponto de partida para futuras melhorias. A segunda unidade não deve forçar a adaptação desse processo sem primeiro pensar; pelo contrário, ela tem liberdade para adaptar o processo de acordo com as necessidades dos seus pacientes específicos. Se a segunda unidade descobrir uma forma incrementalmente melhor, ela é obrigada a compartilhar essa melhoria com a unidade que originalmente desenvolveu aquele novo método.

Essa colaboração e esse compartilhamento também podem se estender a outros hospitais do mesmo sistema ou da mesma cidade. A Pittsburgh Regional Healthcare Initiative é um exemplo de processo em que os hospitais trabalham em conjunto a respeito de questões de segurança dos pacientes, compartilhando informações para o benefício dos pacientes e da comunidade. A indústria global do atendimento à saúde tem uma grande oportunidade para criar métodos de comunicação e infraestruturas que proporcionem aos hospitais as condições para cooperar e compartilhar melhorias intermunicipais, interestaduais ou mesmo transpor fronteiras nacionais, sempre pensando no bem dos pacientes. Pouco tempo atrás, a Healthcare Value Network, uma colaboração entre o Lean Enterprise Institute e o ThedaCare Center for Healthcare Value, estendeu esse compartilhamento e aprendizado a hospitais por toda a América do Norte.[26]

Competência nº 4: pessoas em todos os níveis da organização são ensinadas a se tornarem experimentalistas

Embora Spear e outros pensadores *lean* cogitassem permitir que funcionários no nível mais primário da organização resolvessem problemas, não podemos simplesmente jogar as pessoas nas equipes sem antes muni-las com as habilidades e os métodos indispensáveis a uma eficiente solução de problemas. Muitos sistemas hospitalares, tais como o Avera McKennan (Sioux Falls, Dakota do Sul), estão proporcionando treinamento inicial *lean* (incluindo treinamento em métodos de solução de problemas) a todos os funcionários. Isso requer a prática contínua de *coaching*, de treinamento e de ação de mentores, sejam eles ministrados por consultores externos, por líderes de processos internos de melhorias ou pelos próprios gerentes e líderes das linhas de frente.

A simples reunião de um grupo de funcionários para buscar soluções pode levar meramente a soluções similares às já tentadas no passado, como pedir às pessoas que sejam mais cuidadosas ou que atuem com mais empenho. A metodologia *lean* ajuda os funcionários a encararem o seu trabalho e os processos por meio de novas formas de solucionar tais problemas. Com isso não se pretende criticar a inteligência ou criatividade dos funcionários, mas simplesmente reconhecer que uma das responsabilidades dos líderes nos hospitais é proporcionar o contínuo treinamento e desenvolvimento de sua equipe.

> *Quatro regras em uso para o lean*
>
> Um número cada vez maior de hospitais está adotando conceitos de um artigo anterior de Spear, escrito com H. Ken Bowen e intitulado "Decoding the DNA of the Toyota Production System" (Decodificando o DNA do Sistema Toyota de Produção).[27] As regras também são apresentadas na metodologia de melhoria da assistência à saúde chamada "*design* adaptativo".[28]
> As regras são as seguintes:
>
> Regra nº 1: Todo trabalho deve ser altamente especificado em relação a conteúdo, sequência, ajustamento temporal e resultado.
> Regra nº 2: Cada conexão cliente-fornecedor deve ser direta, sendo também indispensável uma maneira clara e direta de apresentar pedidos e receber respostas.
> Regra nº 3: O caminho de cada produto e serviço precisa ser simples e direto.
> Regra nº 4: Toda melhoria precisa ser feita de acordo com o método científico, sob a orientação de um professor, a partir do nível mais primário da organização.

Conclusão

É difícil apresentar uma definição única do *lean* que seja sucinta e, ainda assim, completa. Essa metodologia é um conjunto de conceitos e ferramentas que possibilita às pessoas melhorar o atendimento aos pacientes (reduzindo sofrimento e filas de espera). Trata-se de uma abordagem e uma filosofia gerencial que promove o engajamento integral de funcionários e médicos na melhoria contínua que tem por meta a perfeição. O *lean* proporciona meios para definir precisamente a concretização do trabalho, sem sufocar a criatividade ou a opinião profissional. As organizações *lean* podem melhorar qualidade e custo sem exigir que as pessoas trabalhem mais ou sejam mais cuidadosas, mas não é uma solução mágica. Como o diretor-presidente de um hospital disse à liderança do seu conselho administrativo: "O *lean* é muito simples e, ao mesmo tempo, muito complicado". Esta é uma grande verdade, pois a implementação de um conjunto de princípios, por mais simples que seja, pode se transformar em um gigantesco desafio.

Lições *lean*

- Embora suas raízes estejam na produção industrial, o *lean* pode ser aplicado com sucesso em outros setores, inclusive no da assistência à saúde.
- O *lean* é uma cultura organizacional que se desenvolve a partir de um sistema integrado de ferramentas, práticas de gestão e filosofia.
- Desenvolver os funcionários, suas carreiras e talentos é essencial para o sucesso do *lean*.
- Eliminar o desperdício e mostrar respeito pelas pessoas representa conceitos importantes.
- O trabalho deve ser projetado, em vez de se permitir a livre evolução de métodos.
- "Não ter problemas é um problema" – precisamos manter a transparência em relação à existência de problemas.
- Em uma cultura *lean*, não se ampliam novos métodos pela sua imposição a outras unidades.
- Todos os funcionários precisam participar da solução dos problemas e da eliminação do desperdício.

Pontos para discussão em grupo

- Se alguém lhe perguntar "o que é o *lean*?", qual será a sua melhor resposta em 30 segundos?
- O que precisa mudar e ser implementado para a criação de uma cultura *lean* em seu hospital?
- Como podemos desenvolver habilidades de liderança nos funcionários em todos os níveis da estrutura empresarial?
- Existem práticas antigas que podem ser caracterizadas como falta de respeito pelas pessoas em seu hospital?
- Por que alguns funcionários do hospital se mostram, com o passar do tempo, esgotados ou descrentes em relação a novas práticas?
- Quais foram os métodos ou práticas recentes surgidos espontaneamente, em vez de projetados, em sua área?
- Como você encontra o equilíbrio entre não reinventar a roda e ao mesmo tempo não copiar cegamente outras unidades ou outros hospitais?

Capítulo

3

VALOR E DESPERDÍCIO

Desperdício não é o mesmo que custo

As organizações de assistência à saúde concentram-se há muito tempo na tentativa de reduzir os custos, mas eles continuam aumentando. O *lean* proporciona uma forma diferente de encarar os custos, exatamente por não olhar diretamente para eles. Patrick Hagan, executivo-chefe (COO) do Seattle Children's Hospital, no Estado de Washington, afirmou: "Raramente falamos a respeito de custos. Falamos sobre desperdício, qualidade e segurança, e assim acabamos vendo nossos custos desaparecerem".[1]

Os pensadores *lean* veem o custo como o resultado final de todos os sistemas e processos. Como um resultado final, os custos não são algo que possa ser diretamente afetado. Ou pelo menos não temos um impacto sobre esse aspecto pelos tradicionais rumos de "redução de custos", que sempre foram sinônimo de demissões em massa e possivelmente de uma redução dos serviços prestados à comunidade. Os hospitais *lean* se concentram em reduzir o desperdício, não em reduzir custos. Organizações que usam essa abordagem também têm como foco os consumidores (os pacientes) e o valor que estamos entregando a eles. Dessa forma, o *lean* não é focado em fazer menos, mas em entregar o montante certo de valor. Se estamos reduzindo o desperdício, podemos muitas vezes prover mais valor e, simultaneamente, dispender menos esforços com menores custos.

O que é desperdício?

Quais são os problemas e aborrecimentos que surgem constantemente, interferindo em nosso trabalho e na assistência aos pacientes? Na terminologia *lean*, chamamos tudo isso de *desperdício*. Os dias de trabalho nos hospitais são repletos de interrupções, erros de comunicação, deslocamentos desnecessários e horas extras inúteis. Funcionários e líderes frequentemente consideram que seu trabalho, ou o valor que eles agregam a uma organização, reside na sua capacidade de enfrentar problemas. Quando faltam suprimentos, corremos para localizá-los. Quando nossos espaços de trabalho são mal projetados e as agendas de trabalho estão sobrecarregadas, caminhamos mais depressa. Quando os pedidos esperados no escritório de um médico não chegam, fazemos múltiplos telefonemas para localizá-los. Esses são paliativos que não evitam que o mesmo problema volte a ocorrer. Em vez de identificarmos esses paliativos e essas medidas heroicas como "nossa função", devemos avaliar o desperdício como algo a ser reduzido ou eliminado, para que possamos passar mais tempo fazendo nosso verdadeiro trabalho – o atendimento aos pacientes.

Aprender a separar movimento (as coisas que fazemos) de valor (as coisas que fazemos e que ajudam o paciente) constitui um passo crítico na jornada *lean*. Em vez de definirmos nossas funções em termos de "isto é o que fazemos", o *lean* nos concede um modelo mental para determinarmos aquilo que *deveríamos* estar fazendo. Os hospitais podem aprender a ganhar tempo sem que isso afete a qualidade ou o tratamento de que os pacientes precisam.

Os funcionários dos hospitais normalmente passam uma grande parcela do seu tempo em atividades que representam desperdício. Enfermeiros médico-cirúrgicos de hospitais em todo o mundo, por exemplo, geralmente empregam apenas cerca de 30% do seu tempo no atendimento direto aos pacientes, que inclui atividades como:

- verificar o estado dos pacientes;
- administrar medicação;
- responder a perguntas;
- transmitir orientações dos médicos.

O Virginia Mason Medical Center, de Seattle, Estado de Washington, utiliza métodos *lean* para otimizar o tempo dos enfermeiros junto aos leitos dos pacientes de cerca de 33 para 90%.[2] O Serviço Nacional de Saúde do Reino Unido está ensinando métodos *lean* aos enfermeiros e demais funcionários dos hospitais por meio de seu programa "Liberando Tempo para o Atendimento", que tem praticamente dobrado os casos de atendimento/cuidado direto dos pacientes.[3] Hospitais nos Estados Unidos estão usando uma abordagem similar chamada "Transformando o Atendimento Junto ao Leito", que tem a meta de aumentar o tempo junto ao leito dos pacientes de 30 para 70%.[4] Menos desperdício significa mais tempo para o atendimento dos pacientes, o que leva a resultados como: redução de recaídas de pacientes e do tempo de duração das internações hospitalares.

Quando funcionários, departamentos ou hospitais estão sobrecarregados, é preciso reduzir o desperdício, em vez de simplesmente pedir mais recursos e mais pessoal. A redução do desperdício também permite assumir mais trabalho sem a necessidade de aumentar o pessoal, pois isso passa a ser feito de uma forma que não estressa os funcionários. A redução do desperdício também proporciona tempo às pessoas para que façam seu trabalho da forma mais correta – entregando assim alta qualidade e serviços de primeira linha aos pacientes, em vez de serem pressionadas a buscar atalhos em razão da falta de tempo. Eliminar o desperdício possibilita reduzir custos, proporcionar mais serviços, melhorar a qualidade e aumentar a satisfação dos funcionários – em resumo, é algo satisfatório para todas as partes interessadas dos hospitais.

O que é valor? Comece pelo cliente

Se o desperdício é uma atividade que não agrega valor, o que é valor? Em *Lean Thinking*, Womack e Jones definiram cinco princípios que descrevem um ambiente *lean*, aqui adaptado ligeiramente para hospitais, como mostrado na Tabela 3.1.[5]

Em primeiro lugar está o cliente, como proclamaram Womack e Jones: "Valor só pode ser definido pelo consumidor final".[6] O que isso representa para um hospital que tenha passado a usar o *lean*? Precisamos começar fazendo a pergunta: "quem é esse consumidor?". Em um cenário de hospital, podemos ter muitos consumidores para qualquer das inúmeras atividades ou atendimentos que proporcionamos. O mais óbvio dos consumidores "finais" é o paciente. A maioria das atividades e prioridades deve então estar centrada nesse consumidor.

Dentre os outros consumidores podem estar os familiares dos pacientes, os médicos, os funcionários e os pagadores. Cada um desses diferentes consumidores pode definir valor de maneira diferente. O membro da família de um paciente que passa por cirurgia ambulatorial, por exemplo, poderá encontrar valor em conhecer e entender o *status* preciso desse paciente em todas as ocasiões, reduzindo o grau de preocupação durante a permanência dele no hospital.

Pode haver ocasiões em que lidamos com um consumidor interno em um processo, a pessoa que recebe nosso trabalho. Por exemplo, o médico é o primeiro a receber o relatório do patologista. Quando a biópsia de um paciente é encaminhada ao laboratório, o patologista pode também pensar sobre as necessidades e os critérios de qualidade do médico, juntamente com os do paciente. O médico que pediu esse exame pode ter exigências específicas sobre a maneira pela qual as informações devem ser apresentadas e estruturadas no relatório da patologia.

Tabela 3.1 Princípios do pensamento *lean* para os hospitais

Princípio	Os hospitais *lean* devem...
Valor	Especificar *valor* do ponto de vista do consumidor final (o paciente)
Cadeia de valor	Identificar todos os passos de valor agregado entre os limites dos departamentos (a *cadeia de valor*), eliminando aqueles passos que não criam valor
Fluxo	Manter o processo *fluindo* suavemente pela eliminação das causas de demoras, tais como problemas com lotes e com a qualidade
Puxar	Evitar empurrar (transferir) trabalho para o processo ou departamento seguintes; deixar que o trabalho e os suprimentos sejam *puxados*, conforme o necessário
Perfeição	Buscar a perfeição por meio da melhoria continuada

Fonte: adaptada de "Princípios do Lean", do Lean Enterprise Institute, http://www.lean.org/WhatsLean/Principles.cfm (acessado em 20 de dezembro de 2007).

Seja qual for o processo, a pessoa que faz o trabalho deveria pensar sempre no consumidor final, mas pode também fazer seu trabalho de tal forma que permita ao receptor do trabalho "no fim da corrente" ser um parceiro mais eficiente no processo total de cuidado daquele paciente. O consumidor interno precisa estar em alinhamento com o consumidor final – o paciente. Discussões sobre as necessidades do consumidor interno jamais deveriam desviar o assunto das necessidades do consumidor final, pois assim uma organização pode correr o risco de se voltar demais a seus interesses internos.

> Um dos princípios do pensamento *lean* que, às vezes, é questionado nos hospitais é a noção de *puxar*. Essa noção é apropriada para a gestão de materiais, como descrito no Capítulo 6, sobre o *kanban*, à medida que os suprimentos são puxados apenas quando necessários, nas quantidades certas, em vez de aleatoriamente, sem uma avaliação correta de sua necessidade. Os hospitais já exercem o sistema de puxar no sentido de que um paciente pode ser mantido no departamento de emergência até que se abra uma vaga para internação. Os quartos vagos puxam o paciente do departamento de emergência. O puxar, então, de certa forma já existe, mas o fluxo pode estar ausente, uma vez que os pacientes esperam, como discutido no Capítulo 9. Pode ser melhor imaginar um paciente puxando serviços. Quando um paciente necessita de um leito, por exemplo, ele deveria ser capaz de, figurativamente, puxar esse recurso, em vez de precisar ficar à espera dele, mesmo estando na situação de ser levado para o leito.
>
> Alguns teóricos já argumentaram que o fluxo de pacientes é aprimorado, na realidade, quando a emergência empurra os pacientes para que esperem na entrada do quarto de um paciente ambulatorial, em vez de no saguão de entrada da emergência. Empurrar um paciente para uma unidade pode criar incentivos para que a equipe da unidade ambulatorial complete o processo de alta de outros pacientes com maior presteza, liberando os seus quartos. Essa mentalidade pressupõe que os funcionários estejam retardando de propósito o processo de alta, o que nem sempre é verdade. O que acontece é que um mau fluxo é sempre um mau fluxo, e mudar o local de espera do paciente não irá extirpar a causa-raiz dessa questão.

Como definimos valor?

O Dr. Don Berwick, em sua palestra de 2009 na abertura do fórum anual do Institute for Healthcare Improvement (Instituto para a Melhoria do Atendimento à Saúde), fez a seguinte pergunta a respeito de nossa saúde e da assistência à saúde de que dispomos: "O que nós realmente queremos?". Berwick destacou que a preferência dele é "uma medicina segura, eficiente e baseada em evidências" para o seu próprio atendimento médico. O que ele "realmente quer" é manter-se ativo e participante de atividades recreativas e eventos familiares importantes.[7] Michael Porter sugeriu que os pacientes valorizam três níveis de cuidado: a sobrevivência e o nível de recuperação; o tempo necessário para retornar às atividades normais; e a sustentabilidade dos tratamentos oferecidos.[8]

Do ponto de vista de um paciente, é possível argumentar que "valor" significa não apenas prover assistência eficiente, segura e efetiva sempre que isso é necessário. Em vez de algo meramente reagente, o paciente pode valorizar um sistema de assistência à saúde que o ajude a se manter saudável e que lhe proporcione uma vida mais longa com qualidade cada vez maior. Desse modo, o valor do *lean* pode residir na reflexão sobre todas essas questões de alto nível, em vez de simplesmente se concentrar em promover ajustes na provisão dos serviços de assistência à saúde em vigor. Porter escreveu que o valor em seu mais alto nível deveria basear-se em resultados, não em atividades, e deveria ser mensurado como "a razão entre os tratamentos bem-sucedidos de pacientes e o custo total da assistência para a suas respectivas enfermidades".

No contexto dessas questões mais globais, a metodologia *lean* traz algumas regras muito específicas a serem utilizadas na determinação de quais são as atividades de valor agregado (VA) e as sem valor agregado (SVA). As três regras que precisam ser satisfeitas para que uma atividade venha a ser considerada como de valor agregado são as seguintes:[9]

1. O cliente deve estar disposto a pagar pela atividade.
2. A atividade precisa transformar de alguma forma o produto ou serviço.
3. A atividade deve ser feita corretamente desde a primeira vez.

Todas essas regras precisam ser satisfeitas, ou então a atividade será considerada sem valor agregado (SVA), ou um desperdício.

Regra nº 1: o cliente deve estar disposto a pagar pela atividade

Pensadores de diferentes orientações, como Porter e James P. Womack, concordaram que o valor precisa ser definido a partir da perspectiva do cliente.[10,11] Dado o potencial de diferentes definições de valor por uma multiplicidade de clientes, como poderemos chegar a um acordo sobre valor? Muitas vezes, os provedores de um serviço imaginam aquilo que é ou não valorizado pelos consumidores. Um método para determinar o que os consumidores consideram valor é indagá-los diretamente sobre isso. Alguns hospitais estão começando a envolver formalmente pacientes e seus familiares nos esforços de melhoria, inclusive pedindo aos pacientes que ajudem a definir valor pelo atendimento que lhes é dado e pelos demais serviços proporcionados pelo hospital.[12]

Com a primeira regra, podemos começar com o paciente como consumidor. Um profissional da área médica poderia pensar: "Nossos clientes nem sempre têm conhecimento suficiente para responder essa pergunta! Eles não conseguem fazer uma apreciação correta de tudo aquilo que precisamos fazer para eles". Isso até pode ser verdade: às vezes, os clientes ou pacientes precisam ser orientados a respeito. Funcionários de hospitais, encarregados do atendimento ou líderes não podem supor que qualquer atividade tenha automaticamente valor agregado em razão de seu cargo ou título profissional, ou porque uma determinada atividade seja sempre realizada de uma determinada forma.

Um paciente que chega ao hospital com uma fratura de quadril certamente dará valor maior àqueles passos diretamente exigidos para o diagnóstico e o tratamento. O tempo que ele passar diretamente com encarregados do atendimento, como enfermeiros ou cirurgiões, será certamente valorizado. O paciente que precisar fornecer as mesmas informações de triagem a três pessoas diferentes já veria desperdício na segunda e na terceira delas. Uma revisão dos exames de raios X seria valorizada, mas o tempo gasto na espera porque o radiologista está ocupado demais seria considerado um desperdício.

Regra nº 2: a atividade precisa transformar de alguma forma o produto ou serviço

A definição original da indústria manufatureira para a segunda regra descrevia a mudança "do produto",[13] querendo dizer com isso que houve uma mudança física que levou o produto para mais perto de seu estado final. Por exemplo, a instalação da porta de um carro muda o produto de uma maneira que agrega valor, dado que os consumidores estão dispostos a pagar pelas portas e que o produto com isso é transformado de uma carroceria sem portas em uma carroceria com portas. O tempo gasto movimentando-se as portas na fábrica, dando-lhes os toques finais ou esperando por sua montagem seria considerado algo que não agrega valor, porque nada está mudando no produto.

Dependendo do processo, o "produto" em um hospital pode ser o paciente, uma imagem radiológica, uma medicação ou uma amostra de laboratório. *Produto* é confessadamente um termo insensível se aplicado a pacientes, e por isso é, geralmente, evitado. Consideremos o processo pelo qual o sangue de um paciente é testado em relação aos seus níveis de potássio. O produto assume diferentes formas. O passo da chegada do pedido do médico transforma o produto de um pensamento do médico para um pedido no sistema informatizado do hospital.

A atividade do flebotomista na coleta de amostras muda o produto de um pedido no sistema para um tubo de sangue do paciente. Isso se adequa a ambas as definições (é valorizado pelo paciente e muda o produto), de maneira que pode ser considerado como algo com valor agregado, desde que o serviço seja feito sem erros.

A definição da segunda regra pode ser adaptada ligeiramente quando estamos trabalhando com um paciente, em vez de um produto. Se uma atividade transporta o paciente de um estado para outro, na direção do estado final desejado (por exemplo, a alta hospitalar), podemos afirmar que o paciente foi modificado de uma forma com valor agregado. Simplesmente movimentar o paciente do ponto A para o ponto B é considerado algo que não agrega valor. Isso poderá ser questionado por alguém que destaque que os pacientes precisam ser levados de seu quarto para o departamento de radiologia para que possam ser submetidos a uma tomografia computadorizada. Isso é verdade, mas consideraríamos a própria tomografia computadorizada como um passo de valor agregado, já que ela leva o paciente do estado de alguém sem diagnóstico para um estado em que um diagnóstico já poderia ser feito. Movimentar o paciente para a radiologia poderia ser considerado "desperdício necessário", como discutiremos mais adiante neste capítulo.

Regra nº 3: a atividade deve ser feita corretamente desde a primeira vez

Uma atividade pode satisfazer as exigências das duas primeiras regras, mas, se algo for feito de forma errada, exigindo por isso repetição e movimentação adicionais, não teremos crédito pela realização da mesma atividade duas vezes como o dobro do valor agregado da primeira ocasião.

São muitos os exemplos de coisas que não são feitas corretamente na primeira vez em departamentos hospitalares. Um médico pode redigir uma receita para um medicamento ao qual o paciente é reconhecidamente alérgico. Essa movimentação e esse tempo, junto com o tempo consumido pelo funcionário da unidade que processou o pedido e pelo farmacêutico que constatou o erro, seriam considerados desperdício (sem contar, é claro, com o risco de um efeito adverso sobre o paciente). Já o tempo empregado na emissão correta da receita seria considerado valor agregado.

Em outro exemplo, os minutos finais de um procedimento cirúrgico não teriam valor agregado caso ocorresse um erro na contagem e verificação das esponjas usadas durante o procedimento. Se a incisão no paciente for fechada (o que seria um passo de valor agregado) com uma esponja deixada no interior de seu organismo, a atividade de reabrir a incisão seria considerada desperdício. Se tivermos de reabrir a incisão para remover a esponja e então fechá-la novamente, não poderemos considerar o movimento e o tempo empregados nisso como valor agregado. É, portanto, muito melhor para todos os envolvidos desenvolverem sistemas que previnam a ocorrência de erros semelhantes.

Hospitais e cirurgiões são muitas vezes remunerados por trabalho sem valor agregado em razão da atividade que isso envolveu, e não em razão do valor. Isso está mudando, por meio das novas diretrizes emitidas pelo governo dos Estados Unidos e pelos Centers for Medicare and Medicaid Services (CMS). Os CMS, acompanhados por alguns agentes do setor privado, deixaram de pagar por determinados tipos de retrabalho – aquilo que não é feito da maneira certa na primeira vez.[14] Isso inclui procedimentos realizados apenas para remover objetos deixados no interior do organismo de pacientes, infecções evitáveis, embolias aéreas e quedas. Os hospitais já tentavam reduzir esses erros e o retrabalho deles resultante por ser a medida mais correta em relação aos pacientes. Essas novas expectativas de pagamento, que podem se espalhar, constituem uma tentativa de criar mais um incentivo para a melhoria.

Exemplos de atividades com e sem valor agregado

Atividades com valor agregado (VA) e sem valor agregado (SVA) podem ser vistas pela perspectiva de produtos, pacientes, funcionários ou prestadores do atendimento à saúde. A Tabela 3.2 mostra exemplos de atividades com e sem valor agregado para diferentes funções em vários departamentos hospitalares.

Ao se categorizar o que as pessoas fazem, a distinção entre atividades com e sem valor agregado não pode ser confundida com um julgamento de valor de indivíduos ou de funções específicas em uma organização. O objetivo não é dizer que os cirurgiões – as pessoas ou a função – agregam valor e os técnicos da sala de operação não agregam, mas sim definir a presença ou ausência de valor agregado com base no trabalho que está sendo feito em um determinado momento. Nós todos temos momentos em nosso dia que não agregam valor. Se um cirurgião está parado na sala de cirurgia esperando porque alguém precisou buscar algum instrumento cirúrgico indisponível no momento, esse tempo certamente não agrega valor. A presença do desperdício não indica que um funcionário seja fraco ou não esteja trabalhando bem. Pelo contrário, o desperdício faz as pessoas trabalharem no seu limite para combater problemas que interrompem seu trabalho de valor agregado. O desperdício tende a ser orientado pelo sistema e pelo projeto (ou pela falta dele) dos nossos processos. A Tabela 3.3 mostra alguns exemplos de atividades com e sem valor agregado para diferentes departamentos e produtos em um hospital.

A distinção entre trabalho com ou sem valor agregado nem sempre acontece de maneira direta e óbvia nos hospitais. Em um deles, a equipe debateu se as atividades dos enfermeiros com as anotações nos prontuários agregavam ou não valor. Um dos lados argumentou que essas anotações não implicavam um cuidado direto ao paciente, e que, por isso, deveriam ser consideradas atividade SVA. O outro grupo argumentou que as anotações nos prontuários tinham indubitável VA por retransmitirem informações que ajudavam o médico a tomar decisões a respeito do atendimento do paciente. Acabou sendo encontrado um nível intermediário no qual determinados gráficos tinham VA (por terem impacto sobre o atendimento), mas incluíam perdas de tempo causadas pelos problemas do sistema, que eram SVA. A prática de "excesso de anotações", ou seja, o registro de mais informações que as necessárias para o atendimento do paciente, poderia ser igualmente considerada desperdício.

Tabela 3.2 Exemplos de diferentes funções com e sem valor agregado nos departamentos dos hospitais

Departamento	Função	Exemplo de atividade com VA	Exemplo de atividade SVA
Sala de cirurgia	Cirurgião	Operar pacientes	Esperar por procedimento atrasado ou desempenhar etapas desnecessárias
Farmácia	Técnico farmacêutico	Preparar uma formulação intravenosa	Reprocessar medicamentos devolvidos pelas unidades de internação
Unidade de internação	Enfermeiro	Administrar medicamentos a um paciente	Copiar informação de um sistema de computador para outro
Radiologia	Técnico em radiologia	Realizar o procedimento de ressonância magnética	Realizar uma tomografia desnecessária do ponto de vista do médico
Laboratório	Técnico de laboratório	Interpretar o resultado de um teste	Consertar um instrumento estragado

Tabela 3.3 Exemplos de diferentes "produtos" com e sem valor agregado nos processos dos hospitais

Departamento	"Produto"	Atividade com VA	Atividade SVA
Sala de emergência	Paciente	Ser avaliado ou tratado	Esperar para ser visto
Laboratório clínico	Amostra do paciente	Ser centrifugada ou testada	Esperar para ser movida como um "lote"
Farmácia	Receita	Medicamento em formulação ou preparo	Passar por múltiplas inspeções
Serviços perioperatórios	Instrumentos esterilizados	Tempo da esterilização dos instrumentos	Instrumentos repetidamente esterilizados de *kit* padrão não utilizado
Serviços de nutrição	Bandeja de alimentos dos pacientes	Tempo de cozimento dos alimentos ou montagem da bandeja	Repetição do trabalho pela composição incorreta da bandeja

Desse modo, a categorização de uma atividade como valor ou desperdício pode representar um exercício acadêmico. Em vez de ficarmos argumentando durante horas a respeito dessa classificação, é mais importante questionar se podemos eliminar algum passo ou encontrar uma melhor maneira de concretizá-lo. A busca por desperdícios só tem sentido se conduzir à melhoria por meio de um desafio às práticas existentes.

Aprendendo a identificar e descrever o desperdício

Para ajudar a identificar o desperdício, é útil contar com uma terminologia específica compartilhada. Ohno definiu sete tipos de desperdício, e publicações posteriores relacionaram oito tipos.[15] Essas definições foram adotadas como uma estrutura útil para identificar o desperdício nos hospitais. Às vezes, os termos são usados *ipsis litteris*; às vezes, são modificados. Chegar a um acordo completo sobre os termos exatos não é essencial, uma vez que a Toyota não pretendeu que essa lista tivesse abrangência total, nem que se transformasse em algo que não poderia ser modificado. Uma terminologia consistente, no entanto, ajuda a nos comunicarmos no âmbito de nossa organização e no âmbito de todo o nosso ramo. Os tipos de desperdício são resumidos na Tabela 3.4.

Tabela 3.4 Os oito tipos de desperdício

Tipo de desperdício	Descrição resumida	Exemplos hospitalares
Falhas	Tempo gasto fazendo algo incorretamente, inspecionando erros ou consertando erros	Carrinho cirúrgico com falta de um item; medicamento errado ou erro na dose administrada ao paciente
Superprodução	Fazer mais que o demandado pelo cliente ou produzir antes de surgir a demanda	Realização de procedimentos diagnósticos desnecessários

Transporte	Movimento desnecessário do "produto" (pacientes, amostras, materiais) em um sistema	*Layout* inadequado; por exemplo, laboratório do cateter localizado longe da emergência
Espera	Espera pelo próximo evento ou pela próxima atividade de trabalho	Funcionários esperando por causa de desequilíbrio nas suas cargas de trabalho; pacientes à espera de consulta
Estoque	Custo do estoque excessivo representado em custos financeiros, custos de armazenagem e transporte, desperdício, estrago	Suprimentos vencidos que precisam ser descartados, como medicamentos com data de validade vencida
Movimento	Movimento desnecessário dos funcionários no sistema	Funcionários do laboratório caminhando quilômetros por dia em razão de um *layout* mal planejado
Excesso de processamento	Fazer trabalho que não é valorizado pelo cliente, ou causado por definições de qualidade que não se alinham com as necessidades do paciente	Dados sobre horário/data afixados em formulários, mas nunca utilizados
Potencial humano	Desperdício e perda derivados de funcionários que não se sentem engajados, que não se sentem ouvidos ou que não percebem apoio a suas carreiras	Funcionários que se sentem superados e deixam de apresentar sugestões para melhorias

Desperdício por falhas

Falhas podem ser definidas como qualquer atividade de trabalho que não é realizada de forma correta desde a primeira vez. Isso pode incluir um formulário que não é preenchido corretamente, ou até mesmo falhas mais sérias em um ambiente hospitalar que podem causar doenças graves ou a própria morte. O Institute of Medicine estimou que 400 mil "problemas evitáveis relacionados com medicamentos" ocorrem anualmente;[16] cada um deles pode ser classificado como uma falha, com causas que incluem letra ilegível, pontos decimais mal colocados ou falhas no processo de fazer chegar os medicamentos ao paciente. Em um desses episódios que atraiu grande atenção da mídia, três bebês morreram depois de receberem doses de heparina para adultos na UTI neonatal do Hospital Metodista (Indianápolis, Indiana).[17] Foram várias as "falhas do processo" que levaram a essas mortes, incluindo a estocagem de doses de heparina para adultos por um técnico da farmácia na despensa de medicamentos da UTI neonatal. Em outra falha do processo, os enfermeiros não verificaram a adequação das doses antes de administrá-las, evidenciando que nem de longe poderiam supor que doses para adultos estivessem estocadas nos espaços destinados aos bebês.

As mortes dos pacientes foram causadas por várias falhas no processo, ruídos na comunicação e outros erros – nenhum deles podendo ser atribuído a uma única pessoa ou a um ponto específico do sistema. Ter o foco no processo não significa que as pessoas deixem de ser responsabilizadas. A enfermeira, nesse caso, violou as diretrizes do hospital ao não verificar a dose. Seria, porém, algo por demais simplista pensar que demitir ou punir um indivíduo poderia evitar que erros como esse voltassem a ocorrer. Um conjunto exatamente igual de falhas no processo levou a outro caso de overdose de enorme repercussão, dessa vez no Cedars-Sinai Hospital, na Califórnia.[18] Falhas, e passos que podem ser dados para preveni-las, são mais detalhadamente abordados nos Capítulos 7 e 8.

Uma falha não precisa necessariamente causar mal ao paciente. Falhas no processo incluem coisas que não dão certo e que levam a uma repetição ou extensão do trabalho. Por exemplo, se um enfermeiro ou um flebotomista extrair sangue de um paciente e ocorrer um problema com a amostra, a tentativa fracassada de coleta e o tempo exigido para a obtenção dessa amostra serão considerados desperdício. A falha retarda o produto (a amostra do paciente e o resultado do teste) e desperdiça o tempo dos funcionários.

Desperdício por superprodução

O desperdício por superprodução pode ser mais facilmente definido usando-se um cenário fabril. Superprodução equivale a produzir um artigo em excesso (mais do que a demanda do consumidor) ou produzir esse mesmo artigo antes que o consumidor sinta a falta dele. Quando você está no mercado em busca de um carro novo e visita um revendedor, grande parte do estoque ali presente é superprodução – e você normalmente acaba ganhando um desconto por isso.

A farmácia é um departamento do hospital que produz (por manipulação ou entrega) medicamentos para os clientes internos (enfermeiros e pacientes). Entregar os medicamentos antes do tempo pode ser considerado superprodução quando alguns medicamentos acabam sendo devolvidos à farmácia. Entre os motivos para tanto incluímos a alta de pacientes ou a mudança de receitas pelos médicos. Em um certo hospital, antes da implementação do *lean*, cerca de 250 medicamentos eram devolvidos à farmácia a cada dia (mais do que um por paciente baixado). Essa superprodução levava a outros tipos de desperdício, como funcionários da farmácia que gastavam um total de 11 horas por dia processando medicamentos que acabavam retornando. O aprimoramento do processo consistiu em aumentar a frequência das entregas diárias de medicamentos, acrescentando-se transporte e movimentação, porém com a compensação de redução do trabalho de reprocessamento e a garantia de que os medicamentos certos estariam disponíveis quando solicitados.

Em muitos casos, os hospitais podem evitar a superprodução de fazer mais que o necessário para o atendimento eficiente. Há, por exemplo, laboratórios que orientam os flebotomistas a coletar tubos extras de amostras dos pacientes internados "para alguma necessidade", no caso de testes eventualmente solicitados após a extração. Esses laboratórios acabam constatando que os tubos extras raramente chegam a ser usados (menos de

10%), o que resulta em desperdício de tempo, movimento e materiais. O processo aprimorado procurou entregar medicamentos mais frequentemente durante o dia, agregando mais transporte e movimento, mas com a compensação de reduzir o trabalho de reprocessamento e ajudar a garantir que os medicamentos certos estivessem disponíveis sempre que necessário.

Alguns hospitais, entre eles o Virginia Mason Medical Center (Seattle, Washington), tentaram reduzir a superprodução de radiologia e outros procedimentos de diagnóstico. O Virginia Mason lançou um programa em que os clínicos decidiam submeter pacientes com determinados tipos de enfermidades primeiramente à terapia física, antes de aprovar procedimentos de radiologia. Essa terapia menos dispendiosa deveria mostrar-se mais benéfica que um procedimento de diagnóstico. Infelizmente, porém, esse hospital sacrificou rendimentos porque os pagadores dos seguros-saúde preferiam pagar por ressonância magnética ou por outros procedimentos radiológicos. Isso ilustra uma das disfunções de um sistema de pagamento em que os hospitais são em geral remunerados por sua atividade (pagamento por peça) em vez de pelos resultados para os pacientes. O Virginia Mason estava tentando ser responsável em relação à forma de gastar dinheiro alheio, mas o fato de reduzir essa superprodução acabou sendo negativo a curto prazo para o próprio hospital. O Virginia Mason reagiu a isso propondo um acordo para a divisão dessas economias com as seguradoras e os pagantes, que incluía o aumento do reembolso pela terapia física, de uma forma que ambas as partes pudessem beneficiar-se da redução do desperdício.[19]

Seria razoável argumentar que a utilização excessiva de procedimentos diagnósticos deveria ser categorizada como excesso de processamento, em vez de superprodução. Contudo, uma vez mais, é menos importante ter 100% de acordo sobre a classificação do que desenvolver melhorias de processos focadas no paciente como resultado da descoberta desse desperdício.

Desperdício por transporte

O desperdício de transporte refere-se à movimentação excessiva de um produto ao longo de um sistema. Um determinado grau de transporte pode ser realmente necessário dado o contexto do *layout* existente no hospital. A longo prazo, poderíamos reconfigurar o *layout* do hospital de uma forma que viesse a reduzir a distância do transporte necessário para pacientes ou amostras. Melhor ainda, poderíamos usar nossa compreensão sobre o desperdício por transporte durante as fases de projeto e construção de um novo hospital ou local.

O desperdício por transporte pode se aplicar inclusive aos pacientes. Um hospital estava usando métodos *lean* a fim de melhorar o fluxo dos pacientes entre suas salas de cirurgia e acompanhava os pacientes da chegada até a cirurgia. No decorrer de uma visita para um procedimento, uma senhora de 74 anos caminhou o equivalente a 5,5 campos de futebol. O redesenho do hospital iria levar em conta com maior cuidado as distâncias a serem percorridas pelos pacientes justamente para reduzir esse desperdício.

O Park Nicollet Health Services, em Minnesota, construiu seu novo Frauenshuh Cancer Center com base na ideia de reduzir o tempo e a distância de transporte dos pacientes. Para evitar que doentes gastem suas escassas energias caminhando, o novo centro foi projetado de modo que os pacientes permaneçam em uma única sala para consultar com seus médicos e enfermeiros, fazer extrações para o laboratório, realizar tratamento e outros serviços de suporte. "Onde o tratamento vai até você" passou a constituir, assim, tanto um princípio operacional quanto um *slogan* de *marketing*.[20]

Desperdício por espera

O tempo de espera pode ser definido simplesmente como aquele em que nada de produtivo acontece. É fácil para a maioria ver a falta de atividade como um tipo de desperdício. Pacientes esperam pelo passo seguinte em seu roteiro. Funcionários esperam em razão de problemas sistêmicos ou cargas de trabalho mal distribuídas. Os métodos *lean* podem ajudar a reduzir o desperdício por espera em ambos os casos.

Pacientes e produtos esperando

Pacientes frequentemente esperam por consultas ou por procedimentos, como quimioterapia ou radiologia, em consequência de fluxo ou cronograma deficientes. Alguns hospitais não se concentraram anteriormente em reduzir esse desperdício por estarem mais preocupados com a maximização do uso de determinados recursos hospitalares, tais como máquinas de ressonância magnética, leitos ou médicos. Por exemplo, a antiga prática de fazer com que todos os pacientes cirúrgicos chegassem às 6h30min para os procedimentos "a seguir descritos" ajuda a garantir que os cirurgiões e as salas de cirurgia sejam plenamente utilizados, sem atrasos indevidos entre os procedimentos, mas o *lean* ajuda-nos a ver que esta não é uma prática focada no paciente. Os hospitais podem avançar dando a cada procedimento um determinado horário e fazendo com que o paciente chegue 90 ou 120 minutos antes da hora marcada. Isso reduz a espera e aumenta a satisfação do paciente, ainda que, ao mesmo tempo, crie algum risco de menor utilização plena dos equipamentos e ambientes cirúrgicos.

O tempo de espera por um produto poderia incluir o tempo durante o qual um paciente está esperando pela próxima consulta clínica ou passo de valor agregado na sua jornada. Os pacientes não os únicos produtos que esperam em um processo hospitalar. Outros produtos físicos, tais como tubos de sangue para o laboratório, pedidos à farmácia de medicamentos e instrumentos a serem utilizados, também passam uma elevada percentagem do tempo esperando em vez de serem usados em trabalho de valor agregado. Essa espera muitas vezes decorre da formação de lotes em ou entre departamentos; da falta de um fluxo do tipo primeiro a chegar, primeiro a sair (FIFO, da sigla em inglês); ou de o produto esperar por funcionários sobre os quais recaem múltiplas responsabilidades.

Funcionários esperando

Os funcionários são frequentemente colocados na posição de esperar, e não na de realizar trabalho de valor agregado. As causas mais comuns da espera dos funcionários incluem falhas nos processos, demora na expedição dos processos de saída, cargas de trabalho mal distribuídas e baixo volume de pacientes.

Muitos departamentos apresentam cargas de trabalho mal distribuídas, inclusive a radiologia, a emergência ou as salas de cirurgia. Embora estejamos sempre buscando nivelar a carga de trabalho e prevenir falhas do processo que levem ao aumento do tempo de espera dos funcionários, existem alguns casos em que o desperdício de tempo é necessário ou, pelo menos, preferível em relação a outros tipos de espera. Quando enfrentamos uma demanda imprevisível ou não programada, por exemplo, na emergência, a abordagem mais prudente pode ser errar por ter funcionários esperando, prontos para agir quando necessário. Os hospitais precisam analisar a espera dos funcionários caso a caso, buscando entender qual é a espera que tem uma causa-raiz que pode ser eliminada e qual é aquela que pode ajudar a evitar atrasos no atendimento dos pacientes. Em muitos casos, o tempo de espera pode ser substituído por atividades produtivas, tais como solução de problemas e trabalho de melhoria, em vez de simplesmente mandar os funcionários para casa.

Desperdício de estoque

Nem todos os estoques, tais como os de materiais, suprimentos e equipamentos, representam inerentemente desperdício. O excesso de estoques é um desperdício, pois indica que temos mais estoque do que o necessário para desempenhar corretamente nosso trabalho. Quando os estoques atingem níveis elevados demais, o capital do hospital fica amarrado ao seu armazenamento, ou o excesso de estoque pode ter sua validade vencida, principalmente no caso de suprimentos e medicamentos.

Muitas companhias prejudicam a si mesmas pensando que o *lean* significa, em primeiro lugar, manter os estoques em seu nível mínimo. Uma abordagem *lean* leva em conta em primeiro lugar o atendimento dos pacientes e suas necessidades, mas realiza tudo isso mantendo os estoques no nível mínimo indispensável, de acordo com o sistema existente. Não devemos considerar o sistema existente como algo definitivo; nosso objetivo é observar as causas-raiz que nos levaram a manter estoques, a fim de possibilitar a eliminação desses problemas. Uma causa-raiz poderia residir em vendedores inconfiáveis que trabalham com prazos desequilibradamente variáveis para repor os estoques (por causa de atrasos no transporte ou da inesperada indisponibilidade de determinados produtos).

O acúmulo de estoques exagerados desperdiça espaço e dinheiro, mas ficar sem estoque pode levar a desperdício adicional de movimento, custos e expedição. Funcionários podem se ver forçados a fazer trajetos não programados a locais de estocagem, ou então a fazer pedidos muito caros, encaminhados por transporte de emergência. Em um ambiente *lean*, manter os níveis certos de suprimentos e estoques em disponibilidade garante o atendimento adequado ao paciente, ao mesmo tempo que se reduzem os custos e os desperdícios para o hospital. Não é incomum ver reduções de custos na casa dos milhões de dólares como resultado de projetos de melhorias abrangendo um hospital inteiro, projetos esses que ainda aumentam a disponibilidade de suprimentos, como discutiremos no Capítulo 6.

Em alguns casos, o gerenciamento mais efetivo de estoques pode ajudar a reduzir outros tipos de desperdício. Um determinado hospital trabalhava para melhorar a adesão ao seu método de inserir cateteres venosos centrais, com o objetivo geral de reduzir as infecções. Para realizar adequadamente esse trabalho, um técnico ou enfermeiro precisava reunir e levar 10 itens separados ao quarto do paciente, incluindo cortinas, luvas, linha e suturas. Se um desses itens, digamos, uma cortina, fosse esquecido, a tentação seria de não retornar à área de armazenamento do estoque. Isso evitaria o desperdício de movimento, mas poderia também aumentar as possibilidades de uma falha (uma infecção). Ao comprar um *kit* único contendo todos os itens necessários, o risco de esquecer ou não conseguir encontrar um dos itens do pacote foi eliminado. Isso eliminou a necessidade de movimento extra para que se pudesse inserir o cateter venoso central e incentivou o pessoal a usar os métodos mais conhecidos em benefício da segurança do paciente. Além de beneficiar os pacientes, é provável que o aumento de custo representado pela compra de um *kit* tenha sido compensado pela economia de custos decorrente de não ser mais preciso tratar as infecções que a nova prática viria a evitar.

Desperdício de movimento

Enquanto o desperdício por transporte tem como foco o produto (o que inclui o paciente), o desperdício de movimento se refere aos encarregados da realização do trabalho. Os hospitais deveriam reduzir a carga de movimento exigida dos funcionários para completar suas tarefas. Isso proporciona incontáveis benefícios, inclusive reduzindo a fadiga física de funcionários e liberando o tempo deles para que executem um trabalho de valor agregado, como a assistência ao paciente. Como o diretor-presidente de um hospital afirmou: "Ninguém deveria voltar para casa à noite sentindo-se dolorido".

O movimento desperdiçado em um hospital está quase sempre localizado nos deslocamentos desnecessários das pessoas. Esses deslocamentos são normalmente considerados parte da função, mas raramente constituem uma atividade de valor agregado. Um exemplo pode ser um enfermeiro ou um técnico que caminha com um paciente em reabilitação pelo corredor de um hospital. Muitas vezes, a caminhada é um desperdício que pode ser reduzido pela melhoria do *layout* e da organização de suprimentos e equipamentos. Nossa busca por movimento desperdiçado não deve ficar limitada às caminhadas, mas essas caminhadas são, quase sempre, o melhor lugar para dar início a esse estudo. O objetivo não é contar com funcionários estacionários que jamais se movimentam do seu lugar, mas sim reduzir ou eliminar movimentos ou caminhadas desnecessários.

O diretor financeiro de um hospital tinha um assessor que passava o tempo todo andando de um lado para o outro no escritório de contabilidade. Tamanho empenho levava esse diretor a pensar que precisava de mais pessoas como ele, valorizando, assim, funcionários altamente motivados, dispostos a superar em muito os seus limites para conseguir cumprir suas tarefas. Depois de começar a implementar o *lean*, esse diretor se deu conta de que aquela movimentação toda do assessor representava, na verdade, um sinal de desperdício no processo. O diretor começou a pedir ao assessor para identificar causas-raiz daquelas andanças, descobrindo assim que se tratava de uma combinação de *layout* inadequado (determinados arquivos que eram seguidamente requisitados ficavam no extremo oposto do departamento) e sobrecarga, ou *muri*. Mediante o ajustamento da carga de trabalho e a mudança dos *layouts*, aquele funcionário não teve mais a necessidade – nem a pressão do tempo se esgotando – de passar o tempo todo a correr de um lado para outro do departamento.

Desperdício do movimento da enfermagem

A observação direta do trabalho dos enfermeiros mostra que eles normalmente caminham vários quilômetros por dia. Isso pode ser visto em cenários tão diferentes quanto as emergências, as unidades de internação e os centros de tratamento de câncer. Dados coletados com pedômetros eletrônicos em um hospital mostraram que os enfermeiros de unidades médico-cirúrgicas normalmente caminhavam de 5,6 a 7,2 quilômetros por turno de 12 horas. Dados coletados em um centro de tratamento externo de pacientes com câncer mostraram que os enfermeiros ali alocados caminhavam em média 6,8 quilômetros em um dia de trabalho.

A caminhada é em geral determinada pelo *layout* da área. Se o posto de enfermagem estiver situado no final de um longo *hall* de entrada, os enfermeiros caminharão mais do que se o seu posto ficasse no centro de um conjunto de quartos (a menos que os enfermeiros evitem caminhar, permanecendo nos postos de enfermagem, o que poderá causar impacto negativo sobre o atendimento aos pacientes). Manter os enfermeiros mais perto dos pacientes não apenas reduz as caminhadas como também permite uma reação mais rápida e um atendimento mais efetivo das necessidades dos internados. Por exemplo, o hospital Avera McKennan, em Sioux Falls, Dakota do Sul, construiu um novo *layout* para a emergência, orientado pelos princípios lean, que tem todos os quartos dos pacientes localizados em torno de um posto central de enfermagem.

Os enfermeiros de uma unidade de internação relataram que tinham de caminhar mais por causa de uma mudança na localização dos suprimentos. No passado, muitos dos suprimentos mais frequentemente demandados eram guardados em múltiplos locais ao longo da unidade ou nos quartos dos pacientes, o que era conveniente para os enfermeiros (e evitava o aumento do tempo de espera do paciente). Em nome da eficiência dos materiais, um gabinete central de suprimento automatizado foi instalado, e a maior parte dos suprimentos passou a ser consolidada nesse local.

Embora o hospital mantivesse um controle mais severo dos níveis de estoques e o gabinete único tenha facilitado a reestocagem de suprimentos para o departamento de materiais (economizando dinheiro no silo daquele departamento), os enfermeiros não ficaram satisfeitos em ter de caminhar até o extremo oposto do saguão de entrada cada vez que precisavam de determinado item. Essa subotimização muitas vezes leva os enfermeiros a amontoar suprimentos em gavetas, cofres ou bolsos, uma prática que acaba criando outros problemas. O hospital começou a reconsiderar o valor dos gabinetes centrais de suprimentos, analisando quais seriam os itens que realmente precisavam de um controle rígido e quais poderiam ser estocados em locais mais convenientes, como ocorria anteriormente. Uma vez mais, podemos ver vantagens e desvantagens em diferentes tipos de desperdícios. Se os itens são baratos e não ocupam espaço em excesso, o seu armazenamento em um número maior de locais pode servir para reduzir o desperdício total no sistema ou nos quartos de cada paciente.

Enfermeiros (e outros tipos de funcionários) são normalmente competentes em reduzir a extensão de suas caminhadas, mas às vezes isso pode, infelizmente, prejudicar a segurança. Em um certo hospital, os equipamentos de assistência à remoção de pacientes de uma maca para outra ficavam guardados em um armário localizado em um andar diferente, pois a unidade não dispunha de espaço suficiente de armazenamento. Como era inconveniente e levava tempo conseguir um desses aparelhos, os enfermeiros muitas vezes transferiam os pacientes de uma maca para outra sem o equipamento, o que aumentava o risco de ferimentos entre os funcionários e de quedas entre os pacientes. Para reduzir as caminhadas e garantir que as práticas adequadas fossem seguidas, a unidade liberou espaço, usando o processo 5S, e redistribuiu os aparelhos de remoção pela própria unidade.

Desperdício por excesso de processamento

O desperdício por excesso de processamento é descrito também por vários nomes diferentes. *Excesso de processamento* refere-se a fazer algo com um nível de qualidade superior àquele demandado pelos consumidores, ou fazer um trabalho desnecessário. Um exemplo poderia ser encontrado no laboratório. Muitas amostras de sangue precisam ser centrifugadas antes de ser analisadas. Em um determinado ponto desse ciclo, o sangue já foi separado em seus componentes (plasma, glóbulos vermelhos e glóbulos brancos). Depois que essa separação é completada, uma centrifugação adicional não consegue acrescentar qualquer nova separação ou valor. O sangue não está sendo mais transformado; ele está sendo apenas girado por mais tempo. Os laboratórios às vezes descobrem que as centrífugas são programadas por períodos maiores que os recomendados ou pedidos, seja por um erro, seja por força de hábito.

Muitas vezes, o excesso de processamento é resultado de desentendimentos na comunicação entre pessoas ou departamentos. Em um determinado hospital, um projeto cirúrgico descobriu que um funcionário passava três horas por dia dobrando toalhas depois que elas voltavam da lavanderia, sem saber que a primeira coisa que os enfermeiros no andar acima faziam com as toalhas recebidas era desdobrá-las e alisá-las. Esse estágio inútil da dobragem foi eliminado.

A divisão de contabilidade de um determinado produto de atendimento médico a domicílio poderia ser caracterizado como um clássico processo de lotes e filas. Cada funcionário realizava partes ínfimas do trabalho no fluxo geral; a ficha de um paciente era revisada por sete ou oito funcionários, desde a nota fiscal do pedido até a nota fiscal do pagamento correspondente. Pilhas de gráficos – ou lotes – eram normalmente passadas entre os funcionários, causando desperdício por espera e consideráveis atrasos entre cada um dos passos do processo.

O processo em seu conjunto foi observado por um *coach* especializado em *lean*. Ele viu o primeiro funcionário passar pelo gráfico fazendo cópias de um material já existente e colocando-as em um arquivo destinado a material que seria picotado. Esse funcionário disse que as cópias adicionais não eram necessárias, tendo o único efeito de engrossar o gráfico, e por isso elas eram removidas para economizar espaço de armazenamento. O *coach* então observou o próximo trabalhador e notou que seu primeiro passo era exatamente fazer diversas cópias de alguns formulários no diagrama organizacional, passando por aquele funcionário que recém havia jogado fora os "extras". Tornava-se óbvio que cada funcionário fazia aquilo que considerava ser o melhor para o trabalho, mas nenhum deles estava entendendo de que maneira aquela tarefa se encaixava no conjunto do processo. O *coach* pediu-lhes que interrompessem aquele trabalho e explicassem um ao outro o que faziam. Eles logo se deram conta do desperdício – que jogar cópias fora e recriá-las era excesso de processamento. Imediatamente, os funcionários modificaram seus processos exatamente para evitar aquele desperdício.

Desperdício de talento

O desperdício de talento, o oitavo tipo, nem sempre é reconhecido na literatura *lean*. Algumas fontes simplesmente relacionam os primeiros sete e justificam que o desperdício de potencial humano está embutido nos outros tipos de desperdício. Se funcionários altamente especializados são forçados a sair em busca de suprimentos, não estamos extraindo o máximo do seu potencial, e eles não estão fazendo qualquer trabalho que possa desenvolver suas habilitações ou carreiras.

Aqueles que relacionam o desperdício de talento como uma categoria diferente desse problema destacam a importância das pessoas no sistema. O *lean* não diz respeito unicamente à gestão de equipamentos ou processos; ele trata de administrar, liderar, desenvolver e inspirar pessoas. Isso é especialmente verdadeiro em um hospital, pois os funcionários (e seu desempenho) constituem seu produto primordial para os pacientes. Os funcionários são o principal fator de custo (normalmente, mais de 50% da receita de um hospital)[21] e um grande indicativo da satisfação dos pacientes por meio de suas interações diárias.

O desperdício que surge quando "não se utiliza o talento inerente dos trabalhadores" prejudica os pacientes, a organização e os próprios funcionários.[22] É uma reclamação característica do mundo da indústria manufatureira que a gerência costume mandar que os funcionários "deixem seus cérebros na porta de entrada". Com isso, os funcionários podem cair em um ciclo no qual entendem que nada do que disserem será ouvido, abandonando assim qualquer tentativa de melhorar o sistema em que trabalham. É incalculável o desperdício existente quando os funcionários simplesmente comparecem ao trabalho, fazem suas tarefas (da maneira determinada pela chefia ou da mesma forma que sempre fizeram) e voltam para casa ao final do expediente.

Infelizmente, esse mesmo tipo de comentário é ouvido em hospitais. No começo de uma implementação, um técnico de laboratório queixou-se de que se sentia "igual a um robô". Tendo mais de 25 anos de experiência naquela área, o funcionário se queixava de que tudo o que costumava ser trabalho científico, pleno de desafios, havia se transformado em um exercício de carregar tubos em uma máquina e apertar o botão iniciar. Ironicamente, os funcionários se preocupam seguidamente com a possibilidade de que os esforços *lean*, inclusive o trabalho padronizado, venham a transformá-los em simples robôs destituídos de pensamento próprio. Neste caso, contudo, o funcionário não estava desempenhando qualquer papel na melhoria do processo. Os gerentes raramente pedem aos funcionários suas opiniões ou ideias sobre como implantar melhorias no departamento. Por meio das abordagens de gestão *lean*, os funcionários podem ter sua inteligência e criatividade utilizadas produtivamente, mesmo que os detalhes do trabalho propriamente dito tenham passado a ser altamente automatizados.

Um aspecto do respeito pelas pessoas é conseguir engajar os funcionários em melhorias contínuas. Quantos problemas poderiam ser resolvidos permanentemente se nós simplesmente perguntássemos aos funcionários o que deveríamos fazer? Em um hospital, um enfermeiro comentou que seu trabalho *lean* inicial resultou na primeira oportunidade em seis anos em que alguém lhe perguntou o que ele pensava a respeito de alguma coisa. Muitas organizações estão emperradas na filosofia ultrapassada segundo a qual os administradores precisam projetar o sistema e os trabalhadores devem simplesmente executar o processo, sem apresentarem qualquer questionamento. Os administradores seguidamente temem perder seu controle ou seu poder caso venham a envolver os funcionários em alguma melhoria. Mas os pacientes e os sistemas de assistência à saúde merecem não menos do que contar com todos os participantes trabalhando em melhorias, "todas as pessoas, todos os dias", como proclama uma expressão muito comum no *lean*.

Quais atividades sem valor agregado são necessárias?

No decorrer de um determinado dia, o tempo gasto caminhando pode ser incluído em uma categoria chamada de "sem valor agregado, mas necessária". Um enfermeiro pode precisar andar 30 metros até um carrinho com remédios, mas isso não torna o tempo gasto para isso em algo de valor agregado. E se aquele carro de remédios fosse reposicionado de maneira a reduzir o tempo de caminhada para todos os enfermeiros da unidade? E se um segundo carro fosse acrescentado? Ou, que tal manter mais medicamentos específicos para um paciente em um armário fechado no seu próprio quarto?

É possível olhar para os enfermeiros e decidir qual parcela de suas caminhadas é necessária no sistema atual e quanto tempo desses trajetos poderia ser eliminado. Na situação ideal, todos os pacientes de um enfermeiro estariam em quartos vizinhos, reduzindo-se assim a necessidade de caminhar entre extremos opostos da unidade. Manter os pacientes em um grupo unido também poderia proporcionar uma reação mais rápida da enfermagem. Há objetivos conflitantes que evitam que isso possa ser alcançado, tais como a necessidade de distribuir equilibradamente os pacientes, de acordo com os índices de gravidade de seu estado e com a carga horária dos enfermeiros. Poderia ser preferível contar com um enfermeiro trabalhando com os mesmos pacientes pelo maior espaço de tempo possível, a fim de reduzir o número de transferências em nome do conforto do paciente; no entanto, à medida que os pacientes recebem alta, pacientes recém-admitidos ou transferidos poderiam ser instalados em qualquer ponto em que houvesse um quarto disponível. Rapidamente, poderíamos acabar em uma situação de distribuição aleatória de pacientes. Remover os pacientes acrescenta trabalho adicional e pode ser perturbador para eles. Reposicionar os pacientes pode exigir trabalho adicional para os enfermeiros e criar riscos derivados de erros de comunicação.

Alguns chamam essa categoria de atividade de "desperdício possibilitador" ou "atividades capacitadoras", em vez de sem valor agregado. A terminologia da capacitação de certa forma enfeita a questão e pode dar à atividade uma aparência mais aceitável. É preferível, no entanto, chamá-la de sem valor agregado, mas necessária, ou de "desperdício necessário", porque a conotação negativa ajuda a enfatizar que esse desperdício deve ser reduzido ou eliminado sempre que possível. Os líderes precisam enfatizar aos seus funcionários que identificar atividades sem valor agregado não é uma crítica às pessoas que fazem esse trabalho.

Existem muitas atividades comuns nos hospitais que são certamente exigíveis mas que não podem ser consideradas como valor pela perspectiva do paciente. Por exemplo, a burocracia do registro e das contas não tem relação direta com o diagnóstico ou o tratamento de um paciente; contudo, essa burocracia é necessária para que o hospital possa ser pago, e certamente pode se tornar necessário obter a autorização dos pagadores para proporcionar determinados cuidados ao paciente. Ainda que essa burocracia seja muito necessária, isso não significa que devamos categorizá-la como valor. Quando os integrantes da equipe dizem "precisamos dar esse passo", isso pode muito bem ser um desperdício necessário – precisar fazer não é igual a valor. Por fim, categorizar um passo como desperdício não significa que possamos sempre eliminá-lo.

Uma controvérsia que geralmente surge em discussões sobre atividades com e sem valor agregado é a que envolve inspeções de qualidade. O que ninguém discute é o fato de que os passos de uma inspeção pretendem sempre proteger o paciente de qualquer problema. O processo de administração de medicações tem múltiplos passos de inspeção, tais como:

- Verificação das prescrições por um farmacêutico, para garantir a dosagem e as interações adequadas.
- Controle feito por farmacêuticos do trabalho de técnicos da farmácia que prepararam medicamentos destinados a cumprir a prescrição.
- Verificação dos enfermeiros para confirmar se a medicação que está sendo ministrada é a correta e se o paciente certo a está recebendo.

Pelo ponto de vista *lean*, esses passos de inspeção são mais frequentemente categorizados como desperdício necessário. Qual o motivo, então, para considerar sem valor agregado qualquer passo do processo destinado a ajudar o paciente? Em vez de estabelecer que devemos parar de realizar essas inspeções, pensadores *lean* iriam considerá-las como passos sem valor agregado, por serem necessários tão somente porque os processos existentes não são perfeitos e podem estar sujeitos a erros. Pensadores *lean* iriam sempre desafiar o processo para encontrar maneiras de prevenir a ocorrência de erros, em vez de usar inspeções ou controles repetidos para descobri-los depois de sua ocorrência. Os hospitais não deveriam eliminar os passos de inspeção enquanto os controles de erros não estivessem devidamente instalados, como descrito no Capítulo 8. Enquanto a verificação de erros não puder ser considerada 100% eficiente, os passos de inspeção poderiam continuar sendo usados para proteger os pacientes.

Desperdício completo, sem valor agregado

Além do desperdício necessário, algumas atividades sem valor agregado são de tal forma improdutivas que nos referimos a elas como desperdício completo – por exemplo, um tempo de espera ou o tempo gasto lidando com erros ou falhas do processo. O tempo gasto consertando-se erros ou repetindo-se trabalho anteriormente feito é também considerado desperdício completo, já que precisamos nos concentrar em prevenir problemas futuros, reduzindo a necessidade de repetir trabalho já feito. Não estamos sugerindo com isso que os funcionários evitem resolver os problemas para evitar o tempo sem valor agregado que isso exige. Pelo contrário, quando surge um problema, precisamos reconhecer que a repetição do trabalho é puro desperdício e nos concentrar em melhoria e prevenção, em vez de simplesmente tolerarmos a atividade repetitiva como parte de nosso trabalho normal.

Conclusão

Aprender a reconhecer o desperdício por meio de nossas definições e classificações e ir ao *gemba* para identificá-lo representam bons pontos de partida. Treinar pessoas e fazer listas de desperdícios pode gerar uma conscientização sobre o assunto, mas o que realmente precisamos é da coragem para lançar ações e liderar esforços para melhorar o sistema e eliminar o desperdício.

Dizemos "coragem" porque o simples ato de identificar o desperdício pode constituir um comportamento de risco, tendo-se em vista o ambiente inapropriado. Muitas vezes, quando apontamos o desperdício, há pessoas que encaram a questão em termos pessoais, especialmente quando foram elas que criaram o sistema existente ou se vêm trabalhando nele há um tempo significativo. Precisamos ser cuidadosos com a forma pela qual apontamos o desperdício a fim de evitar que as pessoas se coloquem automaticamente contra os nossos esforços. Focar no desperdício e descrever o desperdício em termos como "este processo parece apresentar um excesso de movimentação desperdiçada" cria uma reação diferente do que dizer "você está caminhando demais". Quando personalizamos o desperdício, intencionalmente ou não, as pessoas naturalmente ficam na defensiva e normalmente tentam justificar o processo existente. É normal que as pessoas tenham orgulho da forma pela qual fazem seu trabalho, mesmo quando ele está comprovadamente repleto de desperdício. Os administradores também podem se sentir tentados a encarar a questão em termos pessoais, especialmente se perceberem que as críticas são dirigidas aos seus departamentos, o que pode interferir na aceitação das melhorias.

Os funcionários frequentemente definem seu valor como sua capacidade de superar processos falidos e fazer com que as coisas continuem acontecendo, sendo assim os heróis da história. O enfermeiro que sabe para onde correr a fim de conseguir um cobertor quando tudo indica que ninguém mais conseguirá um naquela noite poderá ser elogiado como um herói por fazer aquele esforço extra para levar o trabalho a bom termo. Se nos concentrássemos no desperdício, perguntaríamos por que esse mesmo enfermeiro faz esse mesmo esforço heroico todos os dias. Assim, aprimoraríamos o sistema de tal forma a disponibilizar cobertores nos lugares certos e nas quantidades necessárias, evitando a necessidade de esforços heroicos. O enfermeiro poderia então ressentir-se com essa melhoria, pois ela iria roubar dele, como indivíduo, uma fonte de possibilidades de contínuo orgulho e reconhecimento.

Reconhecendo tudo isso, não podemos fazer rodeios em torno do tema do desperdício. O que precisamos é demonstrar claramente o que é e onde está o desperdício. Não podemos aceitar desculpas pelo desperdício que existe no sistema. Sem nunca perder de vista o respeito pelas pessoas, não deveríamos apontar dedos para "culpados", perguntando: "De quem é a culpa pelo fato de o sistema estar nessas condições?". O melhor mesmo é deixar claro que não nos preocupamos com os motivos pelos quais o sistema está nas condições atuais, mas que precisamos focar no futuro e trabalhar em conjunto para a concretização das melhorias.

Lições *lean*

- O desperdício interfere na realização do nosso trabalho.
- Nem toda a atividade constitui valor.
- O desperdício tende a ser orientado pelo sistema e pelo projeto em nossos processos.
- Nem todo desperdício pode ser eliminado; parte dele é necessária para fazer com que o sistema funcione.
- O mero fato de precisarmos fazer alguma coisa não a transforma em valor.
- A qualidade é o objetivo primordial do *lean*.
- Os pacientes não devem ter de pagar por falhas ou por trabalho repetido.
- O objetivo primordial não é o estoque reduzido, mas sim contar com estoque suficiente para realizar nosso trabalho com eficiência, sem ficarmos assoberbados por qualquer excesso.
- Para impulsionar a resolução de problemas e a melhoria contínua, concentre seu foco no processo.

Pontos para discussão em grupo

- Quem são os nossos clientes? O cliente tem sempre razão em um ambiente hospitalar?
- Como podemos reduzir demoras em uma parte do processo sem causar impacto negativo em outras partes?
- Quais são os tipos de desperdício mais presentes em seu departamento ou hospital? Cite um exemplo de cada caso.
- Existem ocasiões em que fazemos o paciente esperar para o benefício ou a conveniência de todos os outros no sistema?
- Existem ocasiões em que os desejos dos "clientes internos" não se alinham com as necessidades dos pacientes?
- Qual a extensão e o tempo médios das caminhadas de nossos funcionários no dia a dia das operações? O que podemos fazer para reduzir esses números?
- Cite algumas das razões pelas quais podemos pecar pelo excesso de estoque em vez de pela escassez?

Capítulo

4

OBSERVANDO O PROCESSO E AS CADEIAS DE VALOR

Como encontrar o desperdício? Vá e veja

Agora que conhecemos as definições de desperdício, precisamos agir. Para isso, temos de "ir e ver" (*genchi genbutsu*, em japonês), como a Toyota nos diria. Ohno era conhecido por treinar engenheiros e administradores na identificação do desperdício traçando a giz, no chão da fábrica, o que viria a ser um "círculo de Ohno".[1] O *trainee* recebia então a determinação de permanecer dentro daquele círculo (que tinha alguns palmos de diâmetro) e observar o processo durante o transcorrer de horas, em busca de tudo que lhe parecesse desperdício. Trata-se de um método radical e nada comum, mas não há dúvida de que é possível extrair preciosas lições assim. Em primeiro lugar, você precisa ir ao local em que acontece a verificação e observá-la com seus próprios olhos, já que se reunir em uma sala de conferências para discutir o processo não tem a mesma eficiência. Líderes de todos os níveis precisam ir ao *gemba* (o local onde o trabalho é efetivamente feito) para ver o que realmente acontece.

Em qualquer organização – e isso inclui os hospitais – há três formas vinculadas a qualquer processo:

1. O que o processo *realmente* é.
2. O que *pensamos* que seja o processo.
3. O que o processo *deveria* ser.

Líderes não podem depender exclusivamente de relatórios, dados ou parâmetros, especialmente nas primeiras etapas de uma jornada *lean*. Você poderia se indagar: "Quanto tempo os pacientes esperam a emergência até serem atendidos por um médico?". O hospital já poderia dispor de mensurações e de relatórios, mas a maneira mais eficaz de realmente melhorar o processo é ir ao local e ver tudo com os próprios olhos a fim de identificar o desperdício. Isso exige tempo – um tempo que constituirá um investimento de extraordinário valor para você e sua equipe.

O que é uma cadeia de valor?

Como ocorre em muitos ramos, os hospitais e sistemas de assistência à saúde são projetados em torno de funções e áreas especializadas. Essas áreas têm seus próprios espaços físicos, orçamentos, funcionários e estrutura administrativa. Cada área tem um determinado trabalho a fazer, mas também desempenha um papel na experiência e no atendimento globais do paciente. Problemas e desperdícios em hospitais muitas vezes estão localizados nas interações ou compensações entre áreas decorrentes de uma falta de foco nas jornadas dos pacientes, que são chamadas de "cadeias de valor" na metodologia *lean*.

Para que um hospital possa proporcionar atendimento sem falhas ao paciente, não basta que cada área seja excelente em sua especialidade. O Dr. Paul Batalden, ex-presidente do Institute for Health Care Improvement, disse certa vez: "Temos a melhor das farmácias ao lado do melhor dos laboratórios, que fica junto ao melhor de todos os setores de raios X, por sua vez situado próximo ao melhor departamento de enfermagem... e mesmo assim o hospital não funciona".[2]

Womack e Jones definiram a cadeia de valor como "o conjunto de todas as ações específicas exigidas para entregar um produto específico (seja ele um bem, um serviço ou, cada vez mais, a combinação dos dois) ao longo das três tarefas administrativas fundamentais de qualquer empreendimento: resolução dos problemas, gerenciamento das informações e transformação física".[3]

Para o hospital e o paciente, a definição geral de cadeia de valor se ajusta perfeitamente. Por exemplo, quando um paciente chega à emergência, temos a resolução de um problema (descobrir o que há de errado com aquele paciente), o gerenciamento de informações (informações demográficas ou diagnósticas que orientam ou assessoram o tratamento) e o caminho físico do tratamento ao longo do hospital. A cadeia de valor é a jornada do paciente do começo ao fim, da porta de entrada à de saída, e não apenas aquilo que acontece na emergência. Uma cadeia de valor também abrange o tempo decorrido e os passos dados entre a baixa do paciente para tratamento e o momento em que o hospital recebe o pagamento pelo tratamento dispensado.

Mapeamento da cadeia de valor

O mapeamento da cadeia de valor tem se mostrado uma ferramenta valiosa para auxiliar os líderes de hospitais a visualizar o quadro integral, ultrapassando assim os limites departamentais. Um mapa da cadeia de valor (MCV) é um diagrama estruturado que se originou na Toyota como uma ferramenta chamada de mapeamento do fluxo de materiais e informações.[4]

Um MCV pode ser similar a outras ferramentas de melhoria da qualidade, como o método de mapeamento de processos usado nas abordagens da gestão de qualidade total e Seis Sigma. Tanto os mapas de processos quanto os MCVs documentam os passos em um processo, as atividades que são desenvolvidas, mas os MCVs levam tudo isso ainda mais longe ao capturar elementos de tempo. Os MCVs identificam quanto tempo cada passo do processo leva normalmente para ser completado e, mais importante ainda, a extensão do tempo de espera entre os passos do processo. O mapa normalmente revela que a maior parte do tempo no sistema, pela perspectiva do paciente, é tempo gasto esperando pelo próximo processo, isto é, um tempo desperdiçado. O livro *Value Stream Mapping for Healthcare Made Easy* (Jimmerson) é um excelente recurso para um exame mais aprofundado desse método.[5]

Criando um mapa de cadeia de valor do estado atual

Mapas de cadeia de valor são criados, em geral, por uma equipe interdepartamental que se dedica exclusivamente ao esforço do mapeamento durante períodos que vão de dois dias (para um MCV menor, de escopo limitado) até duas semanas (para um MCV da jornada integral do paciente). Ao realizar um mapeamento, é importante contar com representantes de todos os departamentos e funções que operam na cadeia de valor. Por exemplo, a equipe de alta de pacientes pode incluir médicos, enfermeiros, funcionários da unidade, assistentes sociais, transportadores de pacientes e funcionários de diversos outros departamentos.

Evite a tentação de criar um MCV sem sair da sala de conferências. Se nos limitarmos a falar sobre o processo, em vez de assisti-lo em funcionamento, assumimos o risco de capturar o processo "como pensamos que é", em vez de "como ele é na realidade". Até mesmo os mais experientes funcionários podem acabar se esquecendo de passos no processo ou subestimando a frequência de ocorrência de um passo, tal como um retrabalho. As pessoas tendem igualmente a subestimar, ou superestimar, os tempos do processo e, mais provavelmente, os tempos de espera entre os passos do mesmo. Os passos e intervalos captados em um MCV devem ser sempre verificados em comparação com coletas de dados e observação real de processos, a fim de garantir que tenha-se um mapa preciso do estado atual que reflita a forma como tudo funciona no presente.

A Figura 4.1 mostra uma cadeia de valor de alto nível para a jornada de um paciente até uma cirurgia ambulatorial. Examinando o MCV, vemos que a informação flui no alto, mostrando que a comunicação ocorre entre pessoas, departamentos e sistemas de informação diferentes. Os fluxos de informação, neste caso, destacam o desperdício existente em três funções separadas (registro, programação e avaliação), todas elas relacionadas com o paciente, gerando um trabalho extraordinário para o hospital e confusão para o paciente. Os pacientes que foram entrevistados no decorrer deste mapeamento se queixaram de terem recebido múltiplas mensagens de voz e nem sempre percebiam que precisavam responder a todos os emissores de tais mensagens. Isso normalmente causa problemas, como um paciente que chega para um procedimento programado sem o trabalho necessário de laboratório ter sido feito ou sem as autorizações prévias.

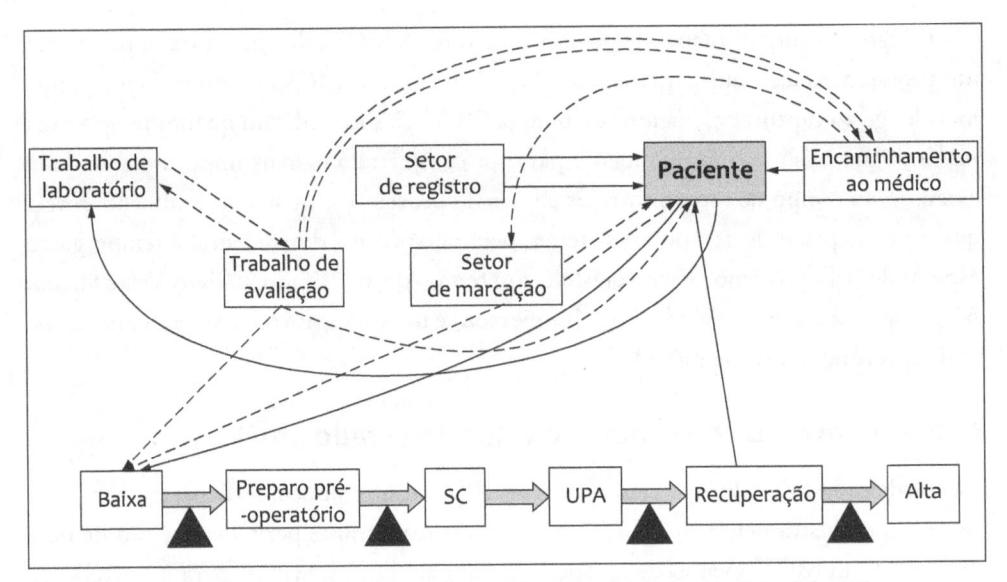

Figura 4.1 Mapa da cadeia de valor para paciente de cirurgia ambulatorial, visão simplificada. SC, sala de cirurgia; UPA, unidade de pós-anestesia.

Na parte de baixo do MCV, vemos o caminho do paciente, em que as caixas representam as diferentes áreas ou passos no processo. Os triângulos pretos representam o tempo de espera do paciente entre os passos do processo. Esse produto ou fluxo de material poderia também representar o fluxo de um pedido de baixa, uma amostra de laboratório ou suprimentos que foram encomendados a um determinado fornecedor.

Ao criar um MCV de estado atual, a equipe precisa identificar problemas que exigem conserto, tais como um longo tempo de espera entre os passos no processo ou elevados períodos de repetição de processos. Eles estão desenhados no mapa como "surtos de *kaizen*". Nesse ponto, não é preciso necessariamente encontrar as soluções, mas o que a equipe precisa realmente é começar a priorizar problemas com base no seu impacto entre os pacientes ou outras partes interessadas. Às vezes, problemas podem ser resolvidos rapidamente, logo após a elaboração do MCV. Em outros casos, acompanhamentos específicos dos problemas precisam ser definidos como um projeto formal de melhoria a ser desenvolvido posteriormente. É importante reconhecer que alguns problemas de cadeia de valor não podem ser resolvidos a curto prazo em razão de seu custo, oportunidade ou restrições tecnológicas. Porém, essas restrições tecnológicas não deveriam ser jamais usadas como desculpas para a falta de melhorias.

Os mapas do estado futuro

Desenhar o MCV do estado presente é apenas um ponto de partida. Os mapas em si não têm utilidade, a menos que nós, como uma organização, façamos uso deles para priorizar ou orientar melhorias. No MCV mostrado na Figura 4.1, o hospital treinou interfuncionalmente o pessoal que participou de contatos telefônicos com os pacientes para que tudo pudesse ser definido em uma única interação – reduzindo o número total de contatos, a informação repetitiva e os telefonemas não anotados que resultavam na perda de informações.

Depois de identificar as melhorias, a equipe também criou um MCV do estado futuro ilustrando como o processo deveria funcionar, ou poderia funcionar, se fosse reformado. Normalmente, um MCV de estado futuro apresenta um número radicalmente menor de passos do processo (à medida que este é simplificado), menos complexidade nos fluxos de informação e tempos de espera reduzidos entre os passos (à medida que aperfeiçoamos o fluxo). As equipes às vezes criam duas versões do MCV do estado futuro – um estado ideal (mirando no longo prazo e em como as coisas deveriam funcionar) e um estado prático (quais melhorias de curto prazo podem ser feitas).

> É tentador para os facilitadores de mapeamento de cadeias de valor criar MCVs eletrônicos usando um *software* padrão de escritório ou um *software* especializado criado especialmente para fins de MCV. Contudo, o simples fato de poder desenhar um mapa eletronicamente não significa que você deva fazer isso. Muitas equipes preferem criar mapas de uma forma muito parecida, usando notas adesivas em folhas de papelão. Isso permite a construção do mapa de uma maneira muito mais cooperativa, em comparação com aquela em que uma pessoa controla o *mouse* e o teclado. Em vez de gerar desperdício por excesso de processamento ou de redesenhar os mapas manuais completados em *software*, cogite usar fotos digitais, que podem ser facilmente compartilhadas com aqueles que não têm condições de visitar a área em que o mapa foi desenhado. Mesmo com uma foto ou mapa digital, insista que os seus líderes "vão e vejam", visitando o *gemba* em vez de ficarem o tempo todo em seus computadores.

Acabando com os silos e reduzindo a subotimização

Um dos desafios de qualquer transformação *lean* é conciliar as estruturas organizacionais de verticalização departamental com o fluxo horizontal do tratamento de um paciente, como mostrado na Figura 4.2. Embora a estrutura de organização vertical faça sentido por muitos motivos (tais como o desenvolvimento de habilidades especiais e o incentivo à carreira dos funcionários), a estrutura funcional em silos leva a muitas disfunções. Muitas vezes, os funcionários conhecem apenas pessoas ou processos de seu próprio departamento, o que resulta em um clima de escassa colaboração interdepartamental e em atrasos para os pacientes nos pontos de entrega entre os departamentos. Em um determinado hospital, por exemplo, importantes funcionários do laboratório nunca haviam visitado a emergência, que era um dos principais clientes dos resultados do laboratório e ficava a apenas 15 metros de distância. Muitos hospitais padecem com a ineficiência da comunicação entre o laboratório e a emergência, sendo grande parte dessa comunicação realizada na forma de telefonemas da emergência ao laboratório para perguntar (às vezes já aos gritos) sobre resultados atrasados de exames. Essa não é, obviamente, uma forma de comunicação cooperativa de solução de problemas. Por meio de esforços *lean*, busca-se aumentar a colaboração e o trabalho em equipe entre os departamentos, na proporção em que MCVs interdepartamentais ou equipes de projeto puderem colaborar para tanto.

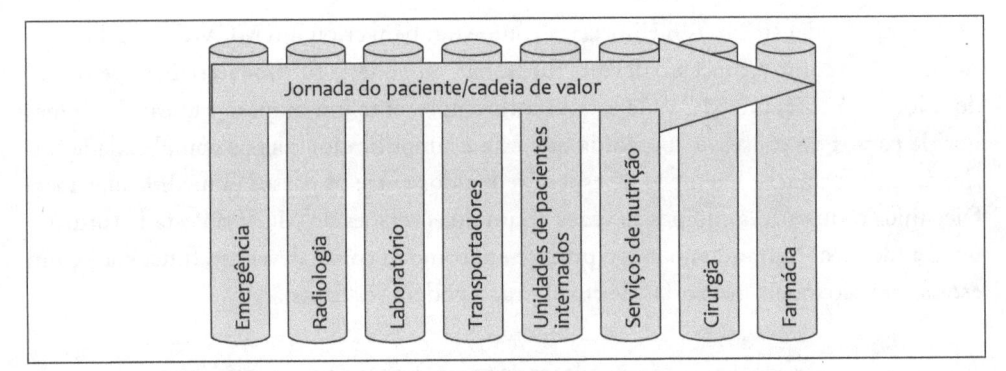

Figura 4.2 Silos departamentais verticais e fluxo horizontal de pacientes em um hospital.

Para tratar os pacientes com maior eficiência, precisamos começar a observar processos de ponta a ponta (as cadeias de valor), em vez de simplesmente aprimorar nossos departamentos de forma isolada. Fazer melhorias isoladas no âmbito dos limites dos departamentos traz o risco da subotimização, que ajuda aquele departamento específico, mas acaba prejudicando o conjunto do sistema.

Um laboratório pode decidir, em nome do custo e da eficiência, realizar um determinado teste especializado apenas duas vezes por semana, nas terças e quintas-feiras. Essa eficiência local, contudo, poderia levar a atrasos no tratamento ou na alta dos pacientes, o que poderia custar ao hospital muito mais (pela crescente despesa da permanência) do que foi economizado com a redução dos níveis de pessoal nos laboratórios ou a redução de custos decorrente da não realização de grandes lotes de exames. A liderança do hospital desempenha importante função no sentido de garantir que o sistema como um todo seja otimizado e que os departamentos individuais não venham a ser punidos, utilizando seus parâmetros e incentivos, por ações ou diretrizes que ajudem a melhorar o sistema como um todo. A melhor solução para o hospital poderia consistir em aumentar a disponibilidade de pessoal (ou, melhor ainda, em eliminar desperdício para liberar tempo útil), de modo que o referido exame pudesse ser realizado com maior frequência.

Outro hospital descobriu, por meio da análise estruturada de sua própria cadeia de valor, que o setor de ortopedia realizava cirurgias de traumas somente dois dias por semana. Considerando-se que os pacientes estão sujeitos a sofrer traumas todos os dias da semana, ficava difícil para o hospital justificar como ele poderia ser centrado no paciente e ainda assim realizar dois procedimentos – um deles destinado a estabilizar o paciente até que o segundo e derradeiro procedimento pudesse ser feito em um daqueles dois dias programados.

Observando o processo

No decorrer do mapeamento da cadeia de valor, de eventos *kaizen* ou de outras atividades *lean* menos estruturadas, uma habilidade fundamental é a observação estruturada de processos. Por *estruturada*, entendemos mais do que simplesmente andar por um departamento ou observar tudo sem um determinado foco.

Para identificar desperdício e melhorias, a observação direta é fundamental. Existem dois pontos de vista pelos quais podemos observar o processo e trabalhar nele. O primeiro deles é aquele em geral chamado de "atividade do produto". Aqui, perguntamos o que acontece (ou, mais frequentemente, o que *não está* acontecendo) ao produto (ou paciente) em cada passo na cadeia de valor. Em segundo lugar, podemos ver o processo pela perspectiva dos enfermeiros, tecnólogos, farmacêuticos ou outros profissionais, algo que é chamado genericamente de "atividade do funcionário".

A observação direta pode ser extremamente útil para que funcionários e administradores tomem consciência do que realmente ocorre. Os funcionários costumam estar excessivamente mergulhados nos detalhes do seu trabalho cotidiano para que percebam desperdícios, e, por isso mesmo, fazer um recuo estratégico e observar o processo, analisando a maneira pela qual diversas pessoas fazem aquele trabalho pode ser útil. Administradores, médicos ou outros agentes externos geralmente não testemunham em primeira mão os problemas com os quais outros membros da equipe lutam a cada dia, pois estão focados demais em sua própria atividade ou passam o dia todo envolvidos em reuniões dos mais diversos tipos.

> Alguns administradores, ao ver os resumos do desperdício que seus funcionários observaram diariamente, podem reagir exclamando: "Não acredito no que você está me mostrando". Os administradores geralmente não querem acreditar que as amostras de laboratórios ficam durante horas entre estágios realizados em lotes ou que os funcionários gastam tanto tempo em inspeção e trabalho repetido. Temos muitas vezes uma visão idealizada daquilo que pensamos estar acontecendo, a qual não se alinha com a realidade. Esses gerentes céticos só veem a realidade quando a observação direta feita por eles mesmos confirma o que havia sido relatado.

Atividade do produto

O produto em um processo pode ser um paciente, uma requisição ou uma amostra, entre outras coisas. Quando estamos observando o processo com foco no produto, precisamos escolher pontos iniciais e finais para a observação, que irão variar com base no tipo de problema que buscamos resolver. Dependendo da cadeia de valor que estivermos seguindo, podemos escolher iniciar e encerrar nossa observação em pontos diversos, como mostrado na Tabela 4.1. Os observadores irão acompanhar diretamente o paciente ao longo dessa parte da cadeia de valor.

Podemos limitar o escopo de uma análise quando a quantidade total de tempo é prolongada demais para ser observada do começo ao fim. Se um paciente estiver chegando para um determinado procedimento que irá resultar em uma estada planejada, poderemos parar a observação no ponto em que o paciente se encontra fisicamente no quarto do hospital. No ponto de saída da permanência, poderemos fazer uma análise diferente, desta vez do processo de liberação (com o mesmo paciente ou um conjunto diferente de pacientes). Às vezes é possível juntar análises independentes para compor um quadro da jornada inteira de um paciente representativo.

Tabela 4.1 Possíveis pontos iniciais e finais para análise da atividade do produto

Produto/cadeia de valor	Possíveis pontos iniciais	Possíveis pontos finais
Laboratório: testes	Médico faz um pedido de dados	Chegada ao laboratório
	Coleta da amostra	Começo do teste
	Chegada ao laboratório	Liberação do resultado
Farmácia: medicamentos	Dado sinal para reabastecimento	Medicamento enviado à unidade
	Pedido emitido pelo médico	Medicamento entregue à unidade para armazenamento
		Medicamento administrado ao paciente
Patologia	Primeiro telefonema para marcar o procedimento de biopsia	Amostra entregue à histologia
	Amostra extraída do paciente	*Slide* entregue ao patologista para interpretação
		Relatório do patologista enviado ao médico
Apoio do *call center* aos sistemas de informação (SI)	Telefonema inicial sobre o problema ao SI	Resolução da questão do SI

Em qualquer desses estudos, estamos procurando pelo número de vezes que se realizam trabalhos com e sem valor agregado e pelo número de vezes que o paciente está simplesmente esperando (um exemplo de desperdício puro e sem valor agregado). Algum tempo de espera, ainda que reduzido, pode ser necessário até mesmo nos melhores processos; qualquer espera é conscientemente inserida no processo para benefício do fluxo geral da cadeia de valor, mas o nosso objetivo é minimizá-la.

Ao observar, marcamos o tempo de início e de parada de novos eventos. Isso pode ser facilitado com uma gama de ferramentas, variando de simples a complexas, entre as quais estão:

- Relógio digital e prancheta de anotações.
- Câmera fotográfica digital com marcação de data/horário e prancheta de anotações.
- Câmera de vídeo com marcação de data/horário.
- *Software* especializado para dispositivos móveis.

As câmeras, embora sejam uma ferramenta muito útil para captar o contexto e a ordem de ocorrência dos fatos, podem causar desconforto a alguns pacientes. Use o bom senso e leve em consideração as políticas e diretrizes do hospital. A gravação em vídeo pode ser mais apropriada para áreas sem pacientes. A simples anotação feita por um observador pode causar perda de alguns detalhes, em comparação com a gravação, mas qualquer método de observação direta irá normalmente revelar muitos tipos de desperdício e oportunidades de melhoria.

As mesmas metodologias e ferramentas podem ser aplicadas na observação de produtos que envolvem não pacientes em um processo. Também precisamos optar por pontos de partida e de parada, dependendo dos processos que estivermos observando e dos nossos objetivos de melhoria, como mostrado na Tabela 4.2.

Tabela 4.2 Possíveis pontos iniciais e finais para análise do fluxo de pacientes

Caminho do paciente/ cadeia de valor	Possíveis pontos iniciais	Possíveis pontos finais
Departamento de emergência	Telefonema feito para ambulância	Chegada à porta
	Liberação pelo DE	Começo dos procedimentos de cateter do laboratório
		Encaminhamento para o quarto
		Liberação do atendimento ao paciente internado
Cirurgia de paciente ambulatorial	Chegada à porta	Início do procedimento
	Primeiro telefonema para marcar procedimento	Começo do atendimento na unidade de pós-anestesia (UPA)
	Primeiro encaminhamento pelo clínico geral	Liberação
Tratamento ambulatorial de paciente com câncer	Chegada à porta	Início de tratamento
		Liberação
Cirurgia programada de paciente internado	Chegada à porta	Início do procedimento
	Primeiro telefonema para marcar procedimento	Começo do atendimento na UPA
	Primeiro encaminhamento pelo clínico geral	Encaminhamento para o quarto
		Liberação
Processo de liberação do paciente	Ordem de liberação emitida pelo médico	Paciente pronto para sair
		Paciente fisicamente fora do recinto
		Quarto fisicamente pronto para paciente seguinte
Radiologia	Pedido de procedimento	Início do procedimento
	Chegada ao centro de pacientes ambulatoriais	Término do procedimento
	Início do procedimento	Relatório verificado

O departamento ou o hospital podem, embora nem sempre, contar com dados sobre tempos de retorno ou tempos de fluxo dos processos do começo ao fim. Esses dados podem ser coletados automaticamente por meio de *logs* de eventos ou escaneamentos de códigos de barras em sistemas computadorizados. Um laboratório poderia, por exemplo, gerar dados sobre o tempo de retorno de cada resultado de teste mediante a comparação entre a hora em que o código de barras da pulseira do paciente foi escaneado até o hora marcada quando o resultado é liberado para o sistema do hospital. Esses dados, contudo, não nos dão informação direta sobre como esse tempo se divide entre componentes com valor agregado ou sem valor agregado. Precisamos de observação direta para identificar os desperdícios, os tempos de espera e outros problemas que podem ser resolvidos com o *lean*.

A análise da atividade do produto é útil porque nos ajuda a focar no desperdício (o tempo de espera) existente no processo. Melhorias tradicionais do processo geralmente se concentram em fazer o valor agregado funcionar de maneira mais rápida ou mais eficiente. Na abordagem *lean*, nos concentramos em primeiro lugar no desperdício, uma vez que nele pode residir uma oportunidade maior e mais realista de reduzir grandes partes do tempo de espera, em vez de tentar reduzir o tempo de valor agregado. Se 90% do tempo total da cadeia de valor estiver relacionado a períodos de espera, será melhor para nós reduzir esse tempo pela metade, em vez de dobrar a velocidade da atividade de valor agregado – mesmo que isso fosse possível.

Análise de produto – laboratório

O fluxo de produto em uma cadeia de valor pode ser ilustrado por uma linha de tempo que mostra o tempo decorrido e os pontos em que ocorrem as atividades com e sem valor agregado. No exemplo na Figura 4.3, uma equipe faz o acompanhamento de um tubo de sangue desde o momento em que a amostra foi coletada por um flebotomista até a liberação do resultado do exame. O laboratório poderia até já dispor de relatórios que iriam mostrar tempos médios de retorno, mas este exemplo mostra um determinado caso para o qual o tempo decorrido foi de cerca de 230 minutos, o que constituiu um resultado fielmente representativo.

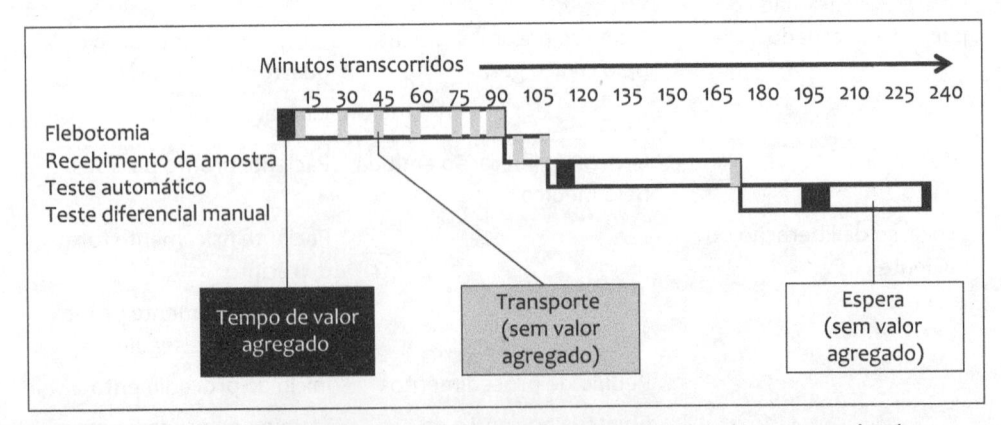

Figura 4.3 Linha de tempo do fluxo de produto para um tubo de sangue, desde a extração pela flebotomia até o resultado pronto para análise pelo médico que fez o pedido.

Depois que o flebotomista extraiu o sangue (a primeira atividade de valor agregado), a amostra só foi colocada no instrumento de teste automatizado (a segunda atividade de valor agregado) uma hora mais tarde. A terceira atividade de valor agregado foi completada depois de cerca de três horas (um flebotomista interpreta um *slide* para a contagem das células), e houve ainda uma demora adicional até o resultado ser baixado e verificado no sistema de informação (a última atividade de valor agregado). Todo o tempo adicional representa desperdício, incluindo os 87% do tempo que foram gastos em espera – um tubo de sangue no carrinho do flebotomista, parado em um *rack* do laboratório, ou uma impressão esperando ser verificada.

Exemplos como esses ilustram o potencial para a melhoria do desempenho por meio da eliminação da espera e do "espaço em branco" existente entre os passos de valor agregado. Descobrir maneiras mais rápidas de extrair sangue ou comprar equipamentos de teste mais ágeis não proporcionariam os benefícios da redução do tempo de espera, como discutimos mais detalhadamente no Capítulo 9.

Atividade do funcionário

O mesmo método de observação direta pode ser aplicado aos funcionários em um processo. Ao trabalhar em um processo ou em uma cadeia de valor, podemos escolher uma variedade de funções para analisar. Os observadores seguem o funcionário à medida que este realiza seu trabalho rotineiro, procurando por desperdícios no processo e problemas que o funcionário enfrenta.

A gravação em vídeo é especialmente útil na observação dos funcionários, e neste caso pode não haver tantas restrições ou preocupações sobre privacidade quanto as que teríamos com os pacientes, dependendo do ambiente. A gravação em vídeo é útil por inúmeras razões:

- Capta com precisão as atividades, a movimentação e a sincronia dos funcionários.
- Capta padrões de trabalho e distâncias a serem documentadas.
- Os observadores podem revisar e reproduzir o vídeo sempre que necessário para captar informações detalhadas.
- Um funcionário que foi observado pode observar a gravação a fim de identificar desperdícios no processo e dar sugestões para melhorias.

Observar os funcionários (e ser observado) pode causar desconforto, ainda que essa atividade seja realizada com sensibilidade. É preciso tomar muito cuidado para que a atividade em questão seja feita considerando o princípio do respeito pelas pessoas. Os líderes precisam comunicar aos funcionários, sempre com antecipação, que essas observações serão feitas. Os funcionários precisam entender que os observadores estão procurando por desperdícios e atrasos no processo, bem como pelos problemas que atrapalham os funcionários na realização do seu trabalho de valor agregado. A observação não é feita para flagrar funcionários fazendo alguma coisa errada, ou para ver quem é o mais ágil. Os funcionários normalmente mostrarão seu melhor desempenho, pois sabem que estão sendo observados, mas poderão ocorrer erros como resultado do nervosismo consequente de situações como essa. Existe também o risco de que os observadores procurem uma versão ideal do processo e fiquem contrariados com atalhos e problemas comuns na prática diária.

Os observadores devem se esforçar para estabelecer uma ligação com os funcionários e permitir que eles se concentrem na realização de um trabalho de alta qualidade. Se o observador perceber um erro ou engano que possa afetar um paciente, ele tem a responsabilidade de ajudar o funcionário (e o paciente) com algum tipo de manifestação sobre aquele erro. As observações devem ser feitas preferencialmente por funcionários que já realizaram aquele mesmo trabalho, tornando essa atividade uma interação entre iguais. Se a observação for feita por estranhos ou por supervisores, os funcionários poderão ficar mais nervosos em relação aos possíveis resultados negativos, ou os clínicos poderão ficar compreensivelmente ofendidos se estagiários de engenharia cronometrarem o tempo que eles passam no banheiro.[6] Funcionários de qualquer nível podem ser envolvidos como parceiros nessa observação e melhoria – em resumo, eles também podem ser os cientistas, e não simplesmente as cobaias do processo.[7]

Além disso, ter colegas observando o seu trabalho certamente levará a análises mais exatas e à identificação de desperdícios. Eles também são mais predispostos a saber quando os funcionários observados estão usando métodos inconsistentes com outros ou com práticas padronizadas. Essa conscientização serve como o primeiro passo na determinação de qual deveria ser o melhor método de trabalho. A observação e a análise podem também apontar atividades que não deveriam ser realizadas por certas funções. Por exemplo, se um farmacêutico está fazendo um trabalho manual (como baixar pedidos de medicamentos no computador) que um técnico farmacêutico poderia realizar a um custo mais baixo, poderemos modificar as funções e responsabilidades a fim de combinar melhor as tarefas aos níveis de habilidade.

Observar os padrões das caminhadas pode ajudar a identificar oportunidades para melhorias do *layout*. Diagramas espaguete (assim chamados porque, ao concluí-los, parece que você acabou de jogar um punhado de espaguete cozido na página) podem ajudar a identificar equipamentos e suprimentos que deveriam ser movidos de lugar, com base na observação da maneira como as pessoas realmente fazem as coisas. A caminhada inútil não é o único desperdício que pode ser identificado por meio da observação. Os observadores podem ver trabalho repetido ou soluções alternativas que normalmente ficam ocultas dos supervisores e dos gerentes de nível superior.

> No decorrer de muitos projetos *lean*, os funcionários têm a oportunidade de assistir em vídeo à maneira pela qual eles e os colegas fazem seu trabalho diário. E então surgem comentários do tipo "eu nunca imaginei que fazia aquilo!". Em um exemplo, três pessoas do mesmo departamento, com 1, 7 e 20 anos de empresa, assistiram ao vídeo de outros fazendo o trabalho, e todos concluíram que o faziam de maneira diferente. Eles já trabalhavam juntos havia muitos anos, mas até aquele momento nunca tinham se dado conta do quanto os seus métodos eram diferentes. A equipe também conseguiu ver o impacto que a variação tinha na sincronia ou no resultado do processo. Outra possibilidade que a observação proporciona a profissionais que estão normalmente ocupados demais em seus próprios silos de atividades é a oportunidade de verem e apreciarem o trabalho que outros fazem como parte de uma equipe.

Atividade do funcionário – enfermagem

Um hospital e seu centro ambulatorial de tratamento oncológico empreenderam uma avaliação destinada a identificar oportunidades de melhoria. A equipe já sabia que passava tempo demais à procura de suprimentos, mas essa análise formal da atividade dos funcionários desvendou o desperdício em sua plena extensão.

A área da quimioterapia tinha enfermeiros cujas funções e tarefas incluíam:

- Levar pacientes até suas poltronas ou leitos e prepará-los para o tratamento.
- Pegar os medicamentos e começar as injeções e gotejamentos.
- Responder às queixas dos pacientes decorrentes de dor, conforto e outras necessidades.
- Responder perguntas sobre o tratamento e o processo em andamento feitas por pacientes e seus familiares.
- Encerrar o tratamento e preparar os pacientes para voltarem para casa.

Um dos enfermeiros observados caminhou cerca de 560 metros em 50 minutos, o que equivaleria a mais de 6,5 quilômetros por dia. O diagrama espaguete da caminhada é mostrado na Figura 4.4. No intervalo da observação, 32% do tempo do enfermeiro foi gasto andando. Apenas 30% do tempo foi gasto em atividades de valor agregado, que foram definidas livremente como qualquer tempo em contato direto com pacientes.

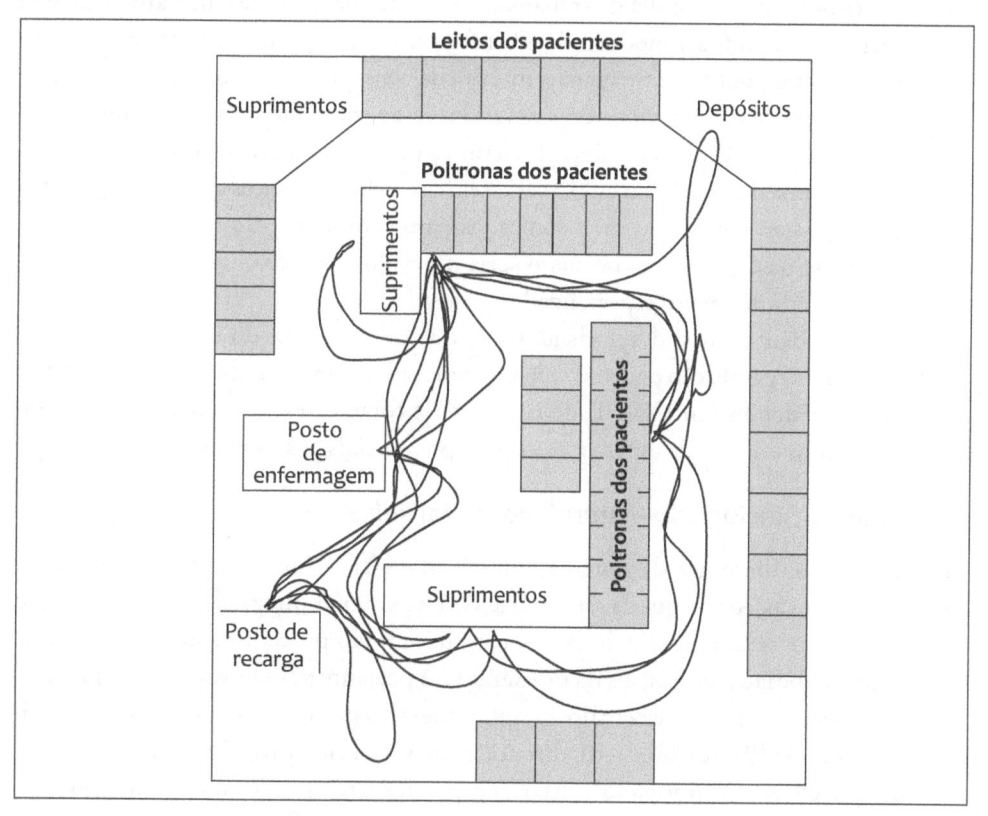

Figura 4.4 Padrão de caminhada de um enfermeiro em um centro de quimioterapia.

De acordo com os princípios *lean*, nossa primeira reação deveria ser perguntar por que o enfermeiro precisa percorrer essas distâncias. Parte do percurso se deve a levar os pacientes às respectivas poltronas. Os enfermeiros da quimioterapia gostariam que todos os seus pacientes ficassem em um mesmo local, mas isso nem sempre é possível. Quando os pacientes chegam, eles tendem a procurar qualquer poltrona disponível e qualquer enfermeiro livre naquele momento para que sejam logo atendidos. Sempre que um paciente pede para ser atendido por um determinado enfermeiro, a única poltrona disponível pode encontrar-se bem distante dos outros pacientes de que ele está cuidando.

O aumento do deslocamento é causado pela localização de outras áreas visitadas repetidamente, incluindo armários de suprimentos e o posto de enfermagem, onde os medicamentos são entregues pela farmácia. Isso tudo pode ser contestado e questionado. Cada poltrona e leito de paciente tinha um carrinho de suprimentos que deveria, em tese, contar com suprimentos padronizados. Os carrinhos não eram, contudo, padronizados, ou seja, os enfermeiros precisavam caminhar muitas vezes até a sala principal de suprimentos sempre que os itens necessários não estavam no carrinho. Alguns itens nos carrinhos não eram reabastecidos adequadamente, e por isso havia gavetas e espaços vazios, o que tornava necessário ir a um carrinho diferente ou ao depósito de suprimentos. Quando observamos um enfermeiro andando de um carrinho a outro à procura de suprimentos que insistem em não aparecer, isso claramente identifica um problema que pode ser consertado. Antes do *lean*, os enfermeiros poderiam encarar a caminhada e a procura como partes normais de seu dia de trabalho, em vez de considerá-las uma atividade sem valor agregado que pode ser modificada. O enfermeiro era até então visto frequentemente andando até um ponto de armazenagem a fim de conseguir cobertores para os pacientes, outro sinal de que esses cobertores deveriam estar em pontos mais convenientes no centro de tratamento. Outras caminhadas levam a perguntas sobre o que os enfermeiros deveriam estar fazendo e sobre o que deveria ser feito pelos auxiliares de enfermagem. Os enfermeiros podem não ser os mais indicados para caminhar pelo recinto recolhendo suprimentos ou medicamentos, pois isso seria desviá-los do trabalho de valor agregado para o qual têm treinamento especializado.

Depois de identificar o desperdício, parte dos esforços *lean* do departamento teve como foco uma organização padronizada e aprimorada, a fim de reduzir os desperdícios e liberar tempo dos enfermeiros. Tudo isso foi feito como acréscimo a tentativas separadas de reduzir os tempos de espera e os atrasos prejudiciais aos pacientes.

Atividade do funcionário – atendimento inicial

Em quatro dias diferentes da semana, um jovem e estusiasmado podiatra trabalhava em quatro clínicas rurais que faziam parte de um sistema integrado de saúde. Certo dia, um paciente estava na sala de exame para um rápido procedimento em uma unha encravada. O podiatra deixou a sala de exames e o paciente para buscar seus suprimentos e instrumentos, entre eles escalpelo, *spray* anestésico, gaze e outros materiais. Voltando às lições de 1915 de Gilbreth, discutidas no Capítulo 1, alguém poderia questionar por que ele se via obrigado a usar seu precioso tempo de uma forma que tão ostensivamente não agregava valor.

Como ilustrado na Figura 4.5, o médico caminhou e procurou – ou caçou e coletou, como alguns diriam. Andou perfazendo de lá para cá na clínica um total de 200 metros, atrasando o atendimento do paciente em cerca de 10 minutos (e atrasando também os pacientes na sala de espera). Ele caminhou bastante entre a sala do laboratório e a sala de pequenos procedimentos, resmungando sobre o fato de ter esquecido onde aquela clínica armazenava suprimentos; havia uma clara falta de padronização que prejudicava sua produtividade. Ele então voltou ao seu escritório, foi de novo ao laboratório e andou outra vez, finalmente, para tratar o paciente, um procedimento que tinha um tempo de valor agregado de talvez 30 segundos.

Quando foi mostrado ao médico seu diagrama espaguete, ele deu de ombros e disse com toda a calma do mundo: "Bom, mas aqui sempre foi assim." A equipe na clínica chegou à conclusão de que poderia melhorar os procedimentos. Antes desse profissional chegar para o trabalho na semana seguinte, a equipe pegou um carrinho vazio e reuniu todos os suprimentos que o podólogo normalmente usava (foi a primeira tentativa deles nesse sentido). Foi criado um *checklist* que poderia ser usado para reabastecer o carrinho à tarde, antes de o podiatra chegar à clínica. O carrinho foi então levado para a sala em que ele iria trabalhar em seguida.

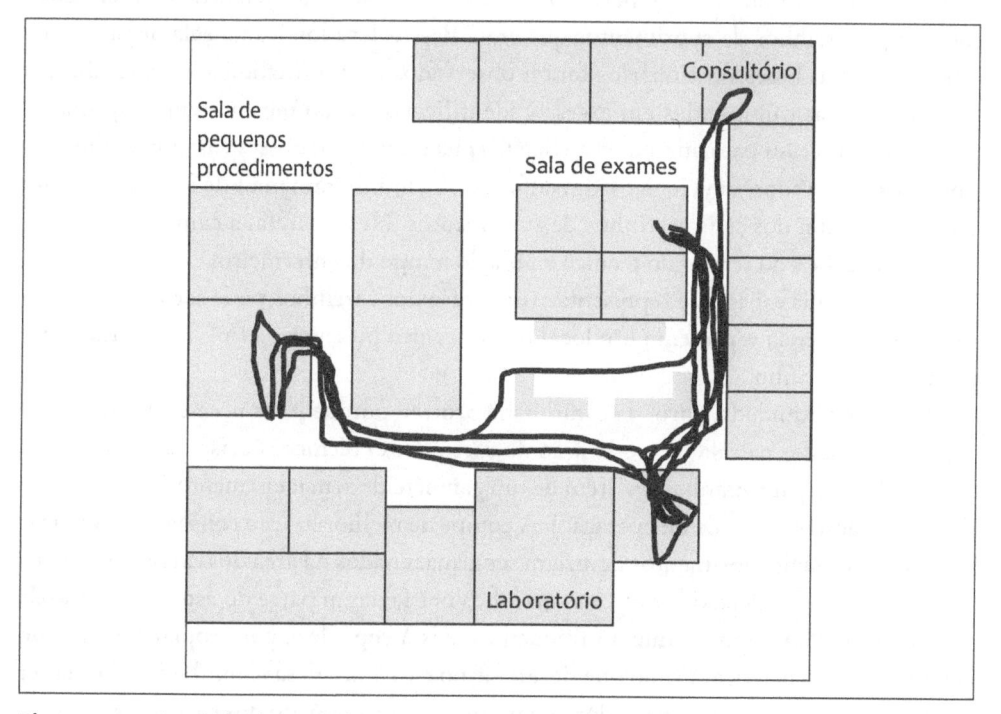

Figura 4.5 Caminhada padrão de um podiatra em uma clínica de primeiros socorros ao se preparar para procedimento em um paciente.

O médico adorou o carrinho, fazendo apenas algumas pequenas sugestões sobre seus itens e os ajustes que considerou necessários. O desperdício no seu trabalho diário estivera oculto por se tratar de "coisa normal", e a clínica não estava acostumada a considerar seu trabalho como um processo. "Mas aqui sempre foi assim" foi transformado em um processo novo e aperfeiçoado que o deixou muito satisfeito, perdendo menos tempo e evitando atrasos para os pacientes. A pergunta seguinte do podiatra foi sobre quando as outras três clínicas iriam adotar os mesmos carrinhos e *checklists* padronizados, para que ele pudesse ser igualmente eficiente nos seus quatro dias de trabalho.

> Nesta mesma clínica, uma médica assistente entrou em uma sala de exames. Saiu em seguida, em busca de um suprimento de que necessitava para o exame. Nos minutos seguintes, ela entrou e saiu dessa mesma sala cinco vezes, porque ela não fora adequadamente abastecida, um problema que abordaremos em mais detalhes no Capítulo 6. Em cada sucessiva entrada e saída da sala, a médica usou e descartou um novo par de luvas. Depois do último episódio, ela saiu dali suspirando, dizendo que teria de ir à procura de uma nova caixa de luvas, porque havia usado todas as disponíveis em suas repetidas entradas e saídas do local.

Atividade do funcionário – serviços perioperatórios

No departamento de serviços perioperatórios de um hospital, técnicos e enfermeiros montaram carrinhos de suprimentos que eram depois levados a uma sala de operações para a cirurgia. Esses funcionários foram observados com a finalidade de identificar o desperdício e as caminhadas em excesso, identificando-se ao mesmo tempo aprimoramentos do processo para aumentar a eficiência na montagem desses carrinhos. Em dois dos casos observados, um técnico e um enfermeiro caminharam mais de 300 metros para montar cada um dos seus carrinhos de suprimentos. Nessa tarefa, a caminhada consumiu mais de 44% do tempo do técnico e 36% do tempo do enfermeiro.

Um diagrama espaguete representativo do caso dos carrinhos pode ser visto na Figura 4.6. Cada estrela representa um local que o técnico percorreu a fim de requisitar um item para o carrinho.

Nesta oportunidade, parte da caminhada ocorreu porque itens necessários não estavam armazenados na sala de preparação do carrinho. O técnico precisou andar até uma sala de cirurgia para apanhar um item de um gabinete de armazenamento (item esse que deverá ser devolvido à sala de operação). A equipe de melhorias *lean* conseguiu investigar e determinar quais suprimentos deveriam ser armazenados na área dos carrinhos e quais deles poderiam ser deixados fora dos carrinhos por fazerem parte do estoque padrão da sala de operações. Houve também frequentes idas à copiadora para copiar o cartão do cirurgião, que especificava tudo que deveria ir no carrinho. Essa caminhada poderia ser reduzida colocando-se uma copiadora menor na área de depósito dos carrinhos.

Dentro da sala onde eram guardados os carrinhos, o *layout* e a organização dos suprimentos nas prateleiras levavam a mais caminhada. A equipe identificou que suprimentos e itens de grande volume estavam espalhados pelo local. Como a sala estava congestionada com dezenas de carrinhos vazios, parcialmente cheios ou inteiramente carregados, os funcionários tinham pouco espaço para trabalhar e não conseguiam levar os carrinhos até as prateleiras. Isso constituía também um desperdício na forma de superprodução, já que os carrinhos eram às vezes carregados até 24 horas antes de um procedimento programado, parcialmente para deixar tempo livre para múltiplas inspeções de carrinhos (desperdício por falhas). A superprodução poderia ter sido reduzida mediante a formatação dos carrinhos mais perto da hora do procedimento, ajudando assim a evitar a necessidade de desmontar por inteiro os carrinhos quando algum procedimento era cancelado.

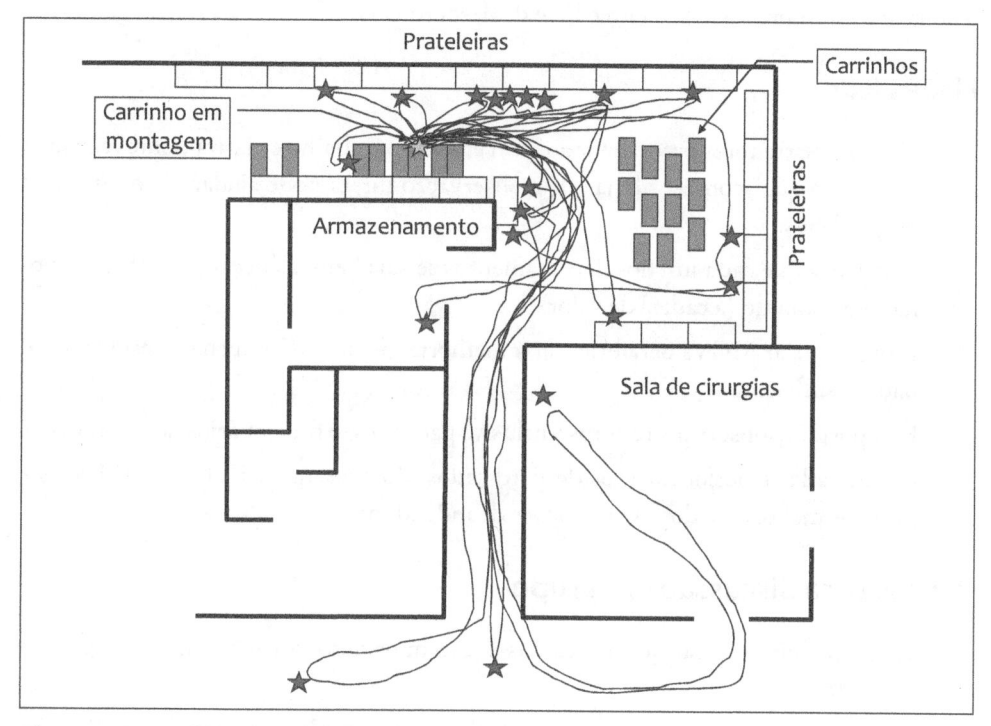

Figura 4.6 Padrão de caminhada de um funcionário para a montagem de um carrinho cirúrgico.

> A observação e o estudo diretos do trabalho existente podem levar a melhorias em processos a fim de ajudar um hospital a evitar dispendiosas reformas de melhoria. O Akron Children's Hospital gastou US$ 20 mil para inspecionar seu processo de esterilização de instrumentos, o que lhes permitiu deixar de lado um projeto de expansão financeira de US$ 3,5 milhões. Outras melhorias no fluxo de pacientes reduziram o tempo médio de espera por lâminas de exames de ressonância magnética não emergenciais de 25 dias para menos de dois dias.[8]

Conclusão

Para melhorar nossos hospitais, nada é tão eficaz quanto a observação direta. Os líderes precisam ver o desperdício que seus funcionários e médicos são forçados a enfrentar no dia a dia de suas atividades. Precisamos ver de perto aquilo que o paciente vivencia para ajudar a identificar causas de atraso, trabalho repetido e outros desperdícios. Os dados podem mostrar que os fluxos de produtos no laboratório, na farmácia ou nos outros departamentos auxiliares estão em conformidade com seus padrões de comparação em *benchmark*, mas a observação direta sempre irá demonstrar o montante real do desperdício e a oportunidade para melhorias adicionais. Com o *lean*, nosso objetivo não é sermos melhores que nossos pares, e sim sermos tão bons quanto pudermos, sempre tendo em vista o objetivo de um processo perfeito e livre de desperdícios.

Lições *lean*

- Os administradores precisam ir ao local em que o trabalho é efetivamente realizado e ver tudo que acontece ali, já que a observação direta pode ajudar a identificar os desperdícios.
- Não basta que cada um dos departamentos se saia bem; as peças precisam funcionar em conjunto (a cadeia de valor).
- É preciso usar MCVs para orientar a melhoria; documentar apenas o estado atual não é o suficiente.
- É importante observar produtos (inclusive pacientes) e funcionários neste processo.
- Caminhadas e deslocamentos desperdiçados são consequência de *layouts* físicos e projetos mal planejados, não de ações de indivíduos.

Pontos para discussão em grupo

- Como podemos evitar que as pessoas encarem os desperdícios como uma questão pessoal?
- Por que devemos observar os processos de perto para identificar os desperdícios?
- Por que somos às vezes surpreendidos pelo que enxergamos durante a observação direta do processo?
- Você consegue lembrar de um exemplo em que parte da cadeia de valor foi subotimizada? Por que isso aconteceu? O que pode ser feito para evitar que se repita?
- Por que produtos e pacientes passam tanto tempo esperando na cadeia de valor?
- Escolha um processo pelo qual você não seja responsável. Você seria capaz de se sentar e fazer agora mesmo um diagrama dele para um dos seus clientes?
- O que mantém os enfermeiros afastados do leito dos pacientes?

Capítulo

5

O TRABALHO PADRONIZADO COMO UM ALICERCE DO LEAN

A necessidade do trabalho padronizado

Nos hospitais, apesar de todos os procedimentos operacionais padrão (SOPs, na sigla em inglês), regulamentos e diretrizes em vigor, é extremamente fácil encontrar várias pessoas fazendo o mesmo trabalho de maneiras diferentes, o que ocasionalmente se traduz em prejuízo aos pacientes como resultado final. Por exemplo, equipes que trabalham em ambientes de salas de cirurgia muitas vezes descobrem que não existem métodos padronizados para procedimentos pré-operacionais, o que predispõe os pacientes a índices elevados de infecções, que seriam facilmente preveníveis. Não se pode atribuir a indivíduos a culpa por tais situações. Pelo contrário, o hospital e seus líderes devem investigar o ambiente que foi criado e a cultura que permitiu que se desenvolvessem métodos de trabalho incompatíveis.

Instruções e diretrizes laborais são muitas vezes transmitidas informalmente em ambientes hospitalares. A comunicação a respeito de mudanças nos processos é quase sempre ineficaz quando se dá por meio de canais informais, incluindo cartazes e comunicações verbais. Uma típica unidade de enfermagem pode ostentar dezenas de avisos e cartazes em suas dependências, comunicando novas diretrizes sobre higienização das mãos, mudanças no sistema de informação e novas práticas envolvendo medicamentos. A poluição visual pode ser intensa, na medida em que cartazes são postados sobre avisos, os quais são postados em cima de lembretes, e assim por diante. É fácil demais para os funcionários perderem-se na cacofonia desses avisos ou não sintonizar adequadamente a mensagem que pretendiam transmitir. Hospitais são ambientes dinâmicos que operam com muitas pessoas se revezando na execução de múltiplas funções 24 horas por dia, sete dias por semana. O que precisamos é de um método formalizado para administrar e melhorar a forma como desempenhamos nosso trabalho e como a comunicação desses métodos é feita. A verdade é que podemos dar melhor sustentação ao atendimento de nossos pacientes e aos nossos próprios funcionários com um trabalho padronizado com base em práticas *lean*.

A metáfora da Casa Toyota

Uma conhecida ilustração do Sistema Toyota de Produção é o da casa modelo, adaptado ligeiramente para hospitais. Como ocorre com outras ilustrações *lean*, ela começa com pessoas em seu centro, como mostrado na Figura 5.1. O diagrama representando o "Park Nicollett System of Care" é um exemplo de como essa casa é seguidamente customizada para as determinadas necessidades de uma organização, como mostrado na Figura 5.2.[1]

Neste capítulo, discutimos os três alicerces do *lean* e os dois pilares igualmente importantes, que ajudam a criar a estrutura para o *lean*: qualidade aprimorada e fluxo aprimorado.[2]

Visão geral dos alicerces *lean*

Os alicerces, ou fundamentos, da casa *lean* consistem em três princípios centrais. O trabalho padronizado é o método para o desenvolvimento de melhores práticas e métodos no hospital. *Heijunka* é uma palavra japonesa que significa "equilibrar o nível" das cargas de trabalho ou demanda por serviços, suavizando o fluxo de trabalho e o fluxo de pacientes em todo o hospital, como discutiremos no Capítulo 9. *Kaizen* é outra palavra japonesa que pode ser traduzida como "melhoria contínua", como será discutido no Capítulo 10.

Esses três conceitos estão interconectados e são necessários para que um sistema *lean* venha a prosperar. O trabalho padronizado sem o *kaizen* seria apenas um local de trabalho estagnado, sem nada a apresentar como melhoria. *Kaizen* sem uma base de trabalho padronizado poderia ser um ambiente caótico em que as pessoas testariam aleatoriamente novos métodos que não iriam necessariamente melhorar o sistema geral. Trabalho padronizado sem *heijunka* significa que os funcionários continuarão estressados e os pacientes continuarão sofrendo com longos tempos de espera. Trabalho padronizado, *heijunka* e *kaizen* trabalham em conjunto para dar sustentação aos conceitos da eliminação do desperdício e do respeito pelas pessoas.

Alicerces do *lean*: trabalho padronizado

O trabalho padronizado parte de uma premissa simples: as pessoas devem analisar seu trabalho e definir a maneira pela qual ele melhor satisfaz as necessidades de todas as partes interessadas. Muitos dos problemas existentes nos hospitais podem ser traçados até uma causa-raiz que envolve a ausência de padronização. Por exemplo, um problema que comumente afeta os pacientes, apesar de ser facilmente evitável, é o das escaras. Para evitá-las, um dos métodos requer que a equipe reposicione os pacientes em situação de risco no leito a cada duas horas. Muitos hospitais têm dificuldades enormes em garantir que isso seja feito da maneira correta e com a frequência necessária. Em vez de reagir a esse desafio botando a culpa em nosso pessoal e exortando-os a trabalhar melhor (ou colando novos cartazes...), o que precisamos é de um método para documentar o trabalho padronizado e administrar o trabalho a fim de garantir que ele seja seguido consistentemente. Retornaremos ao exemplo das escaras ainda neste capítulo.

Figura 5.1 A casa *lean*.

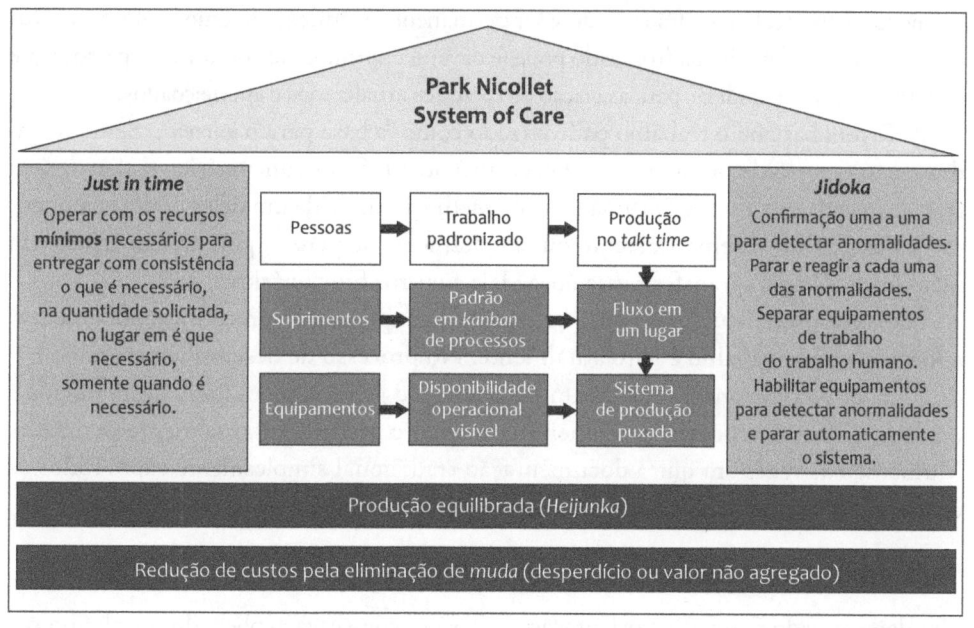

Figura 5.2 O Park Nicollet System of Care. Copyright 1999-2011 por John Black and Associates LLC. Usada com a permissão de Park Nicollet Health Services e Mark Graban.

A ideia do trabalho padronizado não é nova. Henry Ford, cujas palavras tiveram grande influência sobre a Toyota, escreveu: "Nossa própria atitude é nos sentirmos desafiados a descobrir a melhor forma de fazer tudo".[3] A Toyota ajudou a ampliar essa constatação em algo que se tornaria mais que um processo duradouro, por meio do *kaizen*.

O conceito do trabalho padronizado certamente não é novo entre os hospitais ou na medicina, remontando aos engenheiros industriais Frank e Lillian Gilbreth e à sua pesquisa no começo dos anos 1900. Suas observações mostraram que um cirurgião passava mais tempo procurando instrumentos na sala de operações do que propriamente realizando a operação. Os Gilbreth recomendaram que as bandejas fossem mais bem organizadas e que um "auxiliar cirúrgico" passasse a alcançar os instrumentos ao cirurgião, conforme suas necessidades.[4] Porém, a mudança quase sempre ocorre com lentidão na assistência à saúde, e essas novas ideias só passaram a ser aceitas pela American Medical Association por volta de 1930 – apesar de terem sido propostas pelos Gilbreth em 1914.

Definição de trabalho padronizado

Afinal, o que vem a ser *trabalho padronizado?* Uma definição poderia ser *o melhor modo atual de completar com segurança uma atividade com o resultado adequado e a mais alta qualidade, usando o mínimo possível de recursos.* Podemos dividir essa definição em suas expressões e verbos componentes.

"Atual"

O melhor trabalho padronizado atual é simplesmente o melhor método definido como tal no momento presente. Um padrão não deve ser permanente ou inflexível, como SOPs e arquivos tendem a ser. O trabalho padronizado pode (e deve) ser aprimorado conforme as pessoas que o realizam vão tendo ideias para a criação de métodos atualizados e aperfeiçoados.

A Toyota batizou o trabalho padronizado como "a base para o *kaizen*".[5] Sem um padrão, não é possível contar com melhoria sustentável. Se os funcionários realizam seus trabalhos cada um a seu jeito, uma ideia de melhoria vinda de um deles pode ou aumentar a variação no sistema existente ou simplesmente se perder, porque não temos um método padrão para transferir essa nova ideia a outros funcionários.

Não interprete "atual" no sentido de que nós simplesmente precisamos documentar a forma como o trabalho é feito atualmente. No processo de desenvolver trabalho padronizado, os funcionários precisam estar sempre atentos a possíveis desperdícios e desafiar todos os aspectos da maneira pela qual o trabalho é atualmente realizado. Muitas são as vezes em que a documentação tradicional simplesmente capta todos os desperdícios no método atual, sem se deter em realizar melhorias, ou *kaizen*.

"Resultado adequado e a mais alta qualidade"

Um determinado manual de orientação da Toyota começava explicando o trabalho padronizado como aquele iniciado com o objetivo final em mente, afirmando que "trabalho padronizado é uma ferramenta para manter a produtividade, a qualidade e a segurança em níveis elevados".[6] Os hospitais precisam considerar isso e não simplesmente padronizar pelo fato de padronizar. Existem incontáveis tarefas e procedimentos que nossos funcionários enfrentam diariamente. Tentar padronizar todos os nossos métodos certamente iria parecer um desafio esmagador. Os hospitais precisam garantir que seu trabalho padronizado beneficie os pacientes, os funcionários, os médicos e eles próprios. Precisamos priorizar nossa atividade de melhoria e padronização para que nossos esforços iniciais possam ter o maior impacto para todas as partes interessadas. Deveríamos perguntar, por exemplo: "a padronização deste método irá realmente melhorar sua qualidade?".

A qualidade é continuamente destacada como um dos princípios centrais do *lean*, e o trabalho padronizado deveria refletir esse princípio. O trabalho padronizado não é simplesmente uma abordagem que enfatiza a rapidez em relação à qualidade. A documentação do trabalho padronizado precisa refletir o montante de tempo exigido para realizar o trabalho da maneira adequada, evitando sobrecarregar os funcionários ou inadvertidamente pressioná-los a enveredar por atalhos. Este é um exemplo de como o trabalho padronizado pode beneficiar os funcionários e incorporar o aspecto do respeito pelas pessoas presente no *lean*.

Métodos de padronização que têm um impacto na segurança do paciente constituem um ótimo ponto para começar. Esta é uma área em que os hospitais normalmente já fizeram algum esforço de padronização, como:

- Limpeza e higienização das mãos.
- Passos de preparação para cirurgias cardíacas.
- Rotulagem das amostras de pacientes.
- Processos de administração dos medicamentos.
- Comunicação com o paciente na marcação de consulta ambulatorial ou de cuidados primários.
- Limpeza e esterilização adequadas dos quartos dos pacientes.

É preciso considerar que apenas ter a descrição por escrito do procedimento em vista não significa que o método padronizado está sendo sempre seguido. Inúmeras pesquisas já mostraram que o cumprimento da política de higienização das mãos é baixo nos hospitais; alguns estudos ou estimativas mostram um cumprimento de menos de 50% em relação a essa prática.[7] Padronizar o melhor método para limpar uma sala de operações pode reduzir os índices de infecções hospitalares, como mostrou um estudo segundo o qual os funcionários ignoravam mais da metade dos objetos que deveriam ser desinfetados.[8] A causa-raiz do problema pode ter sido um padrão mal definido, ou talvez fosse o caso de administradores que não comparecem ao local de trabalho para constatar se o padrão está sendo mesmo seguido. A ideia de um sistema de trabalho padronizado e o papel da liderança na supervisão dos padrões são discutidos mais adiante neste capítulo.

"Completar com segurança"

"Completar com segurança" enfatiza ainda mais claramente o foco concentrado em resultados e benefícios pelo trabalho padronizado. Como discutimos na questão da qualidade, o trabalho padronizado não incentiva a rapidez ou eficiência em detrimento da segurança. Práticas de segurança, tanto para pacientes quanto para funcionários, devem ser consideradas aspectos inquestionáveis do trabalho padronizado. Nesse sentido, vem-nos à mente o antigo adágio segundo o qual "as coisas podem ser feitas de forma rápida, correta ou barata – escolha dois dentre os três, mas não poderá ter todos eles". Neste caso, estamos nos esforçando para encontrar um método que atinja todos os objetivos da melhor forma que entendermos possível. Assim, poderemos ter um serviço bom, rápido e com uma boa relação custo/benefício ao mesmo tempo – não pela eliminação de etapas, mas pela eliminação do desperdício.

"O melhor modo"

Para tipos diferentes de trabalho, existe realmente "o melhor modo"? É importante assegurar que o nível adequado de detalhes e especificidades seja documentado em nosso trabalho padronizado. Quando os técnicos em equipamentos de saúde do laboratório de microbiologia, por exemplo, inoculam e sequenciam amostras de pacientes em meios de placas de Petri, pode haver variações na maneira pela qual esse trabalho é feito. Certos detalhes, tal como o padrão exato de sequenciamento da amostra ao longo da placa, podem fazer uma grande diferença no modo como a cultura cresce e nas decisões médicas daí resultantes. O livro O Talento Toyota faz referência a isso como trabalho de "importância crítica" – os 20% das tarefas para os quais o trabalho deve obrigatoriamente mostrar alta consistência.[9] A documentação do trabalho padronizado pode ser detalhada para esse método, com figuras e exemplos usados para treinamento inicial e contínuas demonstrações de como o trabalho deve ser feito.

Ainda assim, poder haver detalhes do trabalho que não representem um impacto sobre segurança, qualidade ou resultados. Será que tem importância qual das mãos um técnico usa para inocular a placa? Provavelmente não, e por isso nossa documentação do trabalho padronizado não seria específica a esse ponto. Do contrário, técnicos canhotos poderiam desprezar um método minuciosamente específico ao considerá-lo discriminatório. Isso cria um ambiente em que, infelizmente, determinados funcionários podem se sentir pressionados a seguir determinados padrões, contribuindo para qualidade e resultados inconsistentes. Métodos de trabalho padronizado não podem ser considerados opcionais por funcionários ou administradores se tiverem um impacto real sobre os resultados para os pacientes.

Outras tarefas e métodos de trabalho podem não requerer uma especificação tão detalhada em seu método. Seria um desperdício de resultados tentar padronizar cada uma das possíveis tarefas. Em determinadas atividades, existe espaço para alguma variação na forma de se fazer o trabalho (o que O Talento Toyota chamou de tarefas importantes), e pode haver outras atividades (as tarefas de baixa importância) para as quais métodos variados não costumam exercer qualquer impacto sobre a qualidade ou sobre os resultados do processo.

> Na clínica de pacientes ambulatoriais de um hospital infantil, era fácil para os funcionários culpar os pais por chegarem sempre tarde ou por terem filhos que violavam ordens verbais. Quando uma equipe passou a examinar em profundidade o processo, constatou que cada funcionário no escritório tinha uma forma diferente de se comunicar com os pais no telefonema de acompanhamento pós-consulta. Alguns explicavam que "nenhum líquido translúcido" também incluía o leite, mas outros não o faziam. Alguns

> funcionários tinham o cuidado de explicar que o hospital e a clínica eram locais diferentes, a fim de evitar possíveis confusões. Os telefonemas aos pais foram então padronizados, enfatizando determinados pontos-chave de maneira consistente, sem precisar para isso definir cada uma das palavras. O atraso dos pacientes e a violação das ordens apresentaram uma redução drástica. Não se tratava, pois, de uma questão de "maus pais" – o problema era o "mau processo".

"Mínimo possível de recursos"

Embora segurança e qualidade sejam prioridades inegociáveis na mentalidade *lean*, também nos preocupamos em fazer o melhor uso dos nossos recursos, minimizando o desperdício. "Recursos" incluem nosso pessoal e seu tempo, suprimentos, equipamentos, espaço físico, qualquer coisa que tenha custo financeiro. Devemos levar em conta também recursos que não custam nada diretamente ao hospital, tais como o tempo do paciente. Muitas tentativas de melhorar a produtividade elegem a minimização de recursos como sua meta principal. Alguns administradores têm tradicionalmente buscado limitar recursos, esperando que as pessoas acabem, em razão da necessidade, encontrando uma forma melhor de realizar seu trabalho. O custo direto do trabalho pode com isso se reduzir a curto prazo, mas certamente haverá perda da qualidade se as pessoas não tiverem tempo suficiente ou disponibilidade para fazer um trabalho de alta qualidade nesse sistema. Isso seguidamente conduz a um ciclo de desincentivo, o que torna a melhoria algo muito distante.

É por isso que, na abordagem *lean*, nós primeiro melhoramos a qualidade e a produtividade, para só então tirar proveito da oportunidade de reduzir o número de pessoas. Os líderes *lean* mantêm sempre em mente a ideia de respeitar as pessoas, retreinando ou redistribuindo-as para outros tipos de trabalho, em vez de simplesmente dispensá-las.

Padronizado, não idêntico

É sempre tentador dizer *padrão* em vez de *padronizado*, mas o fato é que existe uma distinção entre essas duas palavras e conceitos. *Padrão* pode soar como algo absoluto, um método com zero variação ou zero flexibilidade. Isso começa a soar como a palavra *idêntico*, e os funcionários podem ficar preocupados com a possibilidade de estarem sendo transformados em robôs. Muitos funcionários – não apenas na assistência à saúde – valorizam a capacidade de usar seu discernimento para tomar decisões no trabalho. Existe um equilíbrio a ser atingido em algum ponto entre o caos total, em que todos fazem tudo de maneira inteiramente diferente, e o conformismo indiferente. Funcionários que estão constantemente pensando em "como eu poderia fazer isso aqui?" ou "o que eu posso fazer em seguida?" podem acabar esgotados física ou mentalmente no final do dia. O trabalho padronizado é o plano que nos liberta de termos de tomar centenas de pequenas decisões ao longo do dia, liberando capacidade cerebral e reservando energia para lidarmos com aquele menor número de decisões importantes que sempre surgem.

> Bill Marriott, diretor-presidente da Marriott Hotels, explicou que a companhia não está tentando transformar os funcionários em robôs por meio de SOPs. A padronização faz parte, há muito tempo, da cultura e do sistema de gestão da Marriott, explicou o executivo-chefe. "O conformismo indiferente e o estabelecimento cuidadoso de padrões são coisas que jamais deveriam ser confundidas. O que sólidos SOPs comprovadamente conseguem é cortar problemas comuns pela raiz para que os funcionários possam se concentrar na solução de problemas incomuns."[10] Essas são ideias extremamente compatíveis com a filosofia *lean*.

Se a Toyota pretendesse que seus funcionários não passassem de robôs descerebrados, parece óbvio que batizaria seu sistema de "trabalho idêntico", em vez de trabalho padronizado. O *–izado* em *padronizado* implica que algum esforço é feito rumo à padronização total, mas o esforço muitas vezes cessa antes que se alcance 100% de padronização. Além disso, é difícil imaginar que uma padronização de 100% possa concretizar-se algum dia em qualquer ambiente, quanto mais em complexos ambientes hospitalares.

Escrito por aqueles que fazem o trabalho

O trabalho padronizado não é uma abordagem de comando e controle ditada por executivos ou especialistas aos seus funcionários. Uma diferença-chave do trabalho padronizado, em comparação com outros modelos de documentação de processos, está em que os documentos *lean* são elaborados por quem faz o trabalho. Taiichi Ohno, da Toyota, escreveu: "Padrões não devem ser impostos de cima para baixo, mas, em vez disso, estabelecidos pelos próprios trabalhadores da produção".[11] A suposição é de que os funcionários conhecem melhor o seu trabalho e por isso têm melhores condições de escrever uma documentação eficiente e acurada a respeito.

Ainda que os funcionários sejam os especialistas nos métodos atuais, o processo de fixar por escrito o trabalho padronizado precisa forçar uma reavaliação de como tudo é feito, em vez de simplesmente documentar o método existente. Antes de redigir documentos sobre trabalho padronizado, as equipes passam tempo observando, gravando em vídeo e outras mídias e examinando seus métodos atuais em todos os detalhes, como descrito no Capítulo 4. Falar a respeito dos métodos de trabalho e transformá-los em literatura formal, em conjunto com os colegas de atividade, são fatores que podem levar à redução do desperdício, como Frank Gilbreth escreveu sobre os hospitais, em 1914: "Você se surpreenderá com o modo como as possibilidades de melhorias irão surgir em sua mente como resultado de ver no papel exatamente o que você está fazendo em seu departamento".[12] Melhorias iniciais surgirão a partir desse esforço de documentação, sendo seguidas por outras melhorias, ou *kaizen*, com o passar do tempo.

No ambiente de um departamento de grandes proporções, não seria prático envolver todos os participantes diretamente na redação dos documentos. Um grupo menor, como o da equipe do projeto *lean*, pode redigir documentos que são considerados esboços iniciais. Os membros do departamento podem então revisar esses esboços, de maneira que todos os participantes contribuam para novos aperfeiçoamentos.

Um grande desafio do trabalho padronizado é conseguir que todos concordem com uma abordagem padronizada, especialmente em casos nos quais os participantes da organização já tenham sido deixados isolados com suas próprias abordagens no passado. Isso não é uma panaceia, mas os funcionários estarão mais dispostos a aceitar o trabalho padronizado (e a segui-lo) sempre que lhes for dada a oportunidade de contribuir com alguma sugestão.

> O departamento de radiologia de um hospital aprendeu casualmente sobre o valor do trabalho padronizado enquanto implementava o *lean*. Pessoas diferentes, incluindo técnicos, enfermeiros, assistentes e radiologistas, formavam equipes em dias diferentes, dependendo da rotatividade da programação. Uma determinada combinação havia trabalhado em conjunto, as mesmas pessoas a cada dia, durante duas semanas corridas. "As coisas estavam saindo realmente bem. Todos sabíamos exatamente quem fazia o quê e tudo andava de acordo com o figurino", contou um técnico, demonstrando orgulho com aquela eficiência (e por conseguirem chegar em casa na hora certa).
>
> Tudo funcionou muito bem até que os esquemas foram alterados e aquela equipe viu-se desmembrada. Os funcionários passaram então a dizer que, "como todo mundo fazia tudo diferente", a nova combinação não seria tão produtiva quanto o grupo anterior. Os funcionários começaram a indagar qual seria o motivo daquela mudança. Com a implantação de um trabalho padronizado adequado, o departamento esperava contar com o mesmo sentimento de produtividade todos os dias, independentemente de quem estivesse trabalhando na equipe, já que assim cada equipe não precisaria reinventar seus próprios métodos e as funções de cada um de seus integrantes.

Analisando o tempo médio das operações

Os hospitais já contam com processos de documentação e SOPs (processos operacionais padrão) que relacionam passos para que sejam completadas muitas de suas operações. Documentos de trabalho padronizado também mostram a duração esperada para tarefas ou atividades. Em uma linha de montagem da Toyota, seria injusto com os funcionários, da mesma forma que prejudicial ao fluxo e à qualidade, dar a eles mais tarefas do que é possível realizar em seus repetitivos ciclos de trabalho.

É certo que as funções em um hospital não são, em sua maioria, repetitivas como as das linhas de montagem, mas o mesmo princípio geral deveria ser mantido sempre que possível. Ele deveria ser aplicado pela perspectiva de não esperar que 10 horas de trabalho sejam realizadas em um turno de 8 horas. Isso deveria ser aplicado também no correr do dia – por exemplo, não esperar que os funcionários completem duas tarefas ao mesmo tempo, ou não sobrecarregar um funcionário durante as horas de pico.

Com a variabilidade encontrada no trabalho em hospitais, determinar cargas precisas de trabalho pode ser muito difícil. Os departamentos deveriam dar o melhor de sua capacidade para estimar as cargas de trabalho, buscando distribui-las equilibradamente entre todos os funcionários. Melhor ainda, um departamento poderia projetar um trabalho padronizado que permita que os funcionários sejam treinados em interação com outros setores, e assim ajudar uns aos outros na medida das exigências da carga de trabalho. Um departamento de hospital dificilmente terá um roteiro que venha a ser seguido com tanta precisão quanto uma função de linha de montagem que se repete a cada 60 segundos. O documento do trabalho padronizado pode ser considerado mais como um plano do que como um roteiro.

Distribuição de pessoal com base em dados

Em muitos ambientes hospitalares, os níveis de pessoal são estabelecidos mediante a dados de *benchmarking*, impressões gerais, hábito ou restrições financeiras. Idealmente, esses níveis deveriam se basear nas cargas de trabalho existentes, orientadas pela demanda de pacientes e pelo trabalho padronizado que sugere o ritmo em que as pessoas podem trabalhar sem prejudicar qualidade ou segurança.

Takt é uma palavra alemã com a qual certamente estarão familiarizados os leitores que forem músicos, pois ela significa compasso, ou ritmo, como em uma peça musical. O *takt* é um termo *lean* para expressar o ritmo da demanda do consumidor por uma cadeia de valor ou um processo. Uma montadora de automóveis pode ter um *takt* de 50 segundos, significando que um cliente compra um carro a cada 50 segundos durante o horário de trabalho da fábrica. O *takt* é calculado como o número disponível de horas (ou minutos ou segundos) de trabalho dividido pela demanda dos clientes.

Em ambientes de assistência à saúde, as aplicações do *takt* podem ser difíceis de encontrar, ou podem ser mais complexas que na manufatura. Em vez de ter um índice de produção mensal baseado nas vendas de acordo com um *takt* médio, um hospital precisa trabalhar com capacidade de resposta a demandas variáveis de pacientes, pois não pode simplesmente construir um amplo estacionamento a ser lotado de carros para venda posterior. Dito isto, existem alguns casos em que o *takt* é útil para entender nossa carga de trabalho a fim de orientar decisões sobre pessoal.

Por exemplo, o laboratório de um hospital pode precisar extrair 360 amostras de pacientes em uma janela de quatro horas todas as manhãs. O *takt* é então de 14.400 segundos divididos por 360 amostras, ou 40 segundos por amostra. À medida que desenvolvemos um trabalho padronizado (tendo eliminado o desperdício do processo), podemos descobrir que um flebotomista precisa (na pior das hipóteses) de oito minutos para extrair adequadamente uma amostra e, então, atender o paciente seguinte. Uma pessoa extraindo uma amostra a cada 480 segundos não consegue satisfazer a demanda do paciente, de uma amostra a cada 40 segundos.

A matemática simples nos ensina que precisaríamos no mínimo de 12 flebotomistas para cumprir o *takt*. Em termos práticos, iríamos querer de 13 a 14 para preencher a variação no tempo que leva a extração de amostras. Neste caso, e em outros cenários, teríamos provavelmente tempos *takt* diferentes e diferentes exigências de pessoal ao longo do dia e da semana. Devemos então fazer o melhor que pudermos para usar dados a fim de equilibrar a demanda de pessoal, por respeito aos nossos pacientes e aos nossos funcionários.

Tipos de documentos de trabalho padronizado

Até aqui, grande parte do nosso foco esteve concentrado nos conceitos e na filosofia do trabalho padronizado. Qual é, na prática, a aparência desses documentos? Não existe um único formato mágico; muitos tipos de documentos de trabalho padronizado podem servir a diferentes situações. Alguns dos formatos comuns são relacionados na Tabela 5.1, incluindo exemplos de onde esses formatos poderiam ser aplicados em um hospital.[13]

Tabela 5.1 Tipos de documentos de trabalho padronizado

Ferramenta ou documento	Objetivo	Exemplo de uso em um hospital
Gráfico de trabalho padronizado	Documento básico que mostra as responsabilidades de trabalho, as tarefas comuns e o tempo que devem ocupar. Muitas vezes mostra um diagrama de onde é feito o trabalho.	Rotina diária para funcionários do laboratório, enfermeiros, funcionários da farmácia.
Folha de trabalho combinado	Analisa as relações entre um operador e a máquina para sincronizar o trabalho e eliminar o tempo de espera do operador. Usada para determinar como múltiplas pessoas poderiam dividir determinado trabalho.	Área automatizada da "célula central" do laboratório clínico.
Folha de capacidade de processos	Analisa a capacidade do equipamento, os quartos e outros recursos; estudo do tempo de mudança e de permanência e de outros tempos ociosos planejados.	Analisando a capacidade da sala de cirurgia e o tempo de mudança.
Instruções de trabalho do operador	Detalha importantes tarefas cíclicas e não cíclicas. É usado como documento de referência ou treinamento, não sendo afixado na área de trabalho. Descreve "pontos-chave" para qualidade e segurança.	Célula central do laboratório clínico, atividades dos técnicos farmacêuticos para reagir aos pedidos de primeira dose.
Gráfico do equilíbrio do ciclo	Usado para distribuir equilibradamente o trabalho em uma linha de montagem e para comparar o índice de produção com o índice de demanda do consumidor.	Serviços de nutrição (linha de produção de sanduíches).

Em alguns casos, os departamentos do hospital implementam as detalhadas instruções laborais como um documento afixado no local de trabalho. Esses documentos traduzem, com o apropriado detalhamento, tarefas, sequência, sincronia e "pontos-chave" importantes para a segurança ou qualidade.[14] Os documentos podem ser usados para treinamento ou referência, inclusive como listas de verificação que ajudam a garantir que passos importantes não sejam esquecidos nem ignorados. O formato exato dos documentos de trabalho padronizado, como ocorre com outras práticas *lean*, deveria ser o de diretrizes que possam ser adotadas e adaptadas de acordo com a situação de cada empreendimento.

Padronizando rotinas diárias

Embora o trabalho padronizado quase sempre se atenha a detalhes de métodos específicos, podemos também usar os conceitos para planejar cronogramas diários e seus horários. Por exemplo, a equipe de um laboratório pode ter certas atividades (como a manutenção de instrumentos ou inspeções semanais) que são feitas rotineiramente. Departamentos encontram benefícios em determinar o melhor horário (ou faixa de horário) para determinadas atividades pendentes, sempre buscando evitar conflitos relativos a horários coincidentes e aliviar as cargas de trabalho. Em alguns laboratórios, por pura rotina, o tecnólogo do primeiro turno dá início à manutenção da máquina ao começar seu turno, às 7 horas da manhã, mesmo que este seja normalmente um período de pico de movimento. Como a manutenção precisa ser feita diariamente, o horário exato para sua realização não importa, contanto que seja consistente. Pelo processo *lean*, as equipes rapidamente identificam quais tarefas, como a da manutenção de máquinas, podem ser feitas durante períodos mais calmos, aliviando assim o impacto sobre os tempos totais na realização de testes.

Em outro caso, o departamento de radiologia de um hospital mantinha uma equipe de três componentes trabalhando na portaria para a admissão dos pacientes. Antes do *lean*, dois desses funcionários saíam para o almoço sempre às 11 horas, mesmo que houvesse um número maior de pacientes que em outras ocasiões, deixando o atendente restante com uma carga pesada de trabalho. Esse atendente, é claro, entendia aquela situação como injusta, deixando de se esforçar no atendimento, o que atrasava os pacientes (que também atrasavam os procedimentos dos exames de imagem). Com o *lean*, a equipe passou a trabalhar com foco no paciente e instituiu horários flexíveis de almoço. Os atendentes passaram a retardar a saída para o almoço sempre que o volume de pacientes recomendasse esse passo. A equipe também precisou reconsiderar o formato dos intervalos para almoço, passando a liberar apenas um dos atendentes por vez, em vez dos dois que anteriormente saíam juntos às 11 horas. Não foi exatamente uma medida fácil de ser colocada em prática, mas mostrou-se justa para os funcionários e benéfica para os pacientes. O papel da liderança neste episódio foi enfatizar o motivo pelo qual as mudanças eram necessárias e benéficas.

Essa abordagem de especificar quando os intervalos podem ser feitos corre o risco de parecer contrária à ideia de que o *lean* é bom para todos os funcionários. É verdade que alguns deles podem ser solicitados a uma mudança de hábitos e horários, mas também é verdade que isso se dá apenas quando em benefício dos pacientes. A equipe deveria perguntar: "Existe algum benefício em padronizar os horários de almoço e outros intervalos?". Em algumas áreas, os funcionários podem ter maior autonomia na escolha dos seus horários de folga. Os gerentes precisam explicar o motivo pelo qual essa padronização é necessária, em vez de optarem por implantá-la simplesmente invocando sua posição de autoridade.

Definindo papéis e responsabilidades

O trabalho padronizado vai além dos detalhes de execução de tarefas e organização das atividades diárias das pessoas. A literatura sobre trabalho padronizado também dá aos hospitais uma oportunidade para reconsiderar quais tarefas devem ser feitas por quais dos funcionários. Não se trata de uma questão nova nos hospitais, como destacou o artigo de um periódico publicado em 1924: "Vi competentes enfermeiros esfregando pisos e fazendo outras coisas que, para o leigo, são funções que não requerem a alta capacidade e o treinamento tão essenciais à sua profissão".[15]

Um exemplo disso pode ser encontrado no laboratório de hospitais. Como os técnicos em equipamentos de saúde costumam ser escassos e contam com educação e habilidades científicas especializadas, o hospital precisa fazer uso dessas qualificações sabiamente. Não podemos arcar com a perda de tempo de tecnólogos na execução de tarefas que não requerem sua especialização ou suas habilidades.

Sempre que houver técnicos empenhados em tarefas manuais, tais como a reposição de suprimentos nas prateleiras ou a movimentação de espécimes dentro do laboratório, está na hora de desafiar essa distribuição de tarefas. O fato de que "aqui o trabalho sempre foi feito dessa forma" não pode constituir uma desculpa para que não se façam mudanças. Alguns laboratórios chegaram ao ponto de ter assistentes de laboratório injetando amostras em instrumentos automáticos, quando a capacidade de um técnico é necessária para a interpretação de resultados e a agilização do processo. Colocar um tubo em um instrumento é muitas vezes uma função meramente manual que os assistentes de laboratório podem desempenhar, desde que tenham o treinamento adequado e que esteja em vigor o trabalho padronizado. A qualificação para o exercício dessas tarefas pode depender de restrições legais ou regulamentares em determinados estados e/ou municípios, por isso é necessário abordar essa questão com os devidos cuidados legais.

Permitir que os técnicos se concentrem em seu trabalho especializado é algo que se adequa à filosofia do respeito pelas pessoas, já que isso valoriza suas capacidades especiais. Em determinado laboratório, antes da implementação do *lean*, um técnico com 25 anos de experiência lamentava o fato de seu trabalho estar reduzido à condição de "coisa de robô". Isso se devia à nova tecnologia laboratorial automatizada, em cujo âmbito tudo que os tecnólogos faziam era "movimentar tubos, preenchê-los e apertar alguns botões", em comparação com os métodos manuais usados décadas antes. Em um ambiente *lean*, podemos permitir que os tecnólogos concentrem mais seu foco em tarefas que exijam treinamento científico. Além disso, à medida que vamos engajando os funcionários em esforços *kaizen*, os ténicos e assistentes podem usar sua criatividade para resolver problemas, o que é decididamente uma atividade que nada tem de robotizada.

Os mesmos conceitos podem ser aplicados aos profissionais mais capacitados em outros departamentos. Uma farmácia pode questionar quais das tarefas desempenhadas no momento pelos farmacêuticos deveriam ser feitas por seus assistentes. Uma unidade de pacientes internados pode avaliar quais atividades deveriam ser feitas por técnicos ou assistentes de enfermagem, em vez de pelos enfermeiros registrados. Pode haver casos, porém, em que tenhamos alguém trabalhando abaixo de seu nível em nome do trabalho em equipe ou da melhoria do fluxo. Em algumas farmácias, por exemplo, o farmacêutico costuma depositar uma medicação em um sistema de transportadores de tubos imediatamente após verificar e inspecionar esse remédio. Isso não exige treinamento de farmacêutico, mas leva apenas alguns segundos e evita um potencial atraso à espera de um técnico que faça o encaminhamento da medicação ao paciente.

Trocas rápidas como trabalho padronizado

Uma variação do trabalho padronizado é a metodologia para as trocas rápidas, também conhecida como redução do tempo de montagem. A inovação da Toyota, sob a liderança de Shigeo Shingo, consistiu em reduzir os tempos de parada das máquinas de muitas horas para menos de 10 minutos, pelo método que ficou conhecido como mudança rápida de ferramentas (SMED, do inglês *single minute exchange of dies*). Os tempos de montagem foram reduzidos por um fator de 40 em um período de 10 anos.[16] Um exemplo equivalente em hospital seria o tempo necessário para preparar a sala de cirurgia para utilização por pacientes diferentes, incluindo todo o tempo necessário para limpeza, esterilização e preparação para o caso seguinte.

Em vez de aceitar que as demoras nessa troca fossem inerentemente prolongadas, Shingo ensinou uma metodologia que incluía analisar a forma com que o trabalho era feito exclusivamente para encontrar uma maneira de aperfeiçoá-la. Normalmente, uma grande parcela do trabalho, incluindo as caminhadas para buscar novas ferramentas, ocorria depois da preparação da máquina. Tarefas que poderiam ser feitas antes do fechamento das máquinas eram "externalizadas", deixando-se ativas apenas aquelas tarefas "internas" absolutamente indispensáveis enquanto a máquina estivesse parada.

Em um cenário de sala de cirurgia, um hospital poderia fazer com que integrantes da equipe ajudassem a montar tudo aquilo que fosse necessário para o caso seguinte fora da sala, enquanto o caso anterior estivesse em seu andamento final, em vez de gastar aquele tempo entre os casos apenas esperando. Papéis e responsabilidades pela limpeza e preparação da sala são altamente específicos, o que leva a trocas de plantão mais rápidas. A qualidade seguidamente aumenta à medida que determinadas superfícies ou seções da sala não são mais esquecidas pela equipe anterior, extremamente atarefada. Em algumas circunstâncias, o aumento do número de funcionários de preparação pode aumentar o custo de uma forma que será mais do que compensada pelo aumento da utilização da sala e dos rendimentos disso decorrentes.

As equipes de *pit stop* das provas de automobilismo são outra inspiração para o trabalho de mudança acelerada e muitas vezes ensinam seus métodos aos hospitais.[17] Essas equipes têm métodos altamente orquestrados que são ensaiados com frequência, com o objetivo de maximizar o tempo do piloto na pista, fazendo paralelamente o trabalho exigido pelas alternativas da prova da maneira mais segura possível. Os hospitais podem ter um objetivo similar de maximizar o montante de tempo em que um cirurgião e a sua equipe podem operar, reduzindo assim o tempo de espera dos próprios cirurgiões e dos pacientes.

Explicando os porquês pelo trabalho padronizado

Uma inovação da abordagem *lean* em relação ao trabalho padronizado é o esforço extra empreendido para explicar por que determinados passos são necessários ou por que é preciso fazer as coisas de uma determinada forma. Em vez de ensinar aos funcionários que façam uma tarefa de determinada forma porque foi assim que o gerente mandou que fizessem, a abordagem mostra respeito pelas pessoas ao tratá-las como adultos. Documentos com detalhadas instruções normalmente têm duas colunas à direita das listas de passos e tempo de duração. A primeira coluna destaca pontos-chave que são fundamentais para a segurança ou a qualidade, e a segunda coluna explica por que esses pontos devem ser seguidos.[18] Os funcionários mostram-se mais dispostos a seguir o trabalho padronizado quando entendem o raciocínio por trás do ponto-chave. Se dependermos da autoridade formal para impormos a adesão ao trabalho padronizado, é muito provável que os funcionários venham a fazer tudo de acordo com seu próprio estilo quando ninguém os estiver observando.

> Sempre que os gerentes são executores, precisamos explicar por que diretrizes, objetivos ou decisões são necessários. Isso demonstra respeito pelas pessoas. É frequente ouvir dizer que as pessoas odeiam mudanças. Seria mais correto dizer que elas odeiam ser mandadas a realizar mudanças de uma determinada forma. Em qualquer nível na organização, as pessoas não apreciam decisões que são forçadas a cumprir, especialmente aquelas que parecem arbitrárias. Cartazes ou avisos, quando usados, não devem trazer apenas a simples determinação – eles precisam explicar seus motivos.
>
> Em um laboratório que estava implementando o *lean*, um gerente colocou um adesivo em uma centrífuga determinando "NÃO ALTERAR O TEMPO DE ROTAÇÃO. Deve ser de 6 minutos". Foi uma ação do tipo comando e controle; esperava-se que o funcionário cumprisse o determinado no cartaz (uma ordem) por causa da autoridade formal do gerente. Pouco tempo depois, como era de se esperar, um tecnólogo passou ali perto, viu o cartaz e perguntou: "Por que tem de ser assim?". E seguiu em frente. O gerente se deu conta do seu erro de não ter explicado o motivo da ordem. Um novo cartaz foi feito, explicando que o tempo era agora de 6 minutos, em vez dos 10 minutos de antes, porque eles estavam usando um novo tipo de tubo que exigia menos tempo de centrifugação. Não se tratava, como o funcionário poderia chegar a temer, de uma tentativa de poupar tempo (à custa da qualidade) mediante uma arbitrária redução do tempo.
>
> A ideia de explicar o porquê pode ser também aplicada às interações com pacientes. Em um determinado hospital, em vez de simplesmente dizer aos pacientes "usem suas máscaras", os cartazes eram mais informativos e com isso tornavam mais provável que os pacientes viessem a seguir as instruções. Os cartazes explicavam que pacientes de hemato-oncologia deviam usar máscaras

> em razão da construção de uma nova torre para pacientes, cuja poeira aumentava o risco de infecções fúngicas, se fosse aspirada. Outro hospital mudou seus cartazes na sala de espera que antes determinavam "nada de alimentos ou bebidas" para um cartaz ligeiramente mais prolongado que explicava que a proibição de se alimentar era uma cortesia com os pacientes que não podiam se alimentar antes de seus procedimentos. O número de pessoas que trazia alimentos à sala de espera passou desde então a diminuir.

Documentos de trabalho padronizado e o sistema de trabalho padronizado

Os encarregados da implementação do *lean* inicialmente concebem o trabalho padronizado a partir dos documentos que produzimos. Os documentos sobre trabalho padronizado são um importante ponto de partida, pois é difícil dizer que uma organização ou departamento tem um padrão se esse padrão jamais foi escrito.

Mesmo que contem com métodos e procedimentos plenamente documentados, os líderes não podem garantir que todos os funcionários irão sempre desempenhar o trabalho naquela forma consistente. Você poderia perguntar: "se já falamos sobre métodos padronizados há mais de 100 anos e temos prateleiras lotadas de arquivos a respeito, por que ainda estamos lutando com o trabalho padronizado? Por que estamos implementando esse trabalho como um novo conceito?". O trabalho padronizado é um conceito enganosamente simples, difícil de implementar e consolidar. Gerentes e administradores precisam fazer algo além de simplesmente supor que os procedimentos de trabalho padronizado serão sempre seguidos. Precisamos conferir, auditar ou inspecionar se eles estão sendo consistentemente seguidos, com os resultados adequados.

É muito frequente que as pessoas encararem o trabalho padronizado como um exercício de documentação, em vez de ver nele um exercício prático de gerenciamento. É comum que as organizações atravessem ondas e ciclos de elaboração de padronizações e procedimentos, muitas vezes correspondendo a ciclos de inspeção e certificação por entidades externas de controle. Ficamos entusiasmados com a documentação de nossos processos e empregamos tempo dos funcionários nesse esforço, mas com que efeitos e resultados?

Há um ditado que usamos que tenta captar a responsabilidade dos líderes na supervisão do trabalho padronizado: "Você obtém aquilo que espera e merece aquilo que tolera". Como líder, se você esperar que os funcionários venham a seguir o trabalho padronizado, você terá de encontrar tempo para ir lá e ver de perto se o trabalho padronizado está sendo realmente realizado. Se você tolerar que as pessoas não sigam o trabalho padronizado, certamente terá merecido os resultados da não concretização desse método.

Voltando ao exemplo das escaras, abordagens tradicionais de gerenciamento poderiam medir o número de ocorrências de escaras em diferentes enfermarias ou nos turnos sob a responsabilidade de cada enfermeiro. Poderiam existir duas áreas diferentes em que os funcionários não estão seguindo o trabalho padronizado de adequadamente reposicionar os pacientes a cada duas horas. Em razão da variação dos nossos pacientes e, até certo ponto, em decorrência de puro acaso, uma área poderia ter um paciente desenvolvendo escaras, enquanto outra, não. Seria certo elogiar a área em que não houve nenhum caso de escaras? Por meio das mesmas ações (ou inação), eles poderiam ter um paciente desenvolvendo escaras na semana seguinte. Como líderes, precisamos nos concentrar no processo e responsabilizar as pessoas por fazerem as coisas certas da maneira certa, em vez de focar apenas nos resultados. Os líderes *lean* acreditam que o processo adequado sempre leva aos resultados adequados.

Medindo e observando a adesão ao trabalho padronizado

Em vez de esperar por mensurações e outros relatórios, os líderes também podem passar algum tempo inspecionando e observando diretamente o processo, para ver se o trabalho padronizado está sendo efetivamente seguido. É possível seguir os funcionários regularmente. Os líderes poderão usar listas de verificações ou indicadores visuais ao longo do dia a fim de verificar se o que está sendo feito é pura rotina ou fruto de tarefas programadas.

Por exemplo, pacientes que correm o risco de desenvolver escaras poderiam ter uma lista de controle afixada em seus quartos, a qual os encarregados de reposicioná-los a cada duas horas deveriam rubricar. Enfermeiros-chefes, líderes de equipes ou outros gerentes fariam, dentro de um cronograma, inspeções para constatar se o trabalho padronizado está sendo realizado na frequência adequada. Os gerentes poderiam também fazer observações ocasionais para determinar se os pacientes estão ou não sendo reposicionados de acordo com o trabalho padronizado.

> Com *checklists* e outros registros, os líderes precisam ficar atentos a funcionários que eventualmente voltam ao local para preencher esses formulários ao final dos respectivos turnos. Isso poderia significar que o trabalho padronizado não está sendo realizado e que os funcionários estão fraudando os *checklists*. Ou poderia significar que estão fazendo o trabalho, mas não preenchendo o formulário antes do fim dos seus turnos. Os *checklists* e a sincronização do trabalho padronizado precisam ser acompanhados o dia inteiro.

Em uma cultura não *lean*, isso pode ser visto como uma espécie de assédio aos funcionários, ou como uma demonstração de falta de confiança. A chave está na maneira como reagimos quando o trabalho padronizado não é seguido e como interagimos com os funcionários. Os líderes precisam garantir que o trabalho padronizado está sendo realizado em benefício dos pacientes, e não porque gostamos de contar às pessoas aquilo que fazemos.

Funcionários da linha de frente não são os únicos a terem seu trabalho padronizado fiscalizado. Os supervisores de primeiro nível têm um trabalho padronizado que indica que devem fazer auditoria de sua área uma vez por dia. O gerente desses supervisores também deve conduzir auditorias regulares e conferir se as demais auditorias estão sendo realizadas, pois a responsabilidade não termina no supervisor de primeiro nível. Mais detalhes a respeito desse processo são dados no Capítulo 10.

Os líderes precisam ter disciplina para continuar auditando o trabalho padronizado. Um exemplo envolve a experiência de um certo departamento de radiologia com auditorias de processo antes do *lean*. Novas regras da Joint Comission exigiram que o radiologista passasse a assinar pedidos de contrastes orais antes de sua administração a pacientes. Os gerentes e o diretor vinham efetuando auditorias, mas deixaram de realizá-las depois de cerca de três meses. Previsivelmente, depois que as auditorias cessaram, o cumprimento de 100% desses pedidos também deixou de existir.

"Resistência" ao trabalho padronizado?

Embora o trabalho padronizado traga claros benefícios para pacientes e funcionários, é comum que certas pessoas na organização resistam à ideia. Alguns funcionários poderiam sentir-se insultados pela necessidade de relatar como fazem suas tarefas, especialmente aqueles com mais tempo de empresa. "Já sabemos tudo sobre nosso trabalho" é uma queixa comum, mas será mesmo que todo mundo faz suas tarefas da mesma forma? É provável que os funcionários também temam ser incapazes de aprender o novo método de trabalho padronizado. Eles deveriam, por isso mesmo, receber algum tipo de garantia de que serão treinados adequadamente e terão o tempo suficiente para aprender o novo método, sem serem criticados a cada dificuldade enfrentada.

É geralmente mais fácil conquistar a aceitação do conceito geral, de modo que as pessoas concordem que a padronização é necessária. O verdadeiro desafio, no entanto, reside nos detalhes de decidir qual padrão ou qual combinação de métodos padronizados representa o melhor caminho. Construir o consenso pode ser tarefa para muito tempo, mas é sempre a melhor maneira de ganhar a aceitação. Sempre que existir desacordo a respeito de qual é realmente o melhor caminho, precisaremos confiar em dados, e não em opiniões. As equipes podem testar diferentes métodos, medindo o impacto sobre segurança, qualidade, prazos ou custos. Decisões sobre trabalho padronizado devem ser baseadas em mais do que simplesmente quem tem influência ou quem fala mais alto. Sempre que tivermos à nossa disposição dois métodos igualmente bons, um líder pode ajudar a decidir qual desses métodos deveremos passar a usar.

Perguntando "por quê?" quando o trabalho padronizado não é seguido

Quando um líder constata que o trabalho padronizado não é cumprido, sua primeira pergunta deve ser: "Por que o padrão não está sendo seguido?". Trata-se de uma pergunta que deve ser feita com franqueza, mas nunca em estilo acusatório. Se ela for feita em um tom que na verdade significa "você precisa seguir o trabalho padronizado", isso poderia intimidar o trabalhador de maneira a fazê-lo voltar à linha.

Perguntar "por quê?" também pode incentivar o *kaizen*. Alguns gerentes concentram seu foco em garantir que os funcionários sigam sempre métodos padrão, não importando quais sejam eles. Neste zelo em impor o trabalho padronizado, corremos o risco de perder oportunidades potenciais para o *kaizen*, se não formos cuidadosos. Não custa lembrar, uma vez mais, que o trabalho padronizado não pretende ser permanente, mas sim aperfeiçoado, com o passar do tempo, pelos funcionários encarregados dessas tarefas. Se os gerentes reagirem negativamente cada vez que observarem alguém que não estiver fazendo o trabalho padronizado, o *kaizen* e a criatividade ficarão estagnados.

Perguntamos "por quê?" pela possibilidade de existirem razões legítimas para que o padrão imperante não seja seguido: pode haver um problema no processo que implique a necessidade da mudança do trabalho padronizado. Como líderes, precisamos incentivar as pessoas a trazerem esses problemas à tona, a fim de que seja possível trabalhar no que for necessário para resolvê-los. Se o funcionário estiver usando uma solução alternativa, podemos incentivar o indivíduo a encontrar e determinar a causa-raiz do problema, como discutiremos mais detalhadamente no Capítulo 7. Em segundo lugar, o funcionário pode estar experimentando um novo método, um potencial *kaizen* a ser eventualmente incorporado pelo novo trabalho padronizado. Se não formos abertos a ouvir o que é o novo método e por que ele poderia ser melhor que o existente, estaremos desperdiçando essa oportunidade. Como líderes, precisamos estar abertos ao *kaizen*, em vez de simplesmente policiar o trabalho padronizado.

> No exemplo do Capítulo 3, em que membros da equipe de assistentes não estavam usando os meios adequados de remoção de pacientes, os gerentes reagiram mandando afixar cartazes que repreendiam a equipe por não usar o equipamento. Contudo, o local inconveniente de armazenagem era uma barreira à realização mais eficiente do serviço. Um cartaz do tipo "É obrigatório..." é, na maioria das vezes, sintoma de um problema, em vez de uma busca eficiente de solução da sua origem.

Muitos hospitais, por exemplo, têm prontuários computadorizados portáteis para uso dos enfermeiros e dos assistentes técnicos. O objetivo disso é permitir que esses profissionais façam as verificações cabíveis nos quartos dos pacientes. Isso, por sua vez, proporcionaria maior acesso dos pacientes aos enfermeiros, em comparação com as situações em que esses profissionais precisam voltar ao seu posto central para elaborar o gráfico em um computador único. O prontuário eletrônico portátil também deveria permitir aos enfermeiros um acompanhamento das situações ao longo do dia, em vez de reunir os dados de todo esse trabalho em lotes até transcrevê-los no fim do dia. Tudo isso pode parecer objetivos contra os quais ninguém teria argumentos a opor, mas o fato é que nem todos os enfermeiros usam os prontuários eletrônicos portáteis. Quando nós, como administradores, introduzimos novas tecnologias, simplesmente supomos que elas serão utilizadas, ou passamos a observar sua implementação no local adequado?

Se recebermos informações de que os enfermeiros não estão usando os recém-adquiridos prontuários eletrônicos (ou, melhor ainda, quando observamos pessoalmente essa situação), temos a obrigação de perguntar: "O que impede que você se disponha a usar os prontuários eletrônicos?". Algumas respostas poderão ter relação com falhas na tecnologia, como baterias que não sustentam sua carga ou computadores que reinicializam sem qualquer aviso. Os enfermeiros já têm motivos suficientes de preocupação; por isso, na primeira vez que precisarem repetir tarefas ou perder tempo por causa de um problema derivado de novas tecnologias, é compreensível que passem a se mostrar relutantes em relação a essa ferramenta. Alguns enfermeiros questionam a suposição de que eles têm tempo de fazer os gráficos eletrônicos à medida que vão completando seus *rounds* matutinos. No entanto, se um enfermeiro for convencido a examinar todos os pacientes adequadamente, isso poderá entrar em choque com o objetivo de elaborar os gráficos e ao mesmo tempo dedicar plena atenção aos pacientes. "Se eu fizer os gráficos durante o *round*, sempre haverá aquele paciente ao qual chegarei apenas na etapa final do meu plantão. Isso significa que não tenho tempo de, concomitantemente, fazer o gráfico e me dedicar a todos eles", poderia ser a explicação desse enfermeiro. O projeto adequado do trabalho padronizado para um enfermeiro deveria incluir tempos estimados das tarefas rotineiras diárias, de acordo com as ferramentas tecnológicas, os *layouts* dos departamentos e o número de pacientes, entre outros fatores. Os funcionários são menos propensos a realizar o trabalho padronizado quando não têm tempo suficiente em seu dia para isso.

Outros enfermeiros podem questionar se a tecnologia realmente significa mais tempo livre para eles. O Princípio 8 do Modelo Toyota estabelece: "Use apenas tecnologias confiáveis e rigorosamente testadas, que sirvam ao seu pessoal e aos processos". Tecnologias eficientes tornariam tudo mais rápido ou mais fácil para os enfermeiros, mas muitos deles relatam que as anotações no sistema de prontuário eletrônico ocupam muito mais tempo que os antigos formulários de papel feitos junto ao leito. Isso se deve ao projeto do *software*, a telas que demoram para carregar ou a sistemas que requerem muitos cliques para o registro de informações básicas. A resistência ao sistema computadorizado é reforçada quando os usuários finais não são consultados no processo de seleção de *software* ou quando os sistemas não são feitos de acordo com as necessidades do seu trabalho.

Para um pensador *lean*, todos esses argumentos representam motivos compreensíveis para a incapacidade de seguir o processo pretendido pela administração. Forçar as pessoas a seguir um processo, como fazer um prontuário junto ao leito durante os *rounds*, pode abalar a moral dos enfermeiros. Isso não significa que se deva necessariamente aceitar uma sugestão para retornar aos formulários em papel. Cabe à liderança a responsabilidade de articular os vários motivos pelos quais os sistemas informatizados e os prontuários eletrônicos são necessários. Se os líderes precisarem recorrer à determinação de que os enfermeiros devem seguir o processo porque os chefes assim o querem, eles têm uma obrigação de explicar também por que isso deve ser feito em termos de benefícios para os pacientes, para os médicos e para o hospital.

Os funcionários podem também estar ignorando o trabalho padronizado como uma forma de testar novos limites ou o próprio comprometimento da administração com o processo em marcha. Supervisores e gerentes deveriam ser treinados a oferecer monitoria aos funcionários e a supor, pelo menos inicialmente, que o descumprimento é uma questão de consciência ou treinamento. Somente depois de múltiplas tentativas de orientação e treinamento devemos recorrer a processos disciplinares formais. Se começarmos ameaçando punir as pessoas ao primeiro sinal de descumprimento, provavelmente conseguiremos pleno cumprimento – mas apenas quando estivermos vigiando essas pessoas.

Como não há meio de monitorar os funcionários em tempo integral, o melhor é nos empenharmos em construir apoio verdadeiro ao trabalho padronizado, a fim de garantir que os funcionários venham a seguir o método durante o tempo inteiro por força de sua motivação intrínseca.

O trabalho padronizado pode se aplicar aos médicos

Desde os tempos dos Gilbreths e dos seus estudos de engenharia industrial dos hospitais, no começo dos anos 1900, esta pergunta vem sendo feita: o trabalho padronizado é aplicável aos médicos e cirurgiões? Sim, as mesmas diretrizes e regras básicas descritas anteriormente podem ser aplicadas aos médicos.

Os médicos parecem os mais propensos a resistir à ideia, argumentando que cada paciente é único e que, portanto, não haveria como padronizar o trabalho em seu benefício. Lembre-se, porém, de que padronizado não é sinônimo de idêntico. Da mesma forma que em qualquer empreendimento *lean*, deveríamos padronizar apenas aquelas atividades, tarefas e sequências que têm comprovadamente impacto sobre segurança, qualidade, tempo de espera e outros fatores estratégicos. Os médicos não devem ser forçados a deixar de lado sua opinião profissional nos casos de determinados pacientes, e a padronização não pode ser imposta aos médicos por especialistas ou consultores externos, nem mesmo por gerentes de unidades. Os médicos são merecedores do mesmo respeito que os princípios *lean* defendem para todos os que fazem parte do sistema.

Em muitos casos em que o trabalho padronizado tem conseguido sucesso na interação direta médico-paciente, o método foi criado por aqueles que realizam o trabalho – neste caso, os próprios médicos. O Geisinger Health System, no Estado da Pensilvânia, reconheceu a necessidade de diminuir a mortalidade de pacientes pós-cirurgias eletivas para implante de pontes de safena.[19] Em vez de estabelecer padrões de tratamento, a instituição solicitou que os cirurgiões cardíacos passassem a estudar métodos individuais para definir um trabalho padronizado próprio, um sistema que foi batizado de ProvenCare. Embora isso não tenha sido feito com a utilização da terminologia *lean*, a abordagem é incrivelmente familiar.

Os cirurgiões em questão descobriram que havia três protocolos diferentes em uso pelos especialistas antes, durante e depois da cirurgia. "Percebemos que havia sete maneiras para fazer qualquer coisa", disse o Dr. Alfred S. Casale, diretor de cirurgia cardiotorácica do Geisinger. Os cirurgiões, deixando de lado sua convicção anterior de que o método de cada um deles era o melhor de todos, fizeram uma revisão da literatura e das diretrizes sobre o assunto para documentar 40 passos que deveriam ser sempre dados, incluindo antibióticos pré-cirúrgicos e betabloqueadores pós-cirúrgicos.

Os cirurgiões reconheceram a possibilidade de que qualquer um deles poderia optar por não seguir algum aspecto do trabalho padronizado para um determinado paciente se as circunstâncias assim o exigissem, mas eles "raramente fazem isso", segundo o Dr. Casale. Em qualquer situação de trabalho padronizado, os funcionários merecem esse direito, mas, quando as pessoas frequentemente se desviam do trabalho padronizado, é necessário que os líderes entendam o fato como um indício de possível problema com o método documentado em vigor. Os cirurgiões também seguem a diretriz de que seu trabalho padronizado pode ser aprimorado pelo surgimento de novas pesquisas ou evidências.

Os esforços de padronização no Geisinger, agora conhecidas como ProvenCare, levaram a melhores resultados para os pacientes, entre os quais se destacam:

- Tempo de internação reduzido de 6,2 para 5,7 dias.
- Redução de 44% nos índices de reinternação.
- Redução de 21% no número de pacientes com pelo menos uma complicação.
- Redução de 55% nos casos de reoperação decorrentes de hemorragias.
- Redução de 25% nos casos de infecções em incisões profundas de esterno.[20]

> O Dr. John B. Tebbetts, cirurgião plástico de Dallas, Texas, decidiu fazer seus próprios estudos e usos de métodos *lean* com o objetivo de reduzir os prazos de recuperação dos seus pacientes.[21] Entre suas metas incluia-se a de minimizar o tempo de anestesia dos pacientes, não pela aceleração do tempo de operação, e sim reduzindo o desperdício em movimentos e demoras no procedimento em seu conjunto. O Dr. Tebbetts fez testes com seus próprios métodos e instrumentos cirúrgicos, descobrindo assim métodos que causavam menos trauma ao paciente, reduzindo o tempo necessário para a recuperação. Motivado pelo tempo de recuperação e pelo conforto dos pacientes, o cirurgião ganhou em eficiência pessoal sem sacrificar a qualidade. Com o uso de seus métodos aprimorados e padronizados, 96% dos pacientes do Dr. Tebbetts apresentaram condições de retomar a totalidade de suas atividades normais em 24 horas, um objetivo que muitos consideravam impossível de ser alcançado.

Lean e checklists

Nos últimos anos, aumentou em muito o número de hospitais que utilizam *checklists* (listas de verificação), um método inspirado nos pilotos da indústria da aviação para aumentar a qualidade do serviço e a segurança dos pacientes. Livros publicados pelo Dr. Atul Gawande e pelo Dr. Peter Pronovost explicaram a transferência e aplicabilidade desses métodos para a redução de infecções de corrente sanguínea associadas ao cateter venoso central (CLABI, conforme o acrônimo em inglês), erros cirúrgicos e outros problemas.[22,23] Um grupo de 100 unidades de tratamento intensivo no Estado de Michigan conseguiu eliminar completamente as infeções de corrente sanguínea associadas ao cateter em apenas 18 meses, usando um simples *checklist* de cinco itens para assegurar o melhor tratamento conhecido a cada paciente.[24] Esforços similares levaram a uma redução de 70% dos casos de VAP (pneumonia associada à ventilação) nesses mesmos hospitais.[25] O Dr. Richard Shannon também vem liderando a aplicação de *checklists* e outros métodos *lean* para reduzir as infecções adquiridas na Pensilvânia, primeiramente no Allegheny General Hospital e em seguida no University of Pennsylvania Medical Center. No Allegheny, em 2004, o hospital reduziu em 87% as ocorrências de Clabi em 83% as de VAP.[26]

Há muitas relações diretas entre a metodologia dos *checklists* e o trabalho padronizado *lean*, entre elas:

- Os *checklists* são feitos pelas pessoas que realizam o trabalho.
- Os clínicos têm a autonomia de se desviarem de um *checklist* quando necessário no caso de pacientes específicos.
- Os *checklists* estão sempre abertos a melhorias, quando do surgimento de novas evidências médicas.
- Os *checklists* não constituem apenas um documento, tratando também de disciplina, atenção aos detalhes e cultura organizacional.

Como escreveu um médico a um jornal na Inglaterra: "Os *checklists* não são propriamente o ponto central da discussão. O que importa é a qualidade de sua implementação".[27] Isso inclui fatores como a comunicação e a existência de um clima adequado de equipe, em que cada um tem permissão de se manifestar sempre que identifica um problema.

Trabalho padronizado é aplicável aos administradores

Cada vez mais os administradores da assistência à saúde em todos os níveis chegam à conclusão de que o trabalho padronizado não se aplica somente ao pessoal da linha de frente. Supervisores de linha de frente podem ter até 80% do seu dia de trabalho orientados pelo trabalho padronizado, o que inclui seu planejamento para o dia e os *checklists* que usam para ajudar a gerenciar suas equipes.[28] À medida que ascendemos na hierarquia da organização, o tempo aplicado no modo de trabalho padronizado diminui gradativamente, sendo substituído por uma proporção relativamente maior de tempo inestruturado.

Algumas organizações, incluindo o ThedaCare (Appleton, WI), estão instituindo "zonas sem reuniões" nas primeiras duas horas do dia, criando tempo para que os líderes façam *rounds* estruturados, ou caminhados pelo *gemba*.[29] Supervisores e líderes do ThedaCare têm *checklists* e documentos de trabalho padronizado que programam a forma como eles empregam seu tempo e quais são as perguntas que costumam fazer no *gemba*. Mesmo os vice-presidentes levam consigo uma folha padronizada para relembrá-los de começar todas as discussões em equipe com uma conversa sobre a segurança dos funcionários e dos pacientes. Os líderes também podem levar consigo diretrizes para a solução eficiente de problemas, como se discute no Capítulo 7.

Como em outros casos, o trabalho padronizado para os administradores/gerentes não tem por objetivo ser restritivo e, muito menos, limitar as pessoas ao pensamento convencional. O trabalho padronizado proporciona uma estrutura útil, planejando aquelas tarefas de gerenciamento que podem ser padronizadas e, com isso, liberando capacidade cerebral para ocasiões em que a criatividade se mostra necessária.

Treinando de acordo com o trabalho padronizado

A literatura sobre trabalho padronizado pode ser usada para dar sustentação ao treinamento de novos funcionários, até para comparação com o treinamento informal, verbal. No laboratório de microbiologia de um certo hospital, antes do *lean*, os alunos recebiam treinamento não codificado, verbal, que os obrigava a anotar inúmeros ensinamentos que deveriam servir como complemento do processo. O treinamento puramente oral implica muitos riscos, inclusive ruídos na comunicação e inconsistência entre os funcionários.

Em outro exemplo, um novo técnico farmacêutico foi encarregado de entregar medicamentos a inúmeras unidades com uma única instrução, a de "agir como melhor lhe aprouvesse". Essa abordagem retarda a curva de aprendizagem para o funcionário, pois obriga-o a testar diferentes rotas. É muito bom pedir ao funcionário que encontre sua melhor via, mas somente depois de estabelecer um plano de trabalho padronizado para aquela que já foi escolhida a rota mais produtiva. Cada novo funcionário deveria ser capaz de acrescentar ideias ao conhecimento acumulado pelos seus antecessores. O novo funcionário que descobrir uma melhor rota precisa sempre compartilhá-la com os demais integrantes da equipe por meio do processo *kaizen*.

Alguns hospitais começaram a utilizar outra vez a abordagem de treinamento a partir do Programa Treinamento na Indústria (TWI, na sigla em inglês) que teve bastante influência na Toyota.[30] A observação de uma abordagem padronizada de treinamento pode ajudar a garantir práticas que se mostrem mais consistentes e que levem a uma qualidade mais consistente. A instrução do treinamento de funções segue quatro passos básicos, a saber:

> **Passo nº 1:** preparar o funcionário. Comece por discutir a necessidade do trabalho padronizado e transmitir esse conceito por meio da documentação formal. Isso é sempre conseguido mais facilmente em horários diferenciados, quando o funcionário está liberado do seu trabalho rotineiro e tem condições de se concentrar em aprender o método. Deve-se sempre esperar que o funcionário seja capaz de contestar o trabalho padronizado e aperfeiçoá-lo, caso encontre um método superior ao existente.
>
> **Passo nº 2:** demonstrar a função. O treinador deve demonstrar o trabalho padronizado, permitindo que o funcionário observe e acompanhe por meio da literatura existente. O treinador deve enfatizar os pontos-chave no trabalho padronizado a fim de dar destaque às questões da qualidade e segurança.
>
> **Passo nº 3:** observar como o trabalho é feito. Os treinadores precisam observar os funcionários experimentando a nova função, orientando-os e proporcionando-lhes rumos ou esclarecimentos à medida que eles avançam. É função do treinador confirmar que o funcionário entendeu tudo e que tem capacidade de fazer o trabalho padronizado. Na abordagem TWI, um ditado usado com frequência é: "Se o trabalhador não aprendeu, é porque o treinador não ensinou".[31]
>
> **Passo nº 4:** fazer o acompanhamento. O treinador (e os supervisores) precisa acompanhar periodicamente as atividades para garantir que o trabalho padronizado seja realmente seguido. Quando o funcionário tiver alguma experiência na

nova função, o treinador pode acompanhar seu desempenho para detectar quais ideias *kaizen* foram apresentadas por ele, tudo em nome da melhoria do trabalho padronizado.

Uma abordagem formal do treinamento proporciona resultados muito melhores que métodos aleatórios. Um departamento deveria pensar em treinar supervisores e outros funcionários qualificados para que treinem os demais, pois nem sempre os melhores funcionários são necessariamente os melhores instrutores. Muitas vezes, o oposto é o verdadeiro, quando funcionários experientes demonstram pouca paciência em relação àqueles que não estão ainda acostumados com determinada função.

> O laboratório de histopatologia do Yuma Regional Hospital (Yuma, Arizona) tentava arduamente encontrar uma pessoa para exercer, com capacidade e eficiência, uma função de controle da recepção de pedidos, tendo experimentado seis pessoas ao longo de três anos.[32] Cada novo encarregado cometia erros de registro de pedidos, e o laboratório culpava os indivíduos ou a incapacidade do laboratório de encontrar uma pessoa habilitada para aquela função. Por meio dos seus primeiros projetos *lean*, os líderes foram apresentados ao método TWI de treinamento e começaram a dar atenção ao sistema. O uso disciplinado da abordagem TWI de instrução para o trabalho no treinamento da nova pessoa contratada para o cargo levou a uma redução de erros de 33,5% para apenas 2,5%. O laboratório com isso aprendeu que o problema não era a pessoa, mas o sistema.

Conclusão

O trabalho padronizado é um método que pode beneficiar todas as partes interessadas dos hospitais. Métodos consistentes conseguem conduzir a uma melhor qualidade e à redução para os pacientes, sendo, ao mesmo tempo, justos e respeitosos com os funcionários. Parte dessa justiça e respeito depende de que o trabalho padronizado não seja imposto às pessoas; pelo contrário, o melhor é que elas tenham permissão para desenvolver e refinar seu próprio tipo de trabalho padronizado. Esta é a única forma de garantir que os funcionários desejem seguir o trabalho padronizado, com base na sua motivação intrínseca de proporcionar um melhor cuidado para os pacientes. O objetivo supremo não é a padronização, mas a melhoria e a obtenção dos melhores resultados possíveis para a organização. O trabalho padronizado é apenas um meio para esse fim.

Lições do *lean*

- Os alicerces do *lean* são trabalho padronizado, *heijunka* e *kaizen*.
- Práticas mais consistentes levam a uma qualidade mais consistente.
- O trabalho padronizado deve refletir uma ênfase em qualidade e segurança, e não em rapidez.

- O trabalho padronizado deve ser determinado por aqueles que realmente fazem o trabalho.
- Não se deve padronizar pelo simples desejo de uma padronização.
- O trabalho padronizado libera as pessoas para que possam ser criativas e solucionadoras de problemas, em vez de transformá-las em robôs.
- Explicar por que se faz alguma coisa é uma prática que demonstra respeito pelas pessoas.
- O trabalho padronizado não é apenas um exercício episódico de documentação.
- Os gerentes devem observar e auditar diretamente para verificar se o trabalho padronizado está mesmo sendo seguido.
- O trabalho padronizado não é permanente; precisa ser aperfeiçoado com o passar do tempo.

Pontos para discussão em grupo

- De que forma o trabalho padronizado é afetado pelos métodos padronizados?
- De que maneira circunstâncias irregulares ou inesperadas podem ser adaptadas pelo trabalho padronizado?
- Qual é a importância de haver material de estudo sobre trabalho padronizado de autoria das pessoas que fazem esse trabalho?
- De que forma o trabalho padronizado se aplica aos médicos e cirurgiões?
- Como o trabalho padronizado pode ser útil para os seus supervisores e líderes?
- Qual é a melhor forma de conquistar a aceitação do trabalho padronizado?
- Em seu local de trabalho, quais seriam os exemplos de tarefas críticas, tarefas importantes e tarefas não importantes?
- Que controles você usa atualmente no seu empreendimento para verificar se os métodos de trabalho estão sendo seguidos?
- Qual seria um exemplo de trabalho com especificações exageradas em sua área? Que problemas isso causa?

Capítulo

6

MÉTODOS LEAN: GERENCIAMENTO VISUAL, 5S E KANBAN

Lean é mais que um conjunto de ferramentas, mas ferramentas podem ajudar

Lançando um olhar retrospectivo para o triângulo Toyota do Capítulo 2, vemos que ferramentas técnicas são apenas um componente do sistema integrado do *lean*. Em vez de documentar todos os detalhes de como implementar esses métodos, este capítulo enfoca alguns dos exemplos específicos da utilização do gerenciamento visual, do 5S e do *kanban* em hospitais. Também focamos nos métodos do gerenciamento e nos conceitos filosóficos incorporados no uso eficiente desses métodos. Este capítulo não é, de forma alguma, uma relação abrangente de ferramentas, mas aborda as mais comumente usadas nos estágios primários da implementação pelos hospitais. Muitos dos compêndios ou manuais sobre esses métodos, publicados para a indústria, podem ser adaptados ao ambiente hospitalar. Além disso, estão sendo lançados livros específicos para a utilização desses métodos – o que inclui o 5S e o *kanban* – pelos hospitais.[1,2]

Reduzindo o desperdício pelo gerenciamento visual

Outra forma de trabalho padronizado é o método do gerenciamento visual. O objetivo do gerenciamento visual é mostrar de forma prática aos funcionários e gerentes o desperdício, os problemas e as condições anormais. Nossa meta deve ser expor os problemas para que possam ser solucionados, em oposição à antiga abordagem de esconder os problemas para dar a impressão de que a situação geral está sob controle. O gerenciamento visual é um estado de espírito, mais do que uma tecnologia específica. Nosso objetivo, como executivos, é fazer um autoquestionamento constante sobre como tornar nossos processos mais visuais e nossos problemas mais aparentes.

Gwendolyn Galsworth escreveu que o objetivo do gerenciamento visual é reduzir os "*déficits* de informação" no local de trabalho.[3] Para ela, "em um local de trabalho em que a informação é escassa, as pessoas fazem incontáveis perguntas que se repetem continuamente – ou acabam inventando dados".[4] Isso pode ser observado em inúmeros hospitais. Basta ouvir as perguntas feitas pelos funcionários, como, por exemplo:

- Este paciente precisa de mais algum teste, ou pode receber alta?
- Estes medicamentos já foram devidamente conferidos?
- Qual deve ser o próximo paciente admitido?
- Estes tubos estão prontos para serem carregados no instrumento de teste?
- Esta bomba está mesmo limpa?
- Quem é o médico deste paciente?
- Quais são os pacientes daquele enfermeiro?
- Esta sala está liberada?

Essas perguntas têm raízes em uma carência de informações que não existem ou não parecem disponíveis – por isso há a necessidade do gerenciamento visual. O gerenciamento visual pode também, em condições ideais, ser usado para a tomada de decisões em tempo real – uma grande melhoria em relação a esperar por relatórios e parâmetros mensais, ou mesmo diários, para avaliar o desempenho de um processo.

Exemplos de gerenciamento visual para o fluxo de pacientes

No departamento de radiologia de um hospital pediátrico, algumas das crianças são agendadas para fazer múltiplos exames de imagem, tais como ultrassonografia e ressonância magnética. Como muitos pacientes têm apenas uma consulta e os funcionários só têm acesso ao cronograma da sua modalidade, é comum que um técnico ou enfermeiro sentencie "você está pronto" depois do primeiro procedimento. Como muitas crianças não sabem o que estão fazendo ali, e alguns pais podem também não entender plenamente o planejamento para o atendimento de seus filhos, alguns pacientes vão embora sem passar pelo segundo exame de imagem programado. Isso resulta em desperdício de tempo do equipamento, repetição do trabalho para a equipe de marcação e transporte e tempo desperdiçado para o paciente e seus pais.

A equipe de atendimento do departamento de radiologia apresentou uma ferramenta simples de gerenciamento visual a fim de evitar a ocorrência desse desperdício. Quando uma criança tem duas modalidades de exames a fazer, o funcionário da recepção grampeia cartões laminados coloridos e prende-os na camisa do paciente. Isso proporciona um indicador mais claro à equipe da primeira modalidade quanto à existência de um segundo procedimento. Essa também é uma forma de evitar erros, como discutiremos no Capítulo 8. Em vez de depender de gerentes admoestando os funcionários para tomarem cuidados, a equipe recorreu a uma abordagem mais eficiente, simples e visual da solução desse déficit de informação.

Os hospitais costumam usar gerenciamento visual para identificar o *status* dos pacientes ou suas necessidades, facilitando assim a tomada de decisões em tempo útil. Painéis de localização (tanto painéis comuns de baixa tecnologia quanto telas de plasma *high-tech*) são usados para identificar quais são os quartos disponíveis ou para compartilhar com as famílias as informações sobre em que ponto da cadeia de valor os pacientes se encontram no momento. Uma clínica ambulatorial ortopédica, em vez da prática antiga de empilhar prontuários de pacientes em arquivos, passou a colocá-los em molduras de parede que criam um claro indicador visual de quantos pacientes estão esperando cada médico. Além disso, existem sinalizadores visuais muito claros que indicam se o paciente está pronto ou ainda se encontra no raio X. O pessoal do atendimento consegue assim visualizar facilmente essa informação visual e utilizá-la para priorizar a admissão de pacientes que venham a chegar ao mesmo tempo, registrando em primeiro lugar um paciente cujo médico esteja disponível no momento, em vez de encaminhar aquele paciente que terá de esperar até que outros tenham sido atendidos por um médico diferente.

Muitos hospitais estão usando sistemas de *software* para disponibilizar o *status* de pacientes em telas planas de largas dimensões. É um princípio comum do *lean* usar tecnologia e automação apenas depois de o processo ter sido testado manualmente. O Princípio 8 do Modelo Toyota recomenda "usar tecnologia confiável, adequadamente testada, que sirva ao seu pessoal e aos seus processos".[5] Os pensadores *lean* não são antitecnologia, mas tendem a evitar que se recorra de imediato a soluções tecnológicas para os problemas. Um grande e importante hospital pediátrico criou um imenso quadro de avisos com ímãs de códigos coloridos aderidos ao *layout* de uma unidade de pacientes externos. Embora esse quadro tenha sido pensado inicialmente como um protótipo para ajudar a escolher um sistema eletrônico, o hospital acabou decidindo que ele cumpria exatamente aquilo que era necessário e tinha flexibilidade suficiente para ser alterado rapidamente de acordo com a evolução das necessidades. Outro hospital construiu um protótipo de um rastreador de pacientes em uma planilha compartilhada em rede que podia ser exibida em telas por todos os departamentos. A surpresa foi grande com o fato de essa solução caseira também eliminar a necessidade de adquirir o sistema comercial. Sistemas visuais caseiros (analógicos ou digitais) têm a vantagem de serem completamente adaptáveis a cada situação.

Exemplos de gerenciamento visual para prevenir problemas no processo

O gerenciamento visual também pode ser usado para evidenciar problema ou prevenir seu surgimento. No laboratório de um hospital, métodos simples de gerenciamento visual foram usados com o fim de prevenir atrasos nos testes de amostras coletadas dos pacientes. Determinadas amostras eram transportadas do laboratório principal até a microbiologia em uma caixa que atravessava uma abertura na parede que dividia os departamentos. Uma vez usado pela microbiologia, a amostra era devolvida, na caixa, ao laboratório principal, para a continuação dos testes. Muitas vezes, as amostras ficavam mais de uma hora na caixa, esperando que alguém as encaminhasse de volta. A demora era em parte causada pelo sinal ambíguo emitido pelo indicador visual de que havia uma amostra na caixa. Os funcionários do laboratório poderiam facilmente – e de forma errada – supor que a amostra ali estava ainda a caminho da microbiologia. A equipe *lean* elaborou um indicador visual muito simples – uma folha laminada que a microbiologia podia colocar na janela de passagem, na parte de dentro do laboratório, quando uma amostra voltava naquela direção. Quando o pessoal do laboratório principal apanhava essa amostra, mantinha então o sinal desligado até a hora da próxima necessidade.

É preciso tomar cuidado para que os controles ou indicadores visuais sejam padronizados entre as unidades, ou até mesmo no hospital inteiro. Pulseiras de pacientes com cores codificadas ajudam a identificar necessidades especiais ou pedidos DNR ("não repetir", em inglês). Infelizmente, as pulseiras nem sempre são padronizadas entre diferentes hospitais ou em uma mesma comunidade, o que pode causar confusões quando enfermeiros ou médicos trabalham em diversos lugares. Uma cor que indica alergia em um hospital pode muito bem significar DNR em outro, criando com isso a possibilidade de erros catastróficos.[6]

5S: organizar, armazenar, limpar, padronizar e sustentar

Outro exemplo de desperdício ou *déficit* de informação no local de trabalho torna-se evidente com perguntas como:

- Onde estão os cobertores?
- Por que não temos mais seringas?
- Para onde foram levados aqueles medicamentos?
- Por que estamos caminhando tanto dentro do departamento?
- Por que passamos tanto tempo procurando coisas necessárias?

A metodologia dos 5S (*seiri, seiton, seiso, seiketsu* e *shitsuke*, em japonês, o equivalente a separar, armazenar, limpar, padronizar e sustentar) reduz o desperdício pela melhoria da organização e do gerenciamento visual do local de trabalho. Implementar o 5S nada tem a ver com parecer limpo e organizado, e não deve ser confundido com um exercício ocasional ou anual do tipo "limpeza de primavera". O alvo prioritário do 5S é prevenir a ocorrência de problemas e criar um ambiente de trabalho que permita que as pessoas proporcionem o melhor atendimento aos pacientes da forma mais eficiente possível. Por exemplo, John Toussaint, diretor-presidente do ThedaCare (Appleton, Virgínia), estimou que as melhorias resultantes da implementação da metodologia 5S ajudaram a reduzir o tempo médio desperdiçado por turno de 8 horas, na enfermagem, de 3,5 horas por dia para apenas uma hora por dia.[7] A metodologia 5S é frequentemente usada como um dos primeiros métodos *lean* para atrair a atenção dos funcionários mediante pequenas melhorias, como um precursor da abordagem de desafios maiores, levando à "revitalização do ambiente de trabalho".[8]

> A maneira mais garantida de alienar os profissionais da saúde é impor métodos 5S de cima para baixo, de uma forma que não pareçam estar resolvendo quaisquer problemas realmente significativos. O 5S (e o *lean*) podem se transformar em palavrões se as primeiras iniciativas a eles relacionadas envolverem um especialista vigiando constantemente seu pessoal e colocando rótulos em todas as coisas. Os enfermeiros de um hospital estavam tentando envolver as lideranças em questões de segurança dos pacientes, mas com toda a razão se queixaram por terem sido "cobrados a reduzir o número de canetas e lápis" nos postos de enfermagem.[9] O método 5S precisa envolver todos os participantes e deve focar em problemas realmente importantes, e não em questões triviais.

O termo 5S deriva de cinco palavras japonesas. Em vez de obrigar os funcionários a aprenderem mais palavras nesse idioma, muitos hospitais apelam para algumas variações da tradução, como mostrado na Tabela 6.1, mas os princípios que constituem a base do 5S representam o elemento mais importante.

Tabela 6.1   Tradução dos termos do 5S

Termo em japonês	Tradução	Descrição
Seiri	Organizar	Descartar itens supérfluos, manter itens de acordo com sua frequência de utilização
Seiton	Armazenar	Organizar para reduzir e identificar o desperdício
Seiso	Limpar	Manter o local de trabalho permanentemente limpo
Seiketsu	Padronizar	Desenvolver um local de trabalho consistentemente organizado
Shitsuke	Sustentar	Um sistema para manter em andamento os primeiros 4S

Primeiro S: organizar (seiri)

A primeira atividade 5S consiste em examinar todo o departamento ou área identificando os itens que não forem mais necessários e que estiverem apenas ocupando espaço. Em um determinado laboratório, por exemplo, a equipe que realizou a atividade inicial de separação (ou descarte) do 5S encontrou coisas como:

- Papel-ofício e formulários amarelados, com o logotipo do hospital... de 1970!
- Reagentes ou *slides* vencidos, alguns até há mais de uma década.
- Computadores e teclados quebrados.
- Tubos de coleta de amostras expirados há meses no fundo de arquivos.

Itens que podem ser jogados fora sem causar qualquer controvérsia ou o risco de que alguém mais tarde venha a reclamar dizendo "eu precisava daquilo..." podem ser descartados de imediato, reciclados ou doados. Quando itens supérfluos passam a ocupar espaços valiosos, o departamento se torna sempre maior do que o necessário, o que, por sua vez, se traduz em excesso de custos de construção e manutenção. Esses departamentos e locais de trabalho fora de proporções exigem maior deslocamento por parte dos trabalhadores e outros tipos de desperdício. Equipamentos quebrados e suprimentos vencidos ocupam espaços que poderiam ser usados para suprimentos e ferramentas de uso mais frequente, ou para atividades de valor agregado.[10] Antes do 5S, o Seattle Children's Hospital (Estado de Washington) tinha uma sala de operações que servia como uma atravancada sala de armazenamento, ou "cemitério". Graças ao 5S, eles conseguiram recuperar essa sala para utilização como espaço clínico em apenas três dias.[11]

> Um laboratório médico descobriu uma caixa de *slides* que, pelas melhores estimativas dos encarregados, datava da década de 1960. Os *slides* foram encontrados no edifício novo do laboratório, inaugurado na década de 1990, ou seja, tinham sido removidos do prédio antigo para o novo com a finalidade exclusiva de ocupar espaço. Qualquer nova construção, grande reforma ou mudança de departamento deve ser precedida por uma grande atividade 5S.

Sempre que surge alguma pergunta a respeito de itens que *poderiam* ser necessários, uma zona neutra – zona de separação 5S – é estabelecida em algum ponto do departamento. Uma vez que nem todos os funcionários podem estar presentes durante a atividade de separação, guardar os itens durante uma semana permite que todos revisem aquilo que a equipe está planejando descartar. Isso evita a tomada de decisões precipitadas e o desperdício de descartar itens que poderiam ter de ser recomprados. Ao mesmo tempo, precisamos evitar que as pessoas se ponham a reivindicar tudo que é tipo de item simplesmente por pensarem que algum dia possam voltar a necessitar deles. Sempre que houver desacordo sobre o que é necessário, um supervisor pode agir como mediador, ou até mesmo interventor. Itens com possibilidade de alguma utilização futura podem ser mantidos em uma central de sobras (com registros claros sobre aquilo que está sendo guardado fora da sede).

O 5S não deve ser relacionado apenas ao descarte de itens de alguma forma incômodos. Como parte desse processo inicial de descarte, uma equipe deve também identificar itens necessários, mas nem sempre disponíveis, no local de trabalho.

Segundo S: armazenar (seiton)

Há organizações que cometem o erro de parar depois do primeiro S, o *seiri*, de separar. Embora o descarte dos itens supérfluos que atravancam o caminho seja algo benéfico, a eliminação mais abrangente de desperdício se dará em decorrência da adequada organização dos materiais e equipamentos remanescentes e dos "novos" itens dados anteriormente como perdidos ou indisponíveis, o que consiste na fase da organização.

Nesta etapa, os funcionários identificam a frequência da utilização de cada item. Os itens mais usados devem, quase sempre, ser armazenados o mais perto possível do ponto de sua utilização. Quanto aos itens utilizados por múltiplas pessoas em determinada área, tais como luvas de látex em um departamento de emergência ou laboratório, recomenda-se contar com múltiplos pontos de armazenamento. Existe uma troca compensatória entre a redução do desperdício de deslocamento (mantendo os suprimentos suficientemente próximos) e o aumento de estoque eventualmente resultante da existência de pontos adicionais de armazenamento. No caso de suprimentos baratos e que exigem pouco espaço, é melhor pecar por excesso de locais de abastecimento, evitando-se as caminhadas que representam tempo desperdiçado dos funcionários.

As orientações contidas na Tabela 6.2 são apenas uma sugestão. O bom senso deve prevalecer sobre qualquer pretensão a um conjunto rígido de regras. Se um item é usado com pouca frequência mas ocupa pouco espaço, ou se é sempre necessário com urgência (como um carrinho de reanimação ou itens de manutenção para um instrumento cirúrgico), ele deve ser mantido o mais próximo possível do ponto em que essa necessidade se manifesta.

Tabela 6.2 Diretrizes 5S para o armazenamento de itens com base na frequência do uso

Frequência do uso	Proximidade do armazenamento
Horária	Ao alcance da mão
Em cada plantão	Uma caminhada curta
Diária	Mais afastada
Mensal	Depósito do departamento
Anual	Depósito do hospital

Itens utilizados com maior frequência devem ser mantidos em zonas ergonomicamente favoráveis, no alto de bancos ou em gavetas que não sejam altas nem baixas. Os funcionários desperdiçam movimentos e podem se machucar se precisarem se curvar frequentemente para pegar itens guardados no fundo de gavetas baixas. Eles também desperdiçam movimentos ao abrir portas para alcançar os suprimentos.

Antes do *lean*, a maioria dos suprimentos era mantida em gavetas ou gabinetes fechados, o que gera desperdício ao exigir que os funcionários procurem pelos itens necessários sem poder ver o que está ali guardado. Com a organização aperfeiçoada, os funcionários deixaram de perder tempo abrindo múltiplos gabinetes e gavetas, procurando por aquilo de que precisam. Ao determinar os locais de armazenamento, líderes *lean* desafiam a necessidade de guardar itens em gavetas ou gabinetes fechados. Departamentos bem organizados não relutam em manter seus suprimentos em locais visíveis e de fácil alcance, uma vez que não existem mais as pilhas desorganizadas de suprimentos que pareciam sempre esconder-se atrás de portas trancadas, como ilustrado nas Figuras 6.1 e 6.2. Esconder a velha bagunça atrás de portas fechadas foi outrora uma forma de evitar o problema de não manter uma boa organização.

Figura 6.1 Na área de armazenamento de uma unidade ambulatorial, suprimentos espalhados de qualquer maneira em gavetas e armários.

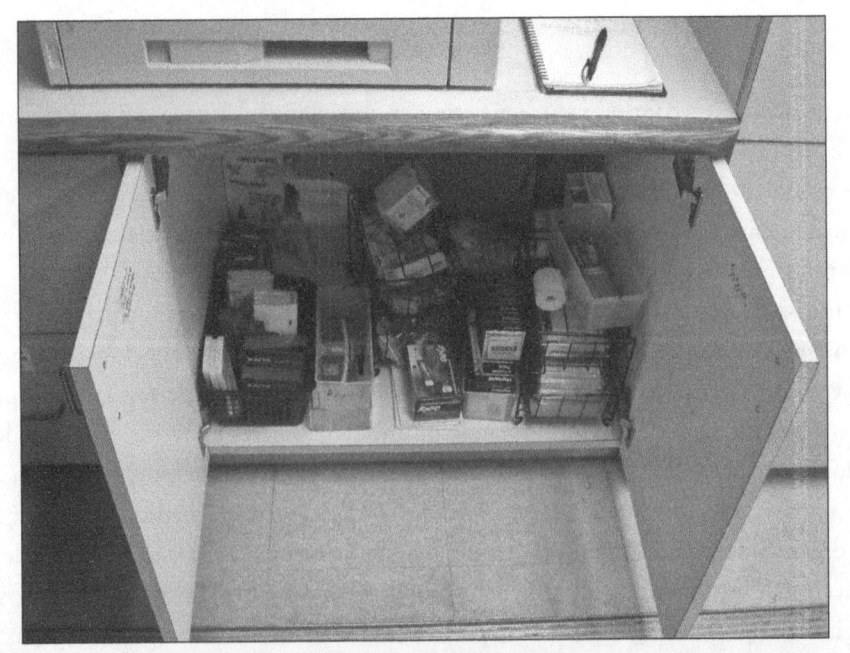

Figura 6.2 Em um posto de enfermagem, a desorganização oculta por trás das portas fechadas do gabinete.

> No caso da unidade hospitalar em que o equipamento auxiliar para levantar pacientes não estava sendo usado, ele era guardado em um andar diferente daquele em que se fazia necessário. O almoxarifado da unidade de equipamentos e suprimentos estava abarrotado com bengalas quebradas e uma quantidade incrível de velhos penicos. O processo 5S tornou-se então uma forma eficiente de levar as pessoas a usarem corretamente os equipamentos. A liberação daquele espaço permitiu que a unidade transferisse o equipamento auxiliar para o segundo andar, onde era muito mais conveniente, e passou a ser usado mais regularmente. Essa contramedida foi mais eficaz do que cartazes afixados em portas.

Terceiro S: limpar (seiso)

Após a remoção de itens supérfluos e da determinação da melhor localização para os que irão permanecer, o foco do 5S volta-se para a limpeza. As alas dos hospitais em geral dependem de um departamento centralizado de limpeza, um grupo que se especializa na limpeza pesada, como de assoalhos e latas de lixo. A poeira então fica acumulada sobre os instrumentos e atrás de equipamentos da farmácia ou do laboratório. Na abordagem 5S, quem trabalha nessa área assume a responsabilidade por essa limpeza mais leve e pela condição geral do departamento.

Em unidades fabris, o foco da limpeza está tipicamente relacionado ao óleo que pode vazar das máquinas. Pisos que estão sempre oleosos são não apenas inseguros, como tornam difícil determinar se há máquinas vazando. Pisos limpos são mais seguros e permitem a detecção imediata de problemas com os equipamentos. Em cenários de assistência à saúde, o foco na limpeza é mais corretamente orientado para o controle de infecções.

A limpeza não deve ser considerada uma atividade "obrigatória", mas uma oportunidade para que a equipe venha a mostrar orgulho pelo seu local de trabalho mantendo-o limpo o tempo inteiro. Um benefício adicional dessa atitude é a oportunidade de inspecionar os equipamentos e bancadas que estiverem sendo deslocadas dos lugares originais. Quando problemas como fiação desgastada são assim revelados, eles podem ser imediatamente enfrentados e resolvidos.

Quarto S: padronizar (seiketsu)

O quarto estágio do 5S é normalmente o mais visível quando se visita um hospital ou departamento lean. Uma vez determinadas as melhores localizações para os itens necessários, é tempo de garantir que esses itens sejam sempre mantidos nos locais definidos. Podemos realizar a padronização em um departamento ou então fazer uma padronização interdepartamental, trazendo com isso benefícios aos funcionários ou médicos que trabalham em múltiplas unidades. Em um determinado hospital, os gabinetes automatizados de suprimentos em diferentes unidades ambulatoriais eram organizados cada um ao seu modo, sem que qualquer instância se animasse a padronizá-los. Isso gerava frustração para os enfermeiros que trabalhavam em distintas unidades, pois eles gastavam um tempo precioso para se reorientarem quando passavam para uma unidade distinta da de origem. Gabinetes padronizados chegam a ter 80% de itens que são sempre os mesmos em todas as unidades, com espaço padronizado com base nas necessidades de uma unidade específica. Uma vez mais, padronizado não precisa significar completamente idêntico.

Geralmente a padronização é feita por meio de métodos visuais, como a marcação de "casas" com fitas de vinil ou delineações sombreadas, conforme mostrado nas Figuras 6.3 a 6.5. A marcação do local dos itens traz vários benefícios, entre eles:

- Capacidade de identificar instantaneamente um item que estiver faltando ou fora de lugar.
- Redução da perda de tempo na busca de itens.
- Incentivos psicológicos sutis aos funcionários para que coloquem os itens deslocados nos seus devidos lugares.

Em um local de trabalho, quase sempre descobrimos a falta de um item quando precisamos dele com a maior urgência. Isso vale tanto para instrumentos (como pipetas em um laboratório ou cadeiras de rodas em uma emergência) quanto para informações (como os manuais da manutenção ou o plano de tratamento de um paciente). Ao usarmos 5S e métodos visuais para marcar locais padrão, ficará imediatamente óbvio quando qualquer item estiver faltando. Em vez de vermos apenas um espaço em branco, veremos um esboço rotulado com aquilo que deveria estar naquele espaço. Isso contribui para que se tenha uma solução mais proativa de problemas.

Figura 6.3 O balcão de um laboratório mostra claramente lugares marcados para armazenamento de amostras – entrada e/ou saída.

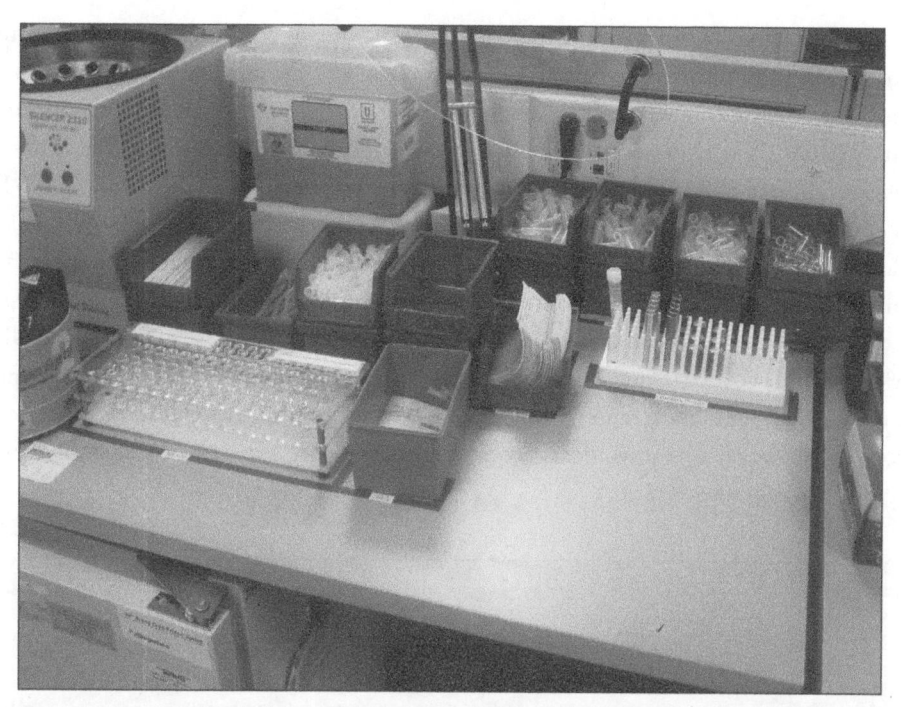

Figura 6.4 Um balcão de laboratório mostra locais de armazenamento para instrumentos e suprimentos claramente marcados e rotulados.

Figura 6.5 A mesa de um balcão de laboratório mostra locais claramente identificados e rotulados para descarte e permanência temporária de diferentes tipos de amostras.

No laboratório de um hospital, um conjunto de arquivos continha dados importantes e complexos para um instrumento de teste. Em um fim de semana, o instrumento em questão deixou de funcionar, e os funcionários não conseguiram encontrar os arquivos com os dados. Isso evidentemente causou atrasos imprevistos na retomada das funções desse instrumento, desperdício de trabalho para a equipe e aumento do estresse. No fim das contas, descobriu-se que um dos funcionários, com a melhor das intenções, havia levado os arquivos para casa, a fim de estudá-los com mais calma durante o fim de semana. Ninguém esperava que o instrumento falhasse e que aquele conjunto de arquivos viesse a ser tão procurado. A reação do grupo a esse incidente foi colocar uma faixa diagonal ao longo dos arquivos, para que ficasse imediatamente aparentemente a ausência de qualquer um deles, como mostrado na Figura 6.6. No futuro, um supervisor viria a ter condições de encontrar o arquivo desaparecido proativamente antes que ele se tornasse desesperadoramente necessário.

Figura 6.6 Arquivos de documentação de laboratório expostos de maneira que a falta de qualquer um deles se torne claramente visível.

Além de utilizar fita de vinil barata, a prática do "sombreamento" do local dos itens pode ser de grande ajuda. Uma sombra é um perfil físico ou foto de um item que deveria estar em determinado local. Essas marcas podem ser criadas com fotos digitais ou traçando-se o contorno do item. Uma sombra de plástico laminado pode ser colada no lugar. Algumas bandejas cirúrgicas ortopédicas já utilizam essa abordagem, usando fotos do fundo do utensílio para indicar o lugar de cada instrumento. As fotos são tão realistas que às vezes fica difícil dizer, a uma certa distância, se o instrumento está ou não ali. Em casos como este, uma sombra sólida mostrando a forma pode ser mais útil que uma imagem realista.

Como ocorre com tantos outros modelos, precisamos nos assegurar de que não estamos usando a ferramenta (5S) sem pensar a respeito do problema que está sendo resolvido ou do desperdício que está sendo evitado. Em algumas implementações, os responsáveis cometem exageros ao rotular ou determinar tudo que surge à sua frente. Quando um item é pesado e difícil de remover, como uma impressora de mesa, não há vantagem alguma em passar uma fita de identificação ao redor ela. Não se irá resolver problema algum destacando que aquilo é uma impressora. Na verdade, com isso estaremos apenas desperdiçando fita. Da mesma forma, colocar rótulos em itens óbvios, como um rótulo que proclame que aquela máquina é a "Impressora", não agrega valor algum e não evita problema algum; no entanto, um rótulo pode ser útil para identificar o uso específico de uma impressora. Pedir que todos façam 5S em mesas que não são um espaço de trabalho compartilhado provavelmente pouco servirá para os pacientes ou a organização. O bom senso deve conduzir o uso desse método. Se as pessoas começarem a questionar os benefícios da abordagem, isso poderá constituir um indício de que exageramos com aquele instrumento/ferramenta.

Quinto S: sustentar (shitsuke)

A fim de evitar que o 5S se transforme em um evento episódico, precisamos de um plano para dar sustentação e melhorar continuamente o nosso local de trabalho na organização. O departamento precisa de um plano formal de auditoria para que os supervisores e líderes consigam detectar com precisão se os novos padrões estão sendo obedecidos e implantados. Da mesma forma que ocorre com as auditorias de trabalho padronizado, isso pode ser feito periodicamente. Os métodos de gerenciamento visual também permitem que os líderes verifiquem a situação de um departamento à medida que eles o percorrem. Se alguma coisa parecer deslocada ou estiver faltando, eles podem fazer algumas perguntas e orientar os funcionários sobre a maneira de manter um ambiente adequado. Se algum item estiver em falta, a causa pode ser que um funcionário tenha encontrado uma localização melhor ou mais conveniente para ele. Para situações como essa, os instrumentos do 5S (fitas delimitadoras e rótulos marcadores) devem estar sempre disponíveis a fim de que os funcionários possam atualizar a organização do local de trabalho por eles planejada.

A segurança, um sexto S?

Há organizações que acrescentam um sexto S à metodologia – a segurança. Detratores destacam que a segurança deveria constituir uma filosofia subjacente da organização, em vez de algo a ser agregado ao 5S pelo simples motivo de também começar com a letra "s". A atenção à segurança deveria ser o foco de todos os estágios do 5S, pois ela precisa estar no centro das atenções todos os dias, o tempo inteiro. Por exemplo, descartar equipamentos supérfluos pode reduzir tropeços em obstáculos resultantes de espaços superlotados. Contar com os suprimentos e equipamentos certos em locais próximos pode ajudar também a melhorar a segurança do paciente, como o estudo de caso no final deste capítulo bem demonstra. Excluir a segurança como um S formal não significa que a segurança não seja importante; pelo contrário, indica que segurança não é algo que possa ser delegado apenas àqueles que estão implementando o *lean*. Uma cultura de segurança é responsabilidade dos administradores em nível executivo e de todos os outros líderes na organização.

Kanban: uma abordagem *lean* do gerenciamento de materiais

Kanban é um método que se baseia nos conceitos do trabalho padronizado, do 5S e do gerenciamento visual para dar aos hospitais um método simples, porém eficiente, de administrar suprimentos e estoques. *Kanban* é um termo japonês que pode ser traduzido como "aviso", "cartão" ou "sinal".[12] Um *kanban* é quase sempre um sinal físico, um cartão de papel ou um grampo de plástico, que indica quando é preciso fazer novo pedido, de quem e em que quantidade; pode ser também um sinal eletrônico que é enviado por um dispositivo ou sistema informatizado.

> Criar cartões de *kanban* pode exigir um significativo investimento de tempo para colocar o sistema em prática. A farmácia de um hospital criou 1.600 cartões laminados para gerenciar seus estoques de medicamentos. Após alguns meses, os níveis dos estoques haviam sido reduzidos de U$ 650 mil para U$ 350 mil pela prevenção dos pedidos supérfluos que ocorriam sob o antigo método – um bom retorno pelo tempo investido!

A abordagem do *kanban* é às vezes erroneamente tida como um sistema voltado apenas para níveis baixos de estoque, quando seus objetivos reais são dar apoio aos pacientes e aos funcionários ao garantir que os suprimentos necessários estejam no lugar certo, na quantidade adequada e no momento necessário para assegurar a disponibilidade do material dentro dos menores níveis de estoque exigidos. Os sistemas *kanban* em geral têm menos quebras de estoque e melhor disponibilidade que os tradicionais métodos de gerenciamento de materiais.

Problemas com os sistemas tradicionais de materiais

Antes da implementação do *lean*, o gerenciamento de estoques nos departamentos de hospitais era feito por um sistema quase sempre informal. A responsabilidade pelas aquisições não raramente era de uma única pessoa. Caso essa pessoa-chave saísse em férias ou por acaso ganhasse na loteria e se demitisse, o sistema normalmente entraria em colapso, levando a quebras de estoque em suprimentos-chave ou a casos em que outros funcionários encomendavam equivocadamente quantidades enormes de estoques supérfluos.

Mesmo com uma pessoa extremamente capacitada comandando os estoques, quando não existe uma metodologia padronizada e quantitativa para o gerenciamento de materiais, há o risco de que o hospital não esteja minimizando seus custos totais de gerenciamento de estoques. Um dos métodos é o do pedido permanente; um fornecedor envia um montante predeterminado a cada período (semana, mês, quinzena). Os pedidos permanentes são realmente fáceis de administrar (o material chega automaticamente), mas representam um sistema de "empurrar" que não corresponde às variações na utilização do material. Como hospitais e departamentos apresentam demandas que sofrem mudanças por muitas razões (estação do ano, mudanças na população, tendências mais gerais em saúde), o método do pedido permanente acaba acarretando ou excesso de estoque (quando há redução no uso de um determinado item) ou quebra de estoque (quando o uso aumenta inesperadamente). As reações aos níveis de estoques tendem a ser atrasadas e excessivas. Quando o estoque de um item se esgota, o departamento faz gastos supérfluos para encaminhar o pedido. Isso consome tempo dos funcionários, e o regime de urgência para a satisfação dessa demanda torna tudo ainda mais caro. Poderíamos ver a mesma abordagem reativa toda vez que algum item se esgota, em vez de usar a quebra de estoque para orientar uma potencial mudança sistêmica para o método das aquisições.

A prática comum dos "níveis equilibrados" é em geral um avanço em relação aos pedidos permanentes; níveis equilibrados criam um sistema "de puxar", pois os itens são substituídos apenas nas quantidades em que estão sendo usados. Os sistemas de níveis equilibrados estão, infelizmente, repletos de movimento desperdiçado, dado que cada item precisa ser contado cada vez que o reabastecimento ocorre – resultando em excesso de movimento, de tempo e de custos. Se o nível de equilíbrio de um item é de 15 unidades, uma contagem física precisa ser feita cada vez que uma delas é usada. Se houver quatro itens restantes, é preciso reabastecer com outros 11. Esse número tende a variar, e a reestocagem de 11 itens pode exigir a abertura de uma caixa com 20, o que significa ainda mais movimento e tempo.

Uma prática hospitalar mais moderna é a do gabinete automatizado de suprimento de estoque. Esses gabinetes prometem uma reestocagem fácil à medida que os integrantes das equipes apertam um botão cada vez que removem um item do estoque. Embora este seja um sistema "de puxar" que, em teoria, funciona, as pessoas muitas vezes esquecem de apertar os botões, no auge de seus dias cheios de desperdício, ou os botões não registram adequadamente o que significa cada um desses apertos. Quando os botões não são pressionados, o sistema de computação pensa que os níveis do estoque são maiores do que na realidade são; assim, os itens se esgotam, e acaba sendo necessário buscar suprimentos em algum outro lugar. Como os funcionários dos hospitais precisam se registrar no sistema, cada encontro com a máquina consome um tempo precioso; mais ainda, apenas uma pessoa pode usar o gabinete de cada vez, o que acaba produzindo filas de enfermeiros esperando pelo acesso ao gabinete.

> Na farmácia de um hospital, os gabinetes automatizados de medicação nas unidades de enfermagem foram programados, no sistema computadorizado, para enviar um sinal de reestocagem sempre que o estoque voltasse a zero. Isso ocorria tarde demais, já que enfermeiros e pacientes ficavam sem os medicamentos durante muitas horas, e exigia a emissão de um pedido de "medicamento em falta" que gerava mais trabalho para a farmácia. Em um processo *lean*, os sinais de reestocagem precisam ser emitidos antes que o estoque seja completamente zerado, pois assim haverá tempo para receber mais material.

O Seattle Children's Hospital (no Estado de Washington) constatou que um sistema *kanban* com prateleiras abertas poderia funcionar melhor e ao mesmo tempo permitir que mais de uma pessoa retirasse itens simultaneamente. Eles reduziram de 100 para seis gabinetes, diminuindo os custos de manutenção. Como os itens estavam em "estoque zero" durante 40% do tempo com o gabinete automatizado, o sistema *kanban* proporcionou níveis superiores de serviço. Além disso, o hospital descobriu que a maioria dos itens "cobráveis" não era na verdade faturada para os pacientes, eliminando, a partir dessa constatação, outra justificativa comum para a existência dos gabinetes. Os únicos itens deixados nesses gabinetes automatizados e chaveados foram os mais caros, realmente cobrados de determinados pacientes, ou itens pelos quais existe uma preocupação relacionada com a segurança.

Trade-offs com inventário

Em qualquer sistema, existem compensações entre a alta disponibilidade de materiais e o custo mais alto com estoques, especialmente quando o uso de suprimentos não é perfeitamente previsível ou estável. E este é exatamente o caso dos hospitais.

Em termos gerais, o custo dos estoques cresce quando queremos nos certificar de que jamais chegaremos ao esgotamento. Os princípios da engenharia industrial e da gestão da cadeia de suprimentos nos ensinam que os níveis de estoques devem, infelizmente, aumentar exponencialmente se quisermos chegar perto de garantir 100% de disponibilidade para qualquer item.

Embora nosso objetivo primordial seja manter o fluxo de atendimento dos pacientes, precisamos analisar os *trade-offs* e os custos envolvidos. Esse *trade-off* pode ser com inventário vencido ou obsoleto. Não podemos contar com a disponibilidade permanente e insistir ao mesmo tempo em desperdício zero de estoque. Por exemplo, se o banco de sangue de um hospital precisa garantir que jamais ficará sem estoque de sangue O-, é inevitável que algum desperdício venha a ocorrer, pois sempre será difícil prever com precisão absoluta a utilização de sangue. Ainda que outros setores, como a manufatura, possam pretender não ficar com estoque zero de um determinado item, o custo de interromper uma linha de montagem de automóveis por uma hora, embora elevado, não se compara com o custo da perda de uma vida pela indisponibilidade momentânea de um componente sanguíneo crítico, uma medicação ou qualquer outro suprimento. Quando o custo das quebras de estoque é elevado, precisamos errar pelo lado do excesso de estoque. Em relação a itens que são menos vitais, ou que têm substitutos compatíveis, podemos com maior tranquilidade assumir riscos de quebra de estoque.

Outro *trade-off* a ser levado em conta é a frequência de pedidos junto a fornecedores externos. Quando fazemos encomendas com menor frequência, podemos encomendar grandes quantidades. Isso muitas vezes garante descontos concedidos pelos fornecedores ou permite diluir nossos custos fixos de pedido (custo do trabalho de cortar um pedido de compra e o custo de embarque, quase sempre fixo, do fornecedor) por maior quantidade de material. A desvantagem de fazer encomendas com menor frequência é o aumento nos custos de gerenciamento de estoques, que incluem:

- Capital imobilizado em estoque.
- Espaço para o armazenamento.
- Mão de obra para movimentar, contar e fazer a manutenção dos estoques.
- Risco de danos, obsolescência ou vencimento.

> Manter estoques reduzidos e fazer pedidos com maior frequência nem sempre constitui a abordagem que minimiza o custo total do sistema. Por exemplo, o laboratório do Henry Ford Hospital (Detroit, Michigan) mantinha a prática de encomendar alguns reagentes e materiais de controle de qualidade em lotes a cada seis meses. Em vez de mudar para um extremo de pedidos semanais ou mensais, eles constataram que o ponto ideal era fazer pedidos a cada três ou seis meses. Tal constatação se deveu ao fato de que, cada vez que encomendavam reagentes, os tecnólogos precisavam fazer calibragens que consumiam seu tempo, e esse tempo e seu custo poderiam ser considerados como parte do custo total do pedido. Assim, uma opção por estoque mínimo (mantido por meio de pedidos mensais) não teria levado ao menor custo total possível.[13]

Fazer encomendas com maior frequência reduz também o risco geral das quebras de estoques, já que podemos reavaliar o uso atual e reagir com maior agilidade se estivermos fazendo encomendas de pequenas quantidades semanais, em vez de grandes quantidades quinzenais.

O método *kanban* permite quantificar um ponto ideal de recompra para os suprimentos. Essa fórmula leva em consideração diversos fatores, incluindo:

- Utilização ou demanda média de um item.
- Frequência com que cogitamos fazer uma nova encomenda (diária ou semanalmente, muitas vezes).
- *Lead time* do fornecedor para a reposição de itens.
- Estoque de segurança, considerando a variação do uso e do tempo de reabastecimento e os custos da quebra de estoque.

O tamanho do estoque de segurança indispensável irá depender do montante de variação envolvida com uma parte dada. Se um item for crucialmente importante, tiver uma utilização altamente variável e proceder de um fornecedor não confiável que pode fazer a entrega em dois dias ou duas semanas, o hospital terá de manter um montante relativamente elevado de estoque de segurança.

Usando *kanban* para repor suprimentos

O *kanban* pode ser usado para "puxar" materiais da central de abastecimento de um hospital ou do depósito de estoques de um departamento até o local de utilização. Outra opção é uma série de "puxões", cada um com seu sinal próprio de *kanban* e pontos demarcadores, como mostrado na Figura 6.7. O sinal de puxar do *kanban* deve ser sempre simples e visível, como um arquivo vazio, um cartão ou uma mensagem enviada por um escâner de código de barras.

```
                Sinal kanban          Sinal kanban              Sinal kanban
                    ┌─────┐              ┌─────┐                     ┌─────┐
                    ▼     │              ▼     │                     ▼     │
                                                                          ┌──────────┐
                                                                      ┌──▶│ Ponto de │
                                                                      │   │utilização│
                                                                      │   │   nº 1   │
                                                                      │   └──────────┘
  ┌───────────┐      ┌──────────┐         ┌──────────┐               │
  │ Fornecedor│─────▶│  Sala de │────────▶│  Sala de │───────────────┤
  └───────────┘      │ estoque do│         │estoque de│               │
                     │ hospital │         │departamento│              │   ┌──────────┐
                     └──────────┘         └──────────┘                └──▶│ Ponto de │
                                                ▲                        │utilização│
                    Movimentação                │                        │   nº 2   │
                    de materiais                │                        └──────────┘
                                                └──── Sinal kanban ─────────┘
```

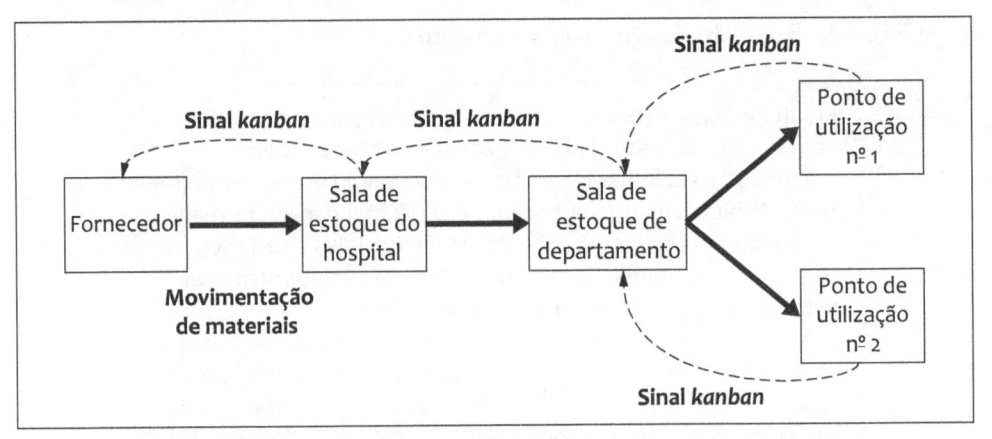

Figura 6.7 Fluxo dos suprimentos ao longo de um sistema *kanban* multiestágios, no qual cada área a jusante (à direita) "puxa" materiais de um fornecedor localizado a montante nessa corrente.

> O grupo Park Nicollet Health Services implementou o *kanban* em 68 departamentos hospitalares e 33 departamentos clínicos desde 2004. Eles criaram e fizeram a manutenção de mais de 60 mil cartões de *kanban* que são usados para sinalizar o reabastecimento de seus suprimentos. Entre 800 e mil itens são reabastecidos via *kanban* em qualquer dia da semana.[14] O departamento central de materiais trabalha com os demais departamentos para configurar o *kanban*, e especialistas nas matérias centrais encaminham pedidos e restabelecem os estoques para a central principal de armazenamento. O Park Nicollet estima ter economizado US$ 1,1 milhão nos últimos três anos com esse método.

Uma forma visual de gerenciar estoques, especialmente em um departamento, é um estilo de *kanban* chamado de sistema *two-bin* (dois compartimentos). Esse sistema usa dois compartimentos (*bins*) plásticos no ponto de utilização, os quais podem ficar juntos, lado a lado ou de frente um para o outro, em uma estante, como retratado na Figura 6.8. Para o funcionário que utiliza os itens, o sistema é simples. Qualquer um pode retirar itens para utilização, mas, quando o primeiro compartimento é esvaziado, esse vazio se transforma no próprio sinal visual para que um novo pedido seja feito. Com o sistema *two-bin*, quando um compartimento é esvaziado, contamos ainda com o suficiente para manter o trabalho em andamento. Esse sistema não exige a contagem manual de um sistema de nível equilibrado de partes. O compartimento vazio, que tem rótulos com informações como o nome e número do item e o nome da fonte de novo suprimento, pode ser instalado em uma área previamente designada (adequadamente sinalizada em estilo 5S e de gerenciamento visual).

No Seattle Children's Hospital, a substituição de 95% dos suprimentos já é feita com o uso dos compartimentos, e qualquer coisa que seja grande demais para caber nesses compartimentos é imediatamente demarcada por cartões *kanban*.[15]

Figura 6.8   O topo de uma bancada de laboratório com múltiplos itens organizados em um sistema *kanban two-bin* (dois compartimentos) de reabastecimento.

Os compartimentos ou cartões *kanban* são recolhidos por uma única pessoa a intervalos regulares e por todos conhecidos (normalmente uma vez a cada turno ou uma vez por dia). Em vez de múltiplas viagens imprevistas ao depósito de estoques, uma pessoa faz uma única viagem. Os hospitais não deveriam pagar indivíduos altamente treinados e remunerados, como tecnólogos, enfermeiros e farmacêuticos, para fazer o trabalho manual de coleta de materiais. O objetivo do sistema *kanban* e dos departamentos de gerenciamento de materiais é, obrigatoriamente, dar um suporte adequado a funcionários altamente qualificados que fazem trabalho de valor agregado em uma área.

> No projeto da sala de cirurgia de um hospital, a implementação do *kanban* ajudou a reduzir o tempo empregado no reabastecimento. Antes do *lean*, os enfermeiros levavam 10 minutos no final de cada dia contando estoques e reabastecendo cada item em seu devido lugar. Com o processo *kanban*, o gestor da implementação do *lean* destacou a normalização e o tempo poupado, dizendo: "Agora, os enfermeiros simplesmente jogam receptáculos vazios em um contêiner, e outras pessoas fazem o reabastecimento durante seu tempo ocioso. Não parece grande coisa, até você começar a somar dois mais dois e se dar conta de que com isso estamos poupando 600 horas de trabalho de enfermagem em um ano".

Um benefício da abordagem *kanban* é que não se espera até um determinado item chegar a um nível de estoque muito reduzido (ou estoque esgotado) para encaminhar o pedido de reabastecimento, como era comum acontecer. Isso minimiza o número de interrupções para os funcionários e para o fluxo do trabalho, seja nos testes de amostras, no processamento de encomendas de medicamentos ou no atendimento dos pacientes. Em sistemas tradicionais de materiais, um funcionário – por exemplo, um técnico – verifica que o suprimento de um item está perigosamente baixo. Pelo fato de os níveis de estoque terem se tornado tão escassos, o tecnólogo pode interromper o trabalho para imediatamente correr a uma área de estocagem ou parar o que está fazendo a fim de pedir pela expedição imediata de uma encomenda de compra. Esse tempo desperdiçado atrasa o fluxo primário do trabalho básico na área, e a natureza reativa das interrupções provoca estresse e frustração, especialmente quando situações como essa são corriqueiras.

O método *kanban* sistematizado não apenas minimiza as quebras de estoque como também evita o acúmulo de estoque sobressalente. Muitas vezes, quando ficamos com um item muito importante em falta, é comum a reação exagerada de encomendar mais estoque para nos protegermos contra a eventualidade de um novo desabastecimento. Em um sistema *kanban*, qualquer quebra de estoque precisa ser investigada para que sua causa-raiz seja identificada. Teria sido um evento de ocorrência única, ou uma mudança consistente na utilização de determinado item? Em vez de simplesmente reagir pela encomenda de novo estoque, a pessoa responsável pelo sistema *kanban* precisa determinar se o ponto de registro precisa ou não ser mudado. Essa análise sistemática previne qualquer reação emocional àquilo que pode ter sido apenas um evento único imprevisível. No Seattle Children's Hospital, os suprimentos que são encomendados com maior ou menor frequência do que a esperada tem seu tamanho de compartimento de *kanban* ajustado para se adaptar a essa mudança na demanda.[16]

> No decorrer de projetos de melhoria de salas de cirurgia, a variação de suprimentos nos cartões de preferência de cada médico pode levar a discussões. Algumas equipes cirúrgicas trabalham para padronizar o uso de suturas e outros suprimentos quando uma variação que não beneficia necessariamente o cliente acaba saindo mais caro para o hospital. O departamento consegue assim abandonar as preferências pessoais e se ater à que for comprovadamente melhor para todas as partes interessadas. Mudanças como essa são mais eficientes quando iniciadas e orientadas pelos cirurgiões, em vez de serem impostas a eles por diretores financeiros das salas de cirurgia.

Antes de implementar o *kanban*, muitas vezes descobrimos que os funcionários escondem ou amontoam suprimentos necessários, em decorrência de sistemas de reposição em que eles não conseguem confiar. Uma enfermeira de outro hospital admitiu para o autor que escondia suprimentos em um vão do forro da sala para garantir seu próprio estoque. Um laboratório descobriu que havia oito locais diferentes de armazenamento para um determinado tipo de tubo de sangue, todos eles no departamento de flebotomia. Diversas gavetas e arquivos estavam cheios, com os tubos escondidos em diversos locais "secretos". Tudo isso, é claro, exigia cada vez mais espaço e aumentava o risco de que os tubos no fundo das gavetas tivessem seus prazos de validade vencidos antes de serem utilizados.

Ao instalar um eficiente sistema departamento organizou melhor seus suprimentos em um único local, em gôndolas abertas à vista de todos. Como esse sistema *kanban* se mostrou confiável, os funcionários deixaram de sentir a necessidade de acumular suprimentos. Em vez de simplesmente expedir uma ordem proibindo que os funcionários acumulassem suprimentos (o que simplesmente os forçaria a encontrar métodos mais sutis de desobediência), eliminou-se a necessidade de acúmulos escondidos. Disponibilizar os suprimentos adequados com alta confiabilidade também cria condições que facilitam o uso adequado de luvas e de outros equipamentos de proteção.

Em um caso muito avançado, o Seattle Children's basicamente eliminou a sala central de suprimentos mediante o reabastecimento direto dos departamentos pelos fornecedores, alcançando, com isso, na maioria dos casos, estoques menores e uma melhor resposta às unidades ou departamentos quando da busca de materiais.[17]

> A New York Health and Hospital Corporation (HHC) passou a usar pedidos *just-in-time* para o reabastecimento de materiais como parte de seu programa *lean* chamado *Breakthrough* (Inovação). Da mesma forma que muitas organizações fazem em paralelo com seus programas de reforma das cadeias de suprimentos, a HHC racionalizou a variedade disponível de luvas de borracha. Em vez de 20 diferentes cores e espessuras, existem agora apenas duas opções disponíveis (em diferentes tamanhos, é óbvio). Isso proporciona à HHC uma economia anual de US$ 4 milhões apenas no item luvas.[18] Para se manter fiel ao princípio do respeito pelas pessoas, mudanças como essa devem ser implementadas com a participação de um número significativo de funcionários e clínicos, em vez de impostas de cima para baixo.

Um estudo de caso de *kanban*

O Northampton General Hospital NHS Trust (Northampton, Inglaterra) é um hospital de 695 leitos cujas origens remontam a uma enfermaria construída em 1743. O departamento de patologia enfrentava tremendos problemas com o gerenciamento de estoques antes da implementação dos métodos *lean* na instituição, a partir de 2008.[19] "Estávamos sob crescente pressão da diretoria do hospital para melhorar nosso nível de serviços", conta o supervisor executivo de patologia à época, Peter Martin.[20] O ambiente era quase sempre estressante, com altos índices de absenteísmo em razão de problemas de saúde. O *lean* foi um método adotado para melhorar o serviço proporcionado aos médicos e aos pacientes, e, ao mesmo tempo, reduzir o estresse e as horas extras dos funcionários.

Uma das causas do estresse e das interrupções durante o dia era o desperdício causado por problemas com o sistema de gerenciamento de materiais então existente. Havia pontos de depósito de suprimentos que, quando esvaziados, eram reabastecidos a partir de um local um tanto inconveniente, em um nível inferior chamado "a cripta". Em outros casos, os abastecimentos mais recentes de tubos de coleta de amostras eram colocados sobre pacotes restantes do antigo suprimento, de modo que vários tubos no fundo do compartimento acabavam tendo seu prazo de validade vencido. Isso representava dinheiro perdido ou o risco de que um tubo velho viesse a ser usado para coletar amostras de algum paciente, causando problemas nos resultados.

Descrevendo o antigo processo, Samantha Martin, funcionária do suporte biomédico, contou: "Tivemos várias salas de armazenamento, algumas delas no outro lado do hospital. O problema é que você examina o que tem e pensa 'preciso de um pouco mais disso aí', e com isso a gente termina com um monte de itens que não usa e quantidades insuficientes daquilo que realmente usa". Nem sempre ficava claro, pela perspectiva do gerenciamento visual ou dos processos, quando os itens deveriam ser reabastecidos; por isso, o pessoal sempre fazia encomendas acima das necessidades, seguindo uma mentalidade do tipo "só para garantir". [21]

O pessoal da patologia trabalhou para implementar um sistema *kanban*, em primeiro lugar auditando a quantidade usada de cada item anualmente, depois calculando os índices diários e mensais de utilização. A equipe criou e utilizou cartões laminados de *kanban*, como mostrado na Figura 6.9, com a informação completa do produto, o nível de estoque e os volumes de pedido necessários para um item. Os cartões assim marcavam visualmente os pontos de renovação de pedidos para cada item, como mostrado na Figura 6.10. Quando chegava a hora de reabastecer os estoques de cada produto, a equipe da patologia colocava o cartão apropriado em uma bolsa, retratada na Figura 6.11. Em alguns casos, a abordagem do *kanban* de dois compartimentos (*two-bin*) era usada para itens menores que podiam ser guardados em compartimentos de plástico. Para itens com prazo curto de validade, o sistema de dois compartimentos assegurava que o estoque tivesse uma adequada rotatividade, com os suprimentos mais antigos sendo sempre usados em primeiro lugar.

Novos formatos de trabalho padronizado foram criados para garantir que os processos para a utilização do sistema *kanban* fossem claros e que os funcionários estivessem bem treinados em suas respectivas funções, a fim de manter esse sistema.

Depois da implementação inicial na área da hematologia, o sistema *kanban* foi também adotado na histopatologia. Atualmente, 80 a 90% de seus estoques são gerenciados de acordo com os princípios do *kanban*, afirma Clare Wood, cientista biomédica. Ela acrescenta: "Definitivamente, conseguimos melhorar a organização dos nossos estoques e tivemos uma redução das quebras de estoque em alguns itens. As pessoas apreciam o *kanban* na histologia a tal ponto que acabei de mexer no meu bolso e achei um aviso em um bilhete sobre um item incomum de estoque, algo que não tem um cartão *kanban*. Elas gostam tanto do método que fazem uma versão dele para uso próprio!". Woods afirma que as únicas dificuldades com o *kanban* consistem em gerenciar itens que não podem ser empilhados ordenadamente, cartões extraviados ou cartões não devolvidos às prateleiras quando chegam novos estoques; mas tais problemas raramente ocorrem, ela sustenta.

Com todas as melhorias iniciais do *lean* postas em prática, o departamento de patologia economizou £ 158.000 em mão de obra, armazenamento e custos de estoques com o sistema *kanban*, e também obteve melhorias no *layout* físico e no trabalho padronizado. O *kanban*, especificamente, proporcionou à instituição uma economia financeira com a manutenção de um estoque permanente menor. Mais importante ainda, o pessoal passou a contar sempre com todo o material necessário para desempenhar seu trabalho vital para os pacientes, com um número menor de pessoas envolvidas no gerenciamento dos estoques. "Não tivemos nenhuma quebra de estoque este ano", assegura Samantha Martin.[22]

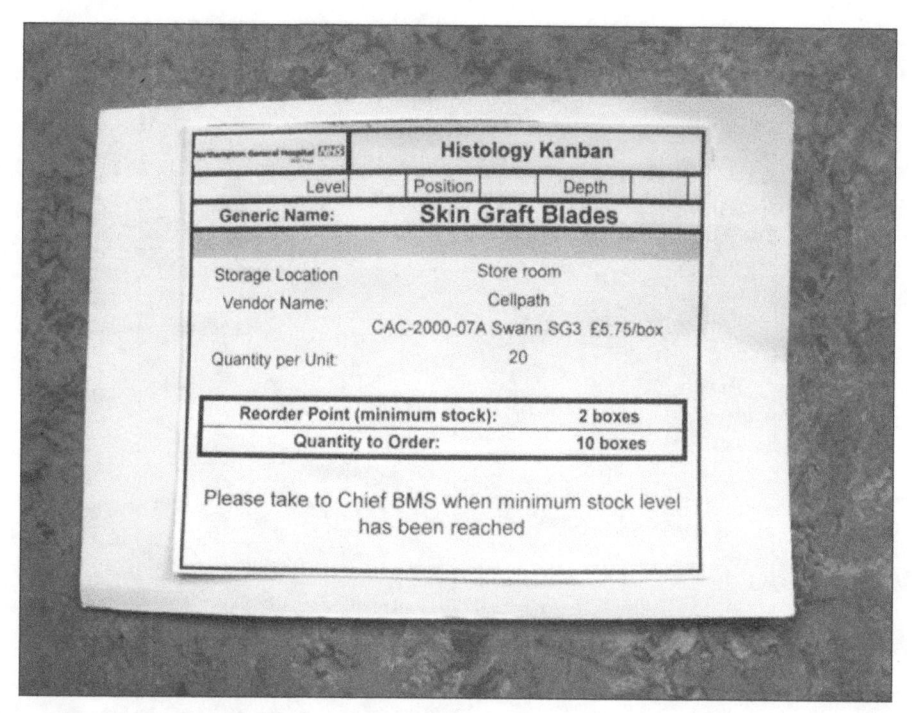

Capítulo 6 Métodos *lean*: gerenciamento visual, 5S e *kanban* • 125

Figura 6.9 Exemplo de cartão *kanban*.

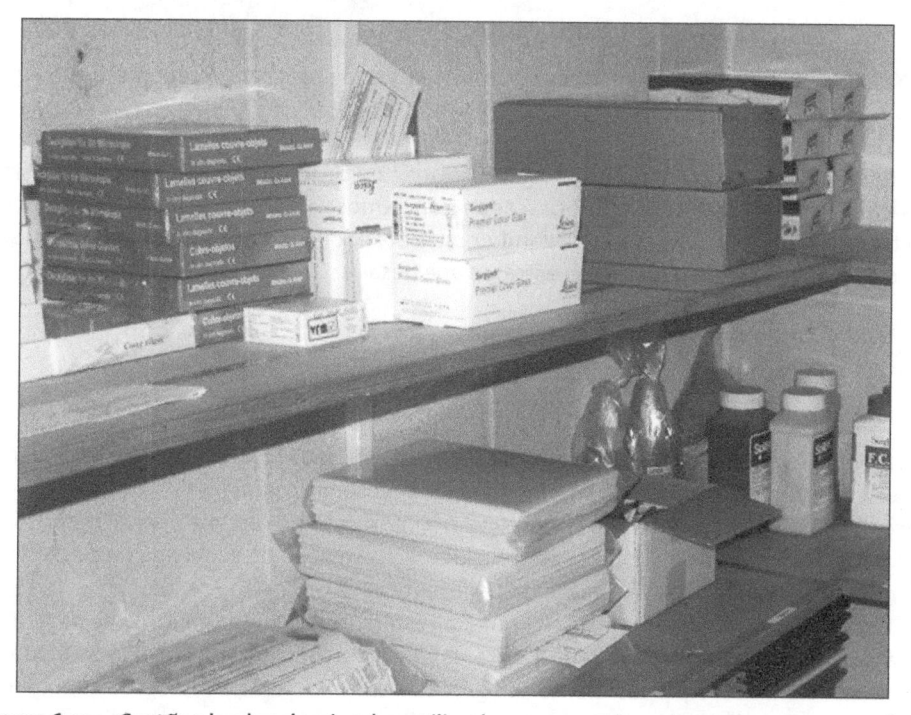

Figura 6.10 Cartões *kanban* laminados utilizados em uma área de armazenamento de estoques.

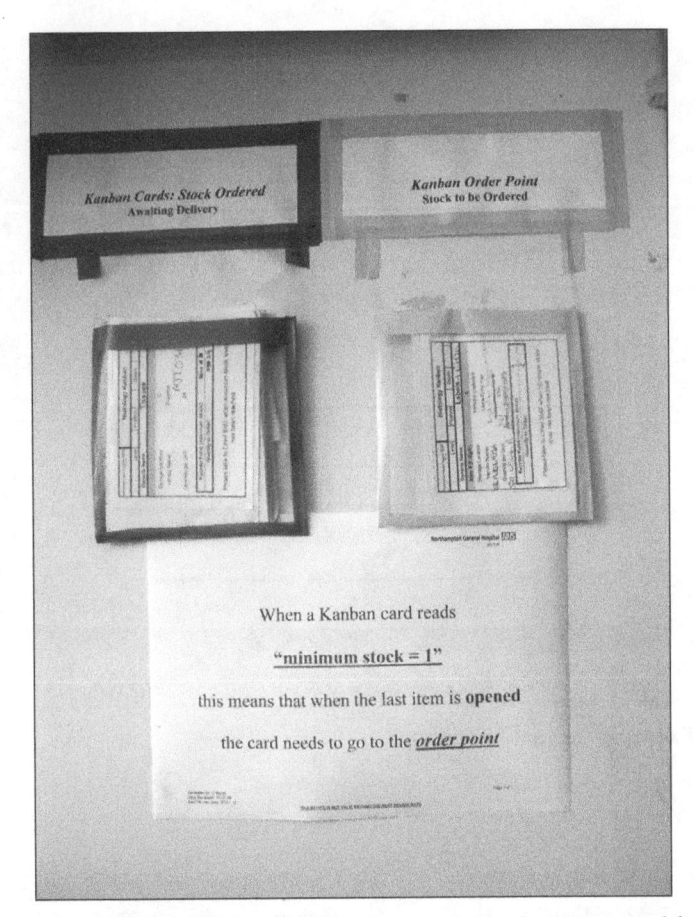

Figura 6.11 Cartões *kanban* de coleta indicam itens que precisam ser requisitados ou que já foram solicitados.

Refletindo sobre as melhorias gerais no *layout* e no fluxo do trabalho, incluindo o sistema *kanban*, Peter Martin afirmou: "Graças ao *lean*, temos condições de absorver o aumento de trabalho. Estamos sempre entregando no prazo, e, quando tudo dá certo, até mesmo antes disso. Conseguimos afastar o estresse que pesava sobre o processo".[23]

Exemplo de caso: o uso de métodos *lean* para evitar danos ao paciente

Em um grande hospital pediátrico, um jovem paciente, já sedado, começou a vomitar depois de estar seguro no interior do aparelho para uma ressonância magnética de cabeça e pescoço. A técnica da área detectou essa situação e interrompeu o escaneamento para assistir o paciente, uma ação que poderia ser considerada resolução de problema de primeira ordem: assegure-se de que as vias aéreas do paciente estão livres.

Em sua tentativa de resgatar o paciente, a técnica examinou os ganchos de segurança do aparelho que estavam na parede dentro da sala – mas não havia tubos de sucção disponíveis, contrariando o procedimento obrigatório. Isso criou um problema de segunda ordem a ser resolvido: a falta de equipamento indispensável para resolver a dificuldade de primeira ordem.

A técnica, agindo com rapidez, voltou para a sala de controle a fim de obter tubos de sucção do gabinete de suprimentos de alta tecnologia – o problema é que esse gabinete também estava com estoque zerado, isto é, mais um agravamento da situação. A técnica então correu e interrompeu outro procedimento de RM, apanhando tubos de sucção na outra sala e levando-os até seu paciente. A criança, ao final da intercorrência, não foi prejudicada, e o problema de primeira ordem foi resolvido. As vias aéreas do paciente foram limpas, sem danos adicionais.

Os problemas ocorridos neste caso foram os seguintes:

- Primeira ordem: Paciente em sofrimento.
- Segunda ordem: Inexistência de tubos de sucção.
- Terceira ordem: Nenhum processo confiável e consistente para garantir que equipamentos indispensáveis estivessem disponíveis no túnel ou nas salas de RM.
- Quarta ordem: Falta de um sólido sistema de gerenciamento capaz de, com a maior presteza, reagir a problemas como este ou preveni-los.

O que foi feito depois de tudo isso? Interrogada no dia seguinte (depois de ter relatado o episódio) sobre o desfecho do caso, a técnica de RM respondeu: "Completamos o exame". Não houve qualquer ação de resolução imediata do problema de segunda ordem – a ausência dos tubos de sucção. Depois de completado o exame, a equipe encaminhou o paciente seguinte (até porque, com aquela confusão, os exames marcados já estavam todos atrasados). Mesmo sem trabalhar no problema de terceira ordem (consertar o sistema que desencadeou a ausência dos equipamentos), seria de se esperar que alguém tivesse simplesmente recorrido ao estoque e conseguido mais tubos (por meio dos canais adequados, não simplesmente tomando-os de outra sala), pensando pelo menos na possibilidade de que aquele paciente (ou qualquer outro depois dele) pudesse também a vomitar.

Não devemos culpar individualmente aquela técnica de RM por sua reação ou falta de solução imediata do problema, pois, no fundo, ela estava trabalhando de acordo com a cultura e os sistemas de gerenciamento do departamento de radiologia e do próprio hospital. Ela não tinha uma "corrente de apoio" a quem recorrer para resolver até mesmo o problema de segunda ordem. Por que não havia ajuda disponível para que, de imediato, fossem repostos os suprimentos em falta?

Se a sala de RM fosse um cenário *lean*, como, por exemplo, uma fábrica totalmente *lean*, a técnica de RM teria tido condições de puxar uma "corda *andon*", que, por sua vez, teria imediatamente desencadeado uma resposta útil de um supervisor[19] para dar assistência no restabelecimento do paciente ou conseguir os tubos de sucção ali inexistentes, a fim de que a técnica pudesse concentrar-se por inteiro no seu trabalho e no paciente.

Neste caso, a técnica de RM também não teve a ajuda de algum processo ou mecanismo para obter uma resposta a respeito do problema de terceira ordem: a ausência de um sistema confiável e consistente. Ela nada contou ao seu supervisor e não tratou mais do assunto até o dia seguinte, quando discutiu tudo com um consultor externo que estava na área (em oposição ao supervisor, que passava praticamente o tempo todo em reuniões). A equipe, com isso, quase perdeu a oportunidade de investigar, de aprender e de melhorar.

Em um ambiente *lean*, um grupo teria sido rapidamente formado com os integrantes da equipe natural de trabalho, incluindo representantes de funções como técnicos de RM, terapeutas respiratórios, anestesiologistas, enfermeiros e gerentes. Essa equipe poderia ter se encontrado durante uma brecha no cronograma daquele dia ou ao final dos casos previstos para aquele dia. Nas situações mais sérias envolvendo a segurança dos pacientes, o gerente e a equipe poderiam inclusive avaliar a possibilidade de interromper todos os procedimentos até que as causas imediatas e/ou mais remotas da situação tivessem sido devidamente analisadas e resolvidas.

No caso em questão, poderíamos perguntar por que não havia tubos de sucção justamente naquela sala. Comprovou-se depois que não havia responsabilidade claramente definida nem trabalho padronizado consistente com relação a quem deveria cuidar do abastecimento das salas de RM e com que frequência. Isso acabou proporcionando uma oportunidade de definir o trabalho padronizado para o reabastecimento das salas, o que incluiu a indicação clara de quem ficaria responsável pelo reabastecimento depois da utilização de qualquer item dessa natureza e de qual processo de escala poderia ser usado para a eventualidade de incidentes semelhantes – tudo isso para evitar que se colocasse a vida de outro paciente em risco.

Examinando o gabinete supostamente "automatizado" de estoque que não tinha tubos de sucção, a equipe discutiu algumas das limitações dessa tecnologia. Se os funcionários não conseguiam apertar o devido botão ao retirar suprimentos, os sinais exigidos para o condizente reabastecimento não eram enviados eletronicamente ao gerenciamento de materiais. O gabinete fechado não se prestava a um fácil gerenciamento visual dos níveis de estoque; quando o estoque estava baixo, ou perto de zero, ficava difícil visualizar tal situação através das portas de vidro. A equipe começou a discutir um sistema *kanban* simples e visual de dois compartimentos para itens mais baratos que não eram cobrados dos pacientes – um processo que poderia funcionar melhor, e a um custo bem mais reduzido, que o gabinete.

Além disso, a equipe, tendo aprendido 5S e gerenciamento visual, percebeu que não havia ganchos de parede suficientes para pendurar todos os itens necessários, inclusive os tubos de sucção. Certos itens ficavam amontoados em gavetas plásticas, tornando muito difícil determinar, a um simples olhar, a ausência de alguns deles. O gerente reagiu a isso pedindo mais ganchos de segurança na sala de RM em lugar das gavetas, um aperfeiçoamento que iria igualmente reduzir o tempo exigido para resgatar um paciente em situação de risco.

Embora a equipe se empenhasse consistentemente na elaboração de um *checklist* pré--RM a fim de garantir, por exemplo, que o paciente não tivesse metal no corpo, a equipe não contava com um *checklist* similar para garantir, com um exame visual, que todos os suprimentos de segurança estivessem guardados no lugar certo antes do início de cada procedimento, uma clara oportunidade para a melhoria do sistema.

Finalmente, essa situação proporcionou a gerentes, diretores e líderes seniores uma oportunidade de conversar a respeito de sua cultura e seu sistema de gestão. Por que os funcionários não se sentiam à vontade quando precisavam pedir ajuda ou apresentar preocupações relativas à assistência aos pacientes? Por que supervisores e gerentes não eram encontrados quando sua ajuda se mostrava indispensável para resolver problemas? Por que a cultura local enfatizava e tolerava que se ficasse "apagando incêndios" na primeira ordem sem se concentrar igualmente na identificação das causas-raiz e na melhoria dos sistemas? O que a liderança sênior poderia fazer, afinal, para criar um ambiente gerador de uma contínua melhoria da qualidade?

Esse cenário foi usado em projetos *lean* em andamento no departamento para destacar a importância do 5S, do gerenciamento visual, do reabastecimento *kanban* e do trabalho padronizado e para mostrar como esses métodos poderiam resolver problemas reais que anteriormente afetavam a assistência aos pacientes e criavam estresse inoportuno para os integrantes do corpo funcional. A técnica de RM que contou a história a um consultor externo (em vez de ao seu supervisor) 24 horas depois do fato ocorrido estava preocupada por dois motivos: o paciente poderia ter sofrido danos, e a técnica temia que todos esses problemas pudessem facilmente voltar a ocorrer, com resultados muito piores, sem qualquer melhoria do processo. É desta forma que as melhorias *lean* e a redução do desperdício servem a pacientes e funcionários de maneira respeitosa.

Conclusão

Da mesma forma que com quaisquer outras ferramentas ou métodos *lean*, os hospitais não devem implementar gerenciamento visual, 5S ou *kanban* só porque um livro os aconselha a tanto, ou então para fazerem parte de uma tendência. A prioridade de qualquer dessas ferramentas é a criação de uma cultura para a solução de problemas no local de trabalho, reduzindo o desperdício ou evitando que ele interfira em nosso trabalho e no atendimento aos pacientes. Nenhum desses métodos pode ser um evento meramente episódico; eles devem fazer parte de um sistema duradouro de gestão que ajude a sustentar os métodos e estimule a melhoria contínua, tudo isso em respeito aos pacientes e aos funcionários da instituição. A implementação desses métodos pode não apenas reduzir o desperdício, mas também acabar engajando os funcionários na melhoria de seus locais de trabalho, em vez de ficarem apenas reclamando dos problemas.

Lições *lean*

- O gerenciamento visual ajuda a expor problemas e a evitar problemas de comunicação e desperdícios.
- O 5S reduz o desperdício mediante a organização aperfeiçoada e os métodos visuais.
- O 5S não é um evento isolado, mas um plano a ser sustentado a fim de manter e melhorar a organização do local de trabalho.
- Suprimentos e itens usados com maior frequência devem ser mantidos mais perto do ponto de utilização.
- Esconder a bagunça atrás da porta não resolve a causa-raiz do problema da desorganização.
- O *kanban* pode ser implementado usando-se cartões, compartimentos plásticos ou sinalizadores eletrônicos.
- O *kanban* requer muito menos contagem e tempo do que o sistema de níveis equilibrados de estoque.
- Precisamos ver compensações entre o custo do estoque e o custo do esgotamento dos itens. Hospitais podem precisar pender mais para o lado do não esgotamento.
- Quando temos mais variações no sistema, precisamos de mais estoques de segurança para nossa própria garantia.

Pontos para discussão em grupo

- Qual seria um exemplo de déficit de informação em nossa área? Qual é o desperdício que ele provoca? Podemos usar o gerenciamento visual para eliminar esse desperdício?
- Quanto tempo é desperdiçado todos os dias por causa da desorganização? Qual é o melhor uso que poderíamos dar a esse tempo?
- Como podemos liberar tempo para trabalhar em métodos *lean*?
- Quais são alguns dos problemas que enfrentamos com nossos atuais sistemas de gerenciamento de materiais? O que leva as pessoas a acumularem suprimentos?

Capítulo

7

RESOLUÇÃO PROATIVA DA CAUSA-RAIZ DOS PROBLEMAS

A história de Mary McClinton

O caso da morte de Mary McClinton no Virginia Mason Medical Center (VMMC), de Seattle, Estado de Washington, é muito conhecido entre os círculos de segurança de pacientes. McClinton morreu em 2004 depois de nela ter sido injetada clorexidina, uma solução antisséptica, em vez de um corante de contraste. Durante o procedimento, havia três líquidos transparentes que foram mantidos em tigelas de aço inoxidável em uma bandeja: o antisséptico, o corante e uma solução salina. Antecipando a necessidade do radiologista interventor, um técnico experiente pré-rotulou uma seringa vazia como "corante de contraste". Em seguida, contudo, ele supostamente encheu a seringa com o antisséptico, não o corante.[1] Um pensador *lean* reconheceria o potencial para um erro sistêmico em uma situação como essa e não ficaria satisfeito com o mero fato de funcionários bem treinados se mostrarem cuidadosos. O erro que causou a morte de Mary McClinton foi um acidente que estava esperando para acontecer.

Antes daquele dia fatídico, o hospital havia decidido substituir uma solução de iodo marrom pelo antisséptico claro. Algumas versões da história sustentam que o hospital havia feito essa troca "recentemente", mas outro relato afirmou que o antisséptico claro já era usado durante dois anos antes da morte de McClinton.[2,3] Após o ocorrido, é natural perguntar-se como foi possível que um risco dessas proporções permanecesse ignorado. O técnico envolvido, Carl Dorsey, sabia da mudança e inclusive havia mencionado esse "ambiente" indutor de erro ao seu supervisor dois meses antes do incidente. Esse erro não foi o resultado de um risco imprevisível. O técnico sabia, o supervisor sabia – mesmo assim, a situação de risco persistiu.

Uma assistente social de 69 anos de idade e sua família foram as maiores vítimas desse erro claramente evitável, mas o técnico também sofreu com isso. Dorsey tinha uma carreira "imaculada" de 34 anos, 17 deles trabalhando no VMMC. Ele foi "multado pelo Estado, declarou-se responsável e se demitiu do hospital", embora "não tivesse certeza" sobre quem realmente enchera a seringa – ele ou o médico.[4] Ao refletir sobre os fatos, Dorsey costumava dizer que "erros continuarão ocorrendo, nós somos excepcionalmente humanos".

A filosofia Toyota foi originalmente chamada de sistema "do respeito pela humanidade". Isso significa que nós não apenas respeitamos cada indivíduo, mas respeitamos igualmente nossa própria humanidade – nossa natureza humana. Seres humanos não são perfeitos. Por mais que procuremos ser cuidadosos, erros podem acontecer. Como dizia sir Liam Donaldson, da Organização Mundial da Saúde: "O erro humano é inevitável. Jamais poderemos eliminá-lo por inteiro. O que podemos é eliminar os problemas no sistema que o tornam mais propenso a ocorrer".[5]

Depois da morte da Sra. McClinton, o antisséptico foi substituído por um gel em cotonete, eliminando assim o risco, para futuros pacientes, de alguém confundir clorexidina com corante. Só nos resta esperar que esse risco sistêmico tenha sido identificado e eliminado em todos os demais hospitais.

Melhorando a qualidade e a segurança do paciente

Como vimos no diagrama da casa no Capítulo 5, a qualidade é um dos dois pilares do *lean*. De todas as motivações para implementar o *lean* na assistência à saúde, é provável que não exista outro objetivo mais nobre que o de melhorar a qualidade do cuidado dispensado e aperfeiçoar a segurança do paciente. É verdade que melhorias nos hospitais e nos cuidados médicos estão salvando muitas vidas, graças à excelência clínica, mas a complexidade dos hospitais modernos torna os processos e as cadeias de valor cada vez mais difíceis de administrar. Ainda que o fato de não existirem mais tantos erros seja um testamento dos extraordinários esforços de muitos trabalhadores na assistência à saúde, os líderes dos hospitais precisam trabalhar para criar um ambiente no qual os erros e danos possam ser significativamente reduzidos.

Quantos pacientes são feridos, sofrem infecções ou morrem como resultado de erros evitáveis nos hospitais? Estatísticas das mais variadas fontes usam diferentes estimativas e metodologias, todas elas tentando determinar números que não podem ser conhecidos com absoluta precisão. Alguns estudos se baseiam na revisão de prontuários médicos, nos quais a verdadeira natureza dos erros cometidos pode estar inadequadamente relatada. Ainda que existam alguns mecanismos para uniformizar os relatórios, é difícil argumentar que hospitais ou pessoas relatem de fato todos os erros cometidos de uma forma semelhante.[6] Muitos erros podem permanecer ocultos, pois é muitas vezes difícil distinguir se um determinado erro causou uma morte ou apenas contribuiu para sua ocorrência, o que leva a problemas ainda maiores com os dados.

É evidente, contudo, que a escala relativa desse problema é inaceitável – quaisquer que sejam os números, o fato é que existem pacientes demais sofrendo suas consequências. Trata-se de um problema global, não restrito a determinados países ou certas estruturas de financiamento. Também temos provas de que os métodos *lean* para a melhoria da qualidade podem reduzir o número de danos evitáveis aos pacientes, infecções e mortes e ao mesmo tempo melhorar os resultados clínicos mesmo quando esses danos não estejam em questão.

O *lean* não é uma abordagem tipo "bala de prata" que irá eliminar instantaneamente todos os erros, mas suas ferramentas e modelos mentais podem ajudar nossos hospitais e funcionários a reduzir os erros evitáveis.

Obstáculos culturais à melhoria da qualidade

Os hospitais têm ainda pela frente obstáculos culturais enraizados a serem superados antes que os métodos *lean* de melhoria de qualidade possam mostrar sua eficácia. Por um lado, precisamos passar de um ambiente onde se aponta, se culpa e se rebaixa os funcionários para um ambiente em que aprendemos com os erros, usando o conhecimento assim obtido para prevenir erros futuros.[7] Os hospitais precisam ser mais proativos na prevenção de erros, antecipando erros possíveis ou prováveis ou reagindo a quase acidentes, em vez de reagir apenas depois da ocorrência de ferimentos ou mortes. Melhorar a qualidade depende mais de liderança, cultura e pensamento criativo que de quaisquer tecnologias ou ferramentas específicas.

> O McLeod Regional Medical Center (Florence, Carolina do Sul) mudou sua cultura ao passar da atribuição de culpas à prática da solução e prevenção de problemas. Enquanto a média nacional norte-americana para eventos danosos com medicamentos é de dois a oito a cada mil doses, a média no McLeod foi reduzida para menos de um a cada mil.[8]

Outro obstáculo consiste nas percepções incorretas a respeito de erros médicos pelo público em geral e pela comunidade médica. Foi publicado um estudo que mostrou que pacientes e médicos consideravam estimativas reveladas sobre números de mortes evitáveis como "exageradamente altas".[9] Contudo, se considerarmos o fato de algumas estimativas se basearem apenas em erros que foram efetivamente relatados, esse número pode ser muito maior, dada a incorreção dos relatórios. Cirurgiões e cidadãos comuns muitas vezes culpam médicos individualmente, em vez de culparem o sistema em que agem, pelos erros. Essa percepção foi confirmada com a publicação de *To Err Is Human*, em que o público em geral via os erros médicos como "uma questão de provedores individuais", em vez de uma falha dos sistemas em que atuam.[10]

A tendência a culpar indivíduos leva a reações voltadas à punição e ao afastamento das pessoas más, em vez de à melhora do sistema. Basta analisar qualquer cobertura jornalística sobre erros médicos de destaque e você irá provavelmente encontrar relatos de indivíduos sendo punidos, demitidos ou até mesmo levados à prisão. Líderes seniores muitas vezes criticam publicamente suas próprias organizações, depois do fato ocorrido, por não terem seguido políticas e procedimentos, dizendo que "não há como desculpar" erros semelhantes.[11] Em vez do linchamento retrospectivo, o que precisamos mesmo é trabalhar como uma equipe unida em busca da prevenção proativa.

Por que os erros acontecem?

Se os eventos adversos nem sempre são causados por negligência, por que acontecem os erros? Enquanto a administração tradicional se mostra ágil para culpar indivíduos por erros ocorridos, a mentalidade *lean* entende o ensinamento de W. Edwards Deming segundo o qual 94% dos erros "são do sistema".[12] *To Err Is Human* concluiu: "A maioria dos erros médicos não resulta de imprudências humanas ou das ações de um determinado grupo – este não é um problema do tipo 'maçã podre'. Mais comumente, erros são causados por sistemas, processos e condições com falhas que levam as pessoas a cometê-los ou a não conseguir evitá-los".[13]

A confiabilidade e a responsabilidade pessoal são importantes e não podem ser minimizadas. Alguém poderia dizer que indivíduos responsáveis são necessários, mas não suficientes, para assegurar a qualidade em um sistema de alta complexidade. A filosofia *lean* não nos incentiva a desculpar indivíduos que fazem deliberadamente a coisa errada e assumem riscos absurdos. Destacados especialistas em segurança do paciente, entre eles o Dr. Robert Wachter, concordam que é preciso encontrar o equilíbrio adequado entre "sem culpa" e "sem responsabilização".[14] Pode-se argumentar que rotular uma seringa antes que ela seja preenchida representa uma prática arriscada e a opção intencional de alguém, como vimos no caso McClinton. Existem algumas circunstâncias nas quais os médicos costumam se irritar com demoras, tais como esperar para que uma seringa seja adequadamente enchida, o que pode levar um indivíduo a fazer algo antecipadamente na tentativa de evitar essa situação, embora não existam provas de que isso tenha acontecido com Dorsey.

Violações e erros, lapsos e deslizes

Violações são ações intencionais que vão contra práticas aceitas e são, por definição, evitáveis; contudo, nem todas as violações são motivadas por más intenções. Uma violação pode ser necessária e defensável, em determinadas condições, para benefício do paciente. Por exemplo, um anestesista pode não levar o tempo necessário para fazer todos os registros normais de uma cirurgia de emergência.[15] Violações danosas e intencionais, como um anestesista dependente que desvia algumas das drogas destinadas a pacientes de cirurgia, são mais características de indivíduos, tornando as abordagens tradicionais de punição mais apropriadas (ainda que possamos perguntar se o hospital chegou a ter ciência prévia de um problema existente sem adotar qualquer medida preventiva, o que transformaria tudo em questão sistêmica). Um estudo concluiu que apenas 27,6% dos eventos danosos foram causados por negligência, incluindo violações voluntárias de políticas existentes.[16] Pré-rotular uma seringa poderia ser considerado uma violação.

Erros, por sua vez, incluem eventos em que alguma coisa dá errado mesmo quando todas as partes envolvidas no episódio tiveram a melhor das intenções e atuaram de maneira adequada. Os erros podem ser subdivididos em fatos vinculados a habilidades, em que ocorreu uma ação não intencional. Tais fatos incluem os *lapsos* (erros mentais, como esquecer um dos passos de determinado procedimento) e os *deslizes* (erros físicos, como apertar o botão errado em determinado equipamento).[17] Encher uma seringa com o líquido transparente errado poderia ser considerado um deslize. O fato de descrever algo como erro humano não é desculpa para tolerar o erro ou para pensar que ele é inevitável.

Muitos erros podem ser debitados à falta inicial de treinamento ou consciência, um problema que é de responsabilidade dos gerentes e do sistema. É possível prevenir lapsos mediante o uso de *checklists* e trabalho padronizado, enquanto os deslizes podem ser prevenidos por meio de métodos de avaliação de erros, como discutido no Capítulo 8.

Existem perguntas simples a serem feitas pelos líderes que estiverem decididos a determinar se um problema foi resultado de um erro sistêmico ou de uma violação intencional.

- Este erro já ocorreu anteriormente, em outro lugar, envolvendo outra pessoa?
- Outro assistente ou funcionário faria provavelmente a mesma coisa na mesma situação?
- A administração deveria ter previsto a possibilidade de ocorrência deste tipo de erro?

Se a resposta a qualquer uma dessas questões for sim, então temos muito provavelmente um erro sistêmico que não poderá ser evitado no futuro pela simples remoção de uma determinada "maçã podre" do processo. Se o hospital Virginia Mason não tivesse promovido a mudança sistêmica de um líquido antisséptico claro para um gel usado com cotonete, o mesmo erro poderia ter ocorrido outra vez, com um técnico diferente, em um outro dia.

Exemplos de melhoria da qualidade

Nem tudo é notícia ruim na assistência à saúde. Muitos hospitais estão usando métodos *lean* para melhorar a qualidade e a segurança do paciente. O ThedaCare (Wisconsin) é amplamente reconhecido como um dos líderes na aplicação do *lean* na assistência à saúde.[18] O ex-diretor-presidente John Toussaint estabeleceu o ambicioso objetivo de reduzir as falhas em 50% a cada ano.[19] Não foi um caso de determinação cautelosa de objetivos incrementais – na verdade, foi um plano extremamente agressivo que parecia destinado a orientar sérias ações.

O ThedaCare começou medindo falhas por milhão de oportunidades (DPMO) em 2005 e estimou que seus processos tinham 100.000 DPMO em diversas áreas, incluindo o tratamento consistente para pacientes Código STEMI (*infarto do miocárdio com elevação do segmento ST*). Uma falha pode incluir uma instância em que um passo no protocolo não foi seguido, gerando risco para o paciente. Isso correspondia a um nível de qualidade estilo Seis Sigma de 2,78 sigma, quando a meta de qualidade Seis Sigma corresponde a 3,4 DPMO. Em 2006 e 2007, o ThedaCare estimou que suas taxas de falhas haviam caído para 60.000 DPMO (3,05 sigma) e 20.000 DPMO (3,55 sigma), respectivamente. Em geral, o hospital estava à frente da meta anual de 50% e continuava a melhorar, buscando a perfeição, em vez de se contentar com um desempenho melhor do que qualquer outro anterior registrado na instituição.

Os dados a seguir, mais específicos, mostram alguns resultados obtidos pelo ThedaCare:

- Redução dos erros em coletas de amostras laboratoriais de 941 DPMO para apenas 100.[20]
- Melhora das taxas de cumprimento de tratamentos de pneumonia de 38 para 95%.[21]
- Diminuição dos nascimentos induzidos de prematuros de 35% para zero, reduzindo a duração da permanência na unidade neonatal de atendimento intensivo de 30 para 16 dias.[22,23]
- Redução da ocorrência de erros médicos na conciliação da medicação receitada na admissão com a utilizada pelos pacientes de 1,25 por prontuário para zero, quando feita por um farmacêutico.[24]

Como um tipo de erro, os erros de coleta de amostras são fáceis de identificar. No entanto, no terceiro exemplo dado, o ThedaCare passou a encarar a indução de partos prematuros, quase sempre feitos por conveniência, como uma "falha", mesmo que até então fosse considerada normal. Evidências médicas indicaram que, sempre que possível, não se deveria fazer o parto antes de 39 semanas de gestação.

Os hospitais podem tomar medidas, inclusive a adoção de trabalho padronizado, para prevenir infecções hospitalares. Os hospitais que conseguiram reduzir as taxas de infecções analisaram métodos de trabalho para identificar a melhor forma de inserir linhas e cateteres. O Allegheny General Hospital (Pittsburgh, Estado da Pensilvânia) estabeleceu em primeiro lugar a meta de falha zero em infecções, uma importante orientação estratégica. Em segundo lugar, uma equipe de clínicos padronizou os métodos para determinar a localização adequada para a colocação da linha, bem como os métodos e ferramentas para inseri-la propriamente e os métodos para sua manutenção. Métodos aprimorados de comunicação também eram postos em prática sempre que alguém precisasse de ajuda com as linhas. Os resultados depois do primeiro ano foram radicais. A taxa de infecção por linha foi reduzida de 1 em cada 22 para apenas 1 em cada 185. Mesmo com todos esses avanços, a meta de infecção zero não foi atingida, mas eles concretizaram progressos significativos.[25] Resultados similares têm sido conseguidos mundo afora: conforme um estudo da Organização Mundial da Saúde sobre o uso de *checklists*, hospitais no Estado de Michigan praticamente eliminaram infecções de corrente sanguínea relacionadas a cateter e reduziram as taxas de mortalidade nas UTIs em 10%.[26]

O Allegheny General descobriu também que a melhoria da qualidade liberava tempo para que o pessoal pudesse resolver problemas, utilizar procedimentos conhecidos de controle de infecções e dedicar-se mais ao atendimento direto ao paciente. Alguns hospitais agora entendem que reduzir as infecções reduz também o tempo médio de permanência dos pacientes, o que essencialmente libera leitos e cria capacidade adicional, tudo isso a um custo muitíssimo menor que o da construção de um novo prédio. Essas reduções de infecções sanguíneas relacionadas com o cateter venoso central são claramente boas para os pacientes, os funcionários, os médicos e para o próprio hospital.

Descobrindo causas-raiz e evitando erros

Erros e quase acidentes em hospitais precisam ser transformados em oportunidades de aprendizagem, a fim de evitar futuras recorrências. Quando se descobre algum erro, a melhor resposta, na abordagem *lean*, consiste em fazer duas perguntas simples:

1. O que permitiu que este erro ocorresse?
2. O que podemos fazer para que este erro jamais volte a ocorrer?

A resposta *lean* é diferente das reações tradicionais a erros, que normalmente perguntam: "Quem foi o culpado?". Os gerentes querem sempre atribuir culpa a alguém e dependem da punição para mostrar que estão cuidando do problema, exigindo que os funcionários restantes "sejam mais cuidadosos", em uma tentativa de prevenção. Atribuir culpas é muitas vezes injusto com os funcionários e resulta em frustração e ressentimento. Exigir dos encarregados que sejam cuidadosos e mandar pendurar sinais de alerta não basta para prevenir erros que podem prejudicar outros pacientes.[27] Os gerentes *lean*, pelo contrário, partem da suposição de que as pessoas estão sempre tentando fazer um bom trabalho (a teoria Y de Douglas McGregor),[28] e a pergunta que fazem é: "Como foi que isso aconteceu, apesar das melhores intenções?".

Paliativos e a necessidade de eliminar as causas-raiz

Antes do *lean*, era comum ver funcionários de hospital inventando e fazendo uso de paliativos em seu trabalho diário. Um paliativo é uma resposta a curto prazo para um problema, que de forma alguma evita que ele possa voltar a ocorrer mais adiante. Por exemplo, se falta um termômetro na sala de exames e a enfermeira corre até a sala mais próxima para buscar outro, ela ajuda seu paciente, mas cria um novo problema para o paciente e para a enfermeira que usarem a outra sala. Embora aparentemente ajudem a resolver problemas a curto prazo, os paliativos acabam prejudicando tanto a qualidade quanto a produtividade, pois nos condenam a gastar mais tempo no futuro reagindo a um mesmo problema ou erro.

As pressões dos prazos sobre os funcionários muitas vezes dificultam análises mais aprofundadas para a solução de problemas. Na farmácia de um hospital que não havia ainda implementado o *lean*, os farmacêuticos passavam tempo demais inspecionando os pedidos de medicamentos encaminhados pelos médicos e os prontuários dos pacientes, em busca de erros ou falhas de processo. Eles seguidamente encontravam um bom número de falhas evitáveis de processo, incluindo:

- Pedidos que não correspondiam ao que constava nos prontuários dos pacientes.
- Doses inapropriadas para a idade, o peso ou a enfermidade dos pacientes.
- Medicamentos incompatíveis com alergias que, segundo os prontuários, os pacientes apresentavam.

Quando um erro era assim detectado, o farmacêutico simplesmente fazia a correção. Era difícil para o farmacêutico repassar suas observações à pessoa que poderia ter sido a fonte original daquele erro, fosse ela um médico (que talvez tivesse redigido o pedido incorretamente) ou um secretário da unidade (que talvez tivesse registrado ou copiado incorretamente as ordens verbais de um médico). Em vez de culpar indivíduos (pois muitas pessoas podem cometer os mesmos erros), poderia ser o projeto do sistema computadorizado o fator desencadeador daqueles erros. O farmacêutico sentia que não lhe sobrava tempo para telefonar, enviar um *pager* ou quem sabe localizar o autor do pedido, tampouco desejava se ver na posição de tentar transmitir uma contribuição positiva a um médico, temendo uma reação negativa.

Quando as pessoas não sabem da ocorrência de erros que acabam afetando outras pessoas, elas não conseguem dar início a um programa de resolução de problemas que poderia vir a evitar erros futuros. Os farmacêuticos relatavam o fato de encontrar os mesmos erros todos os dias, causando frustração pela perda de tempo disso decorrente e pela incapacidade percebida de trabalhar com outros para localizar a raiz do problema. Quando erros acontecem, as pessoas quase sempre supõem que os outros não se importam ou que são "maus funcionários". Em vez de culpar determinados indivíduos, o que precisamos é mudar para uma mentalidade construtiva de solução de problemas. A Tabela 7.1 mostra alguns exemplos de erros e a comparação entre a reação de soluções paliativas e atribuição de culpas e a reação voltada para a solução de problemas.

Sempre que se descobre um erro, a reação imediata deveria ainda incluir a resolução do problema a curto prazo. No caso de um técnico farmacêutico que localiza uma pílula no escaninho errado, cabe a ele, sempre, colocar a pílula de volta no escaninho certo. Isso pode até ser chamado de contramedida imediata, ou de contenção do problema. Naquele instante, ou em um prazo adequado depois do fato ocorrido, medidas de solução precisam ser utilizadas para identificar a causa-raiz, para que seja possível prevenir a recorrência do problema.

Em alguns casos, os funcionários se orgulham de sua capacidade de contornar determinados problemas comuns. Medidas heroicas são seguidamente recompensadas como sinais de uma atitude positiva ou da disposição de ir além e acima das expectativas. Um funcionário pode se tornar conhecido como especialista em contornar problemas e passar a ser chamado para sugerir paliativos aos problemas de outros. Esses funcionários, ou aqueles que definem seu trabalho como algo que inclui frequentes soluções paliativas, podem enfrentar um sentimento de perda à medida que os problemas vão sendo evitados com métodos *lean*.

Adotar essa nova mentalidade pode criar um desafio à liderança. O diretor operacional (COO) de um hospital constatou isso ao perceber seus funcionários confusos ao ficarem sabendo que deveriam parar de buscar paliativos. Esse COO havia crescido profissionalmente naquele meio, tendo começado como enfermeiro de recepção, e os funcionários sabiam que ele havia ascendido na hierarquia exatamente por ser considerado "o melhor bombeiro" para todos os tipos de situações. Seus pronunciamentos contrariavam o modo de agir por ele mesmo demonstrado ao longo de 30 anos, o que foi difícil de modificar, mesmo quando ele buscava abandonar sua abordagem de apagar incêndios na condição de líder sênior.

Tabela 7.1 Paliativos e atribuição de culpas *versus* mentalidade de solução de problemas

Problema	Paliativo	Mentalidade da culpa	Mentalidade da solução de problemas
Medicamentos em falta ou não disponíveis no gabinete	Enfermeiros vão a outros gabinetes ou unidades para encontrar os medicamentos	"A farmácia não nos ajuda."	"Por que os médicos nem sempre estão disponíveis? Como podemos trabalhar juntos para resolver este problema?"
Rótulos apagados nos tubos de laboratório	O técnico substitui adequadamente o rótulo do tubo	"Aquele assistente nunca faz nada direito."	"O assistente está a par das práticas adequadas de rotulagem e do seu impacto no processo?"
Prontuários médicos sem um código de diagnóstico que impedem o sistema de ser recompensado pelo uso de um nebulizador doméstico	O assistente de contabilidade examina os registros em busca de uma fórmula para mudar o código do diagnóstico	"O consultório do doutor não sabe codificar direito."	"Por que há tantos consultórios cometendo o mesmo erro? Qual é a causa sistêmica?"
Medicamentos encontrados no escaninho errado	O técnico farmacêutico coloca o medicamento de volta no lugar adequado	"As outras pessoas não são cuidadosas."	"Como foi que aquela pílula caiu no escaninho adjacente?"

Perguntando "por que" em vez de "quem"

Sempre que surgem erros, a abordagem *lean* nos ensina a não perguntar "quem", como em: "de quem é a culpa?". Mais uma vez, esta é a influência de Deming na cultura e no sistema de gerenciamento *lean*. Recordando a citação de sir Liam Donaldson a respeito da necessidade de eliminar problemas no sistema: "o erro humano é inevitável, jamais poderemos eliminá-lo por inteiro. O que podemos é eliminar os problemas no sistema que o tornam mais propenso a ocorrer".[28] Uma frase semelhante foi usada por Gary Convis, ex-presidente da Toyota Motor Manufacturing Kentucky, que ensinou: "Pessoas você respeita... você não as culpa. Talvez o processo não tenha sido montado tão bem como se esperava, e por isso ficou fácil cometer um erro".[29]

Há erros que não podem ser simplesmente investigados e atribuídos a um único indivíduo. Muitas vezes culpamos a pessoa que esteve fisicamente presente quando o erro ocorreu, mas muitos erros são causados por departamentos a montante ou por outros processos. Quando um enfermeiro administra um medicamento errado a um paciente, é preciso que observemos a situação para além daquele profissional, para a cadeia de valor e para os diferentes pontos em que erros poderiam ser sido introduzidos no sistema. Quando um farmacêutico flagra um erro de medicação, precisamos olhar corrente acima para o ponto em que o erro foi criado (sem simplesmente jogar a culpa no técnico farmacêutico).

Nossa primeira linha de questionamento ("O que poderia ter permitido que isso acontecesse?") conduz-nos a uma solução de problema de causa-raiz. A *causa-raiz* é uma condição subjacente ou um aspecto do sistema que leva ao erro. Como o termo implica, pensando nas raízes de uma árvore, precisamos enxergar além dos sintomas de superfície do problema. Se um problema que já tenhamos "consertado" continuar se manifestando, trata-se de um indício de que não descobrimos nem consertamos sua causa-raiz. Esta é uma das razões pelas quais os hospitais *lean* precisam usar o ciclo do planejar-fazer--verificar-agir (PDCA). Sempre que colocarmos em prática a contramedida para um determinado problema, precisaremos medir (por meio de observação ou parâmetros) ou verificar, para conferir se o problema em questão foi realmente resolvido.

> Alguns especialistas em ciência comportamental aconselham que não se façam perguntas aos funcionários começando com *por que*, pois isso frequentemente provoca uma reação defensiva.[30] Esse tipo de reação ocorre especialmente no começo de uma jornada *lean*, sempre que ainda existir uma cultura de culpa e punição. Tenha bom senso em relação a esse fato e entenda que a compreensão sobre por que um problema ocorreu é algo que pode ser feito usando frases tais como "o que permitiu que o remédio errado chegasse à cabeceira do paciente?", em vez de "por que você enviou a medicação errada?". Outra abordagem seria ater-se ao evento, e não à pessoa, perguntando "por que o medicamento errado chegou à unidade?".

Comece no *gemba*

Sempre que um funcionário se dispõe a relatar um problema a um gerente, o primeiro passo de um líder *lean* é levar a discussão e a solução do problema ao lugar em que ele ocorreu, o *gemba*. O *lean* ensina que qualquer problema é sempre resolvido com maior eficiência no *gemba*, em vez de em salas de reuniões. Ir ao *gemba* nos permite ver com os próprios olhos e conversar com outras pessoas diretamente envolvidas nesse processo. Quando estamos no *gemba*, podemos começar perguntando "por que", em nossa tentativa de descobrir o que pode ter permitido a ocorrência daquele problema.

> *Resumo da resolução de problemas ao estilo* lean
>
> Vá ao *gemba*.
> Converse com as pessoas que trabalham no processo ou na área em questão.
> Vá além dos problemas superficiais até chegar à causa-raiz (use os cinco porquês).
> Observe além dos limites interdepartamentais, além da cadeia de valor.
> Melhore os processos antes de investir dinheiro em capital ou expansão.

Toussaint, do grupo ThedaCare, contou, em seu livro *Uma transformação na saúde*, uma história que ilustra à perfeição esses princípios e mentalidades.[31] Durante uma caminhada pelo *gemba*, Toussaint comentou com a enfermeira de uma unidade a notável redução no índice de erros com medicamentos ali apresentado. A enfermeira disse a Toussaint, com toda a franqueza, que isso se devia pura e simplesmente, ao fato de que eles não estavam registrando os erros. Uma confissão como essa poderia constituir, em algumas organizações, justificativa para demissão sumária.

Em vez de repreender a enfermeira ou mandar que ela se limitasse a seguir o processo, a primeira reação de Toussaint foi perguntar "por quê?". A enfermeira respondeu que não havia tempo suficiente, e que o método de registro desse tipo de ocorrência no computador era complexo demais. A enfermeira mostrou a Toussaint como ela precisaria passar por diferentes telas no sistema computadorizado e comprovou que o registro de cada erro levava quase quatro minutos. Além disso, havia sempre o temor de que o fato de relatar um erro viesse a representar punição, em vez de melhoria.

O fato de a enfermeira sentir-se à vontade para revelar o assunto, sem temor de ser culpada ou punida, era um sinal positivo de uma cultura *lean* em maturação. Outro indício positivo foi o fato de Toussaint agradecer à enfermeira por ter tratado com tanta franqueza aquela questão. Toussaint entrou imediatamente em contato com o departamento de informática e pediu que fizesse melhorias no sistema, para tornar mais fácil o registro e o relato de erros com medicamentos, em um excelente exemplo de liderança servidora.

Encontre causas-raiz usando métodos simples

Um método poderoso, ainda que simples, de chegar-se à causa-raiz de um problema é o método dos *cinco porquês*, desenvolvido na Toyota. Nesse método, fazemos uma série sequencial de perguntas com "por quê?" até conseguirmos a resposta que parecer uma causa-raiz passível de correção. Não existe qualquer magia no número 5. Às vezes, a causa-raiz é encontrada depois de apenas três dessas perguntas, e existem eventos em que a dúvida pode exigir dez porquês. O importante é ir além da resolução mais corriqueira de problemas, que poderia apenas perguntar por que uma vez, levando a um sintoma superficial, sem chegar à causa-raiz. O método dos cinco porquês é especialmente eficiente em um ambiente de grupo, em que as pessoas podem construir ideias umas a partir das outras e ganhar o entendimento partilhado além dos limites interdepartamentais. Para que isso funcione adequadamente, precisamos ter um ambiente de franqueza em que todos sejam menos defensivos e menos temerosos das eventuais consequências de serem honestos.

Os cinco porquês podem ser usados em resposta a uma falha específica de processo, como "por que essa amostra chegou ao laboratório sem rótulo?" ou "por que aquele enfermeiro precisa voltar ao posto secundário, em vez de usar o computador portátil?". Os cinco porquês podem ser também usados para se fazer perguntas genéricas, como "por que os pacientes estão sendo recepcionados na emergência?". Quando temos múltiplas causas contribuintes, podemos utilizar ferramentas básicas de qualidade, como um diagrama "espinha de peixe", também conhecido como o diagrama de Ishikawa.[32] Alguns tipos de problemas exigirão maior rigor analítico e estatístico, levando-nos ao âmbito de métodos Seis Sigma.

Resolução de problemas pelo A3

Uma metodologia de resolução de problemas cada vez mais popular nos hospitais do mundo inteiro é o A3, que tem esse nome em razão do formato padrão internacional da folha de papel com 420 mm de altura e 297 mm de largura. O método começou na década de 1960 como parte do movimento japonês dos "círculos de qualidade", mas evoluiu na Toyota até transformar-se no seu formato padrão para a resolução de problemas, relatos de planejamento e de *status*. Mais importantes que o tamanho do papel ou que qualquer determinado padrão são a análise estruturada dos problemas (lado esquerdo do A3) e do PDCA (lado direito do A3), o pensamento e o método científico que estão embutidos no documento.

Um A3 de solução de problema precisa estar incorporado ao pensamento e às práticas *lean*. Um exemplo de A3 é mostrado na Figura 7.1.[33] Ao redigir a questão e as declarações de fundamentação, os autores de um A3 precisam tomar o cuidado de não provocar uma solução precipitada. Um A3 intitulado "Levar todos os pacientes à sala de preparação do C.C. às 7h" pode significar exatamente precipitar-se para a solução de um problema mais abrangente de casos que não começam no horário determinado. Um título melhor para esse A3 poderia ser "Início pontual dos primeiros casos".

A condição atual combina dados baseados em fatos e opiniões que são obtidas no *gemba*, observando-se detalhadamente o processo. A ênfase neste estágio inicial é "tomar pé da situação".[34] A condição atual poderia incluir um mapa da cadeia de valor ou outros desenhos e elementos visuais.

Antes de ir para o lado direito do A3 a fim de discutir possíveis "contramedidas" (a palavra solução parece definitiva demais no âmbito da melhoria contínua), precisamos chegar à certeza de que entendemos a(s) causa(s)-raiz do problema. Para resolver um problema, é indispensável defini-lo e compreendê-lo adequadamente.

> John Shook afirma que as três questões mais comuns no caso da resolução de problemas envolvem o fato de não se compreender adequadamente a situação:
>
> - Presumir que você sabe qual é o problema sem ver o que está acontecendo na prática.
> - Presumir que você sabe como resolver um problema sem verificar o que está realmente causando esse problema.
> - Presumir que a ação por você empreendida para resolver um problema funciona, sem antes conferir se realmente está acontecendo aquilo que você esperava.[35]

A condição-alvo (similar a um mapa do estado futuro), as contramedidas (o que planejamos tentar) e o plano detalhado da implementação constituem o *fazer* do ciclo

PDCA. Um A3 também nos condiciona a planejar as fases de verificação e ajuste, ou de *agir*. O autor de um A3 antecipa quais serão os fatores qualitativos e quantitativos usados para avaliar o êxito do processo de resolução de problemas. Na mentalidade PDCA, não presumimos que nossas contramedidas sempre irão funcionar. Quando nossa honesta avaliação mostra que não houve uma melhoria, podemos recomeçar tudo de novo, sem que a ninguém seja atribuída qualquer culpa.

PROBLEMA
Os pacientes da Unidade de Reabilitação queixam-se de que as refeições são servidas frias.

ANTECEDENTES
Resultados de pesquisas com pacientes apontam um índice de satisfação inferior a 80% quanto às refeições quentes. As refeições são transportadas em grandes recipientes e frequentemente passam por outros andares antes de chegar à Unidade de Reabilitação.

CONDIÇÃO ATUAL

[Diagrama: Cafeteria com Café a 71 °C; bandejas transportadas ao 3º andar; Tempo demais gasto em trânsito; chegada à Reabilitação onde o Café chega frio. Escores de satisfação dos pacientes com refeições quentes: 71%]

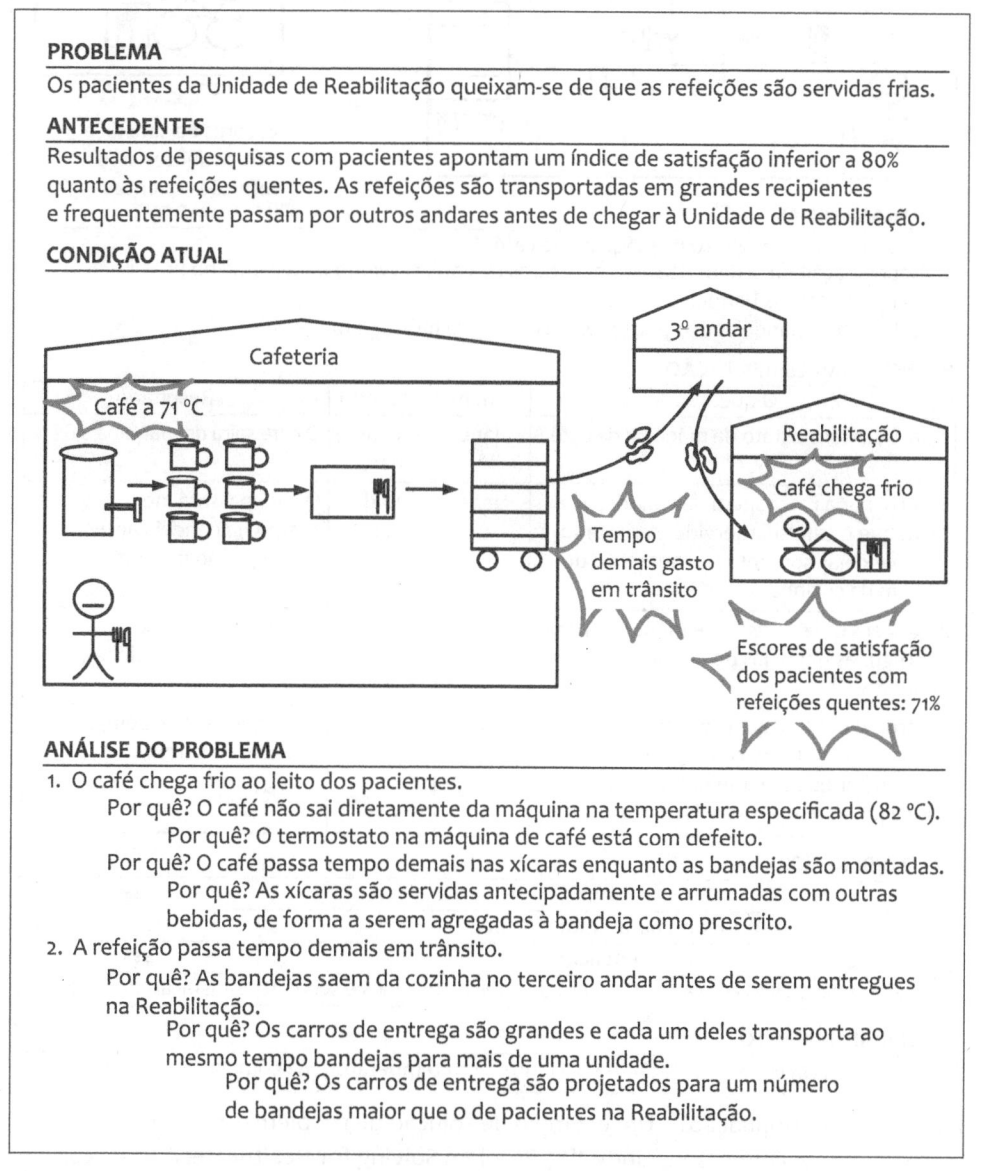

ANÁLISE DO PROBLEMA
1. O café chega frio ao leito dos pacientes.
    Por quê? O café não sai diretamente da máquina na temperatura especificada (82 °C).
        Por quê? O termostato na máquina de café está com defeito.
    Por quê? O café passa tempo demais nas xícaras enquanto as bandejas são montadas.
        Por quê? As xícaras são servidas antecipadamente e arrumadas com outras bebidas, de forma a serem agregadas à bandeja como prescrito.
2. A refeição passa tempo demais em trânsito.
    Por quê? As bandejas saem da cozinha no terceiro andar antes de serem entregues na Reabilitação.
        Por quê? Os carros de entrega são grandes e cada um deles transporta ao mesmo tempo bandejas para mais de uma unidade.
            Por quê? Os carros de entrega são projetados para um número de bandejas maior que o de pacientes na Reabilitação.

Figura 7.1 Um exemplo de solução de problemas pelo método A3.
(De Jimmerson, Cindy, "A3 Problem Solving for Healthcare:
A Practical Method for Eliminating Waste". Nova York: Productivity Press, 2007. Utilizada com a devida permissão.) (Continua na página seguinte.)

CONDIÇÃO-ALVO	Título: Refeições quentes na unidade de reabilitação		
	PARA	Tim	
	DE	Jane	
	DATA	05/03/2007	

Cafeteria — Bandeja arrumada em primeiro lugar — Café a 82 °C servido um a um — *Reabilitação*

Escores de satisfação dos pacientes com refeições quentes: 99%

CONTRAMEDIDAS
1. Conserto do termostato na máquina de café.
2. Repaginação da ordem de servir as xícaras de café, servindo uma a uma no final da montagem as bandejas.
3. Entrega das bandejas aos pacientes na ordem da montagem.

PLANO DE IMPLEMENTAÇÃO

O quê	Quem	Quando	Resultado
Substituir termostato da máquina de café	Jane	12 de março	O café sairá da máquina a 82 °C
Reordenar a montagem das bandejas para que o café seja servido e colocado nas bandejas somente no momento de saírem da cozinha	Jane	20 de março	O café passará menos tempo na bandeja antes de chegar ao paciente
Usar carros de transporte menores, para carregar as bandejas de apenas uma unidade	Jane/Tim	1º de abril	Redução do tempo de percurso da cozinha à Reabilitação
Instruir o pessoal quanto a entregar as bandejas do alto do carrinho primeiro, para evitar que a primeira bandeja cheia passe tempo demais no carro	Tim	5 de abril	Bandejas estarão sempre quentes ao serem entregues

CUSTO/BENEFÍCIO

Custo	$$$
Termostato para a máquina de café	$8,50
Benefício	$$$
Pacientes satisfeitos com a temperatura da refeição que lhes é servida	Satisfação do paciente

ACOMPANHAMENTO

30/05/2007 – Níveis de satisfação de pacientes com temperatura da comida: 100%

Figura 7.1 (Continuação) Um exemplo de solução de problemas pelo método A3. (De Jimmerson, Cindy, "A3 Problem Solving for Healthcare: A Practical Method for Eliminating Waste". Nova York: Productivity Press, 2007. Utilizada com a devida permissão.)

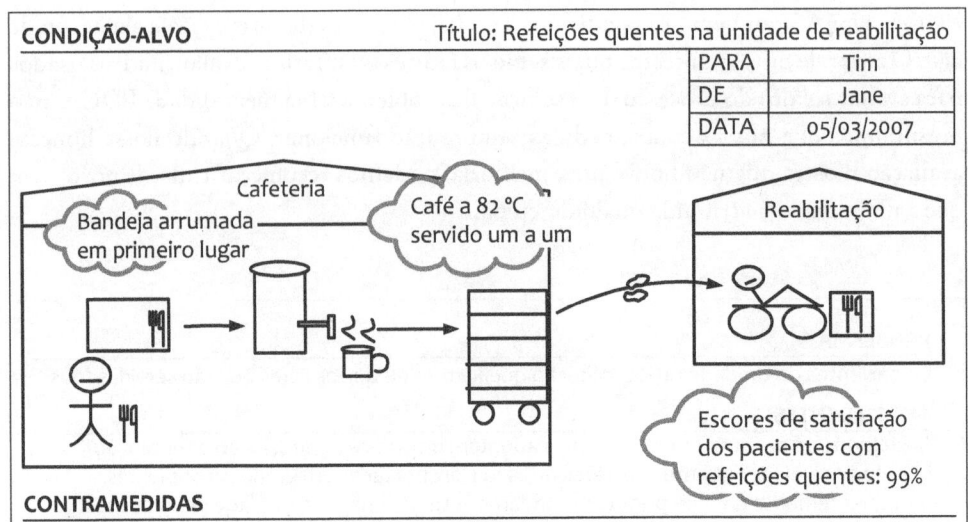

O esboço de um A3 não deve ser um exercício solitário. Eles são elaborados como parte de um exercício de melhoria em grupo, e mesmo autores solitários de A3 o fazem melhor quando orientados por um mentor com ampla experiência. Como John Shook, o diretor-presidente do *lean* Enterprise Institute, afirmou: "São necessários dois para um A3".[36] Os melhores A3s são documentos repetitivos, continuamente refinados e ajustados conforme o autor vai assimilando melhor a situação e as causas-raiz, os trabalhadores de linha de frente proporcionam *feedback* adicional e o mentor faz perguntas desafiantes e proporciona *feedback* construtivo.

Os A3s são também usados para acumular *feedback* e *input* de um grupo maior, lançando assim as bases (*nemawashi* em japonês) para um consenso que garanta que a causa-raiz seja entendida e que a equipe esteja de acordo quanto à maneira de seguir em frente. O A3, conforme apresentado aos outros, serve de base para discussões e para ainda mais refinamento das ideias no papel.[37] O facilitador *lean* em um hospital comentou: "Quando faço *coaching* de autores de A3, sempre sei que estão na direção certa quando precisam reescrever algo em qualquer parte ao compartilhar avanços com as pessoas".

O uso eficiente da metodologia A3 leva ao desenvolvimento das pessoas e de sua capacidade tática de resolver problemas. John Toussaint afirmou a respeito:

> O pensamento A3 foi fundamental para o meu desenvolvimento como um líder *lean*. Ele me fez entender que definir claramente todas as etapas do problema é o aspecto mais importante do trabalho de desenvolvimento. Pensando a respeito disso em um modelo médico, a parte mais difícil daquilo que o médico faz é chegar a um diagnóstico. Isso ocorre quando todas as informações sobre antecedentes (história), o estado atual do paciente (exame físico) e os dados centrais (análises do laboratório) estão completos. O tratamento é adequadamente simples uma vez que você entende o problema. Este é um método básico de pensamento científico. É simples, mas muda toda a sua maneira de administrar.[38]

Exemplo dos cinco porquês: higienização das mãos

Os hospitais estão em constante enfrentamento com seus médicos e demais funcionários para que sigam práticas adequadas de higienização das mãos. É de conhecimento geral que mãos sujas podem espalhar germes que causam infecções em hospitais, prejudicando os pacientes, prolongando o tempo de internação e elevando os custos. Os hospitais têm diretrizes que exigem, por exemplo, que as pessoas devem limpar suas mãos na entrada ou saída de quartos de pacientes e antes de encontros de qualquer outro tipo com esses pacientes. Os gerentes não têm condições de verificar o cumprimento dessas diretrizes, pois, para tanto, precisariam mandar acompanhar as pessoas em tempo integral. Os funcionários em geral se ressentem de serem espionados e temem serem chantageados a respeito disso. Eles provavelmente prefeririam que seus líderes se mostrassem parceiros em questões de melhoria, em vez de se verem como meros cumpridores de uma determinada diretriz superior.

CARTAZES NÃO FUNCIONAM

Os hospitais precisam encontrar melhores meios de reagir em vez de se limitarem a pendurar cartazes por todos os lados (ou estimular o uso de *buttons*) advertindo ou incentivando as pessoas a fazerem a higienização. Um determinado hospital ostentava um cartaz amarelado incentivando a higienização das mãos, com um *copyright* datado de 1984, pendurado junto a outros cartazes que mostravam lindos mascotes animais, caricaturas de organismos e uma advertência que despertava temor nos pais. Se esses cartazes realmente funcionassem, o cumprimento da higienização das mãos teria sido resolvido décadas atrás. Nossos problemas são em geral mais complexos, e por isso precisamos de uma abordagem que envolva mais do que a gráfica que imprime os cartazes. As organizações estão sempre cheias de boas intenções e usam cartazes porque supõem que eles sejam eficazes. Em vez disso, temos a possibilidade de aplicar o pensamento PDCA a esses cartazes. Será que eles funcionam mesmo? Em caso contrário, temos condições de encontrar uma fórmula melhor?

OS CINCO PORQUÊS

A solução desse problema deve começar pela pergunta "por quê?". O foco necessariamente será eliminar barreiras à higiene das mãos – jamais buscando desculpas para as pessoas que não a realizam, mas sempre procurando problemas legítimos que possam ser resolvidos.

Um hospital submeteu uma equipe de enfermeiros e outros funcionários a passar por um exercício dos cinco porquês. Sua primeira tentativa com as respostas pode ser vista na Figura 7.2. É possível constatar que não havia uma resposta única para a pergunta, e a equipe explorou determinadas respostas com maior profundidade. Esse *brainstorming* inicial poderia ter sido igualmente realizado com um instrumento chamado de diagrama "espinha de peixe".

Kevin Frieswick, diretor de melhoria organizacional do Vanguard Health Systems, elaborou um instrumento à prova de erros e de baixo custo destinado a garantir que a higienização das mãos fosse feita antes de uma pessoa entrar ou sair de uma sala. Usando materiais comprados em uma loja local, Kevin conectou uma barra estreita e um motor ao distribuidor do higienizador de mãos. Quando uma pessoa ativa o distribuidor, a barra ergue-se até ficar fora do alcance da pessoa, e um sensor de luz garante que a barra não baixe antes de as mãos serem limpas. Tomou-se o necessário cuidado para garantir que a barra ficasse afastada sempre que houvesse necessidade de entrar na sala em uma emergência. Esse instrumento não evita totalmente que uma pessoa entre em uma sala sem usar o distribuidor, mas proporciona um indício visual que torna mais difícil esquecer de lavar as mãos.[39]

Muitas das causas-raiz tinham como foco o treinamento, o recursos e a liderança sênior, sem pretender jamais atribuir culpas aos funcionários individualmente. O grupo descobriu algumas mudanças práticas que poderiam ser feitas para incentivar mais as pessoas a higienizar as mãos, como facilitar o acesso aos carrinhos de transporte. Mais treinamento poderia ensinar as pessoas a respeito de usarem apenas gel manual em vez de alternarem entre gel e sabonete e água. Os frascos de gel já haviam sido instalados em cada quarto de paciente e em muitos outros locais, mas colocá-los junto aos computadores portáteis foi pensado como outro pequeno passo a ser dado. Facilitar ainda mais o acesso aos carrinhos de transporte foi outra ação proposta, utilizando o método 5S de localizar e organizar adequadamente esses transportadores.

A questão do tempo e da sobrecarga geral foi também levantada como uma barreira à higienização. Funcionários e médicos queixaram-se de excesso de trabalho ou de serem responsáveis pelo atendimento de um número de pacientes excessivo para o tempo disponível. Esse é o tipo de caso em que, em vez de se aceitar passivelmente o excesso de trabalho, a redução de desperdício pode liberar tempo a ser aproveitado para a higiene apropriada. Se existem situações para as quais o excesso de trabalho é real, a *heijunka* e os métodos de trabalho padronizados podem ser usados a fim de garantir que as cargas de trabalho sejam adequadamente equilibradas e que os funcionários não sejam pressionados ao ponto de encontrar atalhos para completar seu trabalho.

Cinco porquês

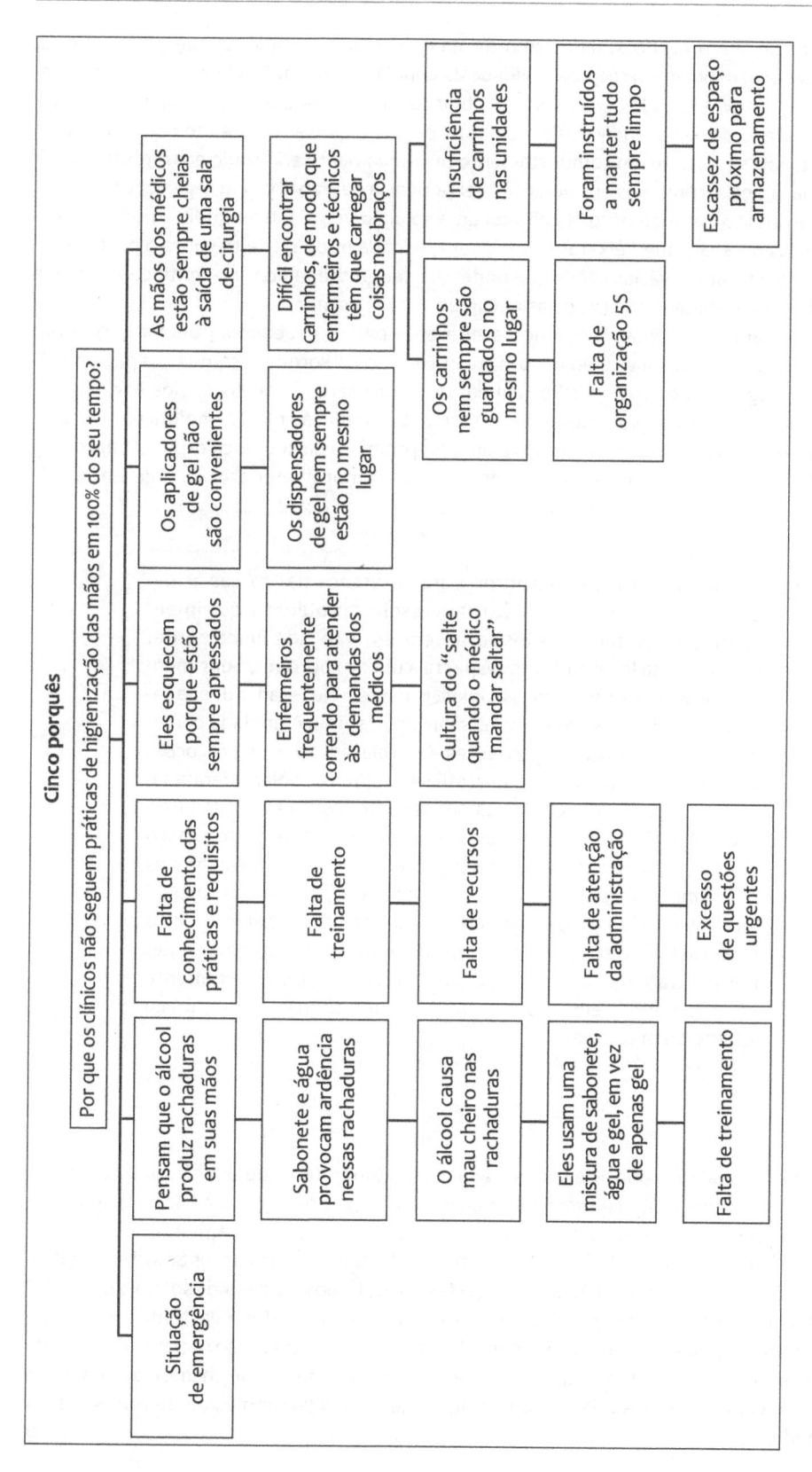

Por que os clínicos não seguem práticas de higienização das mãos em 100% do seu tempo?

- Situação de emergência
- Pensam que o álcool produz rachaduras em suas mãos
  - Sabonete e água provocam ardência nessas rachaduras
  - O álcool causa mau cheiro nas rachaduras
  - Eles usam uma mistura de sabonete, água e gel, em vez de apenas gel
    - Falta de treinamento
- Falta de conhecimento das práticas e requisitos
  - Falta de treinamento
  - Falta de recursos
  - Falta de atenção da administração
  - Excesso de questões urgentes
- Eles esquecem porque estão sempre apressados
  - Enfermeiros frequentemente correndo para atender às demandas dos médicos
  - Cultura do "salte quando o médico mandar saltar"
- Os aplicadores de gel não são convenientes
  - Os dispensadores de gel nem sempre estão no mesmo lugar
    - Os carrinhos nem sempre são guardados no mesmo lugar
      - Falta de organização 5S
- As mãos dos médicos estão sempre cheias à saída de uma sala de cirurgia
  - Difícil encontrar carrinhos, de modo que enfermeiros e técnicos têm que carregar coisas nos braços
    - Insuficiência de carrinhos nas unidades
      - Foram instruídos a manter tudo sempre limpo
      - Escassez de espaço próximo para armazenamento

Figura 7.2 Ilustração do método dos cinco porquês de resolução de problemas, mostrando múltiplos ramos e causas-raiz.

Muitos dos itens práticos, da mesma forma que as mais complexas questões culturais, podem ser encaminhados à responsabilidade da cúpula executiva. Tendemos a encontrar soluções mais efetivas quando deixamos de atribuir culpas ou entender que problemas são sempre o resultado de culpas individuais. Culpar os outros é quase sempre um hábito difícil de extinguir, pois se trata de um comportamento profundamente enraizado em seres humanos desde sua infância, como nos ensinou nossa experiência de trabalhar em organizações.

Este exercício de cinco porquês não foi uma solução mágica, mas ajuda a mudar a mentalidade das pessoas, que deixaram de pensar que nada pode ser feito sobre o problema e passaram a pensar em várias ações que poderiam ser empreendidas no sentido de ajudar a aumentar o cumprimento das normas de higienização das mãos.

Se você lançar um olhar ligeiramente diferente para o problema, poderia perguntar: "Por que precisamos lavar as mãos?". Uma resposta seria: "Porque tocamos nos pacientes". Alguém já sugeriu que uma solução real da causa-raiz seria evitar tocar nos pacientes, a menos que isso fosse absolutamente necessário.[40] Uma solução mais completa para a higienização das mãos incluiria treinamento e um compromisso da liderança de reagir apropriadamente sempre que constatados comportamentos comprometedores da segurança.

> Em um hospital de Pittsburgh para veteranos das forças armadas, implantou-se um projeto para resolver problemas que impediam que os funcionários lavassem as mão adequadamente, questão essa levantada em resposta a um dos porquês. Suprimentos e instrumentos (estetoscópios, por exemplo) eram adequadamente localizados em todas as salas do hospital. A unidade começou a testar todos os pacientes em relação ao *Staphylococcus aureus* resistente à meticilina (MRSA), a fim de isolar adequadamente os portadores. Com os novos métodos, as taxas de infecção por MRSA viram-se reduzidas em até 90% em um curto espaço de tempo. A abordagem, infelizmente, espalhou-se para apenas mais uma das alas do hospital e fracassou depois que o principal incentivador do programa se demitiu para trabalhar em outro projeto. Este fato ilustra a necessidade de contar com um sistema de trabalho centralizado com liderança verdadeiramente comprometida, em oposição a depender apenas de um único agente de mudança.[41]

Exemplo dos cinco porquês: amostras perdidas

Transcorridos já alguns anos de sua jornada *lean*, o laboratório de um hospital constatou que ainda se combatia ali a cultura predominante da culpa e punição, mesmo com as melhorias locais conquistadas em questões de métodos e da cultura departamental.

Em apenas um dia de trabalho, o laboratório de histologia perdeu três amostras de diferentes pacientes. Isso causou atraso nos testes e resultados, e, além disso, dois pacientes precisaram enfrentar uma segunda biopsia – o que representa dor e gasto de tempo e recursos adicionais, aumentando o custo em decorrência do desperdício. A partir desse sério evento de alerta, o departamento de qualidade do hospital fez o que chamou de análise de causa-raiz, com a conclusão de que o tecnólogo da histologia simplesmente precisaria ser retreinado.

O diretor do laboratório constatou falhas na análise, principalmente porque não chegou a ser identificada uma causa-raiz verdadeiramente acionável. Assim, esse diretor deu início a um processo próprio de análise – indo ao *gemba* e falando com todos os técnicos da histologia para tentar entender o que havia realmente acontecido. A análise dos cinco porquês ficou nestes termos:

- Por que as amostras foram perdidos?

    O único tecnólogo presente estava sobrecarregado de trabalho naquela manhã.

- Por quê?

    Porque um tecnólogo estava doente, e outro tinha ficado preso no trânsito a caminho do laboratório.

- Por que o tecnólogo estava se apressando e tentando fazer o trabalho de três pessoas?

    Ele tentava cumprir o prazo dos "primeiros *slides* até as 8h da manhã".

- Por quê?

    Ele pretendia ver o patologista satisfeito.

- Por quê?

    Essa é a cultura tradicional do hospital.

Esse resultado levou o diretor a ver que o problema estava no sistema local de gerenciamento, e não "naquele tecnólogo". A equipe concordou que "os primeiros *slides* até as 8h da manhã" era mais um objetivo genérico que uma cota que precisaria ser cumprida não importa o que acontecesse. Era bom que ninguém estivesse sob pressão extrema para cumprir aquele prazo, mas os membros da equipe haviam atraído pressões sobre eles mesmos, simplesmente por pretenderem realizar um bom trabalho. Ao falar com os patologistas que recebem *slides* da histologia, ninguém recordava de ter alguma vez repreendido o laboratório por estar atrasado, nem mesmo por qualquer demonstração de lentidão (um fato confirmado pelos tecnólogos). Parte da resposta do diretor foi enfatizar que ninguém deveria jamais cortar caminhos para atingir aquele – ou qualquer outro – objetivo.

O diretor constatou igualmente que não se havia programado qualquer instância de trabalho padronizado para a necessidade de responder quando uma ou duas pessoas estivessem ausentes. Com um tecnólogo, ou mesmo com dois, o trabalho seria obviamente realizado com maior lentidão do que quando os três profissionais estivessem em plena atividade. Além disso, não havia um plano de comunicação para informar aos patologistas que os *slides* chegariam com atraso e por que motivo. Os patologistas, compartilhando a preocupação de todos com a qualidade e a segurança do paciente (e não querendo espécimes confundidos), ficaram felizes com a possibilidade de ter em prática um sistema de comunicação, em vez de apressar e buscar atalhos no trabalho.

Assim, o que havia começado com um exercício para culpar o indivíduo transformou-se em um exercício de melhoria do trabalho padronizado, da comunicação e do sistema de gerenciamento. O diretor do laboratório, gerentes, patologistas e membros das equipes puderam examinar seus problemas em profundidade, descobrindo formas proativas de prevenir a recorrência da mesma situação e de erros.

Seja proativo e use a análise de modos de falhas e efeitos

Uma metodologia chamada de análise de modos de falhas e efeitos (FMEA, conforme a sigla em inglês) é uma ferramenta muito útil para identificar e priorizar erros que podem vir a ocorrer no processo, em vez de simplesmente reagir depois da ocorrência de um incidente. Essa metodologia foi desenvolvida originalmente pelos militares norte-americanos em 1949 para se anteciparem proativamente a falhas potenciais e se tornou mais amplamente usada na indústria automobilística até a década de 1970. A FMEA tende atualmente a ser usada em transfusões hospitalares e em cenários farmacêuticos, mas pode ser utilizada também para aprimorar quaisquer processos.[42]

Um documento de FMEA é tipicamente elaborado em uma planilha e se baseia em *brainstorming* da equipe a respeito de tudo o que poderia dar errado em seus processos. Da mesma forma que ocorre com o trabalho padronizado e o *kaizen*, a FMEA é feita com maior eficiência pelas pessoas diretamente envolvidas no processo, embora o processo FMEA possa ser facilitado por um especialista nessa metodologia. Uma FMEA poderia ter ajudado a prever o erro que causou a morte de Mary McClinton, bem como outros riscos no cenário da radiologia intervencionista.

A fim de criar uma FMEA, fazemos um *brainstorm* de todos os diferentes erros que poderiam ocorrer em uma área ou processo. Para cada modo de falha, a equipe atribui uma nota a cada uma destas três categorias:

- Qual será a gravidade do erro se ele ocorrer?
- Qual é a possibilidade de que ocorra?
- Qual é o grau de dificuldade na detecção do erro?

Cada categoria recebe uma nota em uma escala de 1 a 10 (baixa a alta), e esses escores são multiplicados em conjunto para dar um número de prioridade de risco (RPN) para cada módulo de falha. Para ajudar a priorizar nossas melhorias (supondo-se que não possamos consertar tudo de uma só vez), escolhemos os modos de falha de acordo com seu escore RPN. Os modos de falha com os escores mais altos devem sempre merecer nossa primeira atenção. Se o modo de falha tiver grande possibilidade de ocorrer (escore 10), apresentar grande dificuldade de detecção (escore 10) e puder acarretar a morte do paciente (escore 10), o escore RPN será igual a 1.000.

A utilização da FMEA é compatível com o conceito *lean* segundo o qual precisamos ser francos ao conversar sobre problemas (e problemas potenciais) em nosso local de trabalho. A FMEA é simplesmente uma ferramenta. A liderança tem de assumir a responsabilidade pela criação de um clima de transparência em nome da segurança do paciente e da prevenção de erros.

Resolução proativa de quase acidentes

Além do *brainstorming* da FMEA, os hospitais devem reagir apropriadamente aos quase acidentes, fazendo de cada um deles uma oportunidade para conduzir melhorias que possam prevenir sua recorrência.

Uma possibilidade de falha em qualquer hospital ocorre na administração de um gotejador intravenoso a um paciente. Riscos potenciais incluem dar a dose errada do medicamento errado. Um estudo estimou a ocorrência de erros em 49% nos preparos e administrações intravenosos.[43] Embora sejam feitas várias conferências e reconferências das bolsas intravenosas durante o processo de produção na farmácia, erros ainda podem chegar ao ponto no qual um enfermeiro administra o medicamento errado. O fato de que nem todos os erros são detectados na farmácia é uma evidência de como 100% das inspeções não são 100% efetivas, mesmo com a prática de inspeções múltiplas sucessivas.

Pense no caso em que um enfermeiro inspeciona a medicação adequadamente e descobre um erro no último estágio da cadeia de valor da bolsa intravenosa ao longo do hospital. Em um processo comprovadamente à prova de erros, isso nunca deveria acontecer. A reação do enfermeiro – e a reação da organização – a esse quase desastre é crucial. Uma organização não *lean* poderia entender que o fato de o enfermeiro ter detectado o erro da farmácia seria uma prova de que o sistema funcionou. As pessoas perguntariam: "Qual é o problema? O paciente não foi prejudicado". Detectar o erro antes de o paciente sofrer as consequências é certamente um evento positivo, mas deveria ser considerado o sinal de um processo enfraquecido que permitiu que o erro chegasse àquele ponto. Na próxima vez, o enfermeiro pode não detectar o erro a tempo.

Uma solução alternativa muito comum seria o enfermeiro corrigir o problema imediato indo ao laboratório e buscando a dose correta. O problema real, no entanto, não terá sido corrigido, uma vez que o erro tenderá a se repetir caso a causa-raiz do erro subjacente não venha a ser sanada. O enfermeiro poderia dizer: "Tivemos muita sorte. Tomara que isso não se repita". Poderia ficar tentado a não relatar o problema ou a encobrir o quase acidente. Funcionários, entre eles o enfermeiro, podem não ter o tempo necessário para fazer o acompanhamento adequado ou promover a análise de resolução do problema da causa-raiz em razão do excesso de trabalho e da necessidade de seguir em frente para atender outros pacientes. O erro certamente irá acontecer de novo, em algum ponto, em razão da mesma causa sistêmica.

No caso de Mary McClinton, permitam-nos supor que a seringa estivesse sendo carregada com a solução errada, mas que outra pessoa presente na sala tivesse percebido o erro e mandado suspender o processo. Esse suposto "quase acidente" teria sido tanto uma oportunidade de melhorar o processo quanto de prevenir a ocorrência de qualquer dano causado aos pacientes.

Em uma cultura *lean*, precisamos de certo número de condições para garantir que a causa-raiz esteja extirpada, incluindo:

- Um ambiente em que os funcionários são incentivados a interromper seu trabalho e resolver problemas sempre que detectados (ou o mais cedo possível).
- Tempo disponível para solução de problemas na causa-raiz (tempo esse liberado por meio de reduções prévias de desperdícios).
- Ambiente livre de atribuição de culpas, em que os funcionários não são punidos por trazerem problemas à tona para a solução de sua causa-raiz.
- Gerentes que têm tempo para ajudar a resolver questões com ou para os funcionários, à medida que são levantadas.
- Cooperação interfuncional para abordar em conjunto problemas que são gerados na cadeia de valor a montante, mas que criam desperdício para uma função ou um departamento situado a jusante.

A pirâmide de segurança

A Alcoa Corporation conseguiu consolidar um impressionante registro de ações para melhorar a segurança dos seus funcionários, atuando em um ramo considerado tradicionalmente perigoso. Em vez de se resignar com mortes e ferimentos de funcionários, a companhia, sob a liderança do diretor-presidente Paul O'Neill, que mais tarde passou a defender essas mesmas ideias no comando do Institute for Healthcare Improvement (Instituto para a Melhoria da Assistência à Saúde), instituiu como objetivo maior transformar-se na empresa com maior segurança para se trabalhar em todo o mundo. Embora muitos setores da empresa considerassem essa meta irreal, O'Neill estabeleceu uma meta de zero dia de trabalho perdido como o único objetivo aceitável, exatamente para acabar com o conformismo e com a ideia de que acidentes tendem a acontecer – e acabam mesmo acontecendo. A companhia reduziu seu índice de dias de trabalho perdidos de 1,87 em 1987 para 0,42 em 1997.[44]

Uma das chaves para a melhoria da segurança na Alcoa foi o uso da pirâmide da segurança, mostrada na Figura 7.3. Em vez de reagir apenas a mortes ou ferimentos graves de funcionários, O'Neill e a administração da Alcoa se concentraram em quase acidentes, ferimentos leves e comportamentos atentatórios à segurança. Entre esses comportamentos, figuravam o costume de correr no local de trabalho, a aceitação de que o risco faz parte do trabalho, mostrar-se distraído ou fatigado.[45]

A pirâmide da segurança mostra que, para cada morte causada por uma situação de insegurança, existem muitas outras ocorrências em que essa mesma condição causa um resultado bem menos grave. Essa mesma ideia pode se aplicar a hospitais, tanto no atendimento dos pacientes quanto na segurança dos funcionários. Estima-se, por exemplo, que, para cada erro com medicamentos, haja 100 quase acidentes.[46]

Para cada caso em que um paciente morreu porque um cateter venoso central foi lavado com insulina, e não heparina, existem muito mais casos em que frascos de insulina e heparina estão posicionados lado a lado em escaninhos em postos de enfermagem. Para

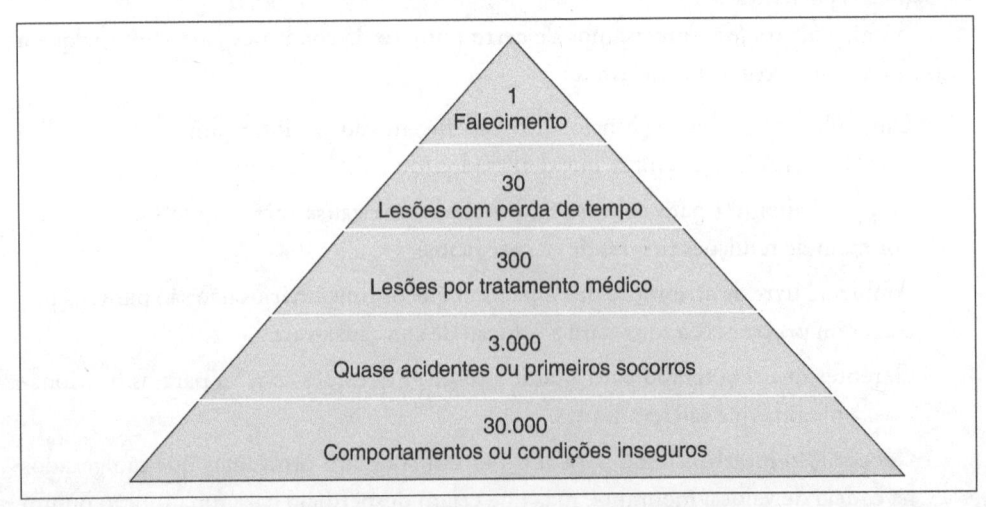

Figura 7.3 A pirâmide de segurança da Alcoa (adaptada de Woletz e Alcoa).

cada erro de administração intravenosa, é possível que tenham ocorrido muitos casos em que soluções intravenosas, armazenadas lado a lado em escaninhos sobrecarregados, caíram no local errado. Para cada cirurgia cerebral em que se errou o local do procedimento no órgão, pode ter havido muito mais casos em que o processo de "descanso" dos médicos não foi seguido. Reagir com a resolução de problemas na causa-raiz e com prevenção quando da descoberta de condições de insegurança pode ajudar a evitar danos aos pacientes e situações catastróficas.

Em uma cultura *lean*, os líderes precisam criar um ambiente em que os funcionários sejam incentivados ou obrigados a falar quando identificam condições de insegurança ou localizam um quase acidente. Precisamos mudar a cultura de soluções paliativas que leva funcionários a "darem um jeito" nos problemas sem dizer nada a ninguém, uma cultura em que encaramos a solução momentânea de problemas como parte de nosso trabalho, em vez de encararmos os problemas como desperdício ou como falhas do processo que precisam ser evitados.

Conclusão

Melhorar a qualidade pelos métodos *lean* é algo que tem mais relação com a filosofia e com a mentalidade do que com ferramentas específicas, como os diagramas "espinha de peixe" e as FMEAs. Pode levar um bom tempo até que líderes individualmente, ou uma organização na sua totalidade, deixem de lado hábitos antigos de culpar pessoas, esconder problemas e recorrer a soluções paliativas. A liderança pode criar expectativas, tais como um objetivo de infecção zero, que enfatiza que incidentes envolvendo a segurança de pacientes não podem ser considerados como inevitáveis ou como parte necessária da assistência à saúde. Contudo, além de estabelecerem objetivos, os líderes precisam também assumir a responsabilidade por apresentarem comportamentos diários capazes de levar a uma melhoria da qualidade. Usar ferramentas pode ajudar, mas a verdade é que a parte crucial consiste em estabelecer uma cultura de segurança, qualidade e resolução de problemas nas causas-raiz.

Lições *lean*

- Os hospitais precisam abandonar a política de apontar, culpar e humilhar indivíduos, em favor de um método mais produtivo de melhoria sistêmica.
- A maioria dos erros é causada pelo sistema, e não pela negligência de indivíduos.
- Examine o processo em vez de distribuir culpas individuais.
- Comece a resolver seu problema pela prática de ir ao *gemba*.
- Continue perguntando "por que" para identificar a causa-raiz de um problema.
- Use métodos proativos para identificar problemas antes que eles ocorram.
- Use quase acidentes como oportunidades para evitar futuros problemas com potencial para provocar danos.

Pontos para discussões em grupo

- Quais são as lições do caso Mary McClinton? É justo o fato de Carl Dorsey ter perdido seu emprego?
- Por que tendemos a culpar indivíduos sempre que ocorrem erros?
- Se os paliativos impedem a identificação de causas-raiz, por que são tão tentadores?
- A liderança de seu hospital está assumindo responsabilidade pela criação de um ambiente de transparência em nome da segurança e da prevenção de erros contra o paciente?
- O que podemos fazer para incentivar as pessoas a relatarem erros, quase acidentes e condições de insegurança?
- Como podemos liberar tempo para uma adequada resolução de problemas nas causas-raiz?
- Como agir para transformar erros em oportunidades de aprender?
- Como chegar a um equilíbrio entre culpar o sistema e dar desculpas para as pessoas?
- O que impede hospitais, funcionários ou médicos de falarem francamente a respeito de problemas, erros ou quase acidentes?

Capítulo

8

PREVENINDO ERROS E DANOS

Um problema que insiste em não sair de cena

Apesar de todas as atenções voltadas, desde 1999, para a segurança do paciente e os danos médicos, um estudo divulgado em 2010 sugeriu que "danos aos pacientes são comuns, e o número de incidentes não diminuiu com o passar do tempo". Esse estudo contrariou os números constantes do paradigmático estudo de 1999 do Institute of Medicine (Instituto de Medicina, IOM), sustentando que os erros médicos causam até 98 mil mortes por ano nos Estados Unidos.[1] Conforme um estudo mais recente sobre o tema, apenas 18% dos pacientes sofreram algum prejuízo pela ação dos médicos, e mais de 60% desses prejuízos foram considerados evitáveis. Dados constantes de um estudo de 2011 na publicação especializada *Health Affairs* mostraram que erros médicos e eventos desfavoráveis ocorrem em uma de cada três internações e que esses erros podem ocorrer 10 vezes mais frequentemente que o indicado no estudo do IOM.[2]

Fazendo mais do que apontar culpados individuais

Recentemente diversos erros médicos graves tornaram-se notícia de destaque nas mais diversas mídias, sem contar o sofrimento anônimo que ocorre diariamente. Josie King, uma menina de 18 meses, morreu no Johns Hopkins Hospital porque a ela foi ministrada uma dose adicional de morfina por um enfermeiro visitante depois da mudança das determinações anteriores por uma médica. O erro agravou a desidratação da menina justamente quando ela deveria evoluir para a recuperação.[3] A tragédia de Josie inspirou a sua mãe e líderes clínicos como o Dr. Peter Pronovost a trabalharem incansavelmente no sentido de esclarecer e instruir os profissionais do setor e seus pacientes sobre a necessidade de se melhorarem os processos, os sistemas e a comunicação na assistência à saúde.[4]

Os bebês gêmeos filhos do ator Dennis Quaid foram afetados depois de vários enfermeiros ministrarem a eles, por engano, doses adultas do anticoagulante heparina na unidade neonatal de cuidado intensivo do Cedars-Sinai Hospital, na Califórnia. Isso aconteceu em razão de uma série de erros de processos que jamais poderiam ter ocorrido.[5] Os enfermeiros não se preocuparam em conferir se aquelas eram doses para adulto, pois a farmácia jamais deveria ter entregue um dose para adulto à unidade neonatal. Mesmo se os enfermeiros estivessem precavidos contra a confusão, a configuração da heparina e do bloqueador eram similares demais, com tons levemente azulados que dificilmente poderiam ter sido distinguidos naquele quarto escuro às 2h da madrugada. Pior ainda foi o fato de o Cedars-Sinai não ter conseguido prevenir esse dano médico depois de o mesmo conjunto de circunstâncias ter provocado a morte de três bebês em um hospital de Indiana, Indianápolis.[6]

O caso Darrie Eason

Em outro caso que deu margem a muitas manchetes jornalísticas, Darrie Eason, uma mulher de Nova York, foi vítima de uma dupla mastectomia radical desnecessária depois que a amostra de outra paciente foi erroneamente rotulada no laboratório com dados dela.[7] Não apenas Darrie foi diagnosticada erroneamente como caso de câncer, como outra paciente teve seu diagnóstico de câncer atrasado em consequência dessa confusão. Como é comum acontecer em casos como este, as informações na mídia incluíram citações que culparam um indivíduo, depois que o diretor-presidente do laboratório privado de patologia envolvido no caso afirmou: "O técnico responsável pela confusão não trabalha mais aqui".

Outra matéria jornalística continha o detalhe de que "o técnico que lidou com o teste de Eason admitiu aos seus supervisores que 'ocasionalmente cortava caminho trabalhando aos lotes' ou lidando com mais de uma amostra de tecido ao mesmo tempo, e que nem sempre verificava as iniciais do paciente ao rotular o material.[8]

Pode-se perguntar se "ocasionalmente cortar caminho" era prática comum no laboratório. Dado que trabalhar com mais de uma amostra de cada vez aumenta gravemente o risco da ocorrência de erros, por que isso era admitido, especialmente quando o tempo ganho rotulando-se os *slides* de vários pacientes simultaneamente é mínimo? Pensadores *lean* poderiam suspeitar que os técnicos tinham uma carga de trabalho realmente excessiva, ou que eram pressionados, de maneira explícita ou implícita, a trabalhar com rapidez maior do que a aconselhada.

Se os supervisores sabiam que havia funcionários "cortando caminhos", seria deles a responsabilidade neste caso? Os supervisores deveriam garantir que o trabalho padronizado (um espécime de cada vez) fosse obedecido e que o ambiente e a carga de trabalho permitissem às pessoas trabalharem no ritmo adequado à consecução de uma alta qualidade. O diretor-presidente disse que o técnico envolvido não trabalhava mais ali, mas e os supervisores? E a responsabilidade do próprio diretor-presidente? Como escreveu W. Edwards Deming, qualidade começa com excelência administrativa. No caso Quaid, o diretor médico do Cedars-Sinai afirmou: "Este foi um erro evitável, envolvendo uma falha na observação de nossos procedimentos e diretrizes padrão, e não há desculpa para que isso ocorra no Cedars-Sinai".[9] Realmente, tratava-se de erros evitáveis, mas de quem é a responsabilidade por assegurar que diretrizes e procedimentos sejam obedecidos?

Já testemunhei a prática do acúmulo de amostras de histologia em lotes em um bom número de laboratórios hospitalares, como mostrado na Figura 8.1. As três pilhas de *slides* estão todas a postos no campo de trabalho, cada uma delas previamente rotulada para um paciente diferente. Quando o gerente do laboratório foi questionado a respeito dessa oportunidade para a ocorrência de erro (pensando em termos de análise de modos de falhas e efeitos [FMEA], tal como descritos no Capítulo 7), o gerente afirmou: "Não há problema. Meu pessoal é muito cuidadoso". Pessoas cuidadosas constituem um bom ponto de partida, mas isso, infelizmente, não é suficiente para assegurar a perfeita qualidade e a segurança do paciente. Para contar com a melhor qualidade, precisamos de métodos *lean*, tais como o teste de erros, e modelos mentais *lean*, como olhar para os sistemas em vez de limitar-se a culpar indivíduos.

Figura 8.1   Foto de três pilhas de *slides* representando três diferentes pacientes no campo de trabalho de um laboratório.

Criando qualidade na fonte pelo impedimento de erros

Prevenir erros na fonte (a palavra japonesa *jidoka*) é um dos pilares do Sistema Toyota de Produção. A história da *jidoka* data da época em que a companhia (então chamada Toyoda) ainda não produzia automóveis, com a invenção de uma máquina de tecelagem que parava automaticamente quando ocorria o rompimento de um fio; essa invenção economizou tempo, aumentou a produtividade e reduziu o desperdício.[10] O tear automático serviu como uma inspiração para a qualidade em toda a Toyota e entre aqueles que aderiram à abordagem *lean*.

Voltando ao caso Quaid, mesmo que não tenha havido uma morte em nosso hospital em decorrência de uma confusão com doses de heparina, a oportunidade para o erro e as condições de insegurança podem estar presentes. Impedir que esse mesmo erro ocorra em nosso hospital é bom para os pacientes (protege a segurança deles), bom para os funcionários (previne o risco de que venham a participar de um erro sistêmico) e bom para o hospital (evita ações judiciais e protege nossa reputação como instituição de alta qualidade).

Ser cuidadoso não basta

Quando os gerentes culpam indivíduos pelos erros ocorridos, manifesta-se uma subjacente – e irreal – suposição de que os erros poderiam ter sido evitados desde que os envolvidos tivessem sido simplesmente mais cuidadosos. Os erros são em geral vistos como o resultado da ação de funcionários desatentos ou descuidados. Cartazes de advertência, precaução ou "tenha cuidado!" espalhados pelos hospitais são uma evidência dessa mentalidade. Se cartazes ou memorandos fossem o bastante, já teríamos resolvido os problemas de qualidade e segurança não apenas nos hospitais, mas também no mundo ao nosso redor.

Um bom exercício nesse sentido é participar de uma "caminhada pelo *gemba*" ao longo de um departamento prestando atenção aos sinais que lembram ou advertem os funcionários da necessidade de agirem com cuidado. Cada cartaz é um indicador de um problema do processo e uma evidência de que a causa-raiz da questão não foi adequadamente abordada por meio do impedimento de erros. Um bom parâmetro para a "condição *lean*" de um hospital poderia ser o número de cartazes de advertência – poucos cartazes desse tipo indicam que os problemas foram resolvidos e prevenidos, eliminando a necessidade de advertências pouco eficazes na prática.

Poderíamos, por exemplo, encontrar um cartaz na farmácia dizendo: "Favor lembrar dos itens no refrigerador para as entregas". Isso sugere que esse erro de processo foi cometido pelo menos uma vez. Precisamos perguntar por que foi possível esquecer os itens refrigerados. O departamento não conta com um *checklist* padrão que seja usado antes de se sair para fazer uma entrega? O refrigerador encontra-se em local inconveniente, facilitando seu esquecimento pelos funcionários quando estão apressados?

Um excesso de cartazes pode, por sua própria natureza e seus efeitos, se transformar em uma ameaça à segurança. Se cada um deles tiver uma advertência de real importância, o trabalhador poderá desenvolver aquilo que os pilotos chamam de "fadiga de alarme", com excesso de diálogos confusos flutuando em torno deles.

É óbvio, ninguém gostaria de simplesmente sair por aí a arrancar cartazes sem antes prevenir o problema para o qual eles advertem. Cartazes podem ser, no máximo, uma reação de curto prazo que venha a ser finalmente substituída com um conserto da causa-raiz.

Por que 100% de inspeção não é algo 100% eficaz

As organizações de assistência à saúde tendem a confiar em inspeções e reexames, processo em que o foco se concentra em encontrar problemas antes que eles atinjam o paciente. Contudo, por inúmeros motivos, a prevenção de erros é preferível à inspeção. Em primeiro lugar, quando dependemos das pessoas para inspecionar seu próprio trabalho ou o trabalho realizado por outras, introduzimos no processo o risco do erro humano. Ao final de um dia estafante, a pessoa fica mais propensa a se esquecer de uma determinada inspeção ou controle, um problema que poderíamos evitar recorrendo à frequente rotatividade de funções, o que contribui para manter as pessoas mentalmente atentas. Outra opção é o uso de *checklists*, similares àqueles que o piloto de um avião comercial usa antes de cada voo, como mencionado no Capítulo 5.

Agregar inspeções extras não é garantia suficiente de prevenção total de erros cirúrgicos, tal como evidenciado pelo Rhode Island Hospital, que esteve no noticiário devido às seis cirurgias cerebrais em locais errados realizadas em um período de pouco mais de seis anos.[11] Depois de um novo incidente em julho de 2007, o hospital recebeu a determinação de acrescentar um segundo médico para revisar o ponto correto antes de uma cirurgia (uma forma de inspeção). Mesmo assim, porém, outra cirurgia em local errado ocorreu em agosto de 2007, levando a mais uma revisão semelhante. O hospital atualmente exige a presença de um cirurgião intervencionista em procedimentos de cirurgia cerebral desde que um residente cometeu o último erro. O hospital parece com isso culpar os residentes, que seriam incapazes de trabalhar sem supervisão. O médico intervencionista acrescentado a esse procedimento funciona parcialmente como um supervisor do trabalho do residente. É possível que essa inspeção apresente o mesmo tipo de erro humano que não conseguiu prevenir os erros prévios ocorridos quando o primeiro interventor já estava em campo. Os residentes são capazes, sim, de trabalhar sem erros, desde que estejam em prática métodos de testes de erros e trabalho padronizado. Pensadores *lean* perguntariam por que aqueles erros ocorreram, lançando-se à procura do problema sistêmico que permitiu que o mesmo erro ocorresse em tantas ocasiões.

> Eric Cropp, um farmacêutico de Ohio, foi condenado e mandado para a prisão em 2009 por sua atuação em um erro médico que matou uma menina de dois anos de idade, Emily Jerry.[12] Cropp foi considerado culpado por não ter encontrado um erro criado mais acima na cadeia de valor por um técnico farmacêutico. Michael Cohen, representando a Institution of Safe Medication Practices, esteve entre aqueles que se manifestaram dizendo que Cropp era um alvo fácil e argumentando que a qualidade do atendimento à saúde e a segurança do paciente teriam sido mais bem servidas caso as atenções despertadas em razão desse incidente fossem concentradas nas questões dos processos que permitem a ocorrência de tragédias como essa.[13]

Quando várias pessoas, de forma paralela ou sequencial, são responsáveis pela inspeção que busca uma falha, uma reação humana normal é tornar-se complacente, pensar que haverá mais alguém para detectar o erro que você acabe deixando passar. No departamento de contabilidade de um hospital, até cinco pessoas inspecionavam gráficos para garantir que detalhes como o nome do médico responsável fossem corretamente registrados. Quando os funcionários estão ocupados, pode ser tentador economizar tempo deixando de verificar determinados problemas, sabendo que alguém mais adiante na corrente estará supostamente verificando o mesmo problema. Neste caso, mesmo com todas as inspeções possíveis, era frequente a descoberta de erros na etapa final do processo de inspeção, e às vezes também a emissão de contas erradas.

Tipos de impedimento de erros

O sistema *à prova de erros*, ou o impedimento de erros, pode ser definido como a criação de instrumentos ou métodos que previnem falhas ou, quase sem custos e automaticamente, inspecionam os resultados de um processo em todas as suas ocorrências, de maneira a determinar se a qualidade é aceitável. O impedimento de erros não é uma tecnologia específica. Pelo contrário, trata-se de uma mentalidade e de uma abordagem que exigem criatividade entre aqueles que projetam equipamentos e processos ou que gerenciam processos.

Torne impossível criar o erro

Na concepção ideal, o impedimento de erros deveria ser 100% eficaz na prevenção física da ocorrência de erros. Na vida real, pense um momento a respeito dos bicos das bombas de gasolina. Os bicos das bombas de *diesel* são maiores e não cabem nos veículos a gasolina sem chumbo. Assim, torna-se impossível cometer esse erro. O impedimento de erros é mais eficaz do que depender unicamente de cartazes ou avisos de advertência dizendo: "Cuidado: não use óleo *diesel* neste veículo". O método à prova de erro não impede, contudo, o erro contrário de se usar gasolina sem chumbo em um veículo a *diesel* (um erro que, ainda que danoso para um motor a *diesel*, tem menor probabilidade de ocorrer).

Em um hospital, podemos encontrar exemplos 100% à prova de erros. Um possível erro hospitalar, similar ao das bombas de gasolina, é o de conectar um tubo de gás ao conector errado na parede. Muitos reguladores e linhas têm grampos e indexadores que impedem que um usuário faça a conexão com o tubo errado (por exemplo, ventilação em vez de oxigenoterapia), conforme mostrado na Figura 8.2. Os conectores não se encaixam, e não existe maneira de contornar o sistema para fazer com que eles se adaptem.[14]

Um tipo de erro evitável é a injeção da solução errada no tubo de IV errado, um erro que foi relatado pelo menos 1.200 vezes nos últimos cinco anos e que certamente ocorreu em número muito maior nesse período, considerando-se o costume de não se relatar erros como esse.[15] Em vez de burocraticamente recomendar aos clínicos que sejam cuidadosos, alguns hospitais passaram a usar tubos IV que fisicamente não podem ser conectados a seringas alimentadoras – um sistema solidamente à prova de erros, similar ao do tubo de gás.

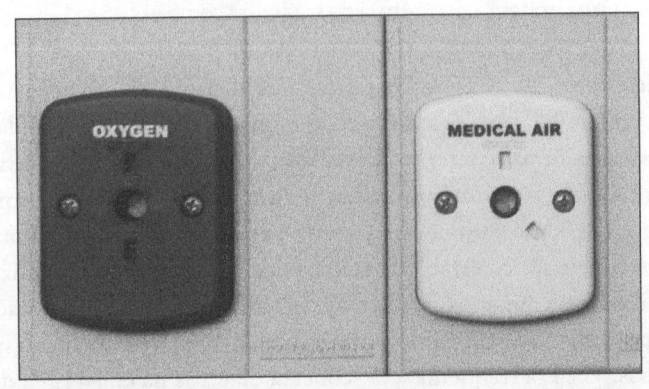

Figura 8.2 Conectores à prova de erros para gases em um hospital.

> Em 2005, uma enfermeira de Wisconsin, Julie Tao, foi condenada e presa depois de injetar equivocadamente um epidural, em vez de um antibiótico, na corrente sanguínea de uma jovem de 16 anos prestes a dar à luz. A morte da paciente "poderia ter sido evitada se os recipientes, os tubos e os conectores para medicações epidurais fossem totalmente diferentes das medicações intravenosas", afirmou um memorando do Institute for Safe Medication Practices. Na verdade, a Joint Comission havia publicado, no começo de 2006, um boletim advertindo sobre a possibilidade desse risco, e mesmo assim uma paciente morreu e uma experiente enfermeira foi condenada à prisão.[16]

Dificulte a criação do erro

Nem sempre é possível tornar um processo plenamente à prova de erros; por isso, podemos também buscar dificultar a ocorrência deles. Pense a respeito do *software* que usamos todos os dias para criar documentos com processamento de texto (ou *e-mail*). Um erro possível é que o usuário clique acidentalmente no botão de "fechar", o que poria o trabalho todo a perder. Muitos *softwares* requerem um passo de confirmação, uma janela que brilha e pergunta "Você tem certeza?". Ainda assim, é possível que o usuário clique acidentalmente em "sim", mas este é um erro bem menos provável de ocorrer. Um exemplo melhor e mais completo de sistema de prevenção de erros é o *software* que continuamente salva seu trabalho como um rascunho, prevenindo ou minimizando radicalmente a perda de dados.

Nos hospitais, um determinado tipo de bomba de infusão tem um problema conhecido que torna fácil demais a ocorrência de erros de entrada de dados. O teclado muitas vezes registra equivocadamente um dígito duplicado – por exemplo, se o enfermeiro digita 36, pode aparecer 366 e isso levará a uma *overdose*.[17] Alguns hospitais postam cartazes pedindo aos funcionários que sejam extremamente cuidadosos. Uma abordagem melhor poderia ser a mudança para um *software* que pergunte "Tem certeza?" e que requer uma resposta ativa quando dígitos dobrados são encontrados ou quando uma dose superior a um determinado valor é inadvertidamente registrada. Essa abordagem, mesmo assim, não seria tão exata quanto a de um redesenho ou uma abordagem que previna absolutamente a ocorrência de erros.

Os hospitais já trabalham para se tornarem à prova de erros na aplicação de medicamentos, pois os erros de medicação são uma causa comum de danos aos pacientes – há estimativas de que o número desses incidentes nos Estados Unidos chega a 1,5 milhão.[18] Gabinetes automatizados de armazenamento são um dos métodos à prova de erros que muitos hospitais implementaram para ajudar a garantir que os enfermeiros recolham a medicação correta para seus pacientes. Com esses gabinetes, os enfermeiros precisam escanear um código de barras ou digitar um número para indicar o paciente para o qual estão levando a medicação. O gabinete controlado por computador abre apenas a gaveta (e às vezes apenas o compartimento individual) que contém a medicação correta. Isso torna mais difícil pegar o medicamento errado, mas assim mesmo persiste o risco da ocorrência de alguns erros, entre eles:

- O enfermeiro pode acessar o compartimento errado na gaveta certa (em alguns sistemas).
- O técnico farmacêutico pode ter colocado o remédio errado no compartimento.
- A medicação errada pode estar no pacote certo que o técnico farmacêutico despejou no compartimento certo.
- O medicamento certo ainda corre o risco de ser dado ao paciente errado depois de retirado do gabinete.

Com o bloqueio do erro, precisamos tomar cuidado para não criar complacência e excesso de confiança em um determinado instrumento. Tornar o processo inteiro adequadamente à prova de erro requer análises mais amplas e métodos à prova de erros em cada passo ao longo do caminho.

Em muitas circunstâncias, o local de trabalho pode ser adaptado com instrumentos simples, baratos e à prova de erros se a mentalidade da prevenção estiver presente. Um laboratório implementou dois dispositivos simples e baratos de impedimento de erros em um curto período. Em uma área, os botões que controlavam o *timing* e a velocidade de uma centrífuga eram facilmente acionados por engano caso alguém que caminhasse por ali esbarrase neles. Em vez de pendurar um cartaz advertindo "Tenha cuidado!", um tecnólogo arranjou uma peça de material transparente de uma embalagem plástica que, de outra forma, teria sido jogado fora e a fixou sobre os botões, como ilustrado na Figura 8.3. O método de prevenção não custou nada e foi provavelmente feito em menos tempo que levaria um cartaz de advertência. A mentalidade estava em funcionamento para imaginar de que forma aquele erro poderia ser prevenido.

Na área de microbiologia, os visitantes deixavam amostras em um balcão e preferiam se inclinar sobre ele, em vez de caminharem até sua extremidade, onde se localizava o ponto oficial da entrega do material. O problema em passar o material por sobre o balcão era que uma pessoa que não estivesse familiarizada com aquela área poderia facilmente se queimar em um pequeno incinerador que havia por ali, sem qualquer indicação quanto à elevada temperatura que produzia. Em vez de afixar vários cartazes ao longo daquelas dependências, um gerente solicitou à manutenção que instalasse um anteparo de acrílico para evitar que as pessoas se inclinassem até o outro lado do balcão, como mostrado na Figura 8.4. Foi um investimento muito pequeno, mas ajudou a prevenir ferimentos mais do que qualquer cartaz teria conseguido.

> As farmácias muitas vezes ostentam cartazes advertindo seus funcionários contra medicamentos de alto risco, que, com nomes similares ou doses desiguais, podem causar graves danos aos pacientes. Muitas farmácias estão repensando a prática de colocar os medicamentos em ordem alfabética nas prateleiras e gôndolas, em um esforço destinado a prevenir alguns erros. Em um caso, o UPMC St. Margaret reduziu os índices de readmissão por doença pulmonar obstrutiva crônica em 48% com a separação de diferentes doses de um remédio comumente usado com esses pacientes. Em vez de as doses de 0,63 e 1,25 miligrama permanecerem lado a lado, elas foram colocadas em gavetas diferentes, com rótulos igualmente distintivos.[19]

Figura 8.3 Dispositivo simples à prova de erro que protege contra a colisão acidental do botão central da centrífuga.

Figura 8.4 Dispositivo simples à prova de erros que previne queimaduras e o depósito de espécimes longe do local adequado.

Torne óbvio que o erro ocorreu

Outra abordagem à prova de erros é organizar o processo de tal forma que se torne óbvio quando foram cometidos erros, por meio de controles automatizados ou pelos simples passos da inspeção.

Um possível erro na esterilização de instrumentos é que o mau funcionamento ou a falta de uso dos equipamentos podem fazer com que *kits* de instrumentos não sejam adequadamente esterilizados. Diversos métodos podem tornar os equipamentos ou o seu uso à prova de erros, mas a prática comum é usar fitas adesivas especiais que mudam de cor ou formam faixas pretas para indicar a adequada esterilização. A ausência desses indicadores visuais torna óbvio que um erro aconteceu, ajudando a proteger o paciente.

Em um ambiente hospitalar, existe o risco de que tubos sejam inseridos no esôfago em vez de na traqueia, o que causaria ferimentos ao impedir a entrada do ar nos pulmões do paciente. Um estudo de 1998 indicou que isso acontece em 5,4% das entubações.[20] Sinais de advertência no dispositivo ou no departamento de emergência não seriam uma estratégia eficiente de impedimento de erros. Se não formos capazes de elaborar um dispositivo para garantir que o tubo chegue até a via aérea, podemos realizar um teste muito simples depois de cada inserção. Bulbos plásticos de aspiração podem ser providenciados para que o encarregado do atendimento verifique se o ar dos pulmões do paciente irá reinflar um bulbo esvaziado dentro de cinco segundos.[21] Caso contrário, podemos suspeitar de que o tubo está no esôfago, buscando então corrigir o erro antes que o paciente sofra danos graves. Essa forma de impedimento de erro não é 100% confiável, porque depende de pessoas para verificar para a adequada colocação do tubo.

Outro impedimento de erro poderia incluir monitores e sensores capazes de automaticamente detectar e sinalizar para o anestesiologista que o paciente foi incorretamente entubado, embora existam limitações para a efetividade de monitoramento dos níveis de saturação com oxigênio como um passo de inspeção desse erro. Uma radiografia de tórax também poderia ser usada como um método de inspeção, mas há estudos mostrando que se trata de um método ineficaz.[22] Métodos clínicos de inspeção "comumente usados" neste caso são quase sempre imprecisos, e por isso a evidência médica deve orientar o trabalho padronizado sobre a melhor maneira de fazer com que os clínicos possam verificar os erros de entubação.

Torne o sistema robusto para que ele consiga tolerar o erro

Nos postos de gasolina, existe sempre o risco de que um cliente dê partida em seu automóvel sem retirar a bomba de combustível do tanque do seu carro. A inibição de erro neste caso não foi feita mediante sua prevenção física, nem com uma exposição de cartazes; pelo contrário, os postos se anteciparam ao fato de que esse erro pode ocorrer e projetaram um sistema para enfrentar essa situação. Se um motorista arranca seu carro sem desconectar a bomba, uma válvula de rápido desligamento corta o fluxo da gasolina, prevenindo assim um derrame ou até uma possível explosão (embora não chegue ao ponto de ajudar o motorista a parecer menos tolo ao trafegar distraidamente com a bomba e a mangueira penduradas em seu carro).

Em um laboratório, um hospital descobriu um instrumento de teste que não foi projetado com padrões de inibição de erros, já que não se mostrou suficientemente robusto contra derramamentos de amostras de pacientes. O laboratório havia reagido postando dois cartazes separados nos instrumentos que diziam aos funcionários: "Não derrame; limpe imediatamente o que foi derramado". Os cartazes não tiveram efeito algum na prevenção do erro, pois o que os funcionários sempre haviam feito era exatamente tentar não derramar as amostras dos pacientes. A causa-raiz da situação era que uma placa do circuito do instrumento estava exposta embaixo do lugar em que as amostras eram carregadas. Um hospital diferente, usando o mesmo equipamento, postou um memorando notificando seus funcionários de que eles haviam "estragado três juntas eletrônicas em poucas semanas", cada uma delas custando US$ 1 mil. O aviso destacou que as pessoas não deveriam derramar amostras ou manejar líquidos acima do equipamento como parte de seu trabalho padronizado. Como uma melhor medida preventiva da causa-raiz, o projetista do instrumento deveria ter previsto que derramamentos de amostras de pacientes provavelmente iriam ocorrer em algum ponto na trajetória da utilização do instrumento, tomando então as medidas apropriadas para proteger essa placa tão sensível.

Uma lição para os hospitais é levar em consideração o projeto e o impedimento de erros, mesmo passando por um exercício FMEA, ao comprar novos equipamentos. Os hospitais podem pressionar fabricantes e distribuidores para que instalem dispositivos à prova de erros em seus equipamentos, usando sua força de mercado para recompensar fornecedores de equipamentos que se mostrarem mais robustos contra erros previsíveis.

À prova de erros, não à prova de burros

O impedimento de erros tem um termo equivalente em japonês, *poka yoke*, que é às vezes usado em círculos *lean*. Com essa expressão, o foco se concentra no erro em si, e nossa reação de impedir o erro consiste em entendê-lo e preveni-lo. Erros acontecem, seguidamente como resultado de um sistema no qual um *engano* é definido como "uma ação errada atribuível ao mau julgamento, ignorância ou desatenção".[23] Nem todos os erros são necessariamente causados por mau julgamento, ignorância ou desatenção.

Informalmente, é comum o uso de expressões como "à prova de burros". Uma terminologia como essa não deveria ser usada, uma vez que não demonstram respeito pelas pessoas. Erros, especialmente em ambientes hospitalares, não são causados pela estupidez, mas sim por pessoas inteligentes que têm até boas intenções, mas se veem forçadas a trabalhar em sistemas complexos e às vezes ultrapassados.

Existe outra expressão japonesa, *baka yoke*, que pode ser traduzida como "à prova de tolos". Shingo contou um episódio no qual usou *baka yoke* em uma fábrica em 1963. Ele escreveu: "Um dos funcionários de meio período da empresa irrompeu em lágrimas quando o chefe do departamento explicou que um mecanismo 'à prova de tolos' fora instalado exclusivamente porque os trabalhadores às vezes confundiam peças do lado esquerdo com as do lado direito. 'Eu fui assim tão burro?', soluçou o funcionário".[24]

Por mais que alguns de nós não estejam dispostos a admitir, somos todos humanos, mesmo em um ambiente médico e, portanto, tendemos a cometer erros e enganos. De acordo com essa realidade, os sistemas precisam ser projetados para serem à prova de erros.

Exemplos de impedimento de erros em um hospital

Existem muitos exemplos de métodos à prova de erros já instalados em hospitais, todos com variados graus de eficácia. Muitos dos exemplos que vemos vão se tornando à prova de erros por meio do trabalho padronizado, um método cujo escopo está mais voltado a reduzir os erros do que a eliminá-los por completo.

Abreviações banidas para evitar os erros

Muitos hospitais implantaram listas de abreviações banidas por conterem o potencial de levar a confusões ou interpretações erradas. Em vez de pedir aos médicos e aos funcionários que sejam cuidadosos, os hospitais têm reconhecido o risco existente no uso das antigas abreviações.

Por exemplo, as unidades micrograma e miligrama tendem a serem confundidas quando micrograma é escrito à mão e abreviado pela letra grega para *micro*, o que pode fazer que uma dose incorreta seja dada a um paciente. A abreviatura preferida agora é designar micrograma como "mcg", que é bem mais difícil de confundir com miligrama ("mg") quando manuscritas. Além disso, o uso da letra *U* para unidades pode ser confundido com um zero, levando, também, a erro de dosagem.

O desafio dessa forma de bloqueio de erros consiste em depender de indivíduos que supostamente estão adotando a nova padronização. Não é o bastante dizer "temos uma política em prática, por isso o problema está resolvido". Os líderes precisam verificar constantemente a verdadeira adesão ao trabalho padronizado e incentivar os funcionários a monitorarem uns aos outros, neste caso, para que se consiga o uso correto das abreviaturas.

Em um hospital *lean*, quando a abreviatura antiga insiste em aparecer, não podemos simplesmente contornar o problema arrumando-a (como poderiam, por exemplo, inclinar-se a agir um enfermeiro ou um auxiliar de escritório). Os funcionários precisam se sentir obrigados a abordar o processo defeituoso (uso da abreviatura banida) com o médico ou reportar essa prática aos gerentes, usando alguma coisa parecida com o processo do "alerta de segurança do paciente" do Virginia Mason Medical Center (Seattle, WA).[25] Infelizmente, uma pesquisa realizada pela American Association of Critical-Care Nurses revelou que menos de 10% dos médicos, enfermeiros e outros provedores de cuidados críticos já confrontaram diretamente seus colegas, e 20% dos médicos já testemunharam sofrimento dos pacientes em consequência disso. Os líderes precisam criar um ambiente em que o aumento da preocupação com a segurança do paciente não conduza nem a punição nem a outras consequências, única razão pela qual os provedores desse tipo de cuidados evitariam confrontos uns com os outros. Os hospitais poderiam também proporcionar treinamento em habilidades construtivas de comunicação e confronto, que ajudariam os funcionários a melhorar radicalmente seu grau de eficiência no trabalho conjunto. Treinar os trabalhadores da assistência à saúde a se comunicar de forma mais eficiente é um aspecto cada vez mais requisitado do treinamento em "gerenciamento de recursos de tripulação" (*crew resource management* - CRM), que transfere as práticas de segurança da aviação em geral e da cabine de comando em particular para o atendimento à saúde.[26]

Na abordagem CRM, os trabalhadores não são "incentivados" a falar; na verdade, espera-se que eles o façam independentemente de estímulo externo. No Allegheny General Hospital, Pensilvânia, onde a inserção do cateter venoso central e outros cuidados estavam sendo 100% padronizados, o diretor médico, Dr. Richard Shannon, instruiu os enfermeiros a interromperem qualquer procedimento fora do padrão. Até então, isso não fazia parte da cultura do hospital. Foram os próprios enfermeiros que começaram a interromper procedimentos em que detectavam irregularidades, e o Dr. Shannon garantiu-lhes apoio integral. O resultado foi uma mudança de cultura, mais respeito pelos enfermeiros como integrantes da equipe e uma radical redução nas infecções de cateter venoso central.[27]

Os líderes devem acompanhar de perto os médicos e lembrar-lhes constantemente da importância da utilização das abreviaturas aprovadas, enfatizando o impacto disso na segurança do paciente (foco no cliente) e, secundariamente, no risco para o hospital caso um erro desses ocorresse. A dinâmica pode se mostrar difícil. Em casos como este, os hospitais de uma comunidade poderiam estabelecer acordos no sentido de deixar os médicos responsáveis também pela padronização do trabalho e pelas diretrizes da segurança com relação aos pacientes, reduzindo o risco de que um médico opte por levar seus pacientes para um hospital concorrente.

Sistemas informatizados como inibidores de erros

Um método tecnológico para reduzir os erros em prescrições farmacêuticas, pedidos de testes a laboratórios ou outras comunicações escritas à mão é registro computadorizado dos pedidos médicos (CPOE, na sigla em inglês) ou outros sistemas de registros médicos eletrônicos (EMR). O Leapfrog Group estimou que, se os CPOEs fossem implementados em todos os hospitais urbanos nos Estados Unidos, quase um milhão de erros graves de medicação poderiam ser evitados por ano. A adoção dos CPOEs ainda está longe de ser universal, como estimou um estudo de 2005, segundo o qual apenas 4% dos hospitais norte-americanos dispunham então desses sistemas.[28] No ano de 2010, apenas 14% dos hospitais tinham um mínimo de 10% de CPOE em uso, que é o mínimo exigido para o chamado uso significativo de padrões.[29]

Até mesmo em hospitais com CPOE a resistência dos médicos é em geral elevada, especialmente quando os sistemas não são projetados efetivamente levando em consideração o fluxo de trabalho do médico. Como ocorre com os enfermeiros que resistem em utilizar prontuários informatizados móveis, os médicos podem tender a resistir ao uso de sistemas CPOE e EMR se a tecnologia retardar o seu trabalho. A situação é ainda mais complicada pela relação contratual existente entre médicos e hospitais, pois nem todos estão diretamente empregados. Isso elimina a capacidade da administração em exigir o uso do sistema pelo tradicional controle de supervisão. Naturalmente, como discutimos no Capítulo 5, o estilo de administração *lean* se sustenta mais pela explicação do motivo e pelo convencimento da pessoa quanto aos benefícios de uma ferramenta, e não por um posicionamento formal como autoridade. Quando os médicos ou outros funcionários resistem ao trabalho padronizado ou a novos instrumentos, é preciso primeiro perguntar a eles o porquê dessa atitude.

> Gary Convis, ex-executivo da Toyota, é sempre citado por ter sido orientado pelos líderes japoneses da Toyota a "liderar a organização como se não tivesse poder algum".[30] Embora Convis tivesse um enorme poder formal (com milhares de funcionários sob seu comando), dar ordens de cima para baixo devia ser sempre o último

> recurso, depois de usar o *coaching*, servir de exemplo e compreender os outros para ajudá-los a concretizar seus objetivos. Esse estilo de liderança deveria ser especialmente transferível para um ambiente hospitalar, em que os líderes seniores têm pouco ou quase nenhum controle formal sobre os médicos.

Em uma conexão adicional entre qualidade e eficiência, o CPOE e outros sistemas hospitalares informatizados permitem a realização de verificações automatizadas das prescrições médicas, inspecionando a existência de interações e alergias dos pacientes, entre outras falhas de processos. Isso reduz o tempo exigido dos farmacêuticos para a revisão e inspeção manual dos pedidos de medicamentos, liberando-os para atuarem mais em uma função de consultoria clínica junto aos médicos e pacientes.

Prevenindo erros em cirurgias pelo bloqueio de erros

Cirurgias em órgãos ou locais errados, embora não sejam o erro médico de mais frequente ocorrência, podem ter grave impacto sobre os pacientes e gerar um indesejado destaque negativo para médicos e hospitais nos meios de comunicação. Um estudo estimou que um grande hospital típico apresentaria um acidente cirúrgico de sérias proporções a cada 5 a 10 anos.[31] Erros desse tipo podem ter sua ocorrência bloqueada por meio de trabalho padronizado (incluindo os *checklists*) e métodos de gerenciamento visual, uma vez que quase sempre decorrem de comunicação deficiente, pressões dos prazos e dinâmicas organizacionais que impedem que as pessoas se manifestem enquanto é tempo.

Em julho de 2003, a Joint Comission liberou o "Universal Protocol for Preventing Wrong Site, Wrong Procedure, and Wrong Person Surgery" (Protocolo Universal para Prevenção de Cirurgia no Local Errado, com Procedimento Errado e na Pessoa Errada), visando com isso a colocar em prática métodos de trabalho padronizado em hospitais credenciados. Os três principais componentes do protocolo são:

- Um processo formal para verificação pré-cirurgia.
- A marcação do local em que a operação será realizada.
- Um processo de tempo-limite feito imediatamente antes do procedimento.

Como esta é uma abordagem de trabalho padronizado com o objetivo de torná-lo à prova de erros, o sucesso do método depende principalmente de sua realização constante dentro do padrão fixado. A Joint Commission declarou que o cumprimento do tempo limite dos procedimentos é de apenas 70 a 80%,[32] uma leve melhoria em relação ao índice de 74,2% constatado em 2007.[33] Enfermeiros e outros funcionários ficam quase sempre com medo de falar com determinados cirurgiões, e por isso os líderes assumem um importante papel na criação de um ambiente no qual o medo não impeça o cumprimento do tempo-limite.

As diretrizes incluem o fato de a pessoa encarregada do procedimento marcar o local da operação sem margem para dúvidas (por exemplo, marcando esse ponto com "SIM") e garantindo que essa marcação permaneça visível inclusive depois da preparação da pele. Um "X" (marca comumente usada) pode ser interpretado tanto como "cortar aqui" quanto como "lugar errado", uma ambiguidade capaz de induzir a erro. A observância desse protocolo é mais alta, em média 93,4%. Os líderes precisam garantir que os cirurgiões estejam não apenas seguindo a lei à risca, tendo em vista que um relato jornalístico sugeriu que alguns cirurgiões fazem marcações tímidas e difíceis de enxergar, que por isso mesmo não servem de ajuda e amparo a ninguém.[34]

Assim como em qualquer exemplo de trabalho padronizado, os líderes têm a obrigação de descobrir e analisar todo e qualquer sinal de que o protocolo universal não está sendo seguido. Precisamos fazer isso de maneira proativa, em vez de simplesmente supor que o trabalho padronizado está sendo cumprido e, consequentemente, reagir somente depois de algo errado ocorrer. Os líderes também podem enfatizar continuamente a importância de se destinar um tempo para a qualidade quando os funcionários parecem empenhados apenas em deslocar os pacientes de um lado a outro das salas de cirurgia com a maior rapidez possível.

Parando a linha (*andon*)

Um método frequentemente relacionado com a Toyota é o da corda *andon*, que pende sobre toda a extensão da linha de montagem para ser puxada sempre que algum trabalhador detectar a existência de um problema. A linha será paralisada se for constatada a necessidade de mais tempo para resolver o problema ali mesmo, antes que o automóvel em montagem siga para a próxima estação. Em mais de 99% dos casos, o problema é solucionado rapidamente, quase sempre com a ajuda do chefe da equipe, sem que seja necessário interromper a produção.[35] Os problemas são, assim, resolvidos na origem (o conceito da *jidoka*) em vez de serem encaminhados para conserto apenas no final da linha de montagem.

Em um cenário de hospital, podemos ensinar o conceito do *andon*, de que quaisquer processos devem ser interrompidos ao sinal de um problema (ou de que os problemas devem ser resolvidos imediatamente, se possível). O processo do tempo-limite é um exemplo, mas houve um hospital que levou a ideia de interromper a linha de produção ainda mais longe, em nome da segurança do paciente.

Como contou o diretor-presidente desse hospital, a instalação havia passado nove anos sem qualquer incidente de operação no local errado, quando um deles ocorreu. Mais surpreendentemente ainda, outros três casos similares ocorreram em seguida, somando um total de quatro erros em oito semanas. O presidente do hospital decidiu que as salas de operações seriam fechadas até que se descobrisse a causa-raiz do problema – interrompendo, assim, "a linha". O erro, explicou o diretor-presidente, foi não terem interrompido a linha imediatamente após o primeiro problema, levando tempo demais até que se encontrasse a causa-raiz. Com mais investigação, descobriu-se que as equipes cirúrgicas haviam parado de fazer o procedimento do tempo-limite, outra advertência no sentido de que não podemos deixar que o sucesso (bons resultados) leve à complacência (a reversão para processos errados). Como um conserto temporário, o hospital acrescentou um auditor independente para estar presente em cada tempo-limite pré-cirúrgico, e inspeções aleatórias foram instituídas a longo prazo.

> Entender o *lean* é uma coisa; implementá-lo em presença de uma cultura existente pode ser outra história completamente diferente. A nova fábrica de caminhões da Ford Motor Company em Dearborn, Michigan, copiou uma ferramenta, ao instalar as cordas *andon*. Os trabalhadores, no entanto, tinham receio de puxá-las, por imaginar que isso só renderia resposta negativa de seus supervisores, jamais um voto de louvor.
>
> Por que os trabalhadores da Toyota puxam essa corda duas mil vezes por semana, enquanto os da Ford só o fazem duas vezes no mesmo período?[36] Não é, certamente, pelo fato de a Toyota ter mil vezes mais problemas que a Ford. A Toyota criou uma cultura na qual é aceitável, e até mesmo aconselhável, relatar a existência de problemas em vez de dar-lhes cobertura. Na fábrica da Ford, o uso insignificante da corda *andon* foi atribuído ao "legado de gerações de desconfiança entre os trabalhadores do chão de fábrica e os gerentes".[37]

O equivalente a puxar cordas *andon* ou interromper linhas de montagem em um cenário hospitalar consiste nas comunicações imediatas e diretas. Em alguns hospitais, o mecanismo da identificação de problemas inclui uma conta de *e-mail* e uma linha telefônica (que às vezes pode ser usada para recados de voz). Embora constitua boa política contar com canais para que os funcionários possam relatar preocupações com a segurança, um sistema real de *andon* exige que as pessoas interrompam imediatamente a origem do problema e o avaliem (ou pelo menos perguntem a respeito), para que o dano potencial ao paciente possa ser prevenido. Mais uma vez, os líderes têm a responsabilidade pela construção de uma cultura em que os funcionários não sintam receio de falar por temer as reações dos próprios colegas de trabalho.

O Virginia Mason Medical Center vem se destacando como líder na aplicação dessa filosofia, que eles chamam de "alarmes de segurança do paciente", ou PSAs.[38] Os PSAs são categorizados da seguinte forma:

- Vermelho: situações de risco de vida, um "evento único" ou qualquer coisa que possa representar risco sério para um paciente.
- Laranja: situações menos graves.
- Amarelo: deslizes ou erros latentes (situações com potencial de colocar em risco o paciente).

Indo além do mecanismo de relato de problemas, a equipe de liderança no Virginia Mason não se cansa de enfatizar que "dá o maior apoio" a um funcionário que aponta um problema, reduzindo com isso o eventual temor dos funcionários em relação a represálias por parte dos colegas. Em 2004, cerca de um terço dos funcionários havia relatado um PSA, e o hospital contabilizou mais de 15 mil alertas desde 2002. O hospital atribuiu a aceitação desse sistema pelos funcionários à resposta rápida que as pessoas recebiam quando acionavam algum tipo de alerta e também às mudanças culturais que cercaram o sistema. No Virginia Mason, problemas, quedas e quase acidentes levam a melhorias sistêmicas, não a algum tipo de punição.

Como resultado dos seus esforços de melhoria da segurança, os custos derivados de indenizações por danos reclamados por pacientes no Virginia Mason foram reduzidos em 26% de 2007 a 2008 e em outros 12% no ano seguinte.[39] Como resultado da sua melhoria em qualidade e segurança, o Virginia Mason foi indicado como um dos dois "Hospitais da Década" pelo Leapfrog Group.[40]

Colocando à prova o sistema à prova de erros

Ao implantar métodos à prova de erros, precisamos cuidar para que os funcionários não encontrem maneiras fáceis de "driblar" o novo sistema. Um exemplo disso, observado fora do hospital, foi compartilhado por um funcionário que viu um vizinho usando uma máquina elétrica de cortar grama com um dispositivo à prova de erros. O usuário precisava pressionar simultaneamente uma alavanca para manter o motor em funcionamento. Como medida de segurança, a diminuição da pressão sobre essa alavanca parava o motor e a lâmina do cortador. Porém, em um esforço para poupar movimentos, o vizinho havia contornado a proteção enroscando o fio elétrico em torno da alavanca, para que ela permanecesse presa sem que fosse preciso pressioná-la, criando com isso um problema de segurança e um risco de lesão.

Deveríamos ter esse exemplo em mente ao examinarmos sistemas à prova de erros, especialmente quando se tratar de um método que gera acréscimo de trabalho para a equipe. Sempre que os funcionários estão sobrecarregados e já enfrentaram muitos outros desperdícios no seu dia de trabalho, é comum que resistam àquele esforço adicional ou busquem caminhos alternativos para economizar tempo. Precisamos antecipar as maneiras pelas quais os funcionários possam contornar a prevenção de erros mediante a aplicação do mesmo processo de pensamento contido no próprio método à prova de erros:

- Como podemos prevenir que o processo à prova de erros seja contornado?
- Por que as pessoas sentem a necessidade de contornar o bloqueio de erros?
- Como podemos tornar mais difícil o ato de contornar o bloqueio de erros?
- Como podemos tornar óbvio ou aparente que um sistema à prova de erros foi contornado?

Cabe aos líderes vigiar a adequada utilização dos métodos à prova de erros e responsabilizar as pessoas por seguirem o padrão. Ao mesmo tempo, nossa primeira pergunta deve ser sempre "por quê?", tal como em "por que aquele funcionário iria querer contornar o controle de erros?". Precisamos buscar a causa-raiz que induziu essa pessoa a assim agir – talvez porque ela não tenha tempo suficiente em seu dia de trabalho (uma necessidade de reduzir o desperdício), ou talvez porque o método à prova de erros seja muito difícil de usar.

Há hospitais em que os enfermeiros são obrigados a escanear códigos de barras nas pulseiras dos pacientes para garantir o encaminhamento da medicação correta a eles. Se os enfermeiros faltarem por doença ou uma unidade estiver com pessoal escasso, os enfermeiros em serviço poderão se sentir pressionados a cortar caminhos para poupar tempo. Os enfermeiros às vezes criam pulseiras substitutas de pacientes para escanear toda a medicação de uma vez só (em um lote), em vez de fazê-lo à beira do leito. Esse atalho é uma maneira de contornar o problema da escassez de pessoal. Os hospitais *lean* certamente responsabilizariam os enfermeiros, mas iriam também buscar a solução da causa-raiz do problema – a pressão e a necessidade de criar atalhos. Uma análise dos cinco porquês poderia ser realizada para identificar pontos fracos na quantidade de pessoal e nos planos de reação para quando os enfermeiros faltarem por motivo de saúde.

Conclusão

Os hospitais estão repletos de funcionários capazes e conscientes, mas mesmo assim erros e lesões a pacientes continuam a ocorrer. Se bastasse dizer às pessoas para serem cuidadosas, já teríamos há muito tempo eliminado os problemas de qualidade e segurança dos pacientes em nossos hospitais. A contenção de erros é uma mentalidade que precisamos adotar, sempre perguntando por que um erro poderia ter ocorrido e o que podemos fazer para evitar que esse erro ocorra na próxima vez. Em coerência com o princípio do respeito pelas pessoas, os pensadores *lean* entendem que todos nós aspiramos a fazer um trabalho seguro e de alta qualidade; só nos falta projetar sistemas e processos para que isso seja possível.

Lições *lean*

- Ser cuidadoso e espalhar cartazes de advertência não é o suficiente para prevenir erros.
- Uma inspeção 100% não garante 100% de eficiência.
- Acrescentar mais passos de inspeção a essa cadeia não garantirá resultados de qualidade.
- Métodos à prova de erros (*poka yoke*) previnem fisicamente a ocorrência de erros ou tornam sua ocorrência mais difícil.
- Evite expressões depreciativas a fim de conservar o princípio do respeito pelas pessoas.
- Não se esqueça de colocar à prova os métodos à prova de erros.

Pontos para discussão em grupo

- Cartazes e sinais de advertência em seu hospital representam algo mais que uma resposta de curto prazo aos problemas de qualidade?
- Você consegue localizar um cartaz que possa ser substituído para melhor pelo trabalho padronizado ou pelo bloqueio de erros?
- O que você mudaria em seus equipamentos e instrumentos se quisesse torná-los à prova de erros?
- Quais são os erros e enganos que mais frequentemente ocorrem em nossa área?
- Quais são as ideias das nossas equipes para evitar erros?
- Como garantir que métodos como o banimento de abreviaturas sejam seguidos o tempo inteiro?
- De que forma os hospitais podem tirar as melhores lições de erros cometidos em outros serviços?
- Em que circunstâncias seria adequado que a sociedade condenasse à prisão indivíduos envolvidos em erros que causam danos aos pacientes?

Capítulo

9

APRIMORANDO O FLUXO

A espera: um problema mundial

No mundo todo, pacientes perdem tempo demais esperando pelo atendimento médico. Em Ontário, Canadá, o governo mantém um *website* que mostra a demora prevista para diferentes tipos de cirurgia. Em abril de 2011, moradores de Toronto e arredores enfrentavam uma espera de até 118 dias por uma cirurgia de catarata e de 114 dias nos casos de exames de ressonância magnética (RM), muito além, evidentemente, da meta do governo, que é de 28 dias.[1] Na Inglaterra, a meta do National Health Service (NHS) é de 126 dias (18 semanas) entre o encaminhamento e o começo do tratamento.[2] As demoras no atendimento são tipicamente causadas pela carência de capacidade ou por limitações orçamentárias. Nos Estados Unidos, conseguir acesso a determinados especialistas pode ser difícil, e o tempo médio de espera por uma consulta de rotina com um dermatologista sobre câncer de pele variava, em uma cidade, de 10 a 50 dias, sendo que a espera no maior provedor dessa especialidade em outra cidade levava em média 100 dias, dependendo do local.[3] Métodos *lean* estão se revelando úteis na redução do tempo médio de espera por uma consulta. O ThedaCare (Appleton, Virginia), por exemplo, reduziu esse tempo de espera entre o encaminhamento e o primeiro tratamento CyberKnife de câncer de 26 dias para apenas seis.[4]

Quando os pacientes chegam enfim para a consulta, os tempos de espera por atendimento urgente ou de emergência são em geral mais demorados do que deveriam, em razão do fluxo inadequado. Nos Estados Unidos, o tempo médio de permanência no departamento de emergência (DE) é de 4,1 horas, enquanto os pacientes em Alberta, no Canadá, enfrentam em média 4,6 horas nessa mesma espera.[5,6] Histórias de sucesso com a utilização do *lean* vão se tornando mais comuns na área do atendimento de emergência em todo o mundo, inclusive no Mary Washington Hospital (Virgínia), que reduziu a demora da permanência de 4 para 3 horas, reduzindo as taxas do tipo "saiu sem ter sido atendido" de mais de 6 para 2%, ao mesmo tempo que conseguiu atender a um volume de pacientes 25% mais elevado.[7] O Hôtel Dieu Grace Hospital (Windsor, Ontário, Canadá) reduziu o tempo médio de permanência de pacientes atendidos de 3,6 para 2,8 horas, reduzindo igualmente o número de pacientes que saíram sem atendimento de 7,1 para 4,3%.[8]

No caso de pacientes ambulatoriais, uma pesquisa mostrou que a espera excessiva na sala era a principal queixa de 72% dos pacientes de clínicas odontológicas nos Estados Unidos.[9] Sami Bahri é um exemplo de um dentista que usou o *lean* para eliminar o tempo de espera para pacientes, ao mesmo tempo aumentando o volume de pacientes atendidos. Anteriormente, pacientes que necessitavam de cuidados além de uma limpeza básica eram diagnosticados e então marcavam horário para consultas de continuação do tratamento. O Bahri Dental Group repensou essa prática e mudou seu fluxo para conseguir tratar mais pacientes em uma única visita, sempre que com isso concordasse o maior interessado. O tempo necessário para um tratamento complexo caiu de 99 dias em 2005 para dez dias em 2008.[10]

Tradicionalmente, acesso e custo são vistos como trocas compensatórias. As soluções frequentemente propostas para reduzir as demoras normalmente significam gastar mais dinheiro para aumentar a capacidade, o que implicava construir novas instalações, comprar novos equipamentos e contratar mais profissionais. O *lean* está ajudando as organizações a melhorar o fluxo de pacientes de forma muito menos custosa. Um grande hospital pediátrico, por exemplo, reduziu o tempo de espera de pacientes laboratoriais para exames de ressonância magnética de mais de 12 semanas para uma média sustentada de 2,5 semanas por meio da redução de preliminares, da eliminação de desperdícios e de uma mudança nos padrões de segurança dos anestesiologistas. Os níveis de utilização do aparelho de ressonância magnética durante as horas de trabalho foram aumentados de 40 para cerca de 65% por meio de métodos *lean*, uma abordagem muito mais eficaz, em termos de custo/benefício, que a compra de mais um desses aparelhos.

Foco no fluxo

Organizações tradicionais normalmente se concentram mais no custo e na eficiência de indivíduos ou departamentos. Uma das diferenças do *lean* em relação ao pensamento tradicional é o seu foco no fluxo. Em vez de pedir às pessoas para trabalharem com maior rapidez, podemos muitas vezes aumentar a capacidade (o que quase sempre leva a aumentos de rendimentos) e reduzir os custos como um dos resultados dessas melhorias.

É comum afirmar que existem sete tipos de fluxos na assistência à saúde, como se vê na Tabela 9.1. Esses fluxos são buscados em exercícios de projetos de espaço e processos chamados "3P", ou os processos de preparação da produção. Os hospitais ThedaCare e Park Nicollet (St. Louis Park, Minnesota) têm se destacado entre os líderes na utilização dessa abordagem.[11] O Seattle Children's Hospital figura entre os que fazem uso do 3P como parte de um projeto de "entrega de projeto integrado" e abordagem de construção.[12]

Tabela 9.1 Os sete fluxos do atendimento à saúde

Tipo de fluxo	Exemplo
Pacientes	Movimentação dos pacientes ao longo de processos de atendimento de alta qualidade e especialização, incluindo a transferência do atendimento primário para o especializado
Médicos e equipes	Movimentação física nos departamentos ou entre eles
Medicamentos	Fluxo físico da farmácia à área de estoque ou aos quartos dos pacientes
Suprimentos	Processos, movimentação e armazenamento de artigos consumíveis
Equipamentos	Processos, movimentação e armazenamento de bombas, leitos, cadeiras de rodas, etc.
Informações	Informações sobre alta passando de médico para médico
Engenharia de processo	Fluxo de equipamentos ao longo do departamento de biomedicina ou processos de conserto

Cadeias de valor devem fluir como um rio

Além da qualidade, o fluxo é o outro pilar da casa *lean*. O fluxo suave e estável ao longo de uma cadeia de valor deve ser o objetivo primordial de um hospital. Isso pode significar o fluxo suave de produtos de suporte (como amostras para testes, medicações e instrumentos cirúrgicos) ou também o fluxo suave de pacientes ao longo do hospital e de seu *continuum* de atendimento. Existes muitas causas de demoras nos hospitais – algumas delas simplesmente acontecem, enquanto outras são impostas por nossas próprias decisões e políticas. As melhorias de fluxo não surgem pelo fato de concluirmos mais rapidamente o trabalho que agrega valor; as melhorias geralmente decorrem da redução e eliminação das esperas, interrupções e adiamentos da cadeia de valor.

A terminologia *lean* muitas vezes inclui expressões como "fluxo de uma peça" ou "fluxo de peça única". Em um ambiente de fluxo perfeito, o produto (ou paciente) seria movimentado em lotes de uma unidade, pois isso minimiza os atrasos. Pense em termos de uma escada rolante, que permite que as pessoas sejam transportadas entre os andares em fluxo contínuo de peça única, em oposição a um elevador, que concretiza o mesmo objetivo ao transportar passageiros aos lotes. O fluxo de peça única é mais um objetivo de direção do que um absoluto, já que pode não ser possível transportar lotes de uma única unidade em razão de restrições temporárias no sistema. Precisamos trabalhar para reduzir essas restrições, em vez de permitir que as barreiras se transformem em uma desculpa fácil pela inexistência de um bom fluxo.

Os instrutores *lean* em geral a usam visualização da Toyota, divisando o fluxo como um rio, uma corrente ou cadeia. Em um rio, pedras emergem à superfície no curso d'água, impedindo o fluxo suave da água ou dos barcos. Na analogia, vemos essas pedras como problemas que precisam ser resolvidos de maneira que o fluxo possa ser melhorado (em oposição a acelerar o fluxo corrente acima de alguma forma artificial).

Ao concretizar melhorias, deveríamos em primeiro lugar identificar as "pedras", perguntando por que não podemos ter cronogramas previsíveis que sejam obedecidos como os ponteiros do relógio. As pedras no sistema do departamento de cirurgia podem incluir as seguintes questões:

- Pacientes às vezes chegam com atraso.
- Resultados do laboratório nem sempre chegam em tempo para a cirurgia.
- Conjuntos de pedidos de remédios nem sempre são completados adequadamente.
- Faltam suprimentos, sangue ou instrumentos necessários para começar a cirurgia.
- A duração das cirurgias é imprevisível.

Podemos ser bem-sucedidos na concretização de contramedidas em relação a alguns desses problemas. Melhorias no laboratório poderiam reduzir os tempos de retorno, evitando com isso certos tipos de atrasos nas cirurgias. Podemos também perguntar por que os pacientes se atrasam, observando o processo pela experiência deles. Uma das razões desse atraso poderia ser um *layout* hospitalar que induz a confusões e uma falta de sinalização clara para conduzir visitantes que nunca ali estiveram ou de um alerta apropriado para tais circunstâncias. Um determinado hospital enfrentava um problema recorrente com pacientes que se apresentavam no edifício errado. Depois de passar anos culpando os pacientes, uma equipe de trabalho chegou à conclusão de que os papéis enviados aos pacientes antes dos procedimentos criavam essa confusão, levando alguns deles a se dirigirem ao edifício dos pacientes ambulatoriais em vez de ao hospital principal, ou vice-versa.

Em alguns hospitais, pacientes de cirurgias esperam durante horas porque são todos instruídos a chegar na primeira hora da manhã. Isso é feito basicamente em face da incerteza (real ou percebida) sobre quanto tempo os procedimentos poderão durar, e as equipes cirúrgicas montam o sistema para garantir que elas nunca fiquem esperando, maximizando com isso sua própria utilização. O preço a pagar com essa abordagem são os longos tempos de espera dos pacientes. Alguns hospitais estão começando a dar aos pacientes os horários efetivos das cirurgias durante todo o dia, uma abordagem bem mais centrada no paciente. Inicialmente, solicitava-se aos pacientes que chegassem de 90 a 120 minutos antes do horário previsto para o seu procedimento, mas é possível que consigamos reduzir gradualmente o tempo ideal de chegada dos pacientes para 90 a 60 minutos antes do início dos procedimentos, à medida que formos implementando as melhorias nesse processo.

Cargas de trabalho desiguais como barreira ao fluxo

Muitos atrasos, tanto de pacientes quanto de produtos, são causados por cargas de trabalho desiguais. Como apresentado no Capítulo 5, *heijunka* é um dos três pilares da casa Toyota. Uma demanda equilibrada de processos significa menores exigências de recursos, tanto em pessoal quanto em equipamentos. Uma certa parcela de desequilíbrio em nossa demanda é algo que ocorre naturalmente, mas uma grande parte se deve às nossas políticas e opções. O *lean* nos ensina a identificar fontes de *mura* (cargas de trabalho desiguais) para que possamos trabalhar a fim de equilibrar essa carga, em vez de considerarmos a desigualdade como algo natural e permanente.

Desigualdades de fundo natural

Os hospitais apresentam vários exemplos de cargas de trabalho que não são equilibradas. Essa desigualdade fica muitas vezes fora do alcance imediato de nossos controles, como quando o volume de pacientes aumenta durante os meses de inverno em decorrência de determinadas doenças que são características desse período. O volume sazonal mais pesado dessas doenças gera aumentos de custos para o hospital, ocasião em que os departamentos de emergência, o número de quartos para internação e os departamentos de apoio precisam ser reavaliados para se adaptarem às necessidades desses períodos mais movimentados. Caso contrário, os pacientes sofrerão com esperas mais prolongadas quando a demanda aumentar. Ainda que possamos variar às vezes os níveis de pessoal mediante contratações de funcionários temporários, recursos físicos são desperdiçados quando os volumes são mais reduzidos. Os hospitais não conseguem controlar todas as variáveis da sazonalidade, mesmo recorrendo à intensificação dos cuidados preventivos e a iniciativas comunitárias de segurança.

Os hospitais *lean* conseguem detectar, nos períodos de atividades reduzidas durante o ano, oportunidades para intensificar procedimentos de mercado eletivos, em uma tentativa de equilibrar o volume geral de trabalho no hospital com os recursos disponíveis. Isso é feito pelo intercâmbio de pessoal com treinamento intersetorial entre a emergência e o centro cirúrgico, sempre que a demanda apresentar mudanças. Períodos de baixa podem ser usados também como oportunidades para o treinamento de pessoal e esforços de melhorias de processos, como a Toyota faz durante as épocas de redução das vendas.[13] Esse treinamento e as atividades de melhoria significam custos, mas são considerados um investimento que se pagará a longo prazo com os benefícios que trarão para a organização.

Mura *causada pelos* rounds *matutinos*

A tradicional prática dos *rounds* matutinos pelos médicos produz *mura* para os departamentos de apoio – como o laboratório, por exemplo. Como os médicos exigem resultados laboratoriais diários nos prontuários dos pacientes antes de seus *rounds* matutinos, os laboratórios têm grande volume de trabalho antes das 7h da manhã. Em um laboratório que representa muito bem essa situação, 34% do volume diário de amostras chegavam em uma janela horária das 3 às 6h da manhã. A Figura 9.1 ilustra os volumes de testes horários para esse típico laboratório clínico.

Como não podemos escalar técnicos (ou outros funcionários do laboratório) para turnos curtos simplesmente para cobrir o período mais ativo, o resultado é que acabamos com pessoal e equipamentos sobrando durante os períodos mais calmos que se seguem ao pico matutino. Como forma de enfrentar essa demanda, os hospitais normalmente mandam flebotomistas colher o sangue de pacientes no começo da manhã, funcionários esses que continuamos a pagar depois que o pico é vencido.

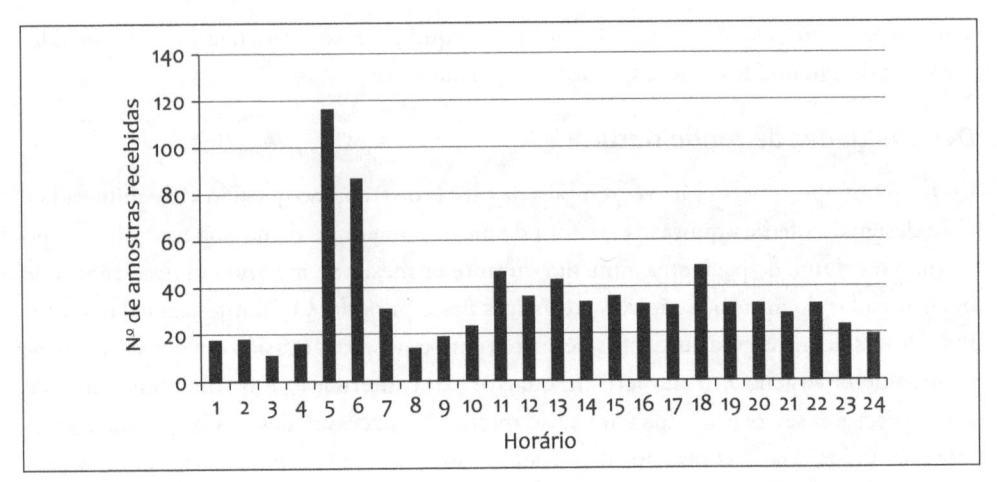

Figura 9.1 Laboratório clínico: número de amostras recebidas a cada hora durante um dia normal de trabalho.

Os *rounds* matutinos dos médicos também levam a um pico na atividade de liberação de pacientes internados. Esse acúmulo de ordens de alta passa pelo sistema criando *mura* nas funções de apoio, desde o serviço social (preparação de pacientes liberados para serem levados a asilos ou outros locais) e o setor de transporte de pacientes (tentar movimentar o maior número de pacientes ao mesmo tempo) até os serviços de hotelaria (realizar a limpeza de muitos quartos liberados ao mesmo tempo).

Em hospitais dos quais os médicos não são empregados, pode não ser algo prático reprogramar seus *rounds*, mesmo com benefícios para os pacientes e alguns dos departamentos. Já alguns hospitais dos quais os médicos são empregados se empenham em programar *rounds* vespertinos, incluindo entre eles o Saint Göran Hospital (Estocolmo, Suécia). Nesse caso, os médicos devem dar início às mudanças ou concordar com elas, em vez de aderirem a esses *rounds* em caráter obrigatório, uma vez que não passa pelos pensadores *lean* a tentação de impor métodos a ninguém.

Mura causada pela subutilização de rotas de entrega

Existem muitas situações em que a desigualdade de cargas de trabalho é causada por decisões tomadas por apenas um departamento, que busca assim minimizar seus próprios custos, ainda que isso se traduza em prejuízo ao sistema como um todo. Laboratórios que recebem amostras de fontes externas, tais como clínicas e consultórios próprios de médicos, muitas vezes constatam que as entregas de material não são devidamente distribuídas ao longo do dia.

O hospital Kaiser Permanente, da Mid-Atlantic States (Rockville, Maryland), fez ajustes em seu laboratório regional a fim de equilibrar o fluxo de amostras para testar instrumentos. Antes do *lean*, os espécimes chegavam sem frequência certa, como recorda a gerente operacional do laboratório, Jane Price Lewis. "Às 15h, quase sempre recebíamos um enorme 'aquário' cheio de amostras de todos os 29 centros médicos", contou ela. "Às 19h30min, já estávamos recebendo outro aquário semelhante, além de mais um às 22h30 e ainda outro à 1h da madrugada. Cada vez que isso ocorria, enfrentávamos uma explosão de atividade, e o pessoal lutava contra esses acúmulos de trabalho." Como o laboratório apresentava uma capacidade desperdiçada e sem uso durante o final da manhã e o começo da tarde, a direção fez com que o serviço de entregas começasse a funcionar ainda pela manhã, mesmo que em lotes menores. Embora isso tenha aumentado as despesas de entrega, o laboratório conseguiu reduzir as horas extras internas, e o trabalho passou a ser completado com maior facilidade no turno da tarde. Efeitos similares são frequentemente vistos dentro do hospital, onde aumentar o número de flebotomistas (o mais baixo nível na escala salarial) pode ajudar a reduzir os custos gerais do laboratório para o conjunto do hospital.

Essa padronização também melhorou o serviço. Quando os mensageiros do Kaiser ainda entregavam os *coolers* às 22h30min, os maiores lotes muitas vezes continham amostras da manhã e do começo da tarde. "Muitas vezes, os médicos estavam esperando a chegada de resultados altamente anormais", lembrou Lewis. "Mas nós só conseguíamos chamá-los às 3 ou 4h da manhã do dia seguinte." Depois de adotar uma abordagem que exigia lotes menores e mais frequentes, o laboratório agora telefona aos médicos com aqueles resultados às 17 ou 18h. "O médico pode reinternar o paciente para eventuais reexames ou colocá-lo em terapia com maior agilidade", disse Lewis. "Estamos observando um impacto sobre nossos pacientes ao proporcionarmos resultados mais atualizados aos solicitantes."[14]

Em um grande laboratório de referência, profissionais de uma equipe com treinamento *lean* foram ao *gemba* e percorreram com os encarregados as rotas de entrega dos resultados de exames. Em muitos casos, os mensageiros chegaram diretamente à entrada do laboratório, embora seus roteiros impusessem paradas em salas adicionais para recolher amostras. Questionados sobre o motivo disso, os mensageiros responderam que eram avaliados de acordo com o número de amostras que recolhiam a cada hora – parar para deixar amostras que já haviam coletado iria certamente prejudicar essa mensuração. O laboratório obviamente percebeu de que essa subotimização (causada por suas próprias diretrizes) resultava em prejuízo do fluxo geral do laboratório e acrescentava um atraso desnecessário ao tratamento dos pacientes.

Mura *criada pelo agendamento de serviços*

Em outro exemplo da autoimposição da *mura*, um centro ambulatorial de quimioterapia lutava contra um pico de pacientes na metade do dia, tal como ilustrado no gráfico da Figura 9.2. Isso gerava atrasos, pois nesses horários chegavam ao centro pacientes em número superior àquele em que era possível aplicar o tratamento, em razão de restrições na disponibilidade de enfermeiros ou de acomodações. Antes de examinar o problema pela perspectiva *lean*, o centro de tratamento, olhando somente para seu próprio silo, firmou a convicção de que precisava de mais pessoal e maior espaço físico.

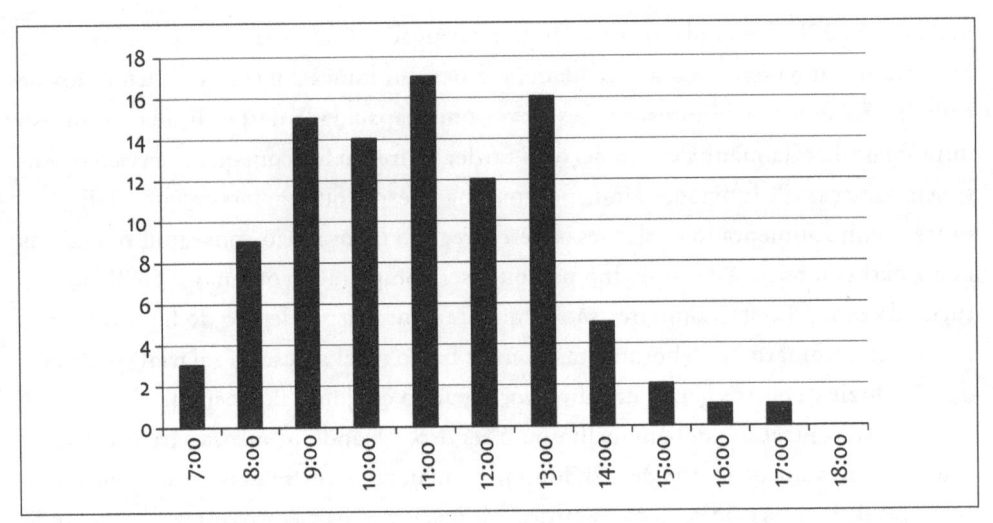

Figura 9.2 Pacientes ambulatoriais de um centro de tratamento quimioterápico: número de pacientes programados para cada hora.

Depois de algum treinamento inicial, o departamento começou a examinar o conjunto da cadeia de valor pela perspectiva do paciente. O roteiro de um paciente típico incluía a consulta com um oncologista em uma das clínicas em outra parte do edifício antes de se dirigir ao local da aplicação da quimioterapia. Ao observar a clínica de oncologia, o centro de tratamento constatou que os oncologistas organizavam seus cronogramas de tal forma que os pacientes da quimioterapia fossem reunidos (ou colocados em um lote) na primeira hora da manhã. Isso deixava outros pacientes, entre os quais aqueles com consulta ou radioterapia, para mais tarde no dia.

Quando o centro de tratamento perguntou aos oncologistas por que haviam criado esse tipo de cronograma, eles responderam que, na sua visão, isso ajudava os pacientes. Em razão da visão limitada que os oncologistas tinham no seu silo departamental, eles pensavam que marcar os pacientes de quimioterapia na primeira hora da manhã ajudava-os a enfrentar o tratamento para que pudessem chegar em casa mais cedo. Isso seria verdadeiro no caso de um paciente, mas não para todo o cronograma de doentes. Juntar todos os pacientes de quimioterapia provocava o número artificialmente elevado de pessoas que chegavam para o tratamento na metade do dia. Isso, ironicamente, provocava demoras mais prolongadas para os pacientes e aumentava o estresse do pessoal que deles tratava.

A clínica e o centro de tratamento colocaram em prática um plano para equilibrar a carga de pacientes de quimioterapia durante o dia (tomando o cuidado de marcar aqueles com sessões mais prolongadas (como cinco horas) de quimioterapia para um momento adequado no começo do dia. A mudança da programação não teve impacto para os oncologistas, mas o equilíbrio da carga de trabalho fez uma grande diferença para o centro de quimioterapia, na medida em que o departamento viu diminuir aquela carga de trabalho que sempre caracterizava a metade do dia. O centro de quimioterapia pôde assim aumentar sua capacidade, ao mesmo tempo que encurtava os atrasos para os pacientes, eliminando a necessidade de expandir o espaço físico ou mesmo de aumentar o número de profissionais.

Mura no processo de alta dos pacientes

Um obstáculo muito comum ao fluxo de pacientes é o processo da alta. Altas atrasadas podem dificultar o fluxo de pacientes na emergência e nas unidades de recuperação pós--anestesia, uma vez que eles não podem ser removidos nem transferidos para quartos de internação enquanto a alta não for confirmada. Em casos extremos, essas demoras podem levar a Emergência a se envolver em procedimentos de desvio ou cancelamento de cirurgias.

Sempre que um hospital apresenta um percentual elevado de pacientes Medicare ou Medicaid (os sistemas públicos de saúde mais comuns nos Estados Unidos), essa demora e o aumento da duração da permanência causam impacto direto em seu resultado final, uma vez que os custos aumentam sem que a isso corresponda um aumento paralelo de receita. Um hospital estimou que, no decorrer da análise de seu processo de altas, a redução da permanência dos pacientes correspondente a apenas meio dia, gerada pela redução das demoras do processo de alta, representaria uma economia de US$ 6 milhões.

> É possível que exista, é claro, *muda* ou desperdício no processo de alta propriamente dito, depois de iniciado. O University of Michigan Medical Center conseguiu reduzir o tempo gasto no processo da alta em 54%, de 195 para 89 minutos. As melhorias do processo incluíram a realização de outros trabalhos de alta em paralelo, em vez de em série, de médico para funcionário e para enfermeiro. A melhoria do processo de alta teve um impacto positivo na cadeia de valor do atendimento de emergência, na medida em que os pacientes passaram a ser admitidos com maior rapidez.[15] Isso ilustra um caso no qual o processo de alta representa um gargalo no fluxo geral de pacientes.

Atrasos na oportunidade da alta também podem deixar frustrados pacientes e seus familiares quando a expectativa de liberação próxima de um paciente, é dificultada e/ou bloqueada por problemas no processo ou erros de comunicação. Mesmo se esse paciente conseguir ser liberado ainda no dia previsto, algum familiar pode acabar ficando parado no hospital durante muitas horas, esperando para levá-lo para casa.

Os processos de alta são complexos e envolvem várias e diferentes funções, responsabilidades e departamentos. Liberações múltiplas aumentam o risco de falha nas comunicações, o que pode atrasar uma alta programada inclusive para o dia seguinte ao esperado. Um mapa da cadeia de valor (VSM, na sigla em inglês) de um processo de alta tende a ser complexo em decorrência dos muitos passos do processo e das comunicações que ocorrem entre mais de uma dezena de diferentes funções. Em um hospital específico, não encontramos uma única pessoa que fosse capaz de descrever com precisão o processo inteiro da alta de pacientes; cada um sabia o que lhe cabia fazer e, no máximo, o trabalho de outros poucos com quem interagiam diretamente. A atividade VSM aumentou a conscientização e a compreensão sobre as interações entre papéis e destacou algumas oportunidades para aprimorar a coordenação e reduzir o desperdício.

É comum para os hospitais dar alta à maior parte de seus pacientes durante a tarde. Contudo, esse *timing* não é coerente com a necessidade de leitos, especialmente para admissões planejadas e pós-operatórias. A Figura 9.3 ilustra de que maneira esse descompasso entre demanda (admissões) e oferta (altas) de leitos pode se apresentar durante o dia.

Como as altas exigem bastante tempo de enfermeiros e outros funcionários do hospital, esse pico na carga de trabalho pode sobrecarregar todo o pessoal do atendimento, tirando sua atenção das necessidades de outros pacientes. O hospital pode igualmente descobrir um conflito entre dar alta aos pacientes com alta antes do final do dia e o fim dos turnos dos enfermeiros. Quando os enfermeiros deixam o trabalho às 17h, eles podem se ver tentados a evitar ou retardar altas, para não atrasarem seu retorno ao lar.

Sempre que o hospital enfrenta um pico de atividades de alta em apenas algumas horas da tarde, isso cria uma carga artificialmente elevada de outros recursos hospitalares, incluindo hotelaria, transporte dos pacientes e laboratório. Dentre as metas para melhorias deveriam estar o equilíbrio entre o suprimento e a demanda por leitos, bem como uma aplicação da *heinjunka*, como mostramos na Figura 9.4.

Altas segundo o sistema *just-in-time* ocorreriam pouco antes de o leito ser demandado pelo próximo paciente (dando tempo para as atividades adequadas de limpeza e transição). Um processo *lean* de altas proporcionaria também uma resolução rápida da ordem de alta recém-escrita. Em um determinado hospital, os esforços para melhorar o processo inteiro das altas foram iniciados depois de se constatar que, embora 46% das ordens de alta fossem preenchidas antes das 11h da manhã, apenas 5% dos pacientes saíam do hospital antes desse horário.[16]

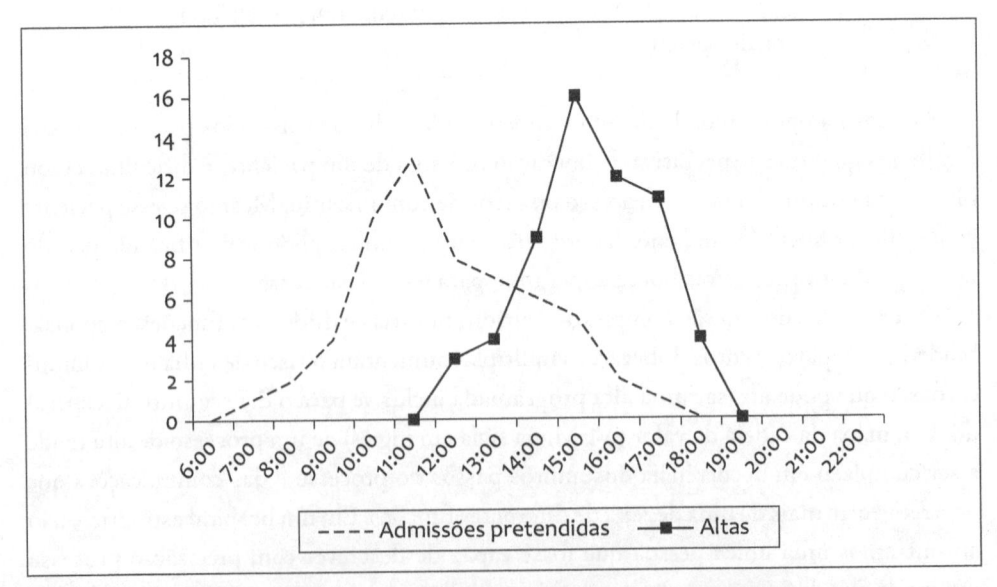

Figura 9.3 Padrão real de altas e admissões durante o dia, mostrando de que forma os leitos são necessários (admissão) antes que as altas comecem a ocorrer; nenhum dos dois índices fica nivelado durante o dia.

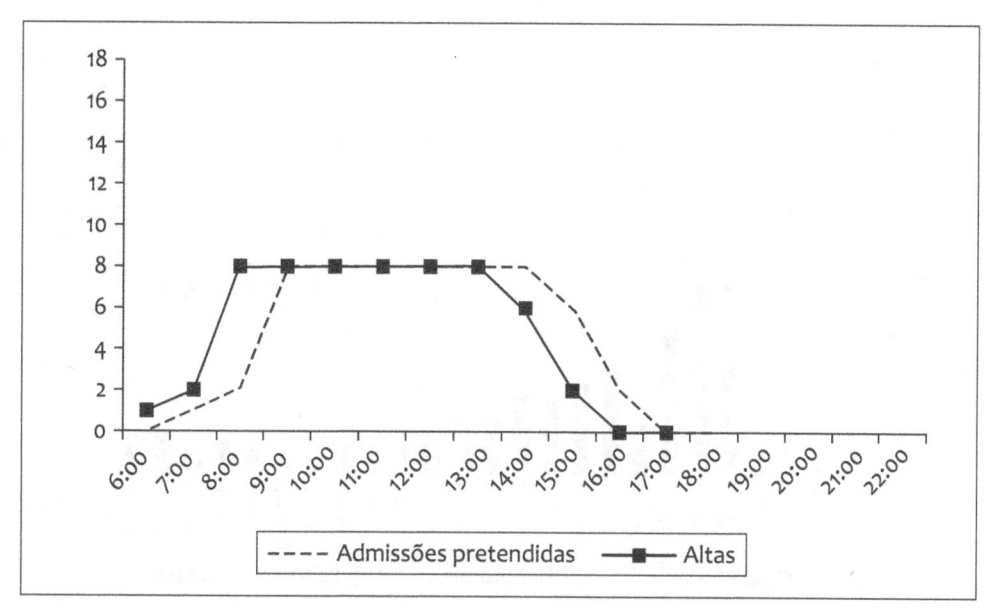

Figura 9.4 Padrão aprimorado de altas e admissões. As altas ocorrem pouco antes de uma admissão; ambas são niveladas ao longo do dia.

Outra constatação é de que altas não são distribuídas com igualdade ao longo da semana. Em muitos casos, um número significativamente menor de altas é realizado nos fins de semana, o que pode se dever ao fato de os médicos não terem *rounds* nesses dias, os trabalhadores do serviço social folgarem nos fins de semana ou as casas geriátricas e outros locais também não aceitarem pacientes nesses dias. Isso incrementa a duração da estada no hospital e leva a outro pico de atividades de alta nas segundas-feiras. Uma abordagem *lean* buscaria formas para incrementar altas nos fins de semana, descobrindo primeiro as causas-raiz daquilo que impede que isso aconteça.

Abordando a *mura* ao equilibrar pessoal e cargas de trabalho

Na impossibilidade de equiparação das cargas de trabalho, a segunda melhor alternativa é garantir que os níveis de pessoal variem conforme a demanda. Por mais primário que pareça, isso nem sempre está sincronizado, pois os níveis de pessoal podem se basear em diretrizes históricas, *benchmarks* ou metas financeiras arbitrárias, mais do que na carga de trabalho.

A Figura 9.5 mostra o volume de pessoal e de testes realizados por hora antes da implementação do *lean*. Os níveis de pessoal (flebotomistas e tecnólogos) aumentavam depois do auge dos *rounds* matutinos. Analisando as cargas de trabalho, o laboratório conseguiu antecipar a entrada dos flebotomistas e reduzir o excesso de pessoal que antes se verificava à tarde. Novos níveis de pessoal são mostrados na Figura 9.6.

Os esquemas ajustados de pessoal, combinados com a redução do desperdício e as melhorias na produtividade, permitiram ao laboratório diminuir os recursos humanos na flebotomia (pelo atrito) em 21% e os recursos humanos entre os tecnólogos em 14%.

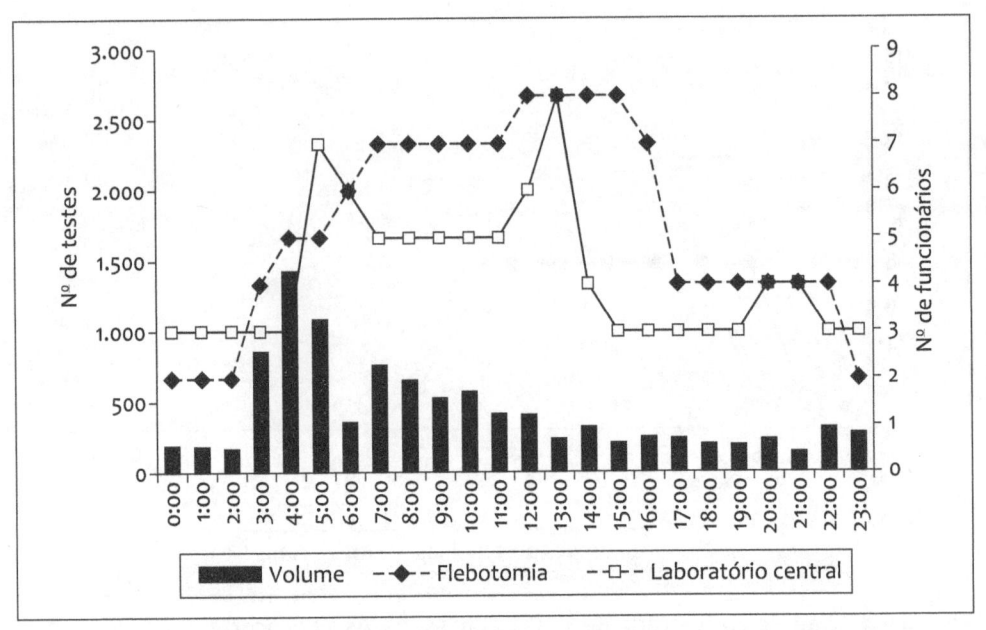

Figura 9.5 Volumes de testes por hora em laboratório clínico comparados com o volume de flebotomistas e tecnólogos antes da implementação do *lean*.

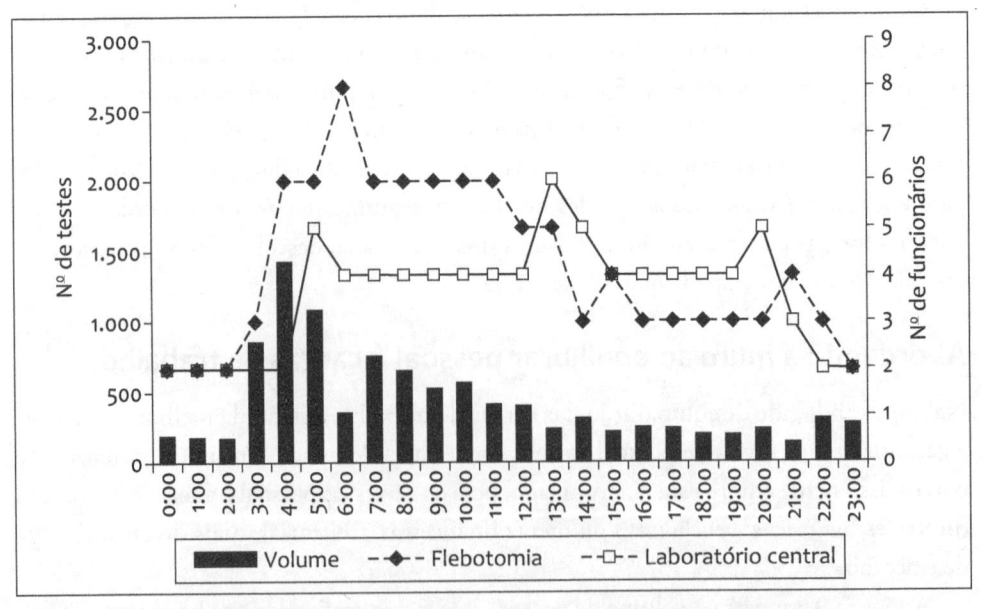

Figura 9.6 Volumes de testes por hora em laboratório clínico comparados com o volume de flebotomistas e tecnólogos depois da implementação do *lean*.

Examinando-se uma vez mais o exemplo da quimioterapia, os recursos humanos de enfermagem tipicamente necessários para um dia são mostrados na Figura 9.7. À medida que a carga de trabalho aumentava por volta do meio-dia, os níveis de pessoal diminuíam em razão dos intervalos programados para almoço. Essa disparidade entre carga de trabalho e disponibilidade de pessoal causava inúmeros problemas, incluindo o aumento da duração da espera dos pacientes e a pressão que os enfermeiros sentiam para não fazer seus já curtos intervalos de almoço. Com o *lean*, o esquema equilibrado de volume ajudou a resolver o pico do meio-dia, mas os enfermeiros também precisaram reconsiderar a hora de seus intervalos de almoço e quantos deles poderiam sair ao mesmo tempo, de maneira a garantir que não houvesse interrupções no tratamento dos pacientes.

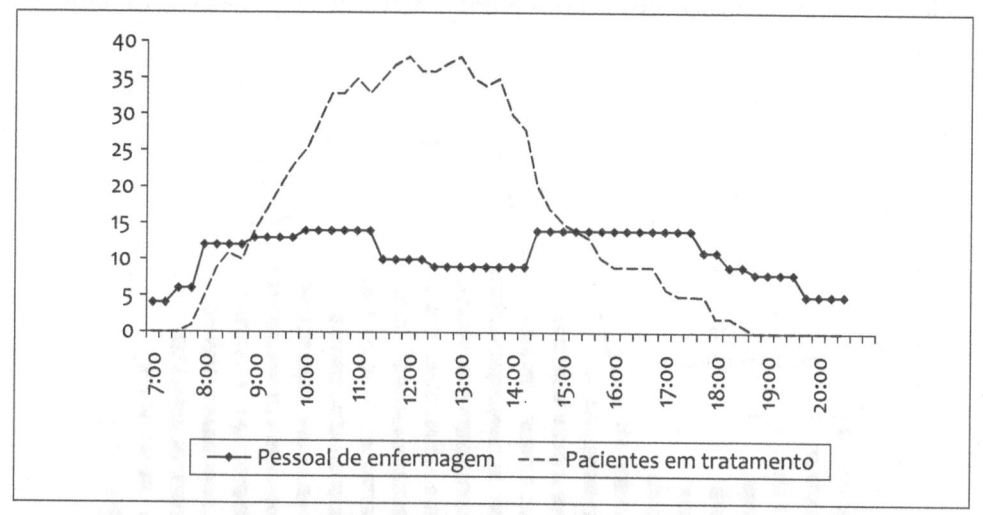

Figura 9.7 Número de pacientes de centro de tratamento quimioterápico em cadeiras ou leitos plotados em relação ao número de enfermeiros disponíveis; resumo de um dia de atividade antes dos programas *lean*.

O pessoal da emergência costuma se queixar da imprevisibilidade de suas cargas de trabalho, já que não há como prever quais pacientes darão baixa nem quando. Os dados disponíveis, no entanto, apontam padrões de entrada de pacientes que são na verdade consistentes e previsíveis em determinados dias da semana e determinados horários, como mostrado na Figura 9.8.[17] O exame de um padrão como esse pode ajudar um departamento a determinar quando deve aumentar sua capacidade, seja pela abertura de mais salas no departamento, seja pelo acréscimo de pessoal. Um antigo padrão de turnos de atendimento de 12 horas, sempre das 7 às 19h, pode não representar a melhor compatibilização com a demanda. Um número cada vez maior de emergências vem adotando os turnos escalonados: médicos e equipes começam seus turnos em horários variados para criar os níveis totais de pessoal ideais em todos os períodos.

A ideia de equiparar o pessoal com as cargas de trabalho às vezes é confundida, infelizmente, com a possibilidade de mandar as equipes para casa sempre que o número de pacientes diminui, uma prática às vezes chamada de "flexibilização". Embora financeiramente faça sentido não contar com excesso de pessoal, dispensar enfermeiros algumas horas antes do encerramento dos seus turnos é um prejuízo pessoal e um rompimento que certamente não está de acordo com o "respeito pelas pessoas". Essa prática é sabidamente causa de insatisfação entre os enfermeiros, como no caso relatado em uma publicação especializada do setor, sobre vários enfermeiros que abandonaram seus empregos por não se sentirem devidamente valorizados em decorrência da prática da flexibilização.[18] Quando o número de pacientes se mostra baixo e ainda restam algumas horas no dia, em vez de mandar os enfermeiros mais cedo para casa, existem as alternativas de atividades de treinamento e aperfeiçoamento ou de seguir o caminho da Toyota, com programas de melhoria de processos e qualidade. Um mural visual de ideias, como discutiremos no Capítulo 10, proporciona uma utilíssima rede de pequenos projetos em que poderiam trabalhar enfermeiros e outros profissionais com tempo de sobra nas respectivas cargas horárias.

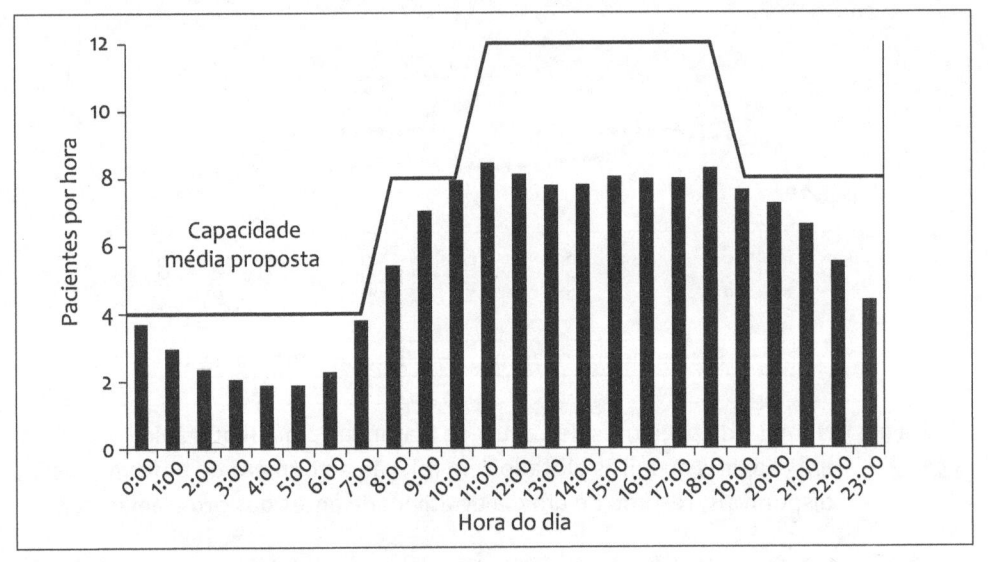

Figura 9.8 Volume de pacientes esperados por hora no departamento de emergência com um padrão de enfermagem compatível. (De Crane, Jody, e Chuck Noon, *The Definitive Guide to Emergency Department Operational Improvement: Employing Lean Principles with Current ED Best Practices to Create the "No Wait" Department*. Nova York: Productivity Press, 2011. Usada com permissão.)

Aprimorando o fluxo de pacientes

Problemas com o fluxo de pacientes constituem uma prioridade que os hospitais podem abordar usando conceitos e métodos *lean*. Nesta seção, são mostrados alguns exemplos a fim de ilustrar problemas que interferem nesse fluxo, incluindo questões que surgem na emergência ou em um centro ambulatorial de tratamento de câncer. Os hospitais estão usando o *lean* para aprimorar o fluxo de pacientes em outras áreas, como em cirurgias ambulatoriais, na radiologia e nas clínicas médicas.

Aprimorando o fluxo de pacientes no departamento de emergência

Quando as emergências ficam congestionadas, surgem vários problemas que têm impacto sobre pacientes e funcionários. O estresse sobre os funcionários das emergências, decorrente do fato de que são eles que enfrentam presencialmente as queixas, quase sempre faz com que se sintam profundamente impotentes com sua falta de poder para consertar o sistema. Manchetes muitas vezes apontam incorretamente a culpa das emergências, quando a raiz do problema é encontrada em outras partes da cadeia de valor.

Pacientes que chegam a uma emergência podem enfrentar muitos tipos diferentes de espera, entre os diferentes passos na cadeia de valor, antes de serem admitidos ou liberados para voltar para casa. O tempo médio de espera até receber atendimento, nos Estados Unidos, aumentou em 25 minutos desde 2006.[19] Pacientes podem igualmente esperar para serem admitidos nos saguões de entrada ou corredores das emergências, o que cria congestionamento físico e estresse mental, porque nenhum desses lugares é o mais indicado, em termos de privacidade ou da própria dignidade da pessoa, para tal espera. A espera por um quarto para internação tornou-se uma questão tão comum que ganhou nome próprio – *embarque (boarding)*. Um estudo mostrou que 200 médicos de departamentos de emergência sabiam de pelo menos um paciente falecido enquanto esperava o *embarque* em seus hospitais.[20]

A abordagem *lean* nos desafia a repensar a maneira pela qual tudo sempre foi feito, inclusive no atendimento das emergências. Alguns hospitais estão atualmente fazendo um "minirregistro" prévio à triagem, que inclui apenas as informações mais básicas para a concretização de um registro, o que ajuda a reduzir o tempo gasto "da porta ao médico". O departamento usa então o que de outra forma seria tempo desperdiçado à espera de resultados de testes (ou alguma outra demora natural) como uma oportunidade para fazer o registro completo.

Além disso, está se tornando mais comum para os hospitais questionar o valor e a efetividade dos tradicionais processos de triagem e atendimento sequencial, ao constatarem que a triagem muitas vezes significa que o paciente terá de contar sua história a múltiplas pessoas, o que constitui uma causa muito comum de queixas dos pacientes. Embora a triagem tenha sido concebida com uma forma de agilizar o tratamento de pacientes com casos mais graves, muitos especialistas estão passando a entender que a triagem pode, na verdade, retardar o tratamento desses pacientes.[21] Modelos de triagem recentemente repensados envolvem um médico (ou uma equipe composta por médico, enfermeiro e paramédico) que se encarrega dessa triagem inicial.[22]

> O Penn State Hershey Medical Center usou conceitos *lean* para ajudar a projetar o que foi chamado de "emergência sem espera". O *layout* físico e o modelo de assistência foram ambos alterados, dado que a triagem é agora feita por um médico.[23] Como resultado de suas mudanças, a duração média da permanência foi reduzida em 23%, os índices dos que saem sem ser atendidos caíram de 5,6 para 0,4%, o tempo "da porta até o médico" foi reduzido a uma média de apenas 18 minutos, e a satisfação dos pacientes aumentou do 17º para o 75º percentil.[24]

Os líderes também podem se voltar para a prática comum de colocar a instituição "em desvio": o hospital pede que as ambulâncias levem os pacientes a outros hospitais, a menos que isso possa causar prejuízo aos pacientes pela demora ou movimentação adicionais decorrentes desse transporte. Há dois tipos de desperdício nesse exemplo: espera e transporte. Estar em desvio pode afetar negativamente pacientes e seu atendimento, e isso também tem um impacto sobre o hospital em termos de receitas perdidas, uma vez que esse paciente desviado provavelmente será admitido pelo hospital ao qual for levado como última opção.[25] A maioria das pessoas provavelmente reconheceria que essa prática dificilmente conseguirá sanar a causa-raiz da superlotação da emergência, constituindo, no máximo, uma medida paliativa.

As emergências padecem com a carga pesada que precisam suportar, especialmente desde que o número de leitos de emergência diminuiu em relação ao número de pacientes a ela encaminhados. Para muitos pacientes, a emergência é sua melhor, quando não única, opção de primeiros socorros de rotina, o que provoca ainda maiores congestionamentos. Entre 1995 e 2005, as visitas às emergências aumentaram em 20%, enquanto o número de leitos diminuiu em 38%.[26] Só no período de 2004 a 2006 esse aumento chegou a 8%.[27] As emergências enfrentam alguns sérios desafios sistêmicos que não podem ser resolvidos simplesmente pedindo-se às pessoas que trabalhem com mais agilidade. A boa notícia é que os hospitais estão usando métodos *lean* para aprimorar seus processos, aumentando o fluxo em virtude desses enormes desafios.

Quando observam diretamente o fluxo de pacientes, os hospitais encontram tempos de espera que podem ser eliminados mediante melhorias dos processos. No Avera McKennan (Sioux Falls, Dakota do Sul), uma equipe observou os pacientes da emergência procurando analisar o tempo de valor agregado (os tempos em que estavam sendo examinados) e o tempo de espera. Embora a duração média fosse de 140 minutos, dois terços desse tempo foram gastos em espera. Parte dessa demora foi causada pelo fato de os testes de laboratório serem ordenados somente 45 minutos depois do começo da visita do paciente. O departamento reconfigurou seu processo de triagem, garantindo que cada paciente tivesse seu primeiro exame em, no máximo, 20 minutos depois de sua chegada. Quando isso não acontece, são desencadeados protocolos (uma forma de trabalho padronizado) que incluem a solicitação automática de testes de laboratório, reduzindo a demora para os pacientes e seus testes. Como mencionado no Capítulo 1, o Avera McKennan conseguiu aplicar suas melhorias no fluxo ao reduzir a planejada expansão de 24 salas de emergência para apenas 20, o que representou uma economia de US$ 1,25 milhão em custos de construção.

> Se um hospital não chega às causas-raiz de um fluxo deficiente na emergência, corre o risco de gastar muito dinheiro para remediar aspectos que são meros sintomas do problema. Muitas soluções para a superlotação das emergências se atêm à expansão da própria emergência, gastando milhões para acrescentar quartos e baias para o espaço físico, o que, muitas vezes, não reduz o tempo de permanência. Podemos usar um exercício de cinco porquês para este problema:
>
> - Por que estamos precisando desviar ambulâncias?
>   Não temos nenhuma sala de emergência aberta.

> - Por que não temos nenhuma sala de emergência aberta?
>   Não conseguimos fazer a admissão de pacientes em leitos internos com a rapidez exigida.
> - Por que não conseguimos instalar os pacientes nos leitos com rapidez?
>   Os pacientes ficam fora das salas, mas não figuram no sistema como pacientes que tiveram alta.
> - Por que essas altas não aparecem no sistema?
>   O enfermeiro não avisou o secretário da unidade para que baixasse essa saídas no sistema.
> - Por que o processo todo depende da notificação do secretário por parte do enfermeiro?
>   Foi assim que sempre funcionou.
>
> Em vez de nos atermos apenas à grande despesa de capital, temos agora uma causa-raiz (entre outras) que pode ser corrigida por meio de outros projetos de melhoria, ilustrando que se trata de um problema de cadeia de valor, em vez de um problema departamental.

Reduzindo o tempo "porta-balão"

Pacientes que chegam à emergência com dor na região torácica podem estar sofrendo um tipo de ataque cardíaco chamado de STEMI (infarto agudo do miocárdio com supra de ST). Um parâmetro central para a avaliação do fluxo é denominado muitas vezes de tempo "porta-balão", avaliando o tempo transcorrido entre a chegada do paciente até o ponto em que o bloqueio cardíaco é liberado no laboratório de cateterismo. Nesses casos, melhorar o fluxo pela redução das demoras se traduz em melhores resultados para o paciente, uma vez que é menor o dano causado ao coração se o bloqueio arterial for desfeito com maior rapidez.

Durante alguns anos, o ThedaCare usou métodos *lean* para reduzir seu tempo médio da porta até o balão de 92 minutos para 37 minutos, resultando em um atendimento comprovadamente melhor. Como eles dizem, "tempo é músculo", uma vez que a mortalidade aumenta quando esse tempo excede os 90 minutos.[28] Quando o ThedaCare analisou sua cadeia de valor pela primeira vez, em 2006, eles estavam atingindo o tempo-limite nacional de 120 minutos em 70% dessas ocasiões.[29] *Benchmarks* à parte, tratava-se de uma oportunidade mais que evidente para melhorias.

O ThedaCare fez uma série de mudanças no decorrer dos anos subsequentes, reduzindo consecutivamente o tempo médio em cada um dos três anos seguintes, como é mostrado na Figura 9.9. Os clínicos padronizaram o processo para avaliar pacientes, afixando um indicador em cada leito da emergência para lembrar a todos os envolvidos sobre a sequência de trabalho padronizado que melhor minimizava o tempo para que se obtenha um eletrocardiograma (ECG) completo mais rapidamente. Os cardiologistas cederam o controle da leitura dos ECGs aos médicos emergencistas, garantindo que todos estivessem adequadamente treinados para um trabalho de qualidade máxima. Essa mudança eliminou uma possível demora que iria ocorrer sempre que os cardiologistas fossem convocados em casa no meio da noite. Com o novo processo, houve apenas dois diagnósticos de "alarme falso" nos primeiros dois mil pacientes com ataque cardíaco.[30]

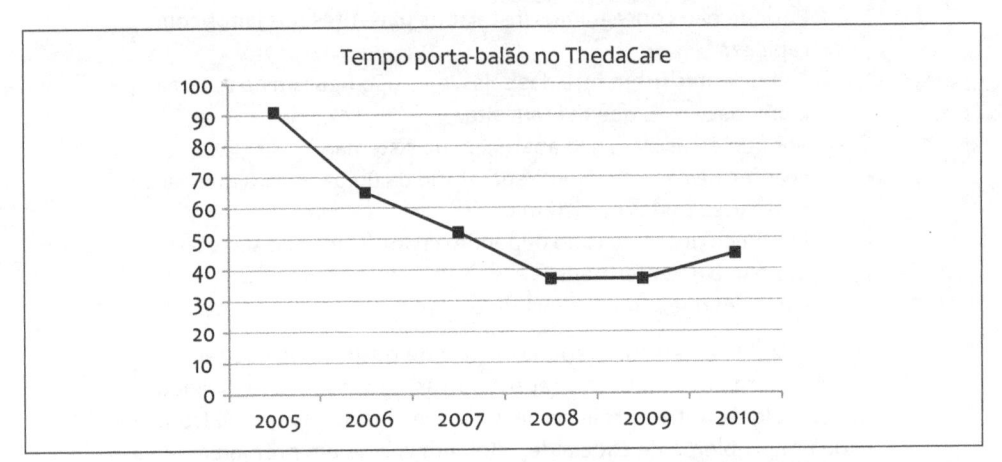

Figura 9.9 Gráfico mostra redução do tempo porta-balão no Appleton Medical Center.

Mesmo atualmente, o ThedaCare se empenha em reduzir ainda mais a variação e o tempo da porta até o balão. Toda vez que um paciente excede os 90 minutos, o que raramente acontece, a equipe aproveita a ocasião para investigar a respeito, buscando uma causa-raiz e mudanças de processos que possam ser implementadas para evitar demoras com futuros pacientes. Em consonância com a mentalidade *lean* de sempre buscar a perfeição, o ThedaCare está atualmente buscando que os condutores das ambulâncias realizem o ECG, transmitindo a leitura dos resultados eletronicamente para serem analisados antes mesmo de o paciente chegar ao hospital.[31]

Melhorando o fluxo de pacientes no tratamento oncológico ambulatorial

De volta ao caso do centro de tratamento oncológico, a marcação das consultas e os horários dos médicos criavam muitas das demoras enfrentadas pelos pacientes nas clínicas de oncologia. Um desafio geral com o agendamento de pacientes é que não se sabe com exatidão quanto tempo irá durar cada consulta. Os médicos dão valor ao seu tempo – e trata-se de tempo realmente valioso –, de forma que todo mundo tem um incentivo para evitar o desperdício de esperar pelos médicos; contudo, muitos dos passos dados para evitar essa espera impõem significativo tempo de espera aos pacientes.

Como se constatou durante a observação direta do fluxo de pacientes, muitos pacientes matutinos viam seu oncologista com 30 a 60 minutos de atraso, o que acontecia inclusive com o primeiro paciente da manhã. Um determinado oncologista chegou com 40 minutos de atraso durante a observação, e o enfermeiro assistente comentou: "Esse médico está sempre 45 minutos atrasado". Acumulando de propósito três pacientes ao começar do dia, o oncologista ajudava a garantir que não houvesse tempo de espera caso algumas das consultas durassem menos que o tempo previsto. Outro oncologista foi identificado como alguém que sempre agendava um bloco de duas horas de consultas de pacientes quando era escalado para os *rounds* pelo hospital. Um terceiro oncologista marcou de propósito 14 pacientes em apenas uma hora, sabendo que aquilo era extremamente irreal. O enfermeiro assistente comentou: "O paciente das 9h provavelmente não será atendido antes das 10h30min". Essa atitude criava acúmulos de pacientes e demora, mas assegurava que o oncologista tivesse um fluxo estável de pacientes para examinar.

Um processo *lean* faria mais para compatibilizar o objetivo de evitar demoras tanto para médicos quanto para pacientes. Alguma tolerância em relação à espera pelos pacientes poderia existir, mas o hospital teria de decidir quais políticas de agendamento são aceitáveis para dar consistência ao serviço e evitar a ansiedade entre os pacientes. Fazer com que os médicos cooperem com mudanças no agendamento pode ser difícil, já que eles poderiam argumentar que são justamente os seus métodos que garantem a ocupação eficiente do seu tempo. Tentativas de alterar essas práticas devem, portanto, necessariamente envolver os médicos, com a liderança ajudando a determinar o caso pela minimização das demoras para os pacientes, pedindo aos médicos que contribuam com a apresentação de soluções viáveis.

Se as demoras para consultar o oncologista fossem longas demais, os pacientes podiam perder sua hora no centro de quimioterapia. Faixas horárias de consultas de tratamento foram agendadas com base na expectativa do tempo de duração da consulta com o oncologista, mas esses períodos não são perfeitamente previsíveis. Agendamentos não cumpridos na quimioterapia geravam repetição de trabalho e movimentação para o enfermeiro encarregado, que precisava priorizar pacientes, fazendo constantemente verdadeiros malabarismos para reajustar o agendamento ao longo do dia.

Uma vez preparados para a sessão de quimioterapia, os pacientes eram frequentemente obrigados a esperar em consequência de defeitos existentes no processo. Isso incluía o fato de o consultório do médico não encaminhar adequadamente o pedido/prescrição do tratamento, um problema que ocorria consistentemente durante 20% do tempo. Isso criava mais repetição do trabalho para os funcionários, mais ajustes no agendamento e mais atrasos para os pacientes. Quando essa falha de processo ocorria, a equipe da quimioterapia ajustava o problema de curto prazo – telefonando ou mandando um fax ao escritório do médico para receber as prescrições corretas –, e o problema era então considerado corrigido. Alguns consultórios eram conhecidos pela prática constante de criar as mesmas falhas de processo, mas o centro de quimioterapia não tinha nem o tempo nem o respaldo político necessários para oferecer *feedback* aos consultórios dos médicos na tentativa de resolver a causa-raiz. Essa ausência de solução do problema de causa-raiz fazia com que se duvidasse, e com razão, de que as falhas pudessem ser prevenidas no futuro.

Mesmo o fato de conseguir um lugar no tratamento não significava o fim do tempo de espera do paciente. Para que o tratamento realmente começasse, muitos fatores precisavam se alinhar:

- Lugar na fila do tratamento.
- Enfermeiro.
- Resultados laboratoriais.
- Bolsa intravenosa de quimioterapia.

Pelo menos um desses fatores indispensáveis estava seguidamente em falta. Quando um paciente conseguia finalmente sentar em uma cadeira, muitas vezes ainda tinha que esperar bastante tempo, porque os enfermeiros estavam ocupados com outros pacientes. O centro de tratamento contava com proporções padronizadas de pacientes/enfermeiros, mas, quando havia um número excessivo de pacientes começando ou terminando ao mesmo tempo o tratamento, gerava-se um pico de curto prazo na carga de trabalho que as equipes não conseguiam controlar sem provocar atrasos. Os resultados do laboratório eram frequentemente retardados, às vezes em função do envio de pedidos errados pelos médicos, levando a mais repetição de trabalho e novos atrasos. A bolsa intravenosa de quimioterapia se atrasava em razão do surgimento de uma dúvida com a prescrição, e os encarregados ficavam esperando pelo retorno do médico. Em outros casos, as bolsas intravenosas eram enviadas adequadamente ao centro de tratamento, mas acabavam sendo mal colocadas por causa da organização deficiente. Isso, por sua vez, forçava o enfermeiro a andar mais do que o programado procurando pela bolsa, o que atrasava aquele paciente e os outros que estavam à espera da cadeira dele para seu tratamento.

O hospital concluiu que, para reduzir ou minimizar as esperas dos pacientes, precisaria realizar uma série de melhorias sistêmicas. Elas começaram pela identificação das causas-raiz dos erros e falhas de processo sobre os quais a instituição tinha controle, o que incluía garantir que o número de enfermeiros fosse equivalente às necessidades dos pacientes e que os enfermeiros encarregados observassem métodos padronizados para priorizar ou reprogramar os pacientes. Depois de resolver os problemas que estavam sob seu controle, o centro de tratamento planejou trabalhar com a clínica de oncologia a fim de ajudar a prevenir demoras decorrentes dos erros ali criados, relacionados com pedidos para a quimioterapia, o laboratório e a farmácia.

Melhorando o fluxo para departamentos auxiliares de suporte

Além do fluxo de pacientes, os hospitais têm conseguido sucesso na utilização de métodos *lean* para melhorar o fluxo em muitas funções auxiliares ou de suporte, entre elas laboratórios, farmácias, serviços perioperatórios e serviços de nutrição. Nesses cenários, o produto não é o paciente, mas um item que é necessário para a tomada de decisões ou a continuação do tratamento.

Aperfeiçoando o fluxo nos laboratórios clínicos

Muitos hospitais já aplicaram métodos *lean* a diversas áreas do laboratório, incluindo laboratório clínico, serviços de transfusão (ou banco de sangue), a microbiologia e a patologia anatômica. Muitos esforços *lean* começam pela área de laboratório clínico, porque ali os volumes de testes são maiores e a urgência quanto aos tempos totais de processamento é mais crítica. As amostras do laboratório clínico podem sofrer atrasos em vários dos estágios da cadeia de valor: durante a coleta da amostra, durante sua recepção ou nas áreas de testes.

Reduzindo os atrasos na coleta de amostras

Para entender as causas das prolongadas demoras que impedem que as amostras cheguem ao laboratório, precisamos observar o processo a fim de identificar o desperdício e os atrasos na cadeia de valor completa dos testes. Durante as atividades iniciais de avaliação, os laboratórios constatam que até 90% do tempo total de processamento entre a coleta das amostras e sua entrega ao laboratório são gastos em espera. Para melhorar os tempos de processamento, os laboratórios precisam reduzir essas demoras, em vez de comprar equipamentos mais rápidos ou pedir aos funcionários que trabalhem mais depressa.

Neste capítulo, já mencionamos que os laboratórios normalmente têm um pico elevado de trabalho na parte da manhã em razão dos *rounds* dos médicos. Em muitos casos, o laboratório não começa a receber as amostras antes das 4h da manhã, mesmo que as extrações pela flebotomia tenham começado já às 3h. Essa demora decorre do acúmulo proposital de lotes, determinada pelos gerentes ou iniciada pelos próprios flebotomistas.

O que poderia parecer ineficiência do ponto de vista do laboratório, ou mesmo do paciente, é algo completamente racional e eficiente para os flebotomistas, que acreditam estar maximizando a produtividade, seguidamente medida em ternos de extrações feitas por hora. Para minimizar desperdícios ou deslocamentos, o flebotomista reduz o número de caminhadas até o laboratório ou até o posto em que ficam os tubos (recipientes) das amostras. Os sistemas de tubos que automatizam o transporte de amostras para o laboratório ficam frequentemente localizados nos postos de enfermagem, em geral situados de maneira inconveniente no fim de prolongados corredores.

Na filosofia *lean*, precisamos entender a causa-raiz da formação de lotes. Simplesmente determinar que os flebotomistas enviem lotes menores ao laboratório poderá servir de motivo para uma problemática supressão de etapas, de modo que eles cumpram todo o seu trabalho atabalhoadamente. Quando os flebotomistas se sentem pressionados, podem apanhar um lote maior já colocado em seus carros de transporte, dividi-lo em lotes menores e mandá-los sucessivamente para o laboratório. Essa alternativa, ao criar a aparência de lotes menores, não constitui uma verdadeira melhoria do sistema, pois os tempos individuais de rotação continuarão tão lentos quanto antes.

Ao definir um trabalho padronizado para os flebotomistas e entender as compensações por lotes menores, os gerentes dos laboratórios podem tomar uma decisão capaz de ajudar a otimizar toda a cadeia de valor. O ponto exato de equilíbrio irá variar com base no *layout* físico do departamento e das unidades de internação, mas o fato é que obrigar os flebotomistas a trabalhar em fluxo de peça única às vezes requer que eles tem de fazer viagens ao posto de enfermagem para cada dois ou três pacientes, uma demora planejada e consistente de 10 a 15 minutos, que é melhor que demoras mais prolongadas e menos consistentes. Se o *layout* permitir, os flebotomistas poderão se deslocar até o posto de enfermagem para cada paciente, minimizando assim os atrasos.

Os gerentes precisam cuidar para que os flebotomistas sejam tratados com equidade nesse processo, não sendo sobrecarregados com um fluxo injustificavelmente mais rápido e pelo qual eles precisem se responsabilizar. O trabalho padronizado ajudará funcionários e gerentes a entenderem de quanto tempo o trabalho precisa para ser completado –

extrair amostras e transportá-las até o laboratório dentro de um tempo adequado. Alguns hospitais chegam inclusive a adotar a medida de aumentar o número de flebotomistas, reconhecendo que a compensação entre esse aumento (relativamente barato) e o tempo e redução de rotação acaba sendo benéfica para a instituição. As compensações entre lotes maiores e menores são resumidas na Tabela 9.2.

Tabela 9.2 Compensações entre tamanhos de lotes

Lotes maiores	Lotes menores
Flebotomistas caminham menos	Flebotomistas caminham mais
Tempo de resposta mais prolongado	Tempo de resposta mais acelerado
Exigem menor número de flebotomistas	Exigem maior número de flebotomistas

Reduzindo atrasos nas áreas de recepção do laboratório

Ao observarmos o fluxo de amostras pelo laboratório, provavelmente veremos outros locais de formação de lotes e mais demoras, inclusive aquelas na fase pré-analítica do processo.

Normalmente, as amostras chegam primeiro a uma área exclusivamente de recepção. Essa área pode ser subdividida em uma área de acesso (em que as amostras são incluídas no sistema computadorizado por um assistente) e uma área de processamento (em que as amostras são centrifugadas ou recebem preparação adicional para os testes). Em muitos laboratórios, o departamento de processamento localiza-se afastado do fluxo principal, já que as amostras vão para uma sala separada e retornam então para a testagem. A separação física da área de processamento conduz a deficiências na comunicação e no trabalho em equipe entre assistentes e técnicos de laboratório na área de testes do laboratório principal.

A distância e a separação levam também a outro resultado compreensível – mais formação de lotes. Quando o trabalho pré-analítico é novamente subdividido entre dois subdepartamentos separados, dois funcionários diferentes fazem o trabalho com um anteparo entre eles, como na Figura 9.10. Confrontado com a perspectiva de carregar um tubo de sangue por pouco mais de 5 metros até a área de processamento, o assistente que fez o trabalho de acesso irá naturalmente preferir acumular um lote (uma bandeja ou um recipiente) antes de movimentar as amostras. Mais uma vez, para ser localmente eficiente, o assistente (da mesma forma que o flebotomista) imagina que é melhor esperar e carregar dez amostras em vez de apenas uma.

O Children's Medical Center (Dallas, Texas) optou por integrar seus departamentos de acesso e processamento em uma área única. Foram criadas bancadas de fluxo com todas as ferramentas necessárias para acessar e então imediatamente processar ou centrifugar cada amostra, sem mais formação de lotes ou demoras. Os funcionários foram treinados nas duas áreas, e as responsabilidades foram reconfiguradas em uma única área, como ilustrado na Figura 9.11. As amostras que anteriormente levavam mais de 30 minutos para passar pelo acesso e pelo processamento passaram a fluir por ali em 5 a 10 minutos. Os funcionários não precisaram passar a trabalhar mais depressa; em vez disso, o sistema e o *layout* subjacentes foram aperfeiçoados. O novo *layout* tornou supérflua a caminhada (transporte para a amostra e movimentação para o assistente) antes "exigida" sob o antigo processo. A reconfiguração das bancadas no laboratório foi rápida e não gerou grande despesa. O maior investimento foi a compra de algumas centrífugas, cada uma custando poucas centenas de dólares, algo insignificante em comparação com a grande melhoria do tempo de resposta dos testes.

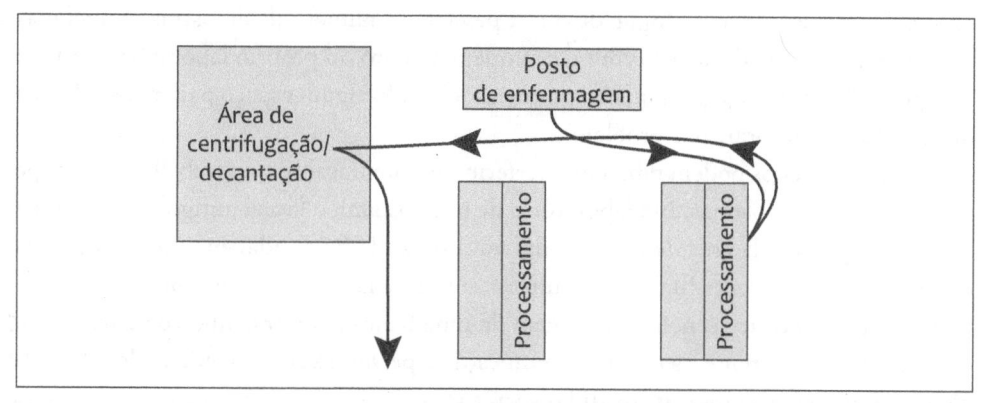

Figura 9.10   O *layout* funcional do silo incentivava o acúmulo de lotes e demoras.

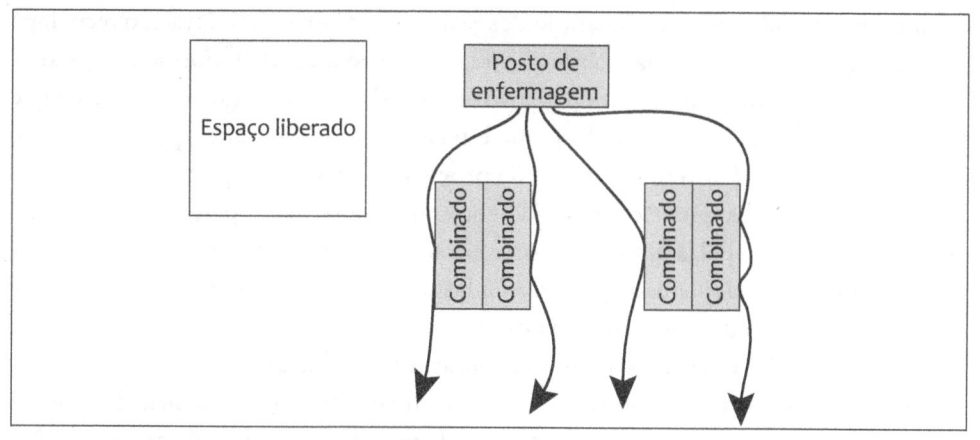

Figura 9.11   Bancadas combinadas de fluxo permitem o fluxo das amostras sem atrasos decorrentes do acúmulo de lotes.

Melhorar o fluxo também melhora a qualidade e o trabalho em equipe

Outros benefícios de mudar o *layout* e melhorar o fluxo incluem mais qualidade e melhor trabalho de equipe. Quando lotes são acumulados, é possível que a mesma falha de processo seja criada em cada uma das amostras. Com o fluxo de peça única, uma falha pode ser detectada imediatamente, evitando-se o acúmulo de falhas. Antes das melhorias *lean*, explicou o diretor de um laboratório, "nós costumávamos ter 12 etiquetas de pacientes enroladas em uma fita no chão. Com isso, o primeiro pedido não podia ser processado até que todos os 12 tivessem sido rotulados. Ao levar todas essas 12 etiquetas ao analisador, você conseguia fazer apenas quatro de cada vez. Pense nas possibilidades de ocorrência de erro quando você etiqueta 12 pedidos de cada vez".

Ao adotar o fluxo de peça única, um laboratório consegue reduzir a possibilidade de haver amostras mal rotuladas. Como o diretor de um laboratório explicou: "a adoção do fluxo de peça única reduziu nosso risco de erros decorrente de etiquetagem errada. Você tem um conjunto de pedidos e um conjunto de etiquetas à sua frente. É quase impossível etiquetar erroneamente o sangue de outra pessoa". O número de amostras etiquetadas com o nome errado, de acordo com o acompanhamento do próprio laboratório, caiu de oito por mês, em média, para quatro por mês, deixando algum espaço para mais esforços de solução de causa-raiz dos problemas.

Layouts malfeitos podem também interferir nas comunicações, no trabalho em equipe e na solução de problemas. No laboratório de um hospital, o *layout* antigo apresentava a recepção separada da área de testes. Uma nova bancada foi criada, em que as amostras eram processadas e centrifugadas por um assistente de laboratório, que então as encaminhava diretamente ao tecnólogo por meio de uma bancada de trabalho compartilhada. Trabalhar frente a frente melhora a comunicação e permite a troca imediata de informações e a adoção mais rápida de medidas corretivas.

Sempre que um novo assistente de laboratório não colocava da maneira certa os rótulos nos tubos de amostras, os rótulos podiam ser lidos incorretamente pelos instrumentos, provocando atraso na obtenção dos resultados. Com o novo *layout*, o tecnólogo tem condições de proporcionar *coaching* e *feedback* imediatos. Anteriormente, ele simplesmente consertava o rótulo (um paliativo) em vez de se comunicar com a pessoa que havia gerado a falha de processo. Em um ambiente *lean*, aproveitar a oportunidade de proporcionar *feedback* direto em geral comprova que o assistente pretendeu fazer um trabalho correto, mas que não havia sido corretamente treinado para tanto. Parte do princípio do respeito pelas pessoas consiste em sempre presumir que elas querem fazer tudo certo, e nada mais justo do que informá-las sobre seus erros, para que possam fazer um trabalho de qualidade na próxima ocasião.

Esse novo *layout* também ajudou a melhorar o fluxo das amostras ao introduzir a flexibilidade no trabalho padronizado. Como as centrífugas estavam no meio da bancada de trabalho, elas podiam ser acessadas tanto pelo tecnólogo quanto pelo assistente. Assim, enquanto era ideal para o assistente descarregar a centrífuga para o tecnólogo, este poderia igualmente descarregar amostras sempre que tivesse tempo para tanto.

Reduzindo atrasos nas áreas de testes do laboratório

Laboratórios clínicos tendem a apresentar *layouts* muito departamentalizados e fragmentados que acabam se tornando obstáculos a um fluxo eficiente de amostras nas áreas de testes. Isso tem uma origem histórica como química e hematologia, pois especialidades tinham seus próprios departamentos acadêmicos. Assim que os hospitais criaram laboratórios unificados, o hábito de manter subdepartamentos separados, muitas vezes por paredes ou até por armários altos, persistiu. O *layout* excessivamente funcional não corresponde às habilidades dos técnicos de laboratório, que são quase sempre treinados multifuncionalmente e podem realizar diferentes tipos de testes sem prejudicar a qualidade dos resultados.

Nos plantões noturnos, quando os volumes e o pessoal são reduzidos, um laboratório tradicional pode contar com apenas um técnicos de laboratório encarregado da hematologia e dos exames de urina, com áreas de trabalho que podem estar a mais de 30 metros de distância umas das outras. Dada essa distância, o tecnólogo certamente não ficará constantemente andando entre esses departamentos. As amostras tendem a se acumular (ou a "formar lotes") na hematologia quando o tecnólogo está no setor de exame de urina, e vice-versa. Um laboratório observou os funcionários e mediu que um tecnólogo do turno da noite caminhava cerca de 6,5 quilômetros por plantão entre os departamentos de exame de urina e microbiologia, por causa da distância existente entre os dois. Isso equivalia a mais de uma hora por dia de caminhada desperdiçada. Essa distância e as caminhadas acabam retardando o tempo de processamento, já que muitos testes requisitados à noite exigem resultados agilizados em razão das necessidades dos pacientes. Os funcionários se sentem pressionados por precisarem estar em dois lugares quase que simultaneamente, o que não é realístico nem justo, especialmente considerando o *layout* inadequado.

Em alguns laboratórios, essa departamentalização pode traduzir-se em um número maior de funcionários do que precisaria haver com um *layout* aprimorado. Antes do *lean*, os técnicos de laboratório eram postados em cada área à espera do trabalho encaminhado ao seu subdepartamento. "Tínhamos várias pessoas que trabalhavam em apenas um instrumento", contou o diretor de um hospital. "Com isso, era possível que houvesse um funcionário sentado na área microbiologia esperando por trabalho e ao mesmo tempo, na hematologia ou análise de urina, houvesse funcionários assoberbados por um acúmulo de novas requisições." Com a grande distância entre os departamentos, não há como tirar proveito de eficiências que derivariam da existência de um departamento conjunto que tivesse todos os instrumentos de teste de alto volume instalados em um lugar só.

Em vez de duas pessoas em cada um dos quatro subdepartamentos, poderíamos conseguir a mesma quantidade de trabalho com apenas seis pessoas em um departamento conjunto. Trata-se de uma conclusão a que se chegaria a partir de um detalhado estudo do conteúdo do trabalho e das cargas de trabalho em ambos os subdepartamentos, jamais como resultado de uma reflexão isolada. Os laboratórios poderiam indicar os funcionários que estivessem ociosos com essa nova configuração para trabalhar com o desenvolvimento de testes, para realizar treinamento interdepartamental ou até para se dedicar a outras melhorias. Quando um funcionário, em decorrência de uma mudança dessas, opta por se demitir, também é possível decidir por não preencher sua vaga. Porém, os funcionários que ficarem não poderão ser sobrecarregados ou submetidos a estresse adicional decorrente dessa situação, e, menos ainda, passar a temer futuros cortes de pessoal.

Melhorando o fluxo na patologia anatômica

Antes da introdução do *lean* no St. Paul's Hospital (Vancouver, Columbia Britânica, Canadá), integrante do sistema Providence Health Care, os tempos de processamento dos relatórios do laboratório de patologia anatômica eram mais lentos que o desejado. Menos de 7% dos relatórios eram completados no prazo de um dia, e apenas cerca de 33% ficavam pontos em dois dias. Outro desafio enfrentado pelo laboratório consistia na carga de trabalho cada vez maior, tudo isso em um período de escassez de tecnólogos no mercado e de restrições fiscais. Depois de analisar o processo existente, o laboratório constatou que havia oportunidades para melhorar o tempo de retorno e de encarar o crescente volume de trabalho sem precisar pressionar os funcionários a trabalharem com mais rapidez ou a sacrificarem a qualidade do trabalho. O laboratório reformulou o *layout* físico, criou métodos e cronogramas de trabalho padronizado (como discutimos no Capítulo 5) e implantou outras mudanças sistêmicas que melhoraram o fluxo e reduziram os atrasos.

Depois da concretização das melhorias, o tempo médio de processamento foi reduzido em um dia, de quatro para três. Com isso, os médicos passaram a ter informações mais rapidamente, o que lhes permitiu tomar decisões-chave a respeito do tratamento dos pacientes, inclusive nos casos de câncer, de maneira mais oportuna. Com um processo *lean* em andamento, o laboratório passou a completar mais de 30% dos relatórios em um dia, e quase 60% deles em dois dias. Os tempos médios de processamento incluem todos os relatórios da patologia, mesmo de casos altamente complexos que exigem análise em profundidade e, portanto, prazos inerentemente mais prolongados.

As melhorias *lean* ajudaram os pacientes por meio da agilização dos tempos de retorno. As mudanças também ajudaram a melhorar o fluxo de trabalho para os patologistas que revisam *slides* e ditam relatórios que são depois encaminhados ao médico assistente do paciente. Antes do *lean*, o trabalho era feito em grandes lotes, resultando em *slides* que não eram entregues aos patologistas para a sua leitura antes das 11h da manhã. Isso criava um pico de trabalho e aumentava a pressão para que os relatórios fossem encerrados com pressa antes do final do dia, a fim de evitar a necessidade de prolongar o trabalho até a noite. À medida que o laboratório melhorou seu fluxo pela redução dos lotes e de outras formas de atraso, os *slides* começaram a chegar aos patologistas mais cedo na parte da manhã, com uma divisão mais justa de sua carga de trabalho e um correspondente aumento da satisfação.

As melhorias no *layout* e no projeto geral do laboratório também reduziram o tempo desperdiçado em movimentação pelos funcionários. A redução dos lotes ajudou a minimizar o risco de erros e confusões com rótulos de amostras, reduzindo assim parte do estresse entre os funcionários (que sempre temiam cometer mais erros) e melhorando a qualidade para os pacientes. Depois que os patologistas examinavam os *slides*, os encarregados da transcrição recebiam fitas ditadas dos patologistas contendo casos individuais, em vez de longas gravações com múltiplos casos. Isso amenizou a carga de trabalho para os encarregados da transcrição e reduziu também o tempo de espera pelos relatórios finais destinados aos médicos assistentes.

Pesquisas de satisfação entre os funcionários, realizadas antes e depois dessas melhorias, mostram como o *lean* não leva ninguém a sacrificar a qualidade do trabalho ou o moral dos funcionários em nome da produtividade. Em resposta à pergunta "a qualidade é prioridade máxima em minha área?", o escore médio era de 4,5, em uma escala de 5,0, depois da implementação do *lean* (o nível 5,0 indicava "sim, totalmente" pelos funcionários), em comparação com um escore de 3,5 pré-*lean*. Os funcionários também concordaram que estavam "satisfeitos com o departamento como lugar de trabalho", com um escore de 4,0, comparado com o escore médio de 3,5 pré-*lean*. Esses resultados e atitudes são comuns em implementações bem-sucedidas do *lean*.

Todos os benefícios supracitados são favoráveis ao próprio hospital: melhores resultados para os pacientes mediante tempos de resposta mais rápidos e melhoria da qualidade, aumento da satisfação dos médicos e incremento da satisfação dos funcionários. Adicionalmente, o hospital reconheceu a existência de resultados financeiros positivos diretamente derivados dos projetos *lean*. O departamento conseguiu com isso eliminar gradativamente US$ 60.000,00 em equipamentos de patologia que deixaram de ser necessários como resultado da melhoria do fluxo. Mais importante ainda, os tecnólogos tiveram condições de absorver com segurança um aumento de 9% na carga de trabalho sem necessidade de aumento de pessoal.

Jane Crosby, diretora de serviços do laboratório, comentou: "O laboratório do St. Paul's sempre teve reputação por sua elevada qualidade. Às vezes isso torna os processos muito complicados, na medida em que tentamos cobrir todas as contingências possíveis e imagináveis. Com o *lean*, fomos capazes de aumentar ainda mais a qualidade e simplificar ao mesmo tempo nossos processos, e tudo isso tem sido especialmente gratificante para a equipe, que se sente menos pressionada e consegue assumir um maior volume de trabalho".

Melhorando o fluxo nas farmácias

Enquanto no laboratório os resultados devem sair rapidamente (a menos que fiquem parados esperando para serem conferidos pelo médico que pediu os exames), as farmácias têm um esquema em termos de exigências de fluxo e tempo. A rapidez no tempo de resposta é importante em alguns pedidos de medicamentos. Em outros porém, o objetivo é não entregar medicamentos cedo demais, pois nessas condições eles acabarão sendo devolvidos à farmácia, criando mais trabalho para enfermeiros e outros funcionários.

Os pedidos de medicamentos (tais como primeiras doses ou medicamentos em falta) que precisam de uma resposta mais rápida podem ser atrasados por diversos motivos antes de chegarem à farmácia. O fluxo do pedido desde o pensamento do médico – "eu preciso receitar esta medicação" – até que a farmácia receba essa ordem pode sofrer atrasos decorrentes de comunicação inadequada ou de processos deficientes. Funcionários ou enfermeiros das unidades às vezes literalmente deixam de ver um pedido em razão da desorganização, ou por estarem sobrecarregados com outras tarefas. O registro do pedido do médico pode ajudar a reduzir essas perdas por falta de entrega ou por atrasos.

No interior da farmácia, há inúmeras maneiras de atrasar os pedidos de medicamentos. Uma demora pode ter origem no descompasso geral entre as cargas de trabalho e as proporções da equipe. Se a carga de trabalho geral não está nivelada, as demoras podem ocorrer em determinados períodos de pico. Em uma determinada farmácia, antes do *lean*, havia apenas um carregamento de carrinhos por dia, quando os medicamentos eram reunidos na farmácia para serem enviados às unidades de internação, e um grande lote único de trabalho diário era feito para todas as unidades. Infelizmente, esse único carregamento ocorria durante a manhã, quando os médicos faziam novas prescrições (primeiras doses) que deveriam ser atendidas tão prontamente quanto possível. Essa falta de *heijunka* levava a atrasos de medicamentos e a funcionários frustrados, como recordou um farmacêutico: "Havia alguém chorando por aqui todos os dias, por causa do estresse". Com a implementação do *lean*, a farmácia começou a fazer quatro carregamentos de carrinhos por dia, o que distribuiu a carga de trabalho mais horizontalmente e acabou com os conflitos matutinos.

O tempo de resposta da farmácia pode também sofrer os efeitos de *layouts* físicos e processos mal projetados. Os técnicos podem ser forçados a caminhar muitos quilômetros por dia porque as ferramentas que usam (por exemplo, emissores de etiquetas ou rótulos, computadores e o próprio sistema de separação de medicamentos) não ficam próximas umas das outras. Medicamentos de ampla utilização podem estar espalhados por todo o laboratório, o que aumenta a necessidade de movimentação dos técnicos e atrasa as entregas. *Layouts* malfeitos podem também incentivar os funcionários a acumularem tarefas em lotes para subotimizar sua movimentação, o que acaba prejudicando o fluxo dos medicamentos.

Após a seleção dos medicamentos, o *layout* e o processo podem causar demoras e acúmulo de lotes nas verificações dos farmacêuticos. Se os farmacêuticos ficam em uma área exclusiva, fora do fluxo e separada dos técnicos da farmácia, uma verificação do fluxo de peça única pode tornar-se inviável, resultando em verificações feitas aos lotes. Se os técnicos deixam medicamentos para verificação, pode ocorrer uma demora antes que voltem para apanhar medicamentos já verificados, atrasando ainda mais o transporte até os pacientes.

Outros medicamentos não são enviados individualmente. Muitos deles são armazenados como estoque geral não individualizado na emergência ou em unidades de internação, para que os enfermeiros possam apanhá-los facilmente em um gabinete quando necessário, embora esses medicamentos só estejam normalmente disponíveis depois de um farmacêutico revisar a ordem e liberá-los. Medicamentos são também estocados em unidades para permitir os lotes de reabastecimento pela farmácia. Em vez de enviar medicamentos comumente usados um a um durante o dia inteiro (o que exige trabalho adicional, embalagem de materiais e tempo de entrega), quantidades maiores são reestocadas em uma viagem por lote.

Antes do *lean*, isso era feito em geral apenas uma vez por dia, ou algumas vezes por semana. Como acontece com tantas situações, existem compensações que precisam ser levadas em conta. Entregas diárias minimizam a movimentação dos técnicos exigida pela entrega de medicamentos ao longo do hospital. Por sua vez, reabastecimentos mais frequentes, embora exijam mais caminhadas, levam a uma maior disponibilidade de medicamentos nas unidades e a uma redução dos casos de pedidos não planejados (quando os medicamentos não estão disponíveis) "conforme o necessário" que chegam à farmácia durante o dia. Pode parecer um contrassenso para os funcionários da farmácia no começo de sua jornada *lean*, mas o fato é que entregas mais frequentes (de hora em hora, por exemplo) podem reduzir a carga total de trabalho, na medida em que as caminhadas reativas às unidades de pacientes internados são reduzidas.

Quanto aos medicamentos armazenados na unidade de enfermagem para um determinado paciente, o objetivo da farmácia é uma entrega *just-in-time*. Se um médico emite uma prescrição para que determinado medicamento seja ministrado três vezes a cada oito horas, não é vantajoso para a farmácia entregar três doses de uma vez só. Entregar um grande lote pode reduzir a extensão das caminhadas, mas também aumenta a possibilidade de que algumas dessas doses venham a ser desperdiçadas em razão de uma mudança na ordem do médico, ou pelo fato de aquele paciente ter sido, nesse meio-tempo, transferido ou liberado. Muitas vezes, quando um paciente é transferido, os medicamentos são devolvidos à farmácia para serem reenviados à nova unidade, em vez de serem transferidos juntamente com o paciente (criando, assim, o desperdício de transporte e o desperdício de movimentação).

O Memorial Health (Savannah, Geórgia) é um exemplo de farmácia hospitalar que implementou o *lean*. Uma equipe de funcionários do departamento começou por analisar seus próprios processos, observando e mensurando diretamente os desperdícios na cadeia de valor e o movimento desperdiçado pelos funcionários. A equipe introduziu inúmeras de melhorias sistêmicas durante um período de 17 semanas, o que reduziu o desperdício e melhorou os tempos de resposta e a disponibilidade de medicamentos nos pontos em que se faziam necessários.

O *layout* da farmácia foi redesenhado, reduzindo os tempos e as distâncias de caminhadas para os técnicos em mais de 50%. Isso levou a um tempo de resposta mais ágil para a média da primeira receita. No novo *layout*, um farmacêutico foi incorporado ao fluxo, de modo que os técnicos passassem a entregar a ele medicamentos para verificação em fluxo de peça única. Esse redesenho teve impacto não apenas no *layout*, mas também no trabalho padronizado para os farmacêuticos. Antes do *lean*, todos os três farmacêuticos faziam toda e qualquer coisa. A superposição de responsabilidades várias vezes levou a confusões e demoras quando os medicamentos ficavam à espera de verificação. Cada farmacêutico podia achar que um colega fosse verificar um determinado medicamento, ou, mais frequentemente, todos os três estavam ocupados com telefonemas ou outras tarefas de consulta. O trabalho padronizado atribuiu a cada um dos farmacêuticos uma das três funções (carga, verificação dos pedidos e consultas telefônicas), ainda que cada um deles pudesse ajudar os outros dois sempre que o seu tempo lhe permitisse e que isso não prejudicasse o fluxo na sua própria área de responsabilidade.

Ao final do projeto do Memorial Health, a farmácia estava prestando serviços melhores aos pacientes e aos enfermeiros. Em uma pesquisa interna, os enfermeiros concordaram com as seguintes avaliações (medidas em uma escala em que "concorda plenamente" tem escore 1, e "discorda totalmente" tem escore 5):

- Os medicamentos parecem estar mais disponíveis quando necessário do que estavam há seis meses. (Escore = 2,04)

• Estou satisfeito com as principais melhorias e esforços da farmácia para proporcionar melhores serviços aos andares e aos pacientes. (Escore = 1,75)

No Memorial, e em outros hospitais, as melhorias nos processos da farmácia ajudaram a garantir que os medicamentos certos, nas doses adequadas, fossem disponibilizados nos lugares certos de acordo com a necessidade, e no momento certo. Isso melhora o atendimento ao paciente e, ao mesmo tempo, facilita o trabalho dos funcionários, reduzindo os custos para o hospital. O *lean* também remove o foco sobre problemas nos processos, tais como falta de doses de medicamentos e telefonemas que isso acarreta, permitindo que o farmacêutico se dedique ao seu papel real, que é o de otimizar o uso da medicação para cada paciente.[32]

Conclusão

Muitas das causas-raiz para um fluxo inadequado aqui documentadas, como *layouts* incorretos, falta de *heijunka* e cadeias de valor mal planejadas, podem ser vistas em outros departamentos. Se você trabalha em um departamento não mencionado neste capítulo, procure distinguir de que forma os conceitos gerais se enquadram aos seus processos. Se você trabalha em um dos departamentos aqui mencionados, mesmo assim não deve tentar copiar aquilo que já foi feito por outros. Certifique-se de que os princípios *lean* estejam sendo usados para resolver seus problemas principais. Para melhorar o fluxo, vá ao *gemba* e observe o processo ao vivo. Procure o tempo de valor agregado e aquele sem valor agregado e identifique as causas-raiz dos atrasos. Em vez de aceitar os atrasos ou as respectivas causas como parte integrante do processo, entre em ação e promova mudanças que permitam melhorar o fluxo.

Lições *lean*

- Faça melhorias que removam as pedras do caminho, em vez de cobrir os problemas com mais água (paliativos ou filas de espera).
- O fluxo de peça única é um norteador, mais do que uma determinação obrigatória.
- As melhorias do fluxo aplicam-se a todos os pacientes, tanto aqueles que esperam pela marcação de consultas quanto os que aguardam atendimento no local marcado. Ideias similares podem ser aplicadas ao fluxo de qualquer material ou informação.
- Irregularidades no fluxo podem ser o resultado tanto de ocorrências naturais quanto de nossas próprias políticas.
- O *lean* nos ensina a aceitar a *mura* como um fato dado.
- Quando o fluxo for interrompido, pergunte por que e conserte as causas sistêmicas da formação de lotes e outras demoras.
- A melhoria do fluxo normalmente melhora a qualidade e o trabalho em equipe, além de reduzir os custos.
- Mais rápido nem sempre é melhor, dependendo das necessidades do consumidor.

Pontos para discussão em grupo

- De que forma os processos hospitalares ou o seu departamento seriam diferentes se os *rounds* dos médicos apresentassem uma carga equilibrada?
- Como é possível equilibrar melhor os níveis de pessoal com as cargas de trabalho?
- Por que os enfermeiros podem se sentir desrespeitados ou desvalorizados quando são dispensados mais cedo do trabalho em períodos de pouco trabalho?
- Quais melhorias ocorreriam no hospital se pudéssemos dar alta aos pacientes em quantidades semelhantes durante os sete dias da semana? E isso é possível?
- Como o hospital pode equilibrar o número de cirurgias eletivas no decorrer do ano? Quais departamentos ou funções precisariam ser envolvidos neste projeto?
- De que maneira a melhoria do fluxo pode ajudar a melhorar a qualidade do tratamento dos pacientes?
- Quais são os tempos de espera mais prolongados para consultas ou tratamento que poderiam ser reduzidos com métodos com o *lean*?
- Qual é o equilíbrio adequado entre o tempo de espera do paciente e o tempo de espera do médico?

Capítulo

10

CONQUISTANDO E LIDERANDO FUNCIONÁRIOS

Mudando o estilo de gerenciar

O *lean* não trata apenas de ferramentas. É também um método diferente de administração que orienta nossa atuação como gerentes e a forma como lideramos nossos funcionários. Convis escreveu: "O papel mais importante do gerenciamento é o de motivar e conquistar o maior número possível de pessoas para trabalharem juntas com um objetivo comum. Definir e explicar qual é esse objetivo, compartilhar um caminho para se chegar a ele, motivar pessoas para que empreendam a jornada com você e dar-lhes assistência mediante a remoção de obstáculos – essas são razões de ser do gerenciamento".[1]

O desafio não é simplesmente comandar e implementar com sucesso um projeto *lean* inicial. Uma vez superada essa fase, ainda temos pessoas e processos a comandar no dia a dia. É por isso que o *lean* constitui uma jornada contínua – precisamos nos proteger contra a possibilidade de retornar a velhos métodos e continuar nos esforçando pela contínua melhoria. Uma força de trabalho motivada, comprometida, na qual todos participem das melhorias, é a melhor forma de atingir o sucesso a longo prazo.

A mentalidade tradicional de gerenciamento fixa-se em um conjunto de procedimentos operacionais padrão e pensa: "Investimos grande parte do nosso tempo e atenção pensando nesses processos, por isso eles devem estar perfeitos". Pensar de forma diferente poderia ser considerado um sinal de fracasso ou incompetência. Pensadores *lean*, pelo contrário, supõem que um processo sempre pode ser aperfeiçoado, mesmo que, no momento, pareça estar funcionando de maneira praticamente perfeita. O ditado segundo o qual "se não está quebrado, não conserte" não se aplica em um ambiente *lean*. Pensadores *lean* admitem que não são perfeitos. Não ser perfeito é algo aceitável desde que, enquanto a equipe estiver trabalhando em busca da perfeição por meio de esforços contínuos de melhoria, os líderes *lean* possam dizer: "Não está quebrado, mas não está perfeito; por isso, vamos tentar melhorar!".

> As pessoas costumam atribuir a citação a seguir a um executivo sênior da Toyota, ao comparar seus métodos com os dos concorrentes de Detroit, a antiga sede mundial da indústria automobilística: "Gerenciamento brilhante de processos é a nossa estratégia. Conseguimos resultados fantásticos de pessoas medianas que gerenciam processos brilhantes. Observamos que nossos concorrentes geralmente conseguem resultados medianos (ou ainda piores) com pessoas brilhantes que gerenciam processos falidos".[2] Os hospitais normalmente contam com pessoas brilhantes. Imagine então tudo aquilo que poderíamos ter de melhor ainda com processos brilhantes. Eles não são mutuamente excludentes.

Antes do *lean*, os gerentes talvez não tivessem consciência daquilo que havia de errado em seus setores. Com a melhor das intenções, os funcionários podiam esconder problemas adotando maneiras e práticas para contorná-los. É comum achar que um grupo de pessoas muito atarefadas está assim simplesmente porque todos estão ocupados, mas na verdade às vezes estão ocupados exclusivamente com a produção de desperdício. Ao aprendermos a reconhecer o desperdício, pelo simples fato de nos atrevermos a deixar o conforto de nossas salas e incentivar as pessoas a se manifestarem, podemos finalmente começar a enxergar o que está realmente errado com os detalhes dos nossos processos.

Não basta dizer aos funcionários que eles precisam localizar e eliminar o desperdício em seu trabalho. Também precisamos nos comprometer a gerenciar de maneira diferente. Muitos supervisores e gerentes não conseguem fazer a transição para o gerenciamento *lean*. Da mesma forma que os funcionários podem temer demissões em massa, supervisores temem perder seu poder ou se tornar irrelevantes em uma cultura de engajamento dos funcionários. Alguns gerentes precisarão ser substituídos, mas a maioria deles poderá ser ensinada e orientada de acordo com a abordagem *lean*. David Mann afirmou: "O que torna o *lean* difícil não é o fato de ser muito complicado, mas sim de ser inteiramente diferente daquilo que aprendemos".[3]

Tradicionalmente, as organizações (incluindo muitos hospitais) tendem a ser extremamente hierarquizadas e verticais em suas abordagens. O diretor de um hospital afirmou: "Temos dificuldades com isso. Ainda temos uma força de trabalho de gerentes médios de estilo comando e controle, que se mostram extremamente protetores, quase que proprietários, de seus departamentos e respectivos problemas". Os gerentes em um ambiente *lean* não tomam todas as decisões, não resolvem todos os problemas e evitam transmitir diretrizes aos seus funcionários. Muitos gerentes não sabem operar de qualquer outra forma que não seja a tradicional.

John Toussaint, ex-diretor-presidente do ThedaCare, comentou humildemente seus esforços para mudar seu próprio estilo pessoal de liderança e com isso definir um modelo para toda a organização. A Tabela 10.1 mostra sua comparação dos estilos *lean* de liderança com o que ele batizou de liderança tradicional dos "jalecos brancos".[4] O jaleco branco, não limitado aos médicos, significa autoridade baseada em posição formal. Os atributos da liderança dos jalecos brancos tendem a atravancar a comunicação franca e a melhoria da qualidade.

Tabela 10.1 Uma comparação de estilos de liderança

"Liderança dos jalecos brancos"	"Liderança da melhoria"
Sabe tudo	Paciente
Comanda	Sempre aprendendo
Autocrática	Facilitadora
A decisão é minha	Orientadora
Impaciente	Aprendiz
A culpa é dos outros	Ajudante
Controladora	Comunicadora

> Um hospital norte-americano funcionava havia já alguns anos dentro dos princípios *lean*, mas o diretor-presidente continuava a tomar decisões verticais. Pesquisas com pacientes mostravam que o barulho noturno era a maior causa de reclamações. Os gerentes das unidades de internação ficaram surpresos, obviamente, com a chegada de trabalhadores para instalar carpetes nos corredores. Infelizmente, o novo carpete tornou ainda mais difícil, para os enfermeiros empurrar os carrinhos com computadores por aqueles corredores, e por isso as máquinas passavam a maior parte do tempo nos próprios postos de enfermagem. Uma ordem executiva (use a tecnologia para não ficar todo o tempo imobilizado nos postos) entrava em conflito com a outra ordem executiva (corredores acarpetados). Em vez de desenvolver um ciclo de planejar-fazer-verificar-agir (PDCA), o carpete foi colocado em outros pavimentos antes que o impacto da primeira unidade tivesse sido totalmente avaliado. Os dados sobre as queixas relativas ao barulho ironicamente mostraram que as reclamações haviam diminuído no mês anterior à instalação do carpete, pois os enfermeiros haviam tomado a iniciativa de fechar as portas e reduzir o volume da televisão à noite. Com isso, enquanto os enfermeiros estavam aprendendo princípios *lean* e seus executivos davam sustentação a esse esforço, os líderes seniores não estavam sequer pensando pelo novo método.

Qual é o papel do gerente?

Qual é, então, o papel do gerente em uma cultura *lean*? Os gerentes são responsáveis por estabelecer diretrizes e liderar a caminhada, objetivando sempre a que os funcionários entendam as necessidades dos clientes, as prioridades organizacionais e a forma como as peças se encaixam nesse jogo todo. Shook destacou que o papel de um gerente na Toyota tem dois objetivos:

1. Levar cada pessoa a assumir iniciativas para resolver problemas e melhorar seu próprio trabalho.
2. Garantir que o trabalho de cada pessoa esteja alinhado com o objetivo de prover valor para o consumidor (ou paciente) e prosperidade para a companhia (ou hospital).[5]

Como agir para que as pessoas assumam iniciativas? Trata-se de algo difícil de concretizar por meio de ordens diretas e autoridade formal e hierárquica. Gerentes, especialmente em departamentos hospitalares que não têm contato direto com os pacientes precisam garantir que seu pessoal seja devidamente orientado sobre a necessidade de prover atividade de valor agregado para o consumidor, os pacientes.

Os gerentes muitas vezes sentem dificuldade em dar poder a seus funcionários para que tenham condições de buscar soluções e respostas por iniciativa própria. Muitos gerentes definem seu valor pela própria capacidade de "apagar incêndios" ou resolver problemas; afinal de contas, por algum motivo, eles foram alçados à chefia. Essa dinâmica tende a se tornar mais forte à medida que alguém ascende na escala organizacional. Pode ser mais efetivo, a longo prazo, desafiar seus comandados a apresentarem soluções, mesmo se inicialmente isso aparentar ser um consumo excessivo de tempo ou trouxer a certeza de que eles irão tropeçar pelo caminho ao longo do processo PDCA.

> O diretor executivo de um hospital lamentou que seu novo pronunciamento afirmando que "apagar incêndios é ruim" tivesse entrado em conflito com aquilo que ele havia praticado em seus 30 anos de carreira naquela organização. Embora ele soubesse que todos precisam se concentrar na melhoria de sistemas e na "prevenção de incêndios", não deixou de reconhecer que ascendeu na hierarquia até chegar a diretor executivo porque sempre foi "o melhor em 'apagar incêndios' e em improvisar soluções". Esse é um desafio da liderança.

Gerentes *lean* não são nem ditatoriais nem costumam delegar poder em demasia, como se fossem líderes despreocupados. Como disse Shook, os gerentes *lean* não são "o líder moderno, iluminado" da delegação de poder comum na década 1980 ou do estilo da gestão de qualidade total. Eles não dizem "não me importo como você conseguirá fazer tal coisa, desde que consiga resultados".[6]

Estabelecer objetivos e limites é algo que um gerente pode fazer, mas objetivos não são um alvo do tipo "obtenha o resultado, senão...". Gerentes *lean* dizem "venha comigo, vamos examinar esta situação em conjunto".[7] Em uma organização *lean*, metas, objetivos e estratégias tendem a fluir de cima para baixo. Ideias e soluções devem fluir de baixo para cima, com a suposição de que os funcionários da linha de frente (ou "agregadores de valor") estão mais perto dos processos. As organizações *lean* mantêm frequentes ligações de *feedback* entre os vários níveis, de modo que a informação flua em ambas as direções. À medida que os gerentes de alto nível estabelecem diretrizes e visão, eles vão pedindo aos funcionários para confirmarem se estão mesmo no caminho certo. Conforme as ideias vão surgindo, os gerentes podem questionar e desafiar ideias, testando o processo de pensamento envolvido nas soluções. Isso é ilustrado na Figura 10.1.

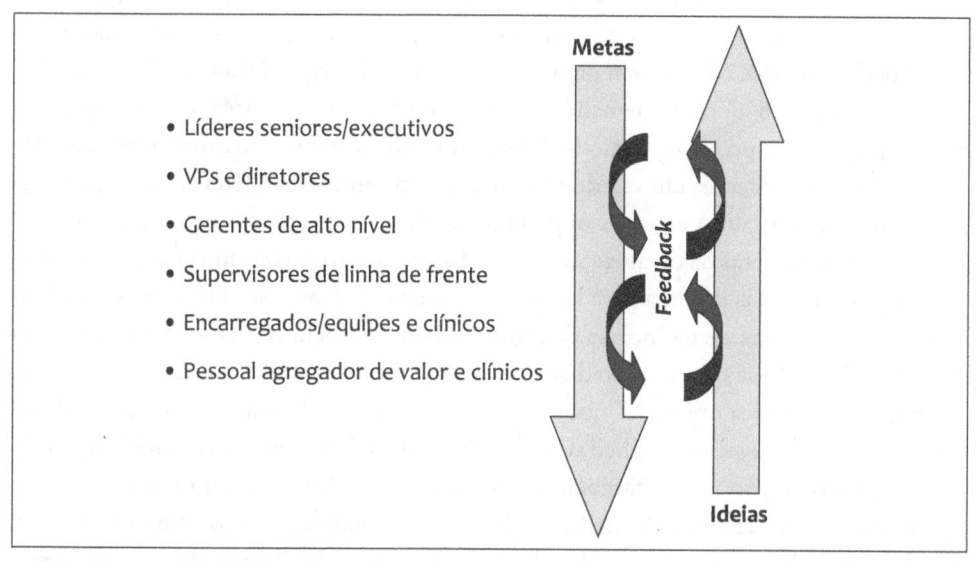

- Líderes seniores/executivos
- VPs e diretores
- Gerentes de alto nível
- Supervisores de linha de frente
- Encarregados/equipes e clínicos
- Pessoal agregador de valor e clínicos

Metas

Feedback

Ideias

Figura 10.1 Ilustração de como objetivos e ideias fluem para cima e para baixo em uma organização *lean*.

Implantação estratégica

Um número cada vez maior de organizações de assistência à saúde, entre elas Virginia Mason Medical Center (Seattle, WA), ThedaCare (Appleton, WI), Group Health (Seattle, WA) e St. Boniface General Hospital (Winnipeg, Manitoba, CA), vêm adotando a metodologia de gestão chamada "implantação estratégica", também conhecida como "implantação de políticas" ou *hoshin kanri*, em japonês. Seguindo o modelo de cima para baixo e de baixo para cima, a implantação estratégica visa a criar o alinhamento em todos os níveis da organização. Líderes seniores em uma organização ajudam a definir quatro ou cinco objetivos de "norte verdadeiro" que se espalham por toda parte, até os supervisores de nível primário e suas equipes.

Os quatro objetivos de norte verdadeiro no ThedaCare, por exemplo, são originários da pergunta "quais são os problemas e as oportunidades mais importantes?". Eis a relação:[8]

- Segurança e qualidade (mortalidade evitável e erros de medicação).
- Pessoas (acidentes no local de trabalho, índice de engajamento dos funcionários e escores de satisfação).
- Satisfação dos clientes (acesso, tempo de resposta, qualidade do tempo).
- Governabilidade financeira (margem operacional e produtividade).

A equipe de liderança sênior assegura parâmetros de alto nível e ajuda a garantir que cada um dos níveis da organização tenha parâmetros locais alinhados com o norte verdadeiro. Por exemplo, uma unidade médico-cirúrgica pode acompanhar o número e as circunstâncias das quedas de pacientes como um parâmetro de segurança e qualidade, enquanto uma unidade de pacientes ambulatoriais pode mensurar tensões e desvios dos funcionários. Gerentes de linha de frente em um cenário maduro de implantação estratégica podem explicar prontamente como seus parâmetros locais são importantes para os pacientes e como eles contribuem para as metas gerais da organização.

Indo um pouco além da mensuração, a implantação da estratégia assegura igualmente que ideias e projetos de melhoria sejam iniciados primordialmente por funcionários dos níveis iniciais, em vez de se constituírem sempre em determinações impostas de cima para baixo. A equipe e os gerentes ajudam a determinar o que fazer (o *como*) para satisfazer as metas da organização (o *quê*). Esse processo em que uma mão lava a outra assegura que as metas de cima para baixo sejam ajustadas com base em *feedback* dos funcionários, e as ideias de melhorias dos funcionários também recebem *feedback* e *input* dos seus líderes. Essa colaboração distingue a implantação estratégica de métodos mais antigos de "gestão por objetivos" que eram estabelecidos exclusivamente pela cúpula da empresa. Como descobriu o ThedaCare, é importante "quebrar o ciclo hierárquico".[9]

A implantação estratégica também ajuda a aumentar o foco ao levar uma organização a priorizar iniciativas-chave de melhorias em vez de tentar fazer tudo ao mesmo tempo. A "sala visual" da liderança sênior do ThedaCare tem paredes ilustrando eventos de melhorias rápidas e iniciativas estratégicas em andamento, mas tem também um processo para formalmente "desativar" iniciativas que deixaram de fazer parte das prioridades do ano, afixando essas ideias na parede de maneira que possam ser reconsideradas no futuro, em vez de serem simplesmente esquecidas.

Toussaint afirmou que "a implantação estratégica está forçando um continuado olhar de melhoria sobre o mundo, enquanto a maneira tradicional é apenas um lote, que é também um projeto". Anteriormente, o processo anual de planejamento do ThedaCare era "um enorme lote em que a cúpula fazia um retiro que durava de quatro a cinco horas". Quando o plano ficava completo, "já estava desatualizado", segundo Toussaint. O ThedaCare tem atualmente um ciclo de planejamento que pode ser continuamente revisado, seguindo a mentalidade PDCA.[10]

Problemas comuns de gerenciamento

Podemos encontrar problemas de gerenciamento que são comuns a muitos hospitais. Essas instituições, por exemplo, costumam escolher seu enfermeiro mais competente, mais bem-sucedido ou mais representativo e transformá-lo, da noite para o dia, em supervisor. As pessoas são muitas vezes jogadas em funções de supervisão sem qualquer treinamento formal para tanto, sendo assim forçadas a aprender na prática, em vez de serem ensinadas e instruídas a seguir algum modelo de gerenciamento consistentemente aplicado em todo o hospital. A abordagem informal faz com que alguns funcionários entrem em confronto e sejam afastados da cadeia de gerenciamento para sempre (outro exemplo do desperdício de talento).

Muitos indivíduos que são promovidos com base no sucesso em seu papel individual de contribuição certamente não contam com algumas das habilidades e experiências necessárias para serem excelentes supervisores. Por exemplo, podemos promover um supervisor que esteja se sentindo desconfortável com a necessidade de manter conversas duras, porém indispensáveis, com os funcionários. Em vez de confrontá-los construtivamente ou cobrar suas responsabilidades, os supervisores, às vezes, optam por olhar para o outro lado. Há também casos em que sua agenda está tão carregada de reuniões ou revisões de relatórios que eles perdem a oportunidade, e também a capacidade, de identificar qualquer tipo de desperdício. Não podemos supor que todos os gerentes tenham habilidades básicas de supervisão, tais como saber como treinar efetivamente um funcionário para determinada tarefa. Em comparação, o *lean* e sua metodologia essencial do Treinamento na Indústria (TWI) oferecem métodos testados pelo tempo e pelas mais variadas aplicações para ensinar supervisores a serem eficientes no treinamento de funcionários, como mencionamos no Capítulo 5. Novos métodos combinados com novas mentalidades culturais *lean* podem tornar o gerenciamento mais atraente para os funcionários mais talentosos, habilitando-os a conquistar maior sucesso como líderes.

Com isso não estamos pretendendo dizer que todos os supervisores, gerentes e líderes de hospitais são incapazes. Os supervisores de hospitais têm muitos traços positivos que podem ajudá-los a se transformarem em gerentes ainda melhores. Ao contrário do que acontece em indústrias de características diferentes, supervisores e outros líderes nos hospitais tendem a ser promovidos dentro de sua própria função, normalmente no âmbito da mesma organização. Embora isso possa acrescentar alguns novos desafios, entre eles o de ser preciso gerenciar com eficiência antigos colegas e amigos, a grande vantagem sistêmica é que os supervisores estão mais aptos a entender o trabalho diário que agrega valor. Essa vantagem, contudo, pode dissipar-se com o passar do tempo, à medida que o supervisor vai se afastando por mais tempo do trabalho diário, enquanto os instrumentos e as tecnologias continuam sendo modificados e melhorados.

Da mesma forma que tentamos não atribuir culpa a funcionários individualmente por problemas nos processos, os pensadores *lean* evitam culpar gerentes individualmente por práticas anteriores. Adotar uma abordagem *lean* de gerenciamento requer que admitamos a existência de problemas com o sistema antigo (ou com a falta de algo semelhante). Sem apontar culpados pelas circunstâncias que nos trouxeram a essa situação, deveríamos focar em melhorar nosso sistema de gerenciamento, pelo bem dos pacientes, dos funcionários e do hospital.

Lean como um sistema e uma filosofia de administração

Ao final da década de 1990, os líderes da Toyota intensificaram a disposição de documentar detalhadamente o seu modelo de administração. Um documento interno chamado "O Modelo Toyota" levou à publicação de um livro com o mesmo título. Esse modelo especifica quatro grandes princípios e outros 14 adicionais, como mostra a Tabela 10.2.[11]

Tabela 10.2 Princípios de *O Modelo Toyota*

I - Filosofia de longo prazo
1. Baseie suas decisões de gerenciamento em uma filosofia de longo prazo, mesmo à custa de metas financeiras de curto prazo
II - Os processos corretos produzirão os resultados adequados
2. Crie um fluxo contínuo de processos para que os problemas venham à superfície
3. Use sistemas "de puxar" para evitar a superprodução
4. Equilibre as cargas de trabalho (*heijunka*)
5. Construa uma cultura de parar para consertar os problemas a fim de obter qualidade desde o começo
6. O trabalho padronizado é o fundamento para a melhoria contínua e para a delegação de poder aos funcionários
7. Use controle visual para que nenhum problema fique escondido
8. Use apenas tecnologia confiável, rigorosamente testada, capaz de servir a você e aos seus processos
III - Agregue valor à organização desenvolvendo seu pessoal e seus parceiros
9. Cultive líderes que realmente entendam o trabalho, vivam a filosofia e a transmitam aos outros
10. Desenvolva indivíduos e equipes excepcionais que sigam a filosofia de sua empresa
11. Respeite sua rede ampliada de parceiros e fornecedores apresentando-lhes desafios e ajudando-os a melhorar
IV - Resolução contínua de causas-raiz orienta o aprendizado organizacional
12. Vá e veja pessoalmente para, de fato, entender a situação (*genchi genbutsu*)
13. Tome decisões pausadamente, por consenso, levando respeitosamente em conta todas as opções; implemente decisões com rapidez (*nemawashi*)
14. Torne-se uma organização de aprendizado por meio de incansável reflexão (*hansei*) e melhoria contínua (*kaizen*)

Um sistema *lean* de gerenciamento diário

Hospitais e departamentos hospitalares de sucesso implementam um sistema de gerenciamento para manter as melhorias e também para orientar o *kaizen*. Esse sistema de gerenciamento consiste em métodos que incluem:

- Auditorias de processos, ou *rounds*.
- Mensurações de desempenho.
- Reuniões diárias em pé com as equipes.
- *Kaizen* e gerenciamento de sugestões.

Essa abordagem vem sendo implementada com sucesso em muitos hospitais a partir do início de suas jornadas, ou de sua retomada após os embates resultantes das consequências de uma abordagem anterior orientada por ferramentas do *lean*. O Group Health (Seattle, WA) esteve sempre na primeira linha do desenvolvimento de um "sistema de gerenciamento diário" formal, que é ensinado e praticado com consistência em todos os níveis administrativos dessa organização.[12]

Auditorias de processos ou rounds

Como discutimos no Capítulo 5, auditorias de processos são necessárias para garantir que o trabalho padronizado seja sempre seguido. Torna-se igualmente necessário observar o processo para conferir quais são as oportunidades existentes para a melhoria contínua. Em alguns hospitais, o termo *auditoria* tem conotações negativas, e, por isso, os termos *rounds* ou *controle diário* podem ser usados com o mesmo sentido. Os supervisores e gerentes não fazem auditorias de processos com o objetivo maior de descobrir funcionários fazendo coisas erradas, como se fosse assunto de polícia.

Auditorias padronizadas do trabalho padronizado

Hospitais *lean* implementam uma hierarquia de auditorias e controles de trabalho padronizado na qual o encarregado da linha de frente, o supervisor ou o chefe de equipe é o principal auditor. O trabalho padronizado para a realização das auditorias inclui um *checklist* que circula em todo o departamento e identifica perguntas padrão que deveriam ser feitas, uma lista que pode ser customizada de acordo com as necessidades de uma determinada área. Os líderes do ThedaCare desenvolvem seu próprio "trabalho padronizado para líderes", que vice-presidentes, diretores e gerentes devem levar consigo até o *gemba*.[13]

A lista pode incluir itens relacionados às seguintes questões:

- Existem riscos ou problema de segurança observados ou relatados no setor?
- A manutenção dos equipamentos e outras tarefas fundamentais foram feitas de acordo com o agendamento?
- Os pacientes apresentam queixas ou preocupações?
- O trabalho padronizado está sendo aplicado?
- Os parâmetros são atualizados e divulgados?
- As práticas 5S estão sendo seguidas?

As folhas com os resultados das auditorias são expostas em um mural para que todos possam vê-las. Isso contribui para comunicar quais são os problemas encontrados e cria alguma confiabilidade nos líderes, que assim estão seguindo seu próprio trabalho padronizado. Se pretendermos que se realize uma auditoria a cada turno ou uma vez por dia, os líderes precisam seguir esse padrão a fim de dar um bom exemplo para os funcionários. As auditorias podem ajudar a destacar que o trabalho padronizado não é apenas para os trabalhadores da linha de frente.

Auditorias não devem ser feitas somente por formalidade. As auditorias se destinam a constituir um *input* primário no processo da resolução de problemas. De nada adianta identificar os mesmos problemas todos os dias, continuamente anotando sua existência na folha da auditoria. Problemas identificados precisam ser resolvidos de imediato, se possível. As folhas também podem ser discutidas com os funcionários durante as reuniões de trabalho das equipes. Se um problema não estiver sendo resolvido de imediato, a ação planejada pode ser registrada na folha da auditoria para fins de comunicação e visibilidade.

Em alguns hospitais ou em culturas departamentais, as pessoas têm receio de registrar a existência de problemas. Muitas vezes, perdura um sentimento de que é inaceitável a admissão da existência de problemas. Os líderes precisam assegurar que seus supervisores não estejam ignorando os problemas na tentativa de se saírem bem nas suas folhas de auditoria. Da mesma forma, os líderes têm a responsabilidade de reagir ao problema de uma forma construtiva, focados em resolver problemas e remover barreiras que impedem a concretização das soluções.

Uma hierarquia de rounds

Em algumas áreas, um técnico sênior ou o enfermeiro encarregado podem ser os indicados para a auditoria do departamento a cada turno. O gerente do auditor da linha de frente faz então a auditoria das fiscalizações, e assim por diante, em toda a organização, como mostrado na Tabela 10.3. A responsabilidade final pelo trabalho padronizado cabe ao diretor-presidente ou a outro membro da cúpula diretiva do hospital. Não é desculpa aceitável os líderes seniores afirmarem, depois de algum incidente envolvendo a segurança de um paciente, que seus funcionários não seguiram políticas ou procedimentos, especialmente quando a não observação das políticas em tal sentido era comprovadamente uma ocorrência comum na instituição. No programa de Tempo de Liberação para Atendimento do National Health Service (NSH) britânico, o diretor-presidente do hospital visita cada enfermaria, o *gemba*, mensalmente, a fim de verificar pessoalmente como o trabalho ali se desenvolve e para prover uma assistência eventualmente necessária, assinando um gráfico especial para autenticar a visita e evidenciar o fato de que o diretor-presidente está fiscalizando se os líderes de nível hierárquico inferior ao dele também completaram as inspeções exigidas.

Tabela 10.3 Fiscalizando a hierarquia

Nível/função	Frequência da auditoria	Frequência da auditoria dos auditores
Supervisor de linha de frente	Turno ou dia	X
Gerente	Semana	Dia
Diretor	Mês	Semana
Vice-presidente	Quinzena	Mês
Primeiro escalão	Quinzena	Mês

Líderes de segundo nível servem a um duplo propósito: auditar as auditorias e conduzir auditorias de seus pares, embora com menor frequência que os líderes de linha de frente. Um gerente de departamento que tenha múltiplos supervisores é responsável por uma inspeção diária para verificar se os supervisores completaram suas inspeções. Fixar todas as auditorias de uma área em um único mural pode facilitar para o gerente a realização de uma rápida inspeção diária enquanto caminha pelo departamento.

O gerente deve também fazer uma inspeção pessoal, com ou sem a companhia do supervisor de linha de frente de cada área, uma vez por semana. Auditorias com supervisores de linha de frente proporcionam oportunidades ao gerente para fazer perguntas e se colocar à disposição da equipe. Discussões a respeito de problemas e possíveis melhorias podem ser mantidas durante a inspeção, no próprio *gemba*.

Ir ao *gemba* para fazer inspeções não deve representar uma oportunidade para que os líderes simplesmente deem um novo nome a antigas práticas e atitudes. Culpar indivíduos, gritar com eles por supostamente não seguirem o processo, olhar para o outro lado quando métodos fundamentais não estiverem em prática ou criticar as pessoas por não atingirem metas são comportamentos que não têm lugar em uma cultura *lean*.

À medida que progredimos na organização, essas auditorias devem continuar acontecendo. Elas proporcionam uma forma de forçar os líderes a irem ao *gemba*, a saírem de suas salas, a se fazerem presentes onde o trabalho que agrega valor é realizado. Fazer com que executivos de alto nível conduzam auditorias pode ser positivo. Primeiramente, isso proporciona a eles um retrato mais exato do que ocorre no dia a dia em diferentes departamentos. Em segundo lugar, isso os torna acessíveis para os funcionários, de maneira que as pessoas possam fazer perguntas ou apresentar-lhes sugestões. Muitos trabalhadores de linha de frente raramente, ou mesmo nunca, enxergam seus vice-presidentes ou executivos do primeiro escalão no lugar de trabalho. Em terceiro lugar, para os funcionários é uma poderosa mensagem ver que executivos de alto nível estão perguntando a respeito do trabalho padronizado e dos métodos *lean*. Um gerente de alto nível não deve se portar de maneira impositiva nessas ocasiões, pois a possibilidade de fazer perguntas representa, para os funcionários, uma poderosa mensagem a respeito daquilo que é realmente importante.

> Os líderes que são novos em relação aos processos *lean* muitas vezes tenderão a resistir à necessidade de supervisionar o trabalho padronizado de seus funcionários. Eles poderão argumentar que têm bons funcionários ou que estes deveriam ter a confiança dos superiores. Outras vezes, esses gerentes poderão resistir porque não têm tempo (tempo que deveriam ter conseguido) ou porque não gostam de conflitos. Gerentes como esses devem receber treinamento e adquirir habilidades para realizar interações construtivas com seus funcionários, e precisam igualmente de alguma forma de *coaching* por seus líderes.

Avaliação de desempenho

A capacidade de avaliar corretamente o desempenho é necessária para a melhoria contínua. Os funcionários muitas vezes não sabem qual é o desempenho de seu departamento em termos quantitativos. Pode ser que as mensurações de desempenho não sejam fiscalizadas, ou que os parâmetros não sejam compartilhados pelos gerentes. Há gerentes que fazem questão de proteger seus funcionários de qualquer pressão que a avaliação do desempenho possa vir a acarretar. Em um ambiente *lean*, o respeito pelas pessoas significa que somos honestos com os indivíduos no que diz respeito à qualidade do desempenho do nosso departamento.

Antes do *lean*, existem disfunções comuns com os parâmetros existentes. Em primeiro lugar, parâmetros são tipicamente acompanhados por meio de médias mensais, o que se interpõe no caminho dos esforços de melhoria. Em segundo lugar, os parâmetros frequentemente têm como foco medidas financeiras ou contábeis, tais como unidades de trabalho ou custo da mão de obra. Em terceiro lugar, a informação é frequentemente postada em pontos externos ao departamento, onde passa despercebida.

> Uma cultura *lean* precisa garantir que as metas não sejam transformadas em objetivos inflexíveis que as pessoas precisem alcançar a qualquer custo. O National Health Service (NHS) britânico tinha uma meta para o tempo de espera em salas de espera de acidentes e emergências (A&E), com o máximo de quatro horas por paciente. Os hospitais viram-se pressionados ao extremo para satisfazer essa meta. Quando há mais pressão do que melhoria de processo, as pessoas muitas vezes consideram mais fácil burlar o sistema.[14] Por exemplo, novos relatórios passaram a destacar a maneira pela qual as ambulâncias eram muitas vezes forçadas a manter o paciente no veículo para que o relógio da A&E não começasse a bater contra a meta de quatro horas.[15] Naturalmente, isso evitava que as ambulâncias cumprissem seus próprios objetivos de responder a situações de risco de vida dentro de oito minutos, burlando o sistema. O NHS se comprometeu, em 2010, a eliminar esses limites em razão das múltiplas disfunções e dos problemas criados pela determinação.

Medidas ágeis orientam melhorias oportunas

Medidas ágeis nos proporcionam informações mais úteis do que médias infrequentes. Qual seria a utilidade do velocímetro do seu automóvel se ele mostrasse apenas sua velocidade média na chegada ao destino? Precisamos de um *feedbak* mais contínuo para garantir que não venhamos a trafegar em excesso de velocidade em qualquer ponto do trajeto.

Da mesma forma, a revisão de mensurações de desempenho de processos como médias mensais dificulta a orientação da melhoria dos processos. As médias tendem a mascarar o detalhe sobre o que aconteceu em determinados dias durante o mês. Em meados de um mês (quando os parâmetros são tabulados como um lote e baixados no sistema), a equipe do laboratório poderia examinar tudo e perguntar: "Por que o tempo de resposta foi ruim no mês passado?". Àquela altura, as lembranças poderão ser confusas com relação a motivos específicos, dificultando que se faça qualquer coisa além de se esforçar mais e esperar por melhores resultados. A média pode ter sido prejudicada por um punhado de dias ruins. Se a média mensal for apenas levemente pior, isso não significa necessariamente que o processo subjacente esteja pior do que antes, de uma forma estatisticamente significativa.

É melhor medir o desempenho uma vez por dia, ou uma vez por turno, ou com maior frequência (pelo gerenciamento visual continuado). Esse *feedback* imediato facilita a solução da causa-raiz do problema e a prevenção de problemas. Quando podemos fazer à equipe uma pergunta oportuna e específica, como "por que o tempo de processamento de nossos exames químicos foi muito pior do que o normal ontem?", estamos mais perto de obter razões precisas e causas-raiz.

É importante que os parâmetros sejam usados para identificar melhorias em um ambiente livre de atribuição de culpas. Avaliações de desempenho podem ser usadas, infelizmente, em um contexto e método que não mostram respeito pelas pessoas. Caso gerentes usassem os parâmetros como uma forma de meramente pressionar os funcionários a fazerem o melhor sem um meio para a melhoria, isso seria injusto e atribuiria uma má reputação ao *lean*.

Um Balanced Scorecard engloba todas as partes interessadas

Os parâmetros empregados pelo *lean* têm foco mais amplo do que as simples mensurações contábeis. Por exemplo, antes de implementar o *lean*, os gerentes em um laboratório se concentraram no parâmetro de produtividade de origem contábil das "horas trabalhadas por amostra testada". Essa representava a principal mensuração para o departamento, examinada mensalmente. Pelo processo *lean*, o laboratório instituiu mensurações diárias para o tempo de processamento e começou a verificar o parâmetro da produtividade diariamente, instituindo atividades de melhoria mais frequentes. Embora o objetivo primordial fosse mensurar o tempo de processamento, a eficiência e a produtividade do trabalho também apresentaram melhoria avaliada em 10% em relação aos índices anteriores.

Em acréscimo à verificação das médias, muitos departamentos começam a examinar as variações em seus níveis de serviço. Por exemplo, um laboratório pode medir a percentagem dos tempos de processamento que excedem determinados limites. O que a maioria dos clientes internos guarda na lembrança não é a média, mas o pior ou o melhor. Mensurar o número de vezes que 90% de suas receitas são atendidas poderia refletir mais precisamente o sentimento dos clientes.

Em um ambiente *lean*, focamos em algo mais que apenas o custo. O mantra é "segurança, qualidade, entrega, custo e moral" (SQDCM, na sigla em inglês). A abordagem equilibrada, em geral refletida nos objetivos de norte verdadeiro da disposição hierárquica, enfatiza que custos não são a motivação principal para a melhoria. Sempre que a segurança, a qualidade e a entrega (como vistas no desempenho do tempo de processamento de um laboratório) são aperfeiçoadas, os custos tendem a seguir esse rumo. A Tabela 10.4 mostra alguns parâmetros típicos adotados por departamentos à medida que vão implantando o *lean*.

Outro princípio de gerenciamento que pode ser incorporado a esse sistema é explicar o porquê da importância de cada parâmetro. Por exemplo, em um laboratório em que foi medida "a porcentagem de resultados de testes antes das 7h", a folha dos parâmetros explicava: "Esta é uma mensuração fundamental que os médicos usam para julgar a eficiência do laboratório. Os médicos se mostram insatisfeitos sempre que esses resultados não figuram no prontuário do paciente quando eles fazem o *round* matinal, e isso pode atrasar decisões sobre o tratamento ou a alta de pacientes". Mesmo entre funcionários experientes, existem aqueles que frequentemente não entendem o pleno impacto de certas mensurações sobre seus pacientes ou clientes internos.

Tabela 10.4 Parâmetros típicos para avaliar melhorias *lean*

Área do parâmetro	Exemplo da farmácia	Exemplo do laboratório
Segurança	Número de eventos adversos com remédios	Número de comportamentos inseguros ou quase acidentes
Qualidade	Número de prescrições refeitas Número de episódios de estoque zero em gabinetes médicos nas unidades Pesquisas de satisfação entre enfermeiros	Porcentagem do tempo em que "valores críticos" são convocados Número de casos de amostras perdidos/extraviados Número de amostras rotuladas equivocadamente
Entrega	Tempo de resposta para receitas de "primeira dose"	Tempo de processamento médio em testes-chave Porcentagem dos resultados de extração matutina nos prontuários dos pacientes às 7h
Custo	Níveis dos estoques na farmácia	Custo por teste Horas extras por semana
Moral	Pesquisas de satisfação dos funcionários	Pesquisas quinzenais de satisfação dos funcionários Número de sugestões apresentadas por mês

> O laboratório de um hospital implementou todas as abordagens *lean* em seus parâmetros sem levar em conta que cada um deles se concentrava em diferentes tipos de tempo de processamento. Depois de algumas semanas, um funcionário perguntou se a gerência pretendia com isso dizer que a qualidade não era importante. Eles estavam com receio de que alguns colegas, dotados de personalidades competitivas e querendo que suas mensurações parecessem boas, viessem a optar por atalhos na questão da qualidade. Os gerentes do laboratório responderam enfatizando que a segurança e a qualidade são certamente prioridades. Os funcionários não seriam – e não haviam sido – culpados ou constrangidos quando os tempos de resposta fossem inferiores aos de suas metas. Além disso, porém, o laboratório se empenhava em estabelecer mensurações de qualidade que pudessem ser quantificadas e já havia começado a verificá-las.

Os parâmetros devem ser visíveis, visuais e estatisticamente significativos

Parâmetros e quadros com gráficos devem ser postados logo na entrada do departamento, de maneira que possam ser vistos pelas pessoas durante a realização de seu trabalho. Uma vez que os funcionários nem sempre se dispõem a usar seu tempo para um exame detalhado dos gráficos e parâmetros todos os dias, elementos de gerenciamento visual podem ser usados para que todo mundo tenha condições de aferir o desempenho do departamento em um rápido relance.

Em muitos ambientes pré-*lean*, os resultados dos departamentos são postados na forma de tabelas com números. As tabelas normalmente mostram comparações entre dois pontos de dados, tal como o desempenho atual *versus* o do mês passado ou do ano passado. Essas comparações simples podem ser enganosas, especialmente quando comparadas com meios mais visuais de apresentação de pontos de múltiplos dados. Se na sala de emergência típica o parâmetro "saiu sem ter sido examinado" caiu de 3 para 2% este mês, por exemplo, restam ainda muitas perguntas sem resposta:

- O que isso nos revela a respeito do processo?
- Houve realmente melhoria de nossa parte, ou foi apenas uma flutuação dos dados?
- O número será o mesmo no próximo mês, indicando que temos um processo previsível?

Alguns departamentos contam com tabelas de indicadores com exposições densamente povoadas de números. Um departamento de serviços perioperatórios que não havia ainda implementado o *lean* empregava 50 parâmetros diferentes, cada uma deles medido ao longo dos últimos 12 meses, todos comprimidos em apenas um página. Embora houvesse mais dados existentes, a apresentação era opressiva. Parâmetros *lean* (aqueles apresentados visualmente para os funcionários) são muitas vezes alguns poucos indicadores-chave da saúde geral do departamento. Poderíamos acompanhar mais mensurações, para finalidades de relatórios financeiros ou para suprir as exigências da cúpula executiva, mas isso não significa que temos de apresentar tudo aquilo que acompanhamos.

Os parâmetros *lean* são visualizados pela utilização de gráficos de tendências e códigos de cores. Gráficos de tendências apresentam padrões para que possamos distinguir se um parâmetro está apenas flutuando (como na Figura 10.2) ou variando de uma forma estatisticamente significativa (como na Figura 10.3).[16] Ter a capacidade de divisar tendências é uma melhoria em relação à simples comparação entre metas ("nosso tempo de processamento é melhor que nossa meta de 30 minutos"), ou a comparações com o passado ("nosso tempo de processamento atual é 53 minutos melhor que o de ontem").

Esses gráficos de tendências podem usar um processo de controle estatístico formal (SPC, na sigla em inglês), ou uma metodologia de gráficos de controle que permite aos gerentes e suas equipes prevenirem reações excessivas a cada flutuação nos parâmetros. O SPC nos proporciona instrumentos para saber quando esses altos e baixos são apenas "ruídos" e quando temos uma significativa mudança à qual precisaremos reagir, ou um "sinal". Com o SPC, usamos os dados de processos, tais como os tempos diários de processamento para um determinado teste, e determinamos se o processo está estatisticamente "sob controle". Quando um processo está sob controle, podemos prever com confiança como esse processo irá se conduzir amanhã. Quando realizamos um significativo processo de mudança, a observação de uma mudança de processo, como mostrado na Figura 10.3, ajuda a confirmar se fizemos ou não uma mudança estatisticamente significativa.

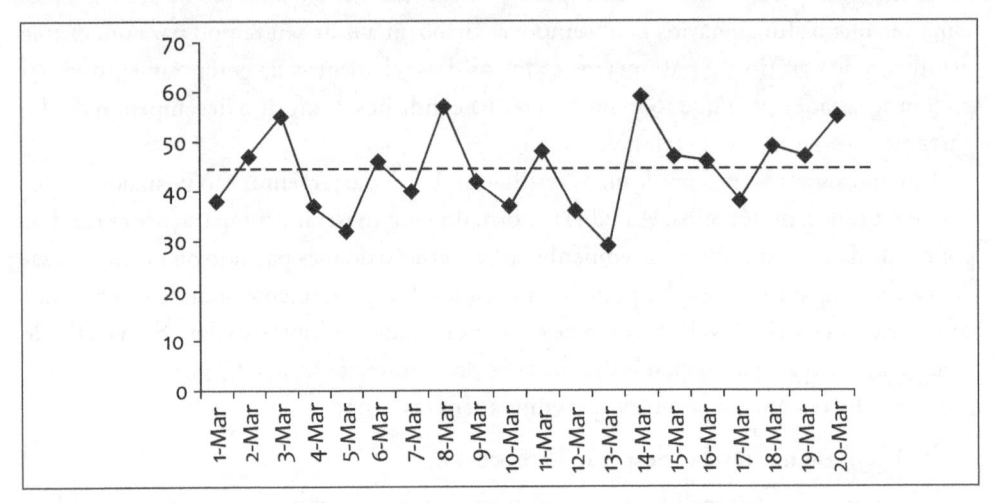

Figura 10.2 Exemplo de um gráfico de tendências em que os dados parecem flutuar aleatoriamente em torno de uma média (a linha pontilhada).

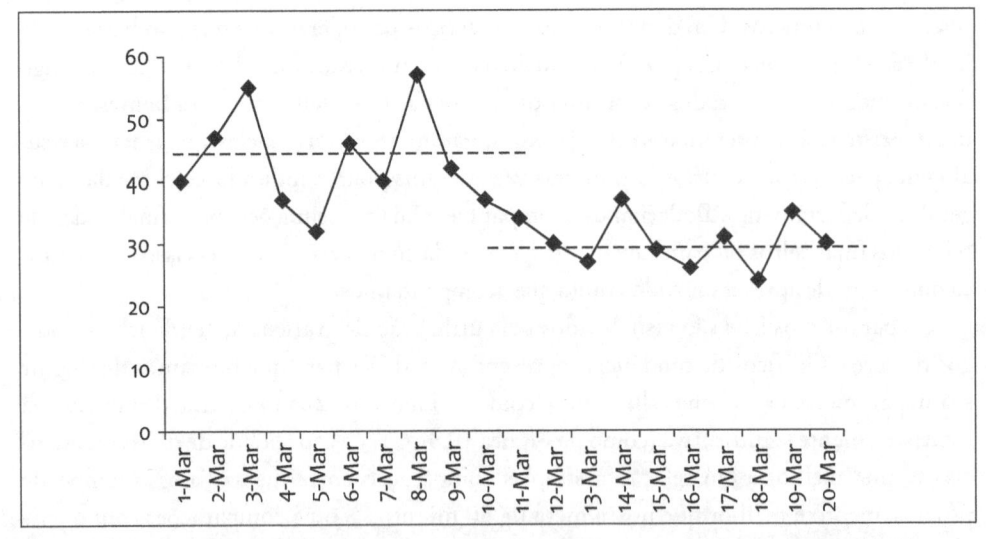

Figura 10.3 Exemplo de um gráfico de tendências em que os dados mostram uma mudança estatística de uma média mais alta para uma nova média mais baixa.

Os gráficos SPC também podem nos ajudar a evitar situações para as quais pensamos estar nos aperfeiçoando. Incluir um ponto com dados corrompidos no começo e um ponto com dados bons no final pode criar uma tendência linear ascendente, fazendo parecer que estamos melhorando, quando o processo está na verdade estabilizado e sob controle estatístico, como mostrado na Figura 10.2.

Alguns departamentos estabelecem codificação em cores para indicar se um determinado parâmetro está melhor, ligeiramente inferior ou muito pior (códigos verde, amarelo e vermelho, respectivamente) que um objetivo ou exigência do cliente. Precisamos tomar cuidado para que os objetivos não sejam arbitrários e para que os funcionários não venham a ser culpados ou pressionados pelo fato de estarem consistentemente em uma zona amarela ou vermelha, uma vez que este é um reflexo da capacidade do processo, e não das pessoas. Esses parâmetros ficam postados em um local de alta visibilidade, como registrado na Figura 10.4. Neste exemplo, um laboratório colocou em exposição três conjuntos de parâmetros diários, um para cada turno.

Se os funcionários estiverem perto do quadro de parâmetros ou se tiverem condições de enxergá-lo a partir de seus postos de trabalho, poderão usar a codificação colorida como uma indicação do rumo que o processo assume. Enxergar diversos pontos verdes é um indicador visual de que estamos satisfazendo as necessidades dos clientes e dos pacientes. Isso não representa, porém, um motivo suficiente para deixar de buscar oportunidades de *kaizen*.

Figura 10.4 Um laboratório clínico postou seus parâmetros de tempo de processamento e níveis de volume a cada turno. O quadro de exposição fica no próprio departamento, para que todos os funcionários possam vê-lo, e reuniões das equipes são realizadas em frente ao quadro.

Reuniões diárias em pé com as equipes

Outra maneira de atrair os funcionários e conquistá-los consiste em promover reuniões diárias de atualização e comunicação. Essas reuniões são estruturadas utilizando-se uma abordagem do trabalho padronizado em termos da agenda empregada para cada dia em cada turno. As reuniões devem ser realizadas com todos de pé, preferencialmente em torno do quadro em que os parâmetros, as auditorias de processos ou as sugestões são postados. Isso ajuda a manter as reuniões breves e objetivas, a manter a equipe perto do local de trabalho e a focar nos resultados dos esforços e das melhorias.

As reuniões precisam ser focadas e não passar de 5 a 10 minutos de duração, evitando a tendência natural de que, uma vez não sendo contidas no início, venham a se estender com o passar do tempo. Em uma reunião com essa breve duração, não é possível discutir cada questão, nem fazer complexas resoluções de problemas. O objetivo é realmente uma comunicação rápida, priorizando as necessidades imediatas. À medida que problemas ou sugestões são postos em debate, eles podem ser resumidos em um quadro (ou em nosso sugerido sistema de gerenciamento, discutido mais adiante neste capítulo) para serem submetidos a discussões mais detalhadas quando o tempo permitir, sempre no mesmo dia. Se contamos com seis a sete pessoas para uma reunião de equipe, podemos precisar de apenas duas ou três pessoas específicas para investigar uma determinada causa-raiz, e, com isso, a reunião desse grupo no seu todo precisa ser mantida breve a fim de evitar que as pessoas percam seu tempo.

> *Amostra da agenda de reunião de equipe*
>
> Lembrete do dia sobre segurança; revisar questões ou riscos de segurança
> Problemas imediatos para avaliação (instrumentos avariados ou pessoas ausentes por doença)
> Revisão dos parâmetros e tendências de ontem
> Sugestões ou ideias de novos funcionários; atualizações de ideias anteriores
> Compartilhar todo *feedback* positivo

O grupo Harvard Vanguard Medical Associates (HVMA) figura entre as organizações que passaram a usar essa abordagem diária de reuniões breves em pé; sua Kenmore Clinic, em Boston, promove encontros de dez minutos todos os dias na clínica ortopédica, com a participação de médicos, assistentes, enfermeiros e paramédicos. Eles seguem um formato padronizado, discutindo problemas recentes no ambiente totalmente informal assim criado. Problemas e ideias para melhorias são postadas e acompanhadas em um quadro branco nos locais dessas reuniões, com clínicos e integrantes das equipes, de todos os níveis, dispondo-se a assumir a liderança em melhorias as mais diversas. Para ajudar a criar a colaboração interdepartamental, as reuniões inicialmente incluíram um representante da clínica de radiologia que ficava no outro extremo do saguão de entrada. Isso facilitou o surgimento de uma discussão franca e honesta sobre o fluxo de pacientes e outras questões percebidas em toda a cadeia de valor. Com base no sucesso inicial, o processo padronizado de reunião em pé foi estendido para as mais diversas clínicas na área de Boston.

Uma armadilha a ser sempre evitada foi destacada por um gerente, que contou que seu hospital havia desistido de manter reuniões regulares em equipes. A cúpula corporativa estava punindo os gerentes por meio da introdução de padrões de produtividade para as reuniões em equipes, e os gerentes acabaram desistindo de pressionar o pessoal da linha de frente por essa razão. Isso destaca outro exemplo de como, infelizmente, os melhores esforços *lean* locais podem vir a ser sabotados por uma falta de alinhamento com atitudes, políticas ou parâmetros da liderança sênior ou da própria corporação.

Kaizen e gerenciamento por influência

A sigla STP tradicionalmente representou o Sistema Toyota de Produção. Nos últimos anos, os executivos Toyota começaram a chamar o STP de Sistema Toyota de Pensamento, para enfatizar o importante papel da criatividade e do pensamento dos funcionários para a melhoria contínua.[17] A Toyota precisa que seus funcionários estejam sempre participando e pensando, em vez de "deixarem seus cérebros na porta da entrada".

> A Toyota sintetiza a importância da participação dos funcionários ao proclamar: "Cada membro da equipe da Toyota está investido de poder para melhorar seu ambiente de trabalho. Isso inclui tudo, da qualidade e segurança ao ambiente e à produtividade. Melhorias e sugestões partidas dos integrantes da equipe constituem a pedra fundamental do sucesso da Toyota".[18]

Já fizemos uma breve apresentação de como o *kaizen* constitui uma estratégia fundamental do *lean*. O *kaizen* nos permite construir sobre os fundamentos do nosso trabalho padronizado. É um processo diário pelo qual muitas pequenas melhorias são implementadas de maneira continuada e incessante. O *kaizen* não pode ser um processo burocrático pelo qual as ideias são geradas ou aprovadas apenas pelos gerentes ou líderes seniores. Ele precisa ser um processo que envolva os funcionários em ciclos de melhorias rápidas, permitindo-lhes assumir a propriedade do aperfeiçoamento de seus processos, em vez de serem apenas porta-vozes de reclamações junto aos seus líderes. Os funcionários devem ser incentivados a levar sugestões diretamente aos seus colegas ou supervisores, de maneira direta e sempre que possível.

Sempre que surgir uma ideia de melhoria, ela deve ser tratada como uma experiência de PDCA. Nem toda nova ideia irá funcionar na prática, por isso precisa ser submetida a um teste em uma área delimitada (uma unidade ou uma sala, em vez de no hospital inteiro) e durante um determinado limite de tempo. Durante e após o período de testes, todos os participantes devem avaliar se a mudança realmente melhora o sistema ou se apresenta efeitos colaterais em áreas adjacentes. Se a mudança for julgada positiva, poderá ser aceita como o novo processo. Do contrário, a equipe poderá voltar aos velhos métodos ou continuar buscando outro mais aperfeiçoado.

Como o método científico e o processo *lean* de mudança admitem que uma hipótese ("Esta mudança irá melhorar o sistema") venha a ser julgada incorreta, os líderes precisam criar um ambiente que realmente incentive a experimentação rápida. Em vez de ficar pensando para sempre no problema e tentar obter uma solução que seja perfeita desde sua concepção, é melhor tentar alguma coisa, de uma forma limitada, para ver se funciona. Parte da abordagem consiste em os funcionários não se sentirem constrangidos pelo fato de apresentarem uma sugestão que não funcione de acordo com o esperado. Fazer sugestões proporciona, no mínimo, algum aprendizado. Como indica o ciclo PDCA, a equipe pode tentar uma ideia diferente, começando por repensar a proclamação do problema e se empenhar em percorrer o restante do ciclo da melhoria. Contudo, esse ambiente de experimentação rápida não deve ser considerado uma desculpa para testar ideias que não sejam bem elaboradas simplesmente pelo fato de se tentar algo de novo.

O acordo geral em torno dessa abordagem frequentemente gera perguntas específicas sobre a forma pela qual implementamos o *kaizen* na prática:

- Como encaminhamos as sugestões?
- Como avaliamos ideias?
- Como agimos para evitar que a melhoria contínua se transforme em algo incontrolável ou caótico?
- Como obter contribuições de todos e manter todos informados sem exagerar na burocracia?
- O que acontece quando as pessoas mudam coisas que não deveriam ter mudado?

Problemas com as caixas de sugestões

É prática de muitas organizações usar caixas de sugestões como um meio mais simples de buscar o envolvimento dos funcionários. No entanto, apesar das boas intenções, essas caixas frequentemente impedem o fluxo de ideias, levando os funcionários à frustração e ao ceticismo.

As sugestões tendem a se acumular nessas caixas, em que permanecem intocadas durante um longo tempo antes serem, enfim, lidas, o que ocorre em lotes. No laboratório de um hospital, os gerentes haviam perdido a chave dessa caixa e não sabiam sequer a última ocasião em que ela fora aberta. A equipe chegava a brincar, perguntando se o hospital tinha medo de que aquelas ideias fossem roubadas por um hospital concorrente. Depois de pedir ao pessoal do setor competente para arrebentar a tranca, os gerentes decidiram que a caixa poderia permanecer aberta até que conseguissem encontrar um método melhor.

Sistemas tradicionais de sugestão promovem em geral uma revisão mensal (ou menos frequente) das sugestões, reunião em que os gerentes (ou uma equipe designada para tanto) leem e avaliam os méritos de cada sugestão. Isso é seguidamente feito sem qualquer interação direta com a pessoa que apresentou a sugestão. Se a equipe estiver revisando sugestões anônimas, não existirá oportunidade para dar um *feedback* ou para trabalhar a ideia com mais profundidade.

Uma vantagem da interação real em relação ao uso de caixas de sugestões consiste no fato de que algumas sugestões não são práticas. Um exemplo desse tipo de sugestão: "Deveríamos contratar mais cinco pessoas para o turno da noite". Com uma caixa de sugestões e métodos de revisão, tudo que podemos fazer é dizer não, especialmente quando a sugestão é anônima. Quando um funcionário nos apresenta uma ideia pessoalmente, podemos agradecer pelo interesse e explicar porque, se for o caso, aquela determinada ideia não seria a mais prática, em razão de restrições orçamentárias ou tecnológicas, por exemplo. A discussão pode então se encaminhar para a busca de uma solução que venha a dar resultados. A alta porcentagem de aprovação de sugestões na Toyota é um sinal de que eles trabalham no sentido de encontrar algo que possa ser implementado; isso às vezes exige muito esforço, mas visa ao bem da organização e mostra respeito pelas pessoas por estarem comprometidas com seu trabalho, em vez de simplesmente dizer-lhes "não".

O papel dos supervisores no kaizen

Supervisores e gerentes devem demonstrar apreciação pelo fato de os funcionários se preocuparem em apresentar uma queixa ou um problema. Expor e dar veracidade a problemas em vez de encobri-los ou evitá-los é um passo positivo. Quando uma queixa for levada a sua atenção – por exemplo, "estamos sempre ocupados demais entre as 8 e as 10 horas da manhã" –, os supervisores devem desafiar os funcionários a apresentarem uma solução ou sugestão para resolver o problema. Uma pergunta simples, mas sempre eficaz, é: "De que forma poderíamos resolver essa questão?". A pergunta deve ser feita em um tom de franqueza, muito honesto, em vez de em um tom repressivo que pareça indicar que não existe solução possível. Perguntar aos funcionários o que eles pensam pode pegar muita gente de surpresa, principalmente em virtude dos ambientes pré-*lean*. Alguns supervisores consideram ameaçador o fato de não serem eles os portadores das respostas para todas as questões. Supervisores e gerentes não devem ser necessariamente excluídos do processo de resolução de problemas, mas não são eles que devem apresentar todas as respostas. Os funcionários da linha de frente, que fazem o trabalho propriamente dito, estão mais próximos de ter soluções efetivas e práticas para problemas ali enfrentados ou surgidos.

Em alguns casos, os funcionários não têm a autoridade exigida para que possam resolver os problemas por conta própria. Por exemplo, se o funcionário de um laboratório dá início a uma reclamação ou se manifesta sobre um problema que sai da sua área, dizendo que os enfermeiros no departamento de emergência não estão rotulando adequadamente as amostras, este é um problema que foge da alçada de controle desse funcionário. Em situações como essa, os líderes precisam se antecipar a fim de adotar ações em nome dos seus funcionários ou para apoiá-los. Os líderes devem então desempenhar o duplo papel de incentivar e delegar poder aos funcionários, desafiando-os a desenvolverem uma solução própria para o problema e a se apresentarem para ajudar sempre que isso for necessário, especialmente no caso de problemas da cadeia de valor que transcendem os limites departamentais.

O meio mais certo de interromper o fluxo de ideias dos funcionários é responder-lhes negativamente. Quantas vezes a sua reação inicial a uma ideia ou sugestão é uma das detalhadas a seguir?

- "Trata-se de uma ideia maluca."
- "Isso não vai funcionar."
- "Não podemos fazer isso."
- "Já tentamos isso antes."

Os supervisores precisam deixar a soberba de lado para se mostrarem positivos quando sugestões ou ideias são apresentadas. Mesmo em face de uma ideia com toda a aparência de "maluca", os supervisores devem responder, fazendo perguntas. Peça ao funcionário para fazer um retrospecto e expor o problema. Faça qualquer coisa, menos dizer "não". Como os funcionários não são obrigados, em sentido formal, a apresentarem sugestões, os supervisores precisam tratar todas as sugestões como um presente.[19] Isso também tem relação com entender que as pessoas estão tentando fazer um bom trabalho. Ao receber uma sugestão aparentemente inapropriada, um gerente precisa tentar entender por que o funcionário acha que se trata de uma sugestão valiosa, e então usá-la como uma oportunidade para o desenvolvimento.

Imai escreveu que são três os estágios pelos quais uma organização passa ao aprender como ter uma cultura *kaizen*. Essa progressão é importante porque queremos pressionar as pessoas a se tornarem mais eficientes na resolução de problemas, sem, com isso, desmotivar sua participação. No primeiro estágio, os supervisores precisam fazer todas as tentativas para ajudar os subordinados até mesmo com a mais trivial das ideias. Uma vez que as pessoas estão interessadas pelo *kaizen*, o segundo estágio nos permite ensinar aos funcionários a melhor maneira de apresentar boas sugestões, como dando mais destaque às causas-raiz, sem pular de imediato para soluções. Apenas no terceiro estágio, depois de conquistar o interesse e ensinar as pessoas, é que os gerentes devem se mostrar "preocupados com o impacto econômico da sugestão".[20]

Encontrando um método melhor para gerenciar kaizen

Contar com um método de trabalho padronizado como gerenciamento de sugestões pode ajudar a criar o equilíbrio adequado entre burocracia e mudanças completamente incontroladas. Muitos departamentos já implementaram um método em que as ideias são levadas aos supervisores ou colegas face a face, idealmente na reunião diária em que todos permanecem de pé.

Uma versão de um cartão padronizado *kaizen*, ou cartão de ideias, é mostrada na Figura 10.5. Em vez de simplesmente relacionar o que deveria ser feito, o formulário capacita o funcionário a definir o problema e a pensar sobre qual seria o seu impacto mensurável para os pacientes ou o departamento. Os cartões são feitos de acordo com o processo de pensamento A3, como mencionado no Capítulo 7.

O laboratório de um hospital, no início da primeira fase do seu projeto *lean*, gerou 151 sugestões de funcionários nas primeiras oito semanas, a maioria das quais resultou em ativação quase que imediata. Com o tempo, esse laboratório gerou a média de uma sugestão formalmente documentada por pessoa ao ano. Em comparação, uma das melhores fornecedoras de peças automotivas, a Autoliv, passou de meia ideia implementada por pessoa ao ano para 63 por pessoa em 2009.[21]

Depois que uma sugestão é feita, a ação para implementá-la precisa ser tomada o quanto antes. Embora a propensão por medidas práticas seja algo favorável, precisamos nos resguardar contra a tentação de correr em busca de consertos sem o devido exame para verificar se aquilo que se pretende consertar realmente foi melhorado (pulando o passo da verificação do PDCA) ou sem comunicar a mudança adequadamente aos demais (ignorando o passo da ação). Se agirmos com pressa excessiva, poderemos perder a oportunidade de obter contribuições de outros ou de verificar para ter certeza de que estamos consertando o verdadeiro problema (saltando a etapa do planejamento). Ainda que no caso de mudanças menores, locais e isoladas nós possamos nos sentir capazes de ir logo para as medidas práticas, em muitos outros casos teremos melhores resultados simplesmente seguindo o método PDCA.

O cartão *kaizen* incentiva o funcionário (frequentemente em conjunto com seu supervisor) a escrever uma descrição do problema. Quase sempre, quando damos uma sugestão, temos a tendência de saltar para a resposta (como em "precisamos de uma nova centrífuga"). Ao forçar uma descrição do problema, precisamos nos concentrar e definir o que está errado. Ao não pular direto para a resposta, evitamos a armadilha de solução única. O supervisor pode fazer perguntas sobre o que há de errado com a centrífuga que temos no momento. Talvez existam outras opções, além de assinar uma ordem de compra (o ideal Toyota da "criatividade antes do capital").[22] O objetivo da discussão entre funcionário e supervisor é encontrar algo que possa ser implementado, mesmo que não seja a ideia original.

Frente do cartão	Verso do cartão
Problema	Passos da implementação
Sugestão	
Data original Por:	
Benefícios esperados	
	Resultados verificados? SIM/NÃO
Dados necessários de	Novo método padronizado? SIM/NÃO
	Data da conclusão

Figura 10.5   Amostra de cartão *kaizen* de ideias desenvolvido e utilizado por um hospital.

O cartão *kaizen* também incentiva o funcionário a escrever uma contramedida e explicá-la em termos de resultados. Precisamos relatar não apenas a ideia, mas também como esperamos que ela venha a aprimorar a segurança, a qualidade, o tempo ou o custo. Essas podem ser meras estimativas ou até mesmo apenas um entendimento qualitativo dos benefícios, mas levam os funcionários a pensar sobre resultados, e não apenas sobre aquilo que eles pretendem implementar.

Em vez de se prender a uma solução única, os pensadores *lean* perguntam aos funcionários sobre as alternativas que eles levaram em consideração. John Shook, um dos primeiros norte-americanos empregados pela Toyota, contou uma história sobre como os gerentes na Toyota jamais diziam simplesmente sim a uma ideia. Eles sempre perguntavam por que o funcionário pensava ser aquela a melhor solução, mas faziam isso em busca de soluções melhores, e não para criar dúvidas no funcionário.[23] O gerente pode fazer perguntas como as seguintes:

- O que faz desta a melhor alternativa?
- Quais foram as alternativas que você levou em conta?
- Estamos, com isso, resolvendo a causa-raiz do problema?

> Jim Adams, diretor sênior de operações laboratoriais no Children's Medical Center em Dallas, Texas, implementou um sistema de sugestões pelo qual os funcionários eram incentivados a apresentar sugestões verbalmente nas reuniões padronizadas da nova equipe, realizadas no começo de cada turno de trabalho. Na reunião, a equipe revisava os parâmetros do dia anterior em tempos de processamento. Depois de algumas semanas de revisão de dados que mediam a qualidade do serviço para os pacientes e os médicos, Adams constatou a existência de uma tendência muito pronunciada, ao afirmar: "As sugestões passaram por uma súbita mudança que as transformou em ideias focadas em como melhorar o cuidado e a qualidade para os nossos pacientes, em vez de se manterem focadas internamente naquilo que os funcionários queriam ou pretendiam. Foi uma mudança drástica, na medida em que o *lean* ajudou a melhorar nossa orientação em relação aos clientes e pacientes".[24]

O cartão *kaizen* e o método também induzem os funcionários a obterem contribuições dos seus colegas ou líderes. Algumas das ideias podem ser implementadas com rapidez, precisando de apenas contribuições mínimas dos colegas (tal como na organização da bancada de trabalho mencionada anteriormente). Outras ideias podem significar um impacto sobre os resultados clínicos ou cuidado dos pacientes, e por isso talvez seja necessário consultar os gerentes ou patologistas. Uma equipe pode formalmente relacionar e postar os tipos de sugestões que podem ser feitas com *feedback* dos colegas de trabalho e os tipos de mudanças requerem revisão gerencial ou médica.

Inúmeras empresas, entre elas a Toyota, fizeram experiências com o pagamento de recompensas financeiras ou outros tipos de incentivos pelas sugestões dos funcionários.

A Toyota paga aos funcionários, em algumas fábricas, modestos incentivos financeiros pela implementação (não apenas apresentação) de sugestões.[25] Há quem possa argumentar que o ideal seria que dependêssemos da motivação intrínseca das pessoas, pois o *kaizen*, supõe-se, pretende tornar nosso trabalho mais fácil e agradável, e isso seria, em si, um incentivo. Na assistência à saúde, temos uma forte motivação intrínseca para a realização de melhorias que beneficiem os pacientes.

Os líderes precisam ter cuidado para que a recompensa financeira não se transforme no objetivo pela própria natureza. Dependendo da cultura da organização, os empregados podem não ganhar qualquer recompensa financeira ou ganhar uma recompensa ou porcentagem dos custos economizados conforme as sugestões apresentadas. Não existe uma resposta pura e simples para a pergunta de se é ou não recomendável recompensar as melhores sugestões. Existem benefícios e também problemas inerentes a cada uma dessas abordagens, por isso a melhor resposta precisa ser aquela originada do seu melhor julgamento, com base na cultura existente em sua organização.

> Um dos gurus do *kaizen*, Masaaki Imai, comparou a visão ocidental tradicional das sugestões com uma visão "japonesa" (o que poderíamos interpretar como a visão *lean*). "O sistema de sugestões ao estilo japonês enfatiza os benefícios do incentivo do moral do grupo e a participação positiva dos funcionários, mais do que os incentivos econômicos e financeiros desenhados em um sistema ao estilo ocidental." Nem toda pequena melhoria representa um retorno específico sobre o investimento (ROI), e o ROI não é a única razão importante pela qual faríamos o *kaizen*.[26]

Acompanhamento visual das sugestões

Em um ambiente *lean*, as sugestões são postadas visualmente em um mural, para que todos possam contemplá-las.[27] À medida que as ideias vão sendo postas em consideração, funcionários e líderes podem revisar o mural para verificar quais estão em desenvolvimento, como ilustrado na Figura 10.6. Com esse método visual, funcionários que têm preocupações ou que pretendem fornecer contribuições pessoais podem facilmente fazê-lo. A gestão visual do processo evita o surgimento de situações em que ou alguns funcionários privilegiados ou os gerentes sejam os únicos a apresentar alguma contribuição. Isso também ajuda a evitar acusações de favoritismo que geralmente surgem com sistemas menos transparentes.

Além disso, o mural de acompanhamento visual permite à equipe observar aquilo que está sendo implementado. À medida que as ideias são testadas e aceitas (ou rejeitadas), o avanço é acompanhado visualmente conforme os cartões vão sendo transferidos para as colunas mais à direita. As quatro colunas são geralmente assim rotuladas:

- Ideia
- Aplicar
- Aplicando
- Aplicada

Figura 10.6 Um mural visual de ideias, como usado no laboratório de um hospital.

A equipe pode ver se as ideias estão sendo apresentadas mas não acionadas. Os líderes do hospital, em seus *rounds*, também podem fazer esse acompanhamento e verificar com os gerentes de departamentos para que as sugestões dos seus funcionários sejam respeitadas mediante a adoção de medidas práticas ou pelo incentivo a que os próprios funcionários adotem tais medidas. Quando as pessoas passarem pelo mural, elas fatalmente irão parar e ler os cartões, agregando seus pensamentos à ideia ali exposta ou levando aquela ideia (ou uma variação dela) para ser adotada em seu local de trabalho.

Depois do planejado período de experimentação da mudança, o apresentador da sugestão e sua equipe podem avaliar os resultados da experiência (avançando para a etapa de verificação do PDCA). Se o processo testado como piloto apresentar resultados positivos, trabalha-se para formalizá-lo como o novo método de trabalho padronizado.

Comunicação das mudanças kaizen

As organizações costumam ter problemas para comunicar seus processos aos funcionários, especialmente em locais de trabalho em tempo integral, como um hospital. Uma organização *lean* acaba criando um trabalho padronizado para atualizar os documentos sobre o trabalho padronizado e para conseguir comunicar essa mudança aos funcionários. Métodos informais que geralmente não dão bons resultados incluem a postagem de cartazes, a utilização de diários das mudanças ou a atualização do documento de trabalho padronizado sem que isso seja informado a mais alguém. Cartazes podem ser ignorados, e mudanças nos diários não chegam a ser lidas. Mesmo quando os funcionários forem obrigados a rubricar as mudanças registradas no diário, são os supervisores que acabam não acompanhando formalmente quem leu e rubricou essas mudanças.

Não importa se é uma melhoria que passou por um processo formal de acompanhamento *kaizen* ou uma pequena mudança de rápida implementação: o departamento e seus funcionários podem se beneficiar sempre que reservarem algum tempo para documentar o que realizaram, ou mesmo aquilo que tentaram realizar.

O formulário *kaizen* tem lugares para registrar a comunicação efetuada e confirmar se o trabalho padronizado relevante foi ou não atualizado. Os canais exatos de comunicação usados para mudanças de trabalho padronizado podem variar, dependendo da cultura de seu hospital, mas a reunião diária da equipe é um bom meio de comunicar que uma mudança aconteceu. Documentos formais de trabalho padronizado devem ser atualizados, com as mudanças em destaque. Se quaisquer recursos forem necessários para a mudança, os gerentes deverão disponibilizá-los.

Outra abordagem que tem funcionado bem nos hospitais pode ser chamada de "muro da celebração" (alguns dão a ele o nome de "mural da fama *kaizen*"). Diante de qualquer melhoria obtida no departamento, por menor ou maior que tenha sido, funcionários ou supervisores criam um rápido resumo de uma página que é exposto para ser visto por todos. Postar sucessos (e até mesmo alguns "fracassos" bem-intencionados que não superaram o ciclo do PDCA) proporciona aos funcionários reconhecimento por seus esforços, ajuda a compartilhar ideias ao longo das áreas de trabalho e cria um registro permanente das atividades *kaizen*. Um exemplo do uso deste formato é mostrado na Figura 10.7.

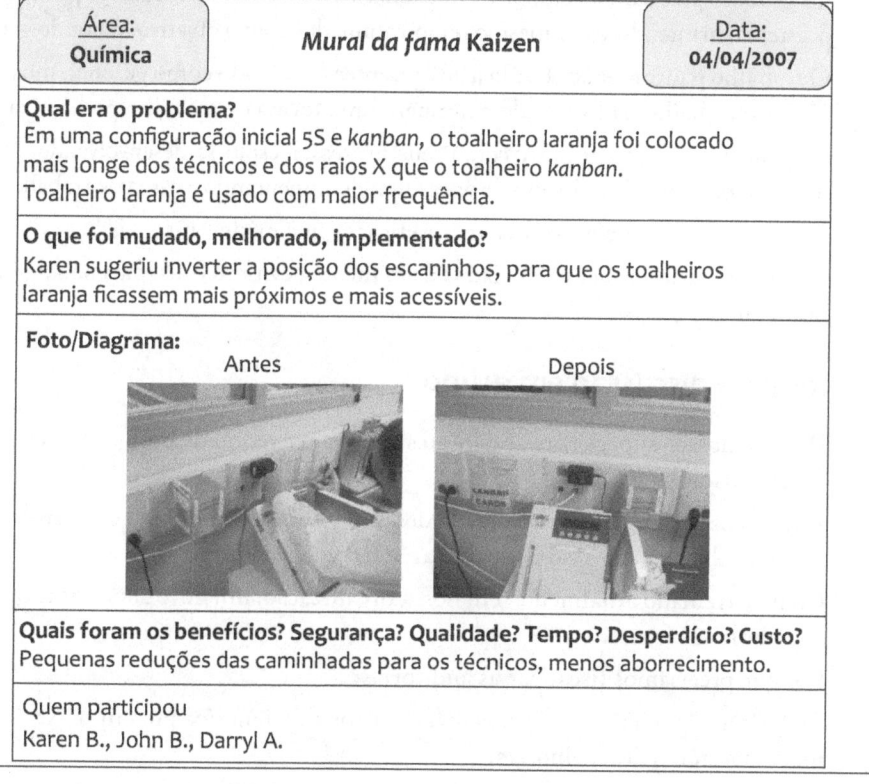

Área: Química	*Mural da fama* Kaizen	Data: 04/04/2007
Qual era o problema? Em uma configuração inicial 5S e *kanban*, o toalheiro laranja foi colocado mais longe dos técnicos e dos raios X que o toalheiro *kanban*. Toalheiro laranja é usado com maior frequência.		
O que foi mudado, melhorado, implementado? Karen sugeriu inverter a posição dos escaninhos, para que os toalheiros laranja ficassem mais próximos e mais acessíveis.		
Foto/Diagrama: Antes / Depois		
Quais foram os benefícios? Segurança? Qualidade? Tempo? Desperdício? Custo? Pequenas reduções das caminhadas para os técnicos, menos aborrecimento.		
Quem participou Karen B., John B., Darryl A.		

Figura 10.7 Um exemplo de uma folha do tipo "mural da fama *kaizen*" preenchida pelos funcionários do laboratório de um hospital.

A meta é que este seja um processo simples e rápido, com melhorias documentadas em poucos minutos, sem roubar o tempo de ninguém, mas, ainda assim, detalhado. Os formulários completados podem ser postados em um mural perto de onde se realizam as reuniões da equipe ou em outro ponto comum de alta visibilidade.

Conclusão

Como o desenvolvimento do pessoal é parte central do *lean*, precisamos permitir que os funcionários surgiram ideias se tivermos mesmo a intenção de permitir que aprendam e progridam. Problemas ou erros devem ser tratados como algo com o que se pode aprender (e prevenir), em vez de serem encobertos. Com essa gestão em estilo diferente, podemos dar início a um ciclo virtuoso em que os funcionários se sintam bem obtendo melhorias que proporcionem melhor atendimento aos pacientes e que signifiquem uma melhoria do próprio ambiente de trabalho. Quando esse entusiasmo aumenta, os funcionários se dispõem a trabalhar por mais melhorias. O envolvimento dos funcionários e o *kaizen* são as chaves para melhorar a qualidade e a segurança, reduzindo custos e elevando o moral dos funcionários.

Lições *lean*

- O *lean* não requer que apenas os funcionários mudem; os gerentes também precisam mudar seus métodos.
- Os gerentes precisam inspirar seus funcionários a assumirem iniciativas para melhorar o sistema, mantendo-os ao mesmo tempo alinhados com o objetivo maior do grupo.
- O trabalho padronizado se aplica aos gerentes e ao modo como gerenciamos; inspecionar o trabalho padronizado é também uma forma de trabalho padronizado.
- Os funcionários devem saber como seus processos estão se desenvolvendo, mas não devemos pressioná-los a melhorar os resultados aumentando a carga de trabalho.
- Parâmetros diários e visuais são mais eficazes que médias mensais.
- As sugestões devem ser gerenciadas de maneira a evitar o caos, mas não de maneira burocrática.

Pontos para discussão em grupo

- Por que nossos supervisores e gerentes podem ter receio de delegar poder aos seus funcionários?
- A nossa organização é verticalizada demais ou do tipo comando e controle? Quais são os problemas que isso pode causar?
- Como é treinado atualmente, em nossa organização, um novo supervisor ou gerente de linha de frente?
- Por que precisamos fiscalizar as auditorias?
- Quais são alguns motivos pelos quais nossos funcionários podem deixar de fazer mais sugestões para melhorias?
- A nossa cultura corporativa atual é mais do estilo de liderança participante, disposta a orientar, ou do estilo corretivo e punitivo?

Capítulo

11

OS PRIMEIROS PASSOS DO LEAN

Como começamos?

Começar a entender os conceitos *lean* é apenas um primeiro passo. O conhecimento sem a ação correspondente provavelmente não trará resultado algum para os pacientes e outras partes interessadas; por isso, está na hora de verificar o que significa dar os primeiros passos com o *lean* em seu hospital.

O objetivo principal deve ser aprender com exemplos de outros setores, em vez de copiar cegamente a Toyota ou outros hospitais. Para qualquer organização, seja uma fábrica ou um hospital, não existe uma abordagem programática única para implementar métodos *lean* e transformar uma cultura. Cada hospital tem seu próprio ponto de partida, uma cultura característica e objetivos igualmente distintos.

> Richard Zarbo, médico e dentista, vice-presidente sênior de patologia e medicina laboratorial do Henry Ford Health System (Michigan), comanda os programas de transformação *lean* no seu laboratório desde 2005. Segundo ele, "não existe uma abordagem tipo receita culinária do *lean*", pois as organizações e seus líderes precisam criar um programa próprio. Zarbo enfatizou que o *lean* deve ser introduzido de uma forma que não lembre a tradicional "liderança de cima para baixo", como ele abertamente admitiu ter tentado fazer, sem sucesso, no seu início. "Você pode ler sobre as ferramentas, você pode ler sobre os resultados, mas o modo como o *lean* é aplicado na prática é diferente [em cada ambiente], porque o *lean* é algo vivo – são as pessoas", disse ele.[1]

Por mais importantes que sejam o pensamento e o planejamento, precisamos também de ação, experimentação e aprendizado. O que o impede de começar hoje mesmo? Dê os primeiros passos com seus projetos *lean* e aprenda na medida em que for avançando. Descubra aquilo que funciona (e entenda o porquê!). Continue fazendo aquilo que dá certo e compartilhe essas ideias com outros na sua organização (e mesmo fora dela), sem esperar que eles venham a copiá-las cegamente. Se alguma coisa não der certo, pergunte por que e aprenda com essa experiência. Hospitais que funcionam há mais tempo pelo método *lean* são aqueles que provavelmente irão dizer que "ainda temos muito a aprender". Os hospitais não podem esperar até que tudo esteja definido; é preciso entrar em ação imediatamente.

Por onde começamos?

Não é nada prático começar usando o *lean* em toda a organização, de uma vez só. Os recursos e a atenção exigidos para sustentar adequadamente os indispensáveis investimentos em *coaching* e treinamento certamente seriam excessivos, e o foco ficaria disperso. Em vez disso, é preferível optar por uma determinada área ou cadeia de valor a partir da qual começar – mas a partir de onde, exatamente?

Para ajudar a identificar as prioridades do *lean*, analise seus motivadores estratégicos ou problemas existentes que necessitem de solução imediata. Um hospital terá menos possibilidades de atingir o sucesso se estiver empurrando o *lean* em uma área, em contraposição a pessoas que "puxam" recursos e ideias para melhoria, ou se estiver focado na implementação de ferramentas em vez de em resolver problemas. Entre as perguntas que os líderes podem fazer para ajudar a priorizar os esforços *lean*, incluiríamos:

- O que é um problema de segurança ou risco para o paciente a ser resolvido?
- Quais são as reclamações mais constantes dos pacientes?
- Que assuntos importantes os médicos e outros funcionários submetem ao nosso conhecimento?
- Quais são os departamentos que têm enfrentado escassez de funcionários?
- Quem está propondo fortes investimentos financeiros ou novos projetos de construção?

Em pesquisa realizada para este livro, 50 hospitais estabeleceram suas motivações para implantar o *lean*, de acordo com a Tabela 11.1 (múltiplas respostas foram permitidas).

A direção inicial pode ter sido fixada pela equipe de liderança sênior com base em seu entendimento das necessidades estratégicas do hospital. Se os níveis de satisfação dos funcionários parecem muito baixos entre os enfermeiros e a rotatividade disparou, isso estará demonstrando a necessidade de tempo para debater em qual desses pontos seria melhor começar. Isso poderia levar a um projeto em uma unidade de internação de pacientes, com as metas de reduzir o desperdício e eliminar obstáculos e problemas que causam frustração entre os enfermeiros, sempre com o objetivo de melhorar o atendimento dos pacientes e reduzir a rotatividade dos funcionários.

Tabela 11.1 Motivações para instituir o *lean*

Motivação	Percentagem
Qualidade e custos da repetição do trabalho	56
Satisfação do paciente	50
Escassez de pessoal	50
Pressão dos custos gerais	42
Mudança cultural	44
Satisfação dos funcionários	38
Custos do trabalho	38
Segurança dos pacientes (proativa)	34
Necessidade de crescimento	30
Tempo de espera no departamento de emergência	20
Necessidade do aumento das receitas financeiras	18
Retenção dos funcionários	18
Utilização da sala de operações	16
Reduções do reembolso aos pagadores	16
Atrasos na alta dos pacientes	12
Segurança do paciente (em resposta a incidentes)	12
Abordagem da sala de emergência	2
Outras: tempos de processamento do laboratório, restrições de espaço, satisfação dos médicos	

> *O Parrish Medical Center (Titusville, FL) destaca as seguintes mensurações de equilíbrio de desempenho de alto nível em seu trabalho de melhoria:*
>
> - Serviço: satisfação do paciente.
> - Pessoas: satisfação e iniciativas dos funcionários.
> - Qualidade: metas e iniciativas em qualidade.
> - Crescimento: quaisquer novas iniciativas em programas de crescimento de mercados.
> - Finanças: as condições financeiras do hospital.[2]

Outro método para priorizar as necessidades seria realizar um seminário *lean* de alto nível para diretores de departamentos e líderes seniores. Depois que houver um entendimento compartilhado a respeito do *lean*, solicite a apresentação de um voluntário. Quem está lutando, mais que todos os outros, pelos esforços *lean*? Especialmente para uma primeira implementação, é melhor não impor o *lean* a um líder que não estiver pronto para admitir que existem problemas ou que não acredite que os métodos *lean* podem ajudar. Evite, porém, a tentação de pensar que a organização pode começar oferecendo uma aula geral de uma hora ou um *workshop* sobre o 5S (senso de organização; senso de utilização; senso de limpeza; senso de saúde e higiene; e senso de disciplina) para todos os funcionários e então esperar que as melhorias *lean* surjam como em um passe de mágica, sem a necessidade de *coaching* ou de apoio. Existe um tempo adequado para cada um dos treinamentos generalizados, mas isso acontece mais tarde na jornada *lean*, depois dos primeiros sucessos em poucos departamentos ou cadeias de valor. O sucesso *lean* exige determinação, ação e disciplina – coisas que o treinamento não é capaz de proporcionar.

Outra abordagem da identificação e priorização das oportunidades *lean* consiste em conduzir avaliações breves de múltiplos departamentos, entre aqueles que se identificaram como candidatos ao *lean*. Uma avaliação é um esforço focado que pode durar de dois dias a duas semanas, dependendo da complexidade do departamento ou da cadeia de valor em avaliação. O mapeamento da cadeia de valor, a observação de processos e as discussões com funcionários e pacientes podem ser usados para identificar desperdício, demoras, retrabalho e outras atividades sem valor agregado de um processo. Dados quantitativos podem ser coletados para ajudar a determinar quais são as melhorias possíveis, entre elas:

- Segurança do paciente.
- Melhorias do tempo de espera ou fluxo dos pacientes.
- Melhorias em qualidade (reduções em tempo de retrabalho ou custos resultantes de erros).
- Economia em custos do trabalho (por atritos ou redução das horas extras).
- Economias em estoque (pela redução ou consolidação de estoques e suprimentos).
- Oportunidades para o aumento dos lucros (eliminando atrasos, melhorando a utilização ou expandindo os serviços).
- Impedimentos ou atrasos na expansão do capital e de construções.

Dentre as áreas em que os hospitais usaram os métodos *lean*, em primeiro lugar estão:

- Laboratório.
- Flebotomia.
- Serviços de alimentação.
- Divisão de assistência domiciliar.
- Pacientes ambulatoriais.
- Cirurgias ambulatoriais.
- Prontuários médicos.
- Farmácia.
- Gerenciamento de materiais.
- Serviços de ambulâncias.
- Departamento de emergência.
- Unidades de internação médico-cirúrgicas.
- Atendimento de feridos.
- Laboratório de cateterismo.

- Agendamento de pacientes.
- Departamentos de processos de esterilização.

Essa ampla gama de respostas provêm de um conjunto de apenas 50 hospitais (em resposta à pesquisa para este livro) e mostra que não existe um determinado lugar melhor para começar; tudo depende das necessidades, da cultura e da situação existentes no hospital. Muitos hospitais começam com departamentos que aparentam ser de natureza mais orientada para a produção, entre eles o laboratório e a farmácia, em que os funcionários interagem com produtos e máquinas ou com instrumentação. Departamentos de apoio, como farmácias e laboratórios, têm um impacto em muitas cadeias de valor e trajetórias dos pacientes, e por isso um projeto pode inicialmente ter um amplo impacto no hospital. Alguns hospitais optam por começar com uma cadeia de valor de atendimento de pacientes com alto volume, como as cirurgias ambulatoriais ou a emergência, buscando causar um impacto bastante visível que possa inspirar os esforços *lean* em outros departamentos.

Qual é o nome?

A palavra *lean* (enxuto/reduzido, entre outros significados) têm várias conotações negativas no senso comum, pois as pessoas normalmente relacionam o termo com o fato de não se poder contar com pessoas ou dinheiro em quantidade suficiente. Manchetes sobre "períodos de enxugamento" são geralmente indicadoras de histórias nada positivas. Algumas organizações de assistência à saúde denominam sua abordagem como *lean*, para transmitir com isso a garantia de que ensinam aos funcionários o sistema de gerenciamento *lean* e aquilo que ele realmente representa.

Muitas organizações, contudo, costumam dar aos seus programas gerais de aperfeiçoamento um título diferente, usando termos como melhoria de processos, excelência em desempenho ou excelência operacional. Líderes e implementadores certamente conversam sobre o *lean* como uma metodologia, mas o nome do departamento e os cartazes na parede não usam formalmente esse termo. Outra vantagem de um termo mais genérico é que algo como excelência operacional, como um tipo de guarda-chuva, pode englobar o Seis Sigma e outros métodos, em conjunto com o *lean*.

Outras organizações criam uma marca própria vinculada ao nome da própria organização, como o ThedaCare Improvement System, o Virginia Mason Production System, o Michigan Quality System ou o Bolton Improving Care System. Utilizar o nome da organização enfatiza que ela está criando algo original, mesmo que seja emprestado da Toyota e de outros exemplos anteriores de assistência à saúde. Alguns desses termos mantêm o foco no resultado final, como a qualidade ou o paciente.

Tipos de *kaizen*

Embora *kaizen* signifique geralmente "melhoria contínua", existem diferentes métodos de melhorias que usam esse termo. A Tabela 11.2 resume os três tipos de melhoria *kaizen*.

Tabela 11.2 Tipos de *kaizen*

Método *kaizen*	Escopo dos problemas	Duração	Exemplos
Ponto *kaizen*	Pequeno	Horas/dias	Usar princípios 5S para reorganizar um posto de enfermagem; resolver o problema de fluxo de saída de um equipamento
Eventos *kaizen*	Médio	Uma semana (geralmente mais, incluindo planejamento)	Reduzir o tempo de troca da sala de operações, verificar erros da farmácia; padronizar os gabinetes automatizados de estoque nas unidades
Sistema *kaizen*	Grande	9 a 18 semanas	Redesenhar o *layout* e o processo de um departamento, p. ex., o laboratório clínico, a farmácia ou o processo de triagem da emergência

É importante escolher o escopo adequado de problemas a serem resolvidos com cada um dos métodos. A Toyota tende em primeiro lugar a usar pontos *kaizen* em suas fábricas porque elas geralmente têm processos bem projetados depois de décadas de melhorias, mas ela usa três tipos de *kaizen* para resolver diferentes tipos de problemas. A Toyota ensina que o processo de pensamento planejar-fazer-verificar-agir (PDCA) é o mesmo, seja qual for a escala do problema. Ela usa eventos *kaizen* de frequência não rígida para ensinar às pessoas a fazer pequenas melhorias de pontos *kaizen* em uma base mais contínua em seus locais de trabalho.[3] Todos os três tipos de *kaizen* são exigidos e se encaixam, como mostrado na Figura 11.1, que é adaptada de *The Toyota Way Fieldbook* (Manual do Modelo Toyota).[4]

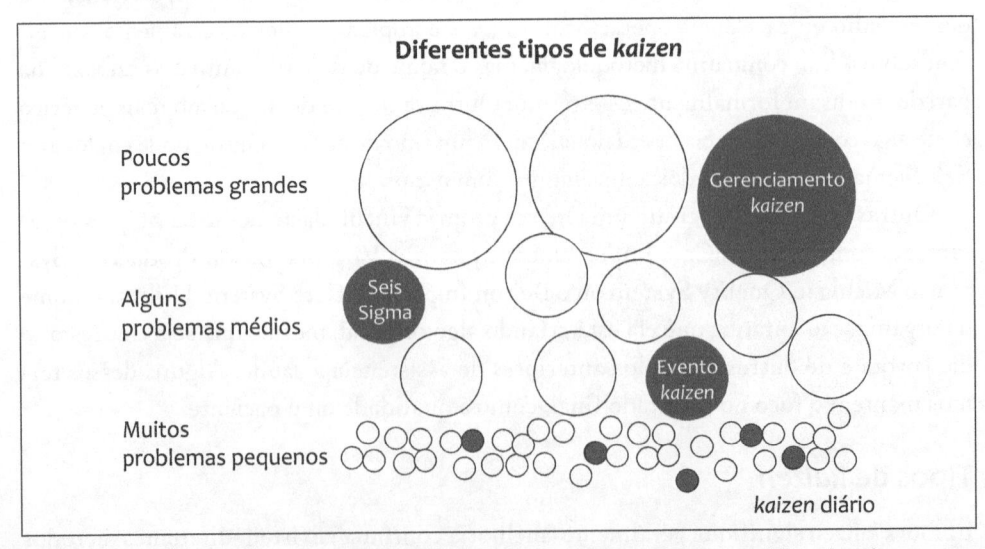

Figura 11.1 Os três tipos de *kaizen* (adaptado de *The Toyota Way Fieldbook*, Liker e Meier).

O mesmo ocorre nos hospitais, inclusive no ThedaCare (Appleton, WI), onde eles mudaram da inicial dependência de eventos para uma abordagem equilibrada que também permite o que denominam de "melhoria diária contínua", ou pequenas melhorias que usam o modelo PDCA (ou PDSA, de planejar-fazer-estudar-ajustar).[5] Alguns hospitais dependem exclusivamente dos eventos *kaizen* como condutores de mudanças e melhorias. A abordagem geral de um hospital pode incorporar eventos, mas deveria também treinar e incentivar funcionários e supervisores a fazerem pequenas melhorias diárias (pelo ponto *kaizen*). Alguns problemas são suficientemente extensos e amplos; nesses casos, um sistema de abordagem *kaizen* passa a ser mais eficaz.

Eventos *kaizen*

Pode gerar confusão o fato de o termo *kaizen* significar melhoria contínua e, ainda assim, tantas organizações utilizarem eventos *kaizen*-relâmpago de uma semana de duração para resolver problemas. Como poderia um evento de curto prazo, sem continuação (ou séries de eventos), representar continuidade? *Kaikaku* é uma palavra japonesa diferente que pode traduzida como "melhoria radical, revolucionária", uma descrição que seria mais precisa para tal tipo de mudança.[6] O conceito de "eventos *kaizen*" é de alguma forma um tanto contraditório, mas pode constituir uma abordagem eficaz para determinados tipos de problemas. Embora a expressão "eventos *kaizen*" seja popular no mundo da manufatura, muitos hospitais usam termos como *workshops* de melhoria rápida de processos (RPIW, da sigla em inglês) ou eventos de melhoria rápida (RIE), mas o conceito é o mesmo.

Um evento é conduzido por uma equipe formada especificamente para a ocasião e posteriormente dispersada. A equipe é quase sempre multifuncional, comandada por um líder *kaizen* com experiência nos princípios *lean*. Os eventos são normalmente estruturados conforme o esquema mostrado na Tabela 11.3.

Tabela 11.3 Estrutura de eventos *kaizen*

Dia	Objetivos/metas
Segunda-feira	Realizar eventos de treinamento *lean* e *kaizen* Observar o processo atual de perto, colher dados, falar com os funcionários
Terça-feira	*Brainstorm*, identificar e discutir oportunidades para melhorias Estabelecer metas de melhoria do desempenho
Quarta-feira	Começar a implementar mudanças no *layout* ou no processo Experimentar com mudanças, seguir PDCA
Quinta-feira	Finalizar o que funciona e padronizar os novos processos Projetar métodos de gerenciamento para sustentação da mudança
Sexta-feira	Documentar resultados e melhorias, comparar com o plano Apresentar o evento à administração, celebrar o sucesso, planejar futuras mudanças

Muitas das melhorias registradas no ThedaCare foram resultado dos seus RIEs. Em suas sessões de "relato externo", às sextas-feiras, seis equipes faziam apresentações a líderes seniores e para mais 100 outras pessoas em um auditório. A sessão é descrita como "parte sessão de ensino, parte *revival* evangélico *lean*".[7] Ainda que o ThedaCare estabeleça uma meta de 50% de melhoria de um parâmetro central durante o evento, a plateia aplaude com entusiasmo semelhante as equipes que não atingem esse objetivo ampliado. Essa meta de 50% é destinada a estimular melhorias a partir do pensamento criativo, em vez de constituírem um objetivo obrigatório.

Armadilhas dos eventos kaizen

Uma das armadilhas dos eventos *kaizen* pode ser a ausência de foco depois de um intenso evento de uma semana de duração. Se decisões e mudanças fossem orientadas por especialistas externos, em vez de por pessoas que fazem aquele trabalho diariamente na empresa, o risco seria maior em relação ao possível reaparecimento do processo antigo. Se os integrantes e supervisores da equipe não tiverem sido instruídos ou incentivados a melhorar continuamente seus novos processos, o desempenho pode sofrer uma degradação. Um gerente de hospital afirmou: "Temos muitos RPIWs de ação porque os resultados desaparecem logo que a equipe é dispersada. Nós fazemos apenas RPIWs; é muito escassa nesses eventos a construção de uma cultura".

Mesmo o Virginia Mason Medical Center (Seattle, Washington), com seus impressionantes resultados *lean*, relatou que em 2004 só "conseguiu manter os lucros de cerca de 40% dessas mudanças, parcialmente porque é fácil escorregar de volta para as maneiras antigas de fazer as coisas sempre que se manifesta uma falta de responsabilidade e de acompanhamento".[8] Seria possível dizer que eles aplicaram *kaizen* aos seus RPIWs, pois, em 2011, seus líderes relataram que 90% dos projetos mostraram resultados sustentáveis depois de 90 dias, mas apenas 50% deles mantiveram resultados e métodos por 6 a 12 meses ou mais.[9]

Estipular um rígido prazo final de uma semana pode levar organizações ou líderes refratários a erros ao escolherem problemas de fácil solução, garantindo assim que seja possível completar o evento em uma semana. Esse temor poderia gerar eventos gravemente subavaliados e sem a devida sustentação, demonstrando ao final resultados inexpressivos. Além disso, um evento isolado sem um foco sobre o "panorama geral" pode melhorar apenas uma área, causando problemas em outras áreas que fogem ao escopo do evento.

Eventos *kaizen* não precisam ter necessariamente quatro ou cinco dias de duração. Há problemas que não exigem uma semana inteira, e é normalmente difícil conseguir médicos ou outros clínicos que tenham condições de dedicar uma semana inteira a outra coisa que não o atendimento dos pacientes. O Barnes-Jewish Hospital (Missouri) desenvolveu um evento "6-3", mais enxuto e com menor escopo. Como descrito pelo Dr. David Jaques, vice-presidente de serviços cirúrgicos, "a equipe está preparada para determinar a solução durante as seis horas e tem pelo menos um dia entre os dois dias de trabalho para testar e verificar sua solução. As últimas três horas são empregadas analisando e finalizando o resultado de sua solução".[10]

> O Group Health Cooperative (GHC; Seattle, Washington) é um sistema sem fins lucrativos de assistência à saúde, gerenciado pelos clientes, que coordena o atendimento e a cobertura para seus membros. O GHC vem usando métodos *lean* desde 2004, tendo começado com um modelo *kaizen* orientado por eventos. Com o tempo, o GHC chegou à conclusão de que, para mudar o pensamento da organização, precisaria de um maior envolvimento da liderança sênior. Lee Fried, um *sensei lean* do próprio grupo, disse: "Quando passamos a organizar muitos *workshops* de melhoria rápida de processos, realmente começamos a mudar o pensamento de muita gente. Porém, isso não chegou suficientemente alto na organização para mudar os fundamentais processos e atitudes de alguns dos principais líderes. Reconhecemos que, com essa mudança, você pode realmente concretizar uma parte da mudança transformacional".[11] Como resultado, o GHC passou para um modelo que depende mais de princípios baseados no *lean* de desdobramento estratégico, focados em mudanças a longo prazo por meio do envolvimento direto da direção.

Transformação *lean*

Uma abordagem *kaizen* de sistemas, às vezes chamada de transformação *lean*, consiste em um projeto maior, ou séries de projetos, que resolve um amplo conjunto de problemas analisado e avaliado em um evento *kaizen*. Em cada projeto, realiza-se uma transformação do processo de estado atual para um de estado futuro, usando-se métodos que podem incluir:

- Melhoria do *layout* e da estrutura física.
- Melhoria dos processos de trabalho para incrementar o fluxo.
- Teste de erros e melhoria da qualidade.
- Melhoria do processo de agendamento.
- Trabalho padronizado.
- Gerenciamento e controle de estoques (*kanban*).
- Gerenciamento 5S e visual.
- Envolvimento dos funcionários e implantação de um sistema *lean* de gerenciamento.

Esses projetos de transformação levam normalmente de 9 a 18 semanas, um investimento de tempo bem mais prolongado que o das melhorias orientadas por eventos *lean*. Com um projeto ampliado, podemos resolver problemas maiores e mais importantes pela implementação de uma gama mais abrangente de métodos *lean* que aquela que se pode conduzir em apenas uma semana. Os projetos de transformação *lean* têm como foco não apenas melhorias rápidas, mas também o sucesso sustentado e a melhoria contínua. A abordagem permite que se proporcione treinamento e experiências mais abrangentes a um conjunto mais amplo de funcionários com múltiplas ferramentas *lean*. Isso também garante o tempo ampliado necessário para treinar supervisores e outros líderes sobre como começar a gerenciar ao estilo *lean*. Este foi o principal modelo de melhoria utilizado no Children's Medical Center (Dallas, Texas) e no Avera McKennan (Sioux Falls, Dakota do Sul), discutidos no Capítulo 1.

O projeto inicial é apenas o ponto de partida, pois nossa meta é a transição de uma mentalidade de projeto para uma forma de trabalhar todos os dias. Avançar em meio a transformações em múltiplos departamentos permite ao hospital formar uma massa crítica de pensamento e sucesso *lean*, que é capaz de montar o cenário para incorporar essas metodologias a todos os processos do hospital. Muitos esforços de transformação *lean* são acompanhados com continuados esforços de pontos *kaizen* da mesma forma que eventos *kaizen* formais. Nenhum departamento ou hospital se torna "plenamente *lean*" depois de um projeto de transformação *lean*; problemas persistem, e uma quantidade de desperdício estará sempre presente, uma vez que a perfeição é uma meta de difícil concretização.

Muitos projetos de eventos *kaizen* começam se parecendo com a abordagem de transformação ou de sistema *kaizen*. O Virginia Mason utiliza semanas de planejamento múltiplo e coleta de dados a fim de se preparar para a semana do *workshop* em sua metodologia RPIW. O Virginia Mason também elabora planos para reavaliar parâmetros inúmeras vezes depois do projeto, a fim de testar sua sustentabilidade. A Tabela 11.4 apresenta alguns destaques da preparação desses eventos.[12]

Tabela 11.4 Preparação de evento *kaizen*

Quando	Atividades
8 semanas antes	Identificar a área de uma necessidade
6 semanas antes	Documentar o processo atual, criar o mapa da cadeia de valor, colher dados
4 semanas antes	Formar equipe, identificar parâmetros
2 semanas antes	Finalizar os parâmetros-alvo, completar a observação do estado atual
1 semana antes	Finalizar o planejamento
Semana do *workshop*	Criar mudanças no estado atual e implementá-las, mensurar resultados
Após o *workshop*	Redimensionar ganhos em intervalos de 30, 60 e 90 dias

Em vez de sustentar um debate sobre qual dos métodos *kaizen* funciona melhor, os hospitais deveriam investigar todos os métodos, usando-os apropriadamente, dependendo do tipo de problema que precisa ser resolvido. Em algumas organizações, trabalhar com eventos *kaizen* englobando simultaneamente diversos departamentos é a melhor forma de espalhar o *lean* por todo o hospital, mas isso tudo traz o risco de que um profundo entendimento e mudanças no nível de *kaizen* não venham a ocorrer rapidamente em qualquer um dos departamentos. Outros hospitais usam sistema *kaizen* para promover mudanças fundamentais e sustentadas em um único departamento ou em alguns departamentos, sempre correndo o risco de não conseguirem apresentar o resto do hospital aos conceitos e métodos *lean*. Existem perdas e ganhos para ambos os lados e, consequentemente, não temos uma resposta fácil sobre qual seria a melhor abordagem.

Patrocínio e liderança por parte dos executivos

Melhorias sistêmicas *lean* no hospital como um todo só poderão ter sucesso com apoio decisivo, envolvimento e liderança dos principais líderes e médicos mais influentes. Os projetos *lean* terão menor probabilidade de atingir seu potencial pleno sempre que os executivos demonstrarem pouca disposição para enfrentar difíceis questões interfuncionais que serão identificadas em eventos ou projetos de transformação. Outra possibilidade de fracasso ocorre quando uma liderança não entende os princípios *lean* e passa, por isso, a buscar a subotimização de departamentos ou dispensar pessoas como um resultado das melhorias de produtividade.

> O Jackson-Madison Laboratory da West Tennessee Healthcare começou adquirindo experiência em suas áreas de laboratórios clínicos. O laboratório melhorou os tempos de resposta, reduziu as requisições de novos funcionários e economizou US$ 1,2 milhão, tudo isso somado à constatação de que não seriam mais concretizadas a construção e as exigências de espaço de uma nova instalação que já estava em planejamento.
>
> Mudando para a microbiologia, o laboratório aplicou os mesmos conceitos e lições aprendidos do primeiro projeto. As equipes aprimoraram o fluxo ao longo das áreas de registro de aquisições e fotos das amostras, passando do processamento de lotes para o fluxo de peça única. Como em tantos outros laboratórios, o West Tennessee anteriormente só costumava ler e fornecer resultados para amostras registradas durante o turno do dia. Examinando sua cadeia de valor e as necessidades dos pacientes, o laboratório chegou à conclusão de que se beneficiaria com a interpretação de amostras 24 horas por dia, e por isso a mudança foi realizada.
>
> A microbiologia também encontrou uma oportunidade de fazer uma grande melhoria que, embora custasse mais ao laboratório, acabaria por beneficiar o hospital como um todo. A liderança adotou os princípios *lean* de não subotimizar aquele departamento às custas do todo. O laboratório identificou uma oportunidade de adotar um teste um pouco mais dispendioso, porém mais rápido, do *Staphylococcus aureus* resistente a meticilina (Mirsa). O novo teste foi capaz de detectar cerca de 28 casos por ano de Mirsa antes que eles viessem a se tornar plenamente ativos. Uma vez que custa em média US$ 35 mil para tratar de cada infecção ativa de Mirsa, isso resultou em uma redução de custos estimada em US$ 983 mil para o hospital. Sem o apoio da cúpula executiva, o laboratório poderia ter sido impedido de tomar a decisão que foi, enfim, a melhor para o hospital como um todo.[13]

Como mudanças em processos significam desafios para as pessoas, provocando, em muitos casos, desconforto, a cúpula administrativa precisa ser consistente em seu apoio à liderança local e ao processo *lean*. Os executivos devem ser efetivos na articulação da resposta à pergunta "Por que o *lean*?". Entender a necessidade da mudança é fundamental, e aos executivos cabe um importante papel na comunicação dessa crença ao conjunto da organização.

Algumas pessoas dão desculpas, alegando que não conseguem fazer seus funcionários ou seus líderes acolherem o *lean*, dizendo que os funcionários retardam ou sutilmente chegam a sabotar os projetos, isso quando não radicalizam e simplesmente se recusam a participar. Uma pesquisa do *Lean* Enterprise Institute a respeito desses obstáculos ilustrou toda a gama de "dedos apontados" que surge quando as organizações enfrentam dificuldades. Três dos quatro maiores obstáculos foram exercícios de atribuição de culpa, incluindo "resistência da gerência de nível médio" (36%), "resistência dos funcionários" (28%) e "resistência dos supervisores" (23%).[14] Sempre que surgem problemas, a melhor abordagem é perguntar "por quê?". Quando começamos a buscar causas-raiz dos motivos pelos quais os funcionários podem não se sentir confortáveis com o *lean*, encontramos temor, ansiedade ou falta de compreensão, todos os quais podem ser abordados pela liderança executiva. Não basta os executivos dizerem que estão dando seu apoio ao *lean*. Eles precisam estar concretamente no comando do projeto, liderando os avanços, tomando medidas visíveis e tratando de comunicá-las a todos os participantes.[15] Como executivos, eles precisam se manter articulando sua visão *lean* e continuamente explicando porque essa estratégia é importante para o seu hospital. Os líderes precisam buscar o engajamento legítimo dos funcionários, a partir de uma escolha feita por eles, em vez do simples cumprimento de determinações, isto é, uma adesão forçada.

Ainda melhor que o apoio e o entendimento é o envolvimento direto dos líderes. Eles muitas vezes ganham uma nova compreensão ao verem o que realmente ocorre no chão de fábrica, passando tempo no *gemba* para observar pessoalmente os processos. Isso não pode se resumir a um rápido passeio por ali; uma caminhada pelo *gemba* deve ser uma prolongada observação de uma área individual ou um percurso ao longo de uma cadeia de valor inteira. Observar o processo de perto proporcionará a visão real do desperdício e dos problemas que as pessoas enfrentam diariamente. Quem parece frustrado? Quem está apressado e correndo em virtude da pressão dos horários? Onde você consegue observar excesso de lotes ou desorganização? Em que setor os níveis de estoques não correspondem ao consumo diário de suprimentos? Observar e ouvir seus funcionários vai lhe dar uma visão mais integral da necessidade do *lean* do que apenas tabelas de indicadores ou mensurações financeiras.

Além disso, os executivos precisam identificar os temores que os funcionários possam nutrir em relação ao *lean*. Se a mudança não for vista como algo bom para os funcionários, eles certamente se mostrarão bem menos entusiasmados por sua implementação. Um temor muito comum, a propósito, é o de que o *lean* e as resultantes melhorias da eficiência venham a ser usados para reduzir o número de funcionários. Os executivos precisam ser, neste ponto, enfáticos em relação ao compromisso de que essas mudanças não serão usadas para orientar demissões; caso contrário, rumores e temores irão se espalhar, desacreditando o *lean*. Mesmo que os executivos seniores não tenham qualquer intenção de demitir funcionários, a ausência de uma proclamação pública pode fazer os rumores se espalharem e o ânimo entrar em colapso. No Silver Cross Hospital (Joliet,

Illinois), David Schlappy, vice-presidente de qualidade e serviço de equipes médicas, fez essa proclamação, ao garantir: "Não iremos demitir ninguém, ninguém irá perder seu emprego por causa de iniciativas de melhorias de processos. Assumo aqui o compromisso de que, se formos implementar e avançar com o *lean*, eu colocarei meu prestígio em jogo com a promessa de que não iremos por esse caminho". Um compromisso como este é normalmente uma das chaves para o sucesso *lean* em um sistema de saúde. Vários hospitais importantes, inclusive o Avera McKennan e o ThedaCare, têm compromissos semelhantes contra demissões.[16]

Partindo da metade do caminho

É possível começar com o *lean* em um departamento isolado, sempre que orientado e comandado pela liderança local. No caso do Riverside Medical Center (Kankakee, Illinois), Stephanie Mitchell, diretora administrativa dos serviços laboratoriais, deu partida aos projetos *lean*. Ela apresentou o projeto, conseguiu o apoio da liderança sênior no sentido de obter ajuda para o primeiro projeto e supervisionou diretamente sua implementação. Embora os líderes estivessem dispostos a contratar um consultor, não estavam ainda completamente convencidos da validade da ideia. O diretor-presidente Phil Kambic disse que, ainda que acreditasse nas "saudáveis práticas de gerenciamento do *lean*", e estivesse disposto a permitir que o laboratório do hospital fizesse uma experiência, ele se mantinha "cético" em relação a um eventual sucesso, com base em experiências com outras metodologias de melhorias.

Depois do sucesso inicial no laboratório, em que os tempos de resposta foram radicalmente reduzidos e os clientes internos (como a Emergência) se mostraram satisfeitos com a melhoria do desempenho, a equipe executiva entusiasmou-se com a possibilidade de assumir a liderança do projeto para todo o hospital. Ainda que Kambic e o diretor financeiro Bill Douglas supervisionassem os projetos *lean* no laboratório, participando em reuniões periódicas do comitê de avaliação, seu interesse no treinamento para toda a liderança sênior cresceu depois do primeiro projeto. Eles também patrocinaram o ensinamento *lean* continuado em todo o hospital e trabalharam para ampliar a metodologia a outros departamentos, como a farmácia e os pontos de cuidados a pacientes internados. Depois de ter enfrentado todo o ceticismo inicial, Kambic dedica-se atualmente a incorporar o *lean* à estratégia central do hospital. "*Lean* é a abordagem que faz mais sentido. Não é *benchmarking*, em que é difícil encontrar comparações de "maçãs com maçãs". O *lean* é focado em melhorar nossos próprios processos, no momento atual, com nosso pessoal e sua criatividade".

Na pesquisa realizada para este livro, 46 respondentes que lideram iniciativas *lean* em hospitais foram questionados sobre quem havia iniciado os projetos para o hospital, como mostrado na Tabela 11.5 (múltiplas respostas eram permitidas). Os resultados indicam que os líderes em nível de direção são tão ou mais propensos quanto os executivos de primeiro escalão a darem início a projetos *lean*.

Tabela 11.5 Lançadores de projetos *lean*

Função	Percentagem
Diretor-presidente, Diretor Financeiro, Diretor de Inovação	32,6
Diretor de Marketing	10,9
Vice-presidente de Administração	28,3
Vice-presidente Médico	19,6
Diretor Administrativo	37,0
Diretor Médico	30,4
Gerente ou supervisor	15,2
Médico ou enfermeiro	4,3

Estabelecendo uma linha-modelo e um plano de ação

Alguns hospitais começaram com o *lean* ensinando e usando uma ferramenta única, como o 5S, em todos os departamentos. Um esforço como esse corre o risco de espalhar demais seus *coaches* ou treinadores, deixando-os muito espaçados entre si. Essa abordagem também aumenta o risco de que o hospital não esteja resolvendo os problemas primordiais para os pacientes ou funcionários. Não há dúvida de que usar exclusivamente o 5S eliminará algum desperdício, mas os enfermeiros poderão ficar frustrados se forem solicitados a usar seu tempo organizando o posto de enfermagem quando o fluxo ineficiente de pacientes pela Emergência mantém todos os demais à beira de um colapso. O *lean* acabará recebendo a reputação de a última "novidade do mês" (e esse é todo o tempo que poderá durar) caso resultados mais significativos não forem obtidos por meio dos esforços iniciais.

Em vez de tentar implementar um método *lean* (ou conjuntos de métodos) ao longo de todo o hospital, uma abordagem mais eficiente é estabelecer uma linha-modelo em torno de um departamento (p. ex., a farmácia ou um laboratório) ou um caminho específico de pacientes (como o fluxo de pacientes começando na chegada à emergência). Criar um escopo limitado de linha-modelo reduz o tempo exigido para implementar um conjunto integral de métodos *lean* e sistemas de gerenciamento. Implementar o *lean* em um departamento de 100 funcionários é muito menos intimidante que tentar espalhar a mesma ideia entre cinco mil funcionários de uma só vez.

A linha-modelo pode ser escolhida com base na priorização de um número de fatores, inclusive a avaliação de necessidades (quais problemas precisam de solução?), a avaliação do estado atual (qual desperdício pode ser eliminado?) e a avaliação da prontidão (os gerentes, o pessoal e os médicos concordam que a mudança é necessária e possível?).

A equipe da liderança sênior pode começar com um plano de ação para a implementação do *lean* além do departamento inicialmente previsto. Os hospitais costumam planejar seus primeiros dois ou três projetos, com base na atual visão de metas e prioridades. Por exemplo, no primeiro ano da jornada *lean* em um hospital, ele poderá planejar dois projetos, no laboratório e na radiologia, uma vez que cada projeto de transformação leva aproximadamente três ou quatro meses.

Mapeando um projeto

Uma vez selecionado um departamento ou cadeia de valor para o projeto inicial, é importante que eles sejam adequadamente definidos e tenham seu escopo determinado. É preciso encontrar o equilíbrio entre um escopo exagerado (que levará mais tempo e poderá aumentar a complexidade) e um que seja pequeno demais (ficando assim sem um impacto significativo).

Um documento formal de mapeamento pode ser criado pela liderança do departamento e pela equipe do projeto *lean* a fim de garantir que as metas e os objetivos estejam alinhados. Para destacar ainda mais que o projeto pretende melhorar o desempenho, mais do que apenas implementar métodos *lean*, a equipe deve determinar os parâmetros que planeja melhorar. É necessário reunir um conjunto básico de parâmetros para que a equipe possa mensurar a melhoria durante e depois do projeto. Os objetivos de melhoria devem ser estabelecidos para cada parâmetro com base nas necessidades dos clientes e no potencial de redução do desperdício que foi identificado durante a avaliação.

Uma proclamação formal do problema, como qualquer outra ação *lean* de solução de problemas, é importante para que os objetivos sejam entendidos, juntamente com o entendimento de por que o projeto ou as melhorias são cruciais para o hospital. O mapa deve incluir uma proclamação sobre como o projeto se alinha com o planejamento estratégico do hospital. O documento também deve mostrar o cronograma esperado e os principais marcos para o projeto.

Dedicando recursos internos: a equipe *lean*

Um lamento frequentemente ouvido é: "Não temos tempo para a melhoria". Os funcionários estão quase sempre lutando simplesmente para chegar ao fim do dia em razão do desperdício, do retrabalho e das soluções alternativas. Encontrar tempo para implementar algumas resoluções de causa-raiz de problemas parece um luxo. O pensamento quase geral indica que é mais fácil continuar apagando incêndios do que conseguir tempo para colocar em prática medidas capazes de preveni-los.

Caso pedíssemos que as pessoas implementassem o *lean* com prioridade sobre seus deveres diários, o esforço inicial até que poderia ser forte; contudo, a tentação de deixar o *lean* se transformar em uma prioridade menor estará sempre presente. Os gerentes são tentados a retirar os funcionários dos projetos *lean* quando outros funcionários não comparecem por doença, por exemplo, de modo que os esforços *lean* perdem o impulso inicial ou simplesmente são paralisados. Trata-se de um clássico beco sem saída – é preciso melhorar, mas não se tem o tempo suficiente para trabalhar nessa melhoria.

Uma abordagem que dá bons resultados nos hospitais é destinar uma equipe de melhoria de processos para dar início a projetos *lean*. Quando os líderes liberam os funcionários, a equipe de melhoria pode ser treinada, analisando o processo atual e encontrando tempo para trabalhar no projeto de processos novos e aprimorados. As organizações precisam identificar membros e líderes das equipes *lean* que sejam agentes da mudança, aqueles que conseguem trabalhar bem com os outros e que podem influenciar seus colegas.

> Clay York, gerente de laboratório do Children's Medical Center (Dallas, Texas), reflete sobre seus sucessos com o *lean*, já destacados no Capítulo 1, contando: "Economizamos US$ 419 mil por ano em custos de mão de obra, sem demissões, como resultado de nosso projeto inicial de implementação do *lean*. Essa redução de custos não teria sido possível sem o contínuo fluxo e a implementação de ideias e sugestões das pessoas que fazem o trabalho real. Garantir a eles tempo para colocarem seus planos no papel e fazerem o acompanhamento disso é absolutamente necessário para consolidar esses tipos de resultados".
>
> Stephanie Mitchell, diretora de serviços de laboratório do Riverside Medical Center (Kanakakee, Illinois), acrescenta: "Para que o *lean* tenha sucesso, você precisa contar com pessoal e tempo dedicados exclusivamente para concretizar as metas de um projeto ou de uma melhoria. Eles não podem dar a atenção necessária enquanto cumprem suas funções normais. Assim, mantivemos quatro integrantes da equipe dedicados exclusivamente ao *lean* durante cerca de 12 semanas enquanto reformulamos nosso laboratório, e ainda agendamos, ocasionalmente, dias para que a equipe pudesse processar melhorias e redesenho. Trabalhar na melhoria leva tempo, mas, no final, o retorno sobre o investimento foi mais do que satisfatório".

Para criar uma equipe exclusiva do *lean*, os líderes hospitalares precisam garantir que os funcionários não sejam redesignados para o trabalho rotineiro diário; eles precisam se dedicar ao *lean* em tempo integral. É possível liberar pessoal gastando com a contratação de temporários ou pagando horas extras para cobrir a ausência dos integrantes da equipe no departamento. Trata-se de um investimento de curto prazo que permite que a equipe oriente melhorias destinadas a reduzir o desperdício, eliminando também a necessidade da contratação de outros tantos funcionários no futuro.

A equipe de melhoria de processos deve ser interdepartamental e diversificada. Equipes de sucesso são aquelas formadas por quatro a seis funcionários, normalmente requisitados no próprio hospital para o projeto. Contar com um funcionário antigo na equipe juntamente com outro mais recente cria uma combinação eficaz de perspectivas. Contar também com um funcionário que já tenha trabalhado em outros hospitais é útil para proporcionar uma compreensão sobre os modos de operação de hospitais diferentes.

Outro ponto útil é contar com um ou dois integrantes estranhos ao departamento em que se realiza o projeto. Esses colegas de outros departamentos normalmente colaboram com uma nova visão do processo. Por exemplo, o enfermeiro de uma unidade de internação poderia ser selecionado para uma equipe de projeto da farmácia. O enfermeiro colaboraria com a perspectiva de um cliente interno, alguém que interage com a farmácia. Ele proporcionaria uma compreensão sobre as falhas e os problemas do processo que causam desperdício e retrabalho para as unidades ambulatoriais. Formar uma equipe de pessoas conhecidas e estranhas ao departamento pode ajudar a estabelecer uma ponte sobre as brechas na comunicação entre os departamentos do hospital, conduzindo à solução conjunta de problemas e a uma redução daquela desagradável prática de culpar os outros por todos os problemas. O enfermeiro pode fazer perguntas honestas sobre o processo, perguntando "por que?" tantas vezes quantas for possível. Fazer os membros internos da equipe explicar seus processos a um estranho ajuda mais a limpar os desperdícios do que quando todos têm os mesmos antecedentes e entendimentos sobre os velhos métodos e processos.

Um colega de outro departamento pode intencionalmente ser um integrante de um futuro departamento *lean*. Por exemplo, um técnico da radiologia poderá estar disponível para a equipe do projeto inicial do laboratório. Isso proporciona uma perspectiva externa para a equipe do laboratório e dá ao técnico da radiologia experiência com o *lean*. Hospitais *lean* seguidamente planejam o remanejo de recursos humanos "um à frente e outro atrás", transferindo uma pessoa do departamento anterior para cobrir a vaga de outra no departamento seguinte.

> Uma enfermeira da Emergência de um hospital foi indicada para a equipe *lean* do laboratório. Durante as reuniões iniciais para formação de equipe, a enfermeira apresentou-se como sendo do Departamento de Emergência e de imediato pediu desculpas aos colegas ali presentes. A maior parte das interações dela com as pessoas do laboratório havia sido, até então, mediante telefonemas irados, feitos em uma tentativa de descobrir a situação dos resultados de testes. Ela explicou que não era normalmente como aquela pessoa dos telefonemas, mas que a pressão da Emergência levava qualquer um a gritar e a ser grosseira com outros. A enfermeira nutria uma forte motivação para ajudar a melhorar o laboratório, pois tanto ela quanto seus colegas na Emergência seriam beneficiados pelo seu trabalho ali desenvolvido quando ela retornasse ao trabalho normal.

Independentemente de sua composição exata, a equipe *lean* exige um líder de projeto e um *coach*, seja ele um consultor externo ou um líder *lean* interno proveniente de um departamento de melhoria de processos. Não se deve esperar que o *coach* venha com todas as respostas, nem que garanta "torná-lo *lean*" sem qualquer esforço da parte dos integrantes da equipe. Na verdade, muitos *coaches* irão, depois de treinar a equipe nos conceitos *lean*, insistir em não dar respostas. Em vez disso, eles irão guiar a equipe fazendo perguntas e obrigando a equipe a desenvolver suas próprias soluções. A implantação de um processo *lean* desenvolvido pelas pessoas que trabalham no departamento conduz a uma maior aceitação, em comparação com um caso em que as respostas sejam dadas por um especialista externo. Mesmo se o especialista externo tiver as respostas certas, a equipe terá um reduzido (ou nenhum) sentido de propriedade com relação às mudanças e ao processo melhorado.

A importância do gerenciamento da mudança

Implementar mudanças, inclusive o *lean*, é sempre difícil. Isso consome energias em excesso e requer uma persistente dedicação e um plano formal de gerenciamento da mudança. Afirma-se frequentemente que de 80 a 90% do desafio da implementação do *lean* relacionam-se com as pessoas e a aceitação da mudança. Os restantes 10 a 20% do desafio dizem respeito à implementação das ferramentas e dos métodos técnicos.

Mensurações fundamentais de desenvolvimento podem apresentar leves reduções quando novos processos são postos em prática ou quando se realizam mudanças, como mostrado na Figura 11.2, quer sejam feitas em termos de produtividade do trabalho ou do serviço ao cliente (tais como o tempo de espera para uma Emergência ou o tempo de processamento de um laboratório). Se o treinamento de novos processos ou comunicações for deficiente ou confuso, as organizações correm o risco de ver o caos instaurado e de terem ainda mais prejudicado o seu desempenho.

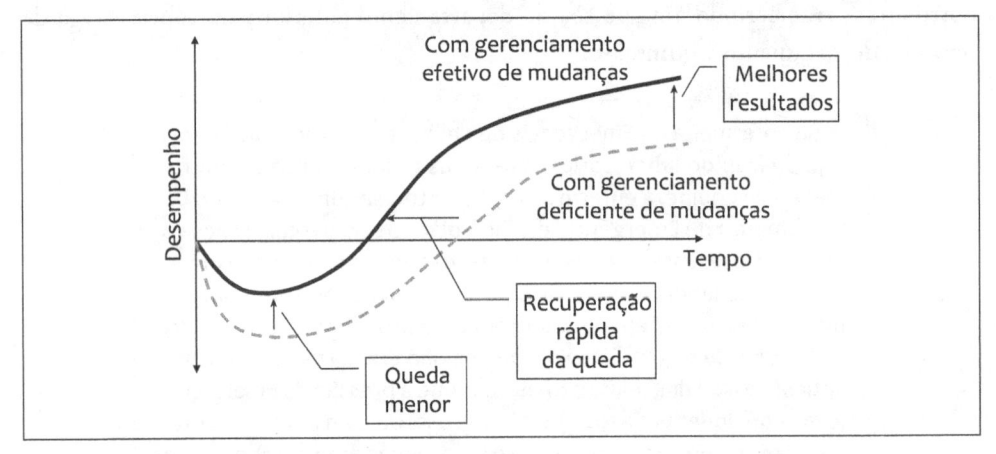

Figura 11.2 Curvas de exemplos de mudanças mostrando como o desempenho pode se alterar com o decorrer do tempo, com ou sem práticas efetivas de gerenciamento de mudanças.

Esse mergulho na mensuração será menor e mais breve, contudo, se houver um eficiente gerenciamento da mudança. Os funcionários, especialmente aqueles membros das equipes *lean*, precisam entender que melhorias do sistema, embora, pela lógica, sejam indiscutivelmente melhores, continuarão a causar um sentimento de perda ou pesar entre eles. Mudar e/ou desativar processos antigos pode causar má impressão, especialmente entre aqueles que ajudaram a colocar em prática os processos agora abandonados. Afinal de contas, os processos hoje tidos como desperdício total foram, em algum momento anterior, a grande ideia de alguém.

Durante a implementação do *lean*, o departamento do hospital e seus funcionários normalmente passarão por um ciclo de negação, medo e estresse antes de acreditar que as melhorias acabarão realmente se concretizando e valorizando seu ambiente de trabalho. Os escores de satisfação dos funcionários poderão inicialmente diminuir, para então voltar ao normal e depois ultrapassar novamente o número da linha básica.

As equipes precisam estar preparadas para o fato de que seus colegas também venham a passar por um ciclo semelhante. Só a constante comunicação e o *feedback* conseguem suavizar esse ciclo. Existem casos em que nada que não seja o tempo e a experiência com um novo processo poderá construir apoio, aceitação e entusiasmo em relação ao *lean* e aos novos sistemas. Os funcionários e colegas podem apresentar um *feedback* sólido, às vezes emocional, no sentido de que o antigo sistema e seu *layout* funcionavam bem e que ninguém sentia a necessidade de mudanças. Para contrabalançar essa tendência, os líderes precisam dar apoio às suas equipes e permanecer envolvidos com os respectivos projetos.

Retrato do sucesso de um hospital: Avera McKennan Hospital

O Avera McKennan Hospital e o University Health Center (Sioux Falls, Dakota do Sul) são uma instalação de 510 leitos que faz parte do complexo Avera Health. O hospital deu partida à sua jornada no laboratório em 2004, época em que muitos outros laboratórios de hospitais inscreveram-se entre os primeiros a adotar os métodos *lean*. No primeiro ano, os tempos de processamento dos testes foram reduzidos em 46%. Além disso, 305 metros quadrados de espaço foram liberados, e a produtividade viu-se incrementada em mais de 10%. O *lean* se transformou em uma parte sustentável da cultura e do sistema de gerenciamento sob a liderança de Leo Serrano, o diretor dos serviços laboratoriais.

Avançando até 2011, o laboratório manteve ou continuou a reduzir os tempos de processamento e ao mesmo tempo aumentou seu volume de testes em 40%, com um nível de pessoal mais reduzido que antes do *lean*. Os tempos totais "da coleta ao resultado" levam em média 34 minutos para testes químicos e apenas 17 minutos para contagens completas de sangue (CBCs). A variação foi reduzida tanto que 98% dos resultados das CBCs são recebidos em 20 minutos. A qualidade passou a ser medida a um índice de 59 falhas por milhão de oportunidades (uma taxa de sucesso de 99,9958%, ou um nível sigma de 5,4, para aqueles versados em Seis Sigma). Com todas essas melhorias, Serrano disse: "A satisfação dos nossos funcionários está em seu nível mais elevado nesses seis anos em que estou aqui. A equipe atribui grande parte disto ao *lean*".[17]

> O Avera McKennan aplicou o lean em muitos departamentos, entre os quais:
>
> Laboratório e histologia
> Farmácia
> Emergência
> Serviços operacionais
> Construção de carrinhos de bandejas
> Manutenção/limpeza
> Saúde comportamental
> Centro feminino
> Unidades – médicas, cirúrgicas, enfermagem e telemetria – de pacientes internados
> Operações clínicas
> Gerência comercial e de informações sobre saúde

Além do laboratório, o Avera McKennan aperfeiçoou seu processo de alta de pacientes para reduzir a demora entre o momento da liberação do quarto pelo paciente que sai e a disponibilização do mesmo aposento para a internação do próximo. Isso intensifica a utilização dos quartos e previne demoras para pacientes admitidos que poderiam, de outra forma, causar congestionamento na Emergência ou nas áreas de recuperação pós-operatória.

O fluxo acelerado de pacientes, assim como outras melhorias de processos, reduziu até mesmo os custos com construção. A expansão da Emergência foi reduzida dos planejados 24 quartos para apenas 20, com uma economia de US$ 1,25 milhão em custos de construção. Os quartos e o *layout* do departamento foram projetados para serem mais eficientes para médicos, enfermeiros e outros funcionários, poupando espaço sem produzir impacto negativo no atendimento dos pacientes. Os quartos foram desenhados em uma configuração em forma de "U", com o departamento de pessoal localizado no meio. Isso facilita a comunicação, o trabalho de equipe e a visibilidade, além de reduzir simultaneamente as distâncias percorridas pelos profissionais. Os pacientes podem entrar e sair pelo saguão externo do "U", sendo com isso poupados dos ruídos e das visões comuns de uma emergência. Cada quarto, exceto os de traumatologia, é completamente padronizado, o que melhora o fluxo dos pacientes, que não precisam mais esperar por quartos especializados. A equipe criou carros para algumas especialidades, como o de abastecimento ortopédico, que pode ser introduzido nos quartos de acordo com as necessidades específicas de um paciente. A satisfação dos pacientes aumentou de 60 para 90%, e a permanência média foi reduzida para apenas pouco mais de duas horas, muito abaixo das médias nacional (4 horas e 7 minutos) e estaduais (2 horas e 59 minutos).

A aplicação do *lean* às operações clínicas resultou no aumento da satisfação dos pacientes e em um melhor desempenho financeiro para os médicos e para o hospital. A sequência da coleta de informações do paciente foi alterada para eliminar um fator comum de irritação entre eles – a necessidade de repetir a mesma informação para múltiplos encarregados. Isso, junto com outras melhorias que passaram a garantir que ferramentas e suprimentos estivessem facilmente disponíveis em cada sala de exames, levou a uma redução de 34% na duração das visitas dos pacientes, sem que isso significasse a necessidade de correr entre os diversos procedimentos. Os blocos de exames foram reduzidos de 20 para 15 minutos, proporcionando margem para mais quatro pacientes por dia (com o aumento de receita disso resultante).

O hospital também reformou componentes centrais do atendimento aos pacientes internados por meio do seu programa de "primeiro ciclo de atendimento", uma ação iniciada diretamente pelo enfermeiro-chefe. Com o patrocínio da cúpula executiva, surgiu a oportunidade para o pessoal da linha de frente identificar aquilo que gostaria de melhorar. Os funcionários se queixavam de estarem sempre sobrecarregados e de não poderem realizar todo o trabalho exigido, inclusive os gráficos. A observação detalhada do processo identificou que demorava demais para que todos os pacientes fossem examinados pela manhã, com as avaliações iniciais às vezes estendendo-se até as 9 horas. Os pacientes recebiam medicamentos em até 30 minutos dentro do horário planejado apenas em 40% dos casos.

Processos específicos foram racionalizados a fim de reduzir o desperdício e liberar tempo, mas isso representou meramente uma melhoria incremental. A equipe reinventou os *rounds* matutinos como um ciclo de dois estágios, utilizando a primeira hora do dia para avaliação (com a documentação de tempo real feita nos quartos) e a segunda para a administração dos medicamentos. Com isso, o tempo junto aos pacientes dobrou, e os medicamentos são agora entregues dentro do prazo em 94% dos casos. Quando consultados a respeito, 92% dos integrantes da equipe admitiram que a carga de trabalho passou a ser suportável, uma vez que as horas extras foram reduzidas em 63%. Talvez algo ainda mais importante para eles, agora é possível fazer intervalos no trabalho, em vez de estar permanentemente em ação. "A inovação ocorreu quando os enfermeiros começaram a ver no *lean* um meio de resolver alguns dos seus outros problemas", contou Kathy Maass, diretora de excelência de processos. Os enfermeiros lançaram outros projetos de melhoria, tais como liberações mais frequentes e trabalho em parceria com o departamento de excelência de processo.

O Avera McKennan mostrou que o aumento da produtividade e as reduções de custos poderiam ser concretizados por outros meios que não fossem as demissões ou as reduções de pessoal. O hospital assumiu o compromisso com os funcionários de que eles não seriam demitidos como resultado do *lean* ou de outras melhorias. O diretor-presidente Fred Slunecka afirmou: "Basicamente, prometemos aos funcionários fazer tudo o que estivesse ao nosso alcance para proteger suas carreiras, mas não os empregos específicos, se eles, em troca, fizessem todo o possível para manter a organização economicamente saudável". Empregos e funções podem mudar, mas os indivíduos são transferidos para novos papéis ou indicados para um período de trabalho no aperfeiçoamento de outras melhorias.

Um exemplo de nova função pode ser o do departamento interno de Excelência em Processos. Membros das equipes de departamentos que trabalharam com projetos de transformação *lean* podem passar a fazer parte de um grupo de consultores internos que dirigem os projetos de melhoria mais prolongados no hospital, assumindo os papéis inicialmente exercido por consultores externos. Existem quatro consultores internos em tempo integral, liderados por um diretor. Os consultores do Avera não comandam "eventos *kaizen*" de uma semana de duração, semelhantes aos de tantos outros hospitais. Eles facilitam projetos de transformação mais prolongados – de 10 a 16 semanas –, promovendo mudanças mais radicais que aquelas que seriam viáveis em apenas uma semana.

Os consultores acompanham os projetos com *coaching* realizado para líderes departamentais, que comandam o novo processo e continuam a aperfeiçoá-lo como parte da nova abordagem de gerenciamento. Os projetos ajudam a impulsionar as mudanças, mas a sustentabilidade requer esforços continuados e novos estilos de liderança. "Trata-se de um processo contínuo de melhoria. É um modo de vida, uma forma de fazer negócios", disse Kathy Maass. Parte desse acompanhamento inclui o acompanhamento presencial de um enfermeiro iniciante durante um dia inteiro pela gerente de enfermagem, agindo como *coach* e ajudando a identificar problemas. "Estamos gerenciando o processo, em vez dos resultados", disse Maass.[18] Por exemplo, a equipe identificou uma oportunidade de criar trabalho padronizado a fim de garantir que os cateteres venosos centrais e as linhas intravenosas fossem trocados adequadamente, de acordo com necessidades.

Os projetos de transformação são selecionados por um comitê diretor que leva o plano estratégico e os objetivos do hospital em consideração, mas os projetos podem ser igualmente iniciados a partir do programa de sugestão dos funcionários, denominado Bright Ideas (Ideias Brilhantes). Esses projetos mais prolongados são importantes, como Slunecka disse: "Creio que fazer apenas eventos *kaizen* equivale a aplicar pequenos curativos em um corte mais extenso. Um evento de uma semana é de extrema valia para melhorar um processo que foi completamente redesenhado usando um processo de projeto *lean*. Mas o redesenho integral precisa ser completado em primeiro lugar. O projeto de assistência à saúde é complexo demais para poder ser concretizado em uma semana, e é preciso bem mais do que isso para mudar a cultura de um ambiente de trabalho".[19]

A experiência do Avera McKennan mostra também que o *lean* não tem como objetivo cortar cabeças. No projeto da Emergência, a análise dos processos em andamento mostrou que o trabalho não poderia ser efetivamente concretizado com os níveis de pessoal então existentes. Assim, nesse caso, o hospital aumentou o número de funcionários para melhorar o rendimento com pacientes. Slunecka resumiu o objetivo de otimizar o sistema inteiro, em vez de simplesmente subotimizar custos de trabalho, dizendo: "Cada um dos projetos economizou mais do que o seu custo – e nenhum deles mostrou economias com os custos em mão de obra".

Uma das chaves do sucesso do Avera McKennan tem sido o reconhecimento de que o *lean* diz respeito a pessoas. O hospital criou um material exclusivo de treinamento que foi utilizado por todos os quatro mil funcionários da instituição. Slunecka disse que os funcionários – o fator humano – são a chave de tudo. Eles se empenham no processo, apresentando ideias de melhorias e perseverando em meio às dificuldades que sempre surgem durante a implementação de mudanças. O hospital atualmente indica um representante do Programa de Assistência aos Funcionários a projetos de implementação, para ajudá-los a lidar com o estresse provocado pela mudança.

> *Dentre outros resultados do* lean *no Avera McKennan estão:*
> - Uma economia de 600 horas em tempo de enfermagem cirúrgica anualmente, pela eliminação de estoque de fim de turno.
> - O tempo de avaliação nas cirurgias ambulatoriais caiu de 45 para 25 minutos, reduzindo a distância percorrida pelos enfermeiros em 90%.
> - O tempo de espera para mamografia foi reduzido de 40 para 12 minutos.
> - Bebês na UTI neonatal não são mais despertados para a administração de medicamentos, graças a um programa em que as equipes levam mais em consideração os ciclos naturais de sono.
> - Um novo centro de cirurgias femininas e ambulatoriais foi projetado e construído utilizando-se os princípios *lean*.
> - O tamanho padrão dos conjuntos de instrumentos cirúrgicos foi reduzido, o que gerou redução dos custos em compras, diminuição do trabalho de reprocessamento e melhorias ergonômicas para a equipe.[20]

O hospital assumiu um compromisso com seus funcionários, em paralelo com seu comprometimento com a qualidade e a produtividade. A maioria dos hospitais reclama de escassez de pessoal clínico e médico, essencial para seu funcionamento. Slunecka vê a situação de maneira diferente, sempre consciente de todo o desperdício e ineficiência que vão surgindo nos processos de um hospital. "Não existe escassez de profissionais de atendimento à saúde – o que temos é escassez de um sistema capacitado de gerenciamento", afirmou ele. Executivos avançados como Slunecka são aqueles com poder de convencer outros líderes de hospitais de que o problema não está nos funcionários. O sucesso do *lean* não acontecerá simplesmente solicitando-se que as pessoas trabalhem com seu máximo empenho ou que, pelo menos, tentem. O sucesso vem, sim, da capacidade de mudar a mentalidade das pessoas e a forma pela qual lideramos e gerenciamos. "Agora que o Avera McKennan já tem mais de sete anos de *lean*, as pessoas estão começando a pensar processos", disse Kathy Maass. "O *lean* atualmente povoa nosso pensamento. Quando surgem problemas, os funcionários reconhecem que, se pudermos melhorar o processo, será possível melhorar também os resultados". O Avera McKennan é um hospital que já está muito avançado no caminho *lean* de melhorar os resultados para os pacientes e de criar um ambiente melhor para os médicos e toda a equipe de trabalho.

Conclusão

Não existe um plano de ação ou um livro de receitas que um hospital possa seguir no seu empenho pela implementação do *lean*. Alguns elementos-chave são necessários, incluindo os problemas a serem resolvidos, a liderança dos executivos e a disposição dos funcionários e gerentes de linha de frente em concretizarem melhorias em seus próprios processos. Começar pela transformação de uma área que sirva como uma linha-modelo pode ajudar a demonstrar o potencial do *lean* para o restante da organização. Estabelecer o foco sobre o sistema de gerenciamento e dar sustentação às melhorias é importante para garantir que o *lean* não venha a ser apenas mais uma novidade, mas, pelo contrário, parte importante da visão e estratégia para o futuro no hospital.

Lições *lean*

- Os hospitais devem focar seus projetos *lean* com base na necessidade e na disposição dos líderes de área em conduzirem a mudança.
- Existem estilos diferentes de *kaizen* que podem ser apropriados, dependendo do problema que precisar ser resolvido.
- A liderança da cúpula executiva e seu envolvimento são cruciais para o sucesso do *lean*.
- O sucesso do *lean* exige ação, trabalho pesado e disciplina.
- O *lean* não pode ser feito em todas as partes ao mesmo tempo; comece com uma área (linha-modelo), que possa estabelecer um exemplo para outros setores.
- Contar com uma equipe interfuncional de melhoria de processos dedicada exclusivamente à tarefa pode ser algo fundamental para o sucesso.
- O treinamento não pode ser ignorado, mas não é uma solução milagrosa.

- Embora alguns poucos consertos rápidos sejam passos positivos, não perca de vista o panorama da situação e um plano mais estratégico.

Pontos para discussão em grupo

- Quais são os problemas que realmente precisam de solução? Por onde devemos começar?
- Por que é tão importante um compromisso de não promover demissões em razão do *lean*?
- Como podemos transformar nossos esforços *lean* de uma mentalidade de projeto para uma forma de trabalhar todos os dias?
- Quais seriam os melhores membros de equipes *lean*?
- Como conseguir que nossos líderes seniores se envolvam e se comprometam com o *lean*, caso ainda não o tenham feito?
- Como poderíamos projetar diferentemente nosso departamento ou hospital, caso tivéssemos a oportunidade de aplicar a nossa compreensão dos princípios *lean*?

Capítulo

12

UMA VISÃO PARA UM HOSPITAL LEAN

Introdução

Até aqui, vimos quais são as raízes do *lean*: Henry Ford, W. Edwards Deming e Toyota, entre outros. Os conceitos centrais, filosofias, ferramentas e estilos de liderança foram definidos e apresentados. Compartilhamos exemplos de hospitais que já fizeram uso desses métodos para fazer melhorias que são importantes para os pacientes, os funcionários, os médicos e o próprio hospital. As perguntas que certamente surgirão a partir daqui são "Como eu chego lá?" e "Como estarei quando estiver tudo pronto?".

Em primeiro lugar, não existe "pronto" ou "lá", no sentido de destino final, com o *lean*. Sempre há um problema a resolver, um desperdício a eliminar e novas formas de trabalho capazes de agregar valor a serem criadas. Depois de continuadamente desenvolver e utilizar métodos *lean* por mais de 50 anos, a Toyota ainda tem desperdício e problemas para resolver. Ela está, porém, em situação significativamente melhor que a de seus concorrentes em muitos aspectos, e continua com as melhorias. Não existe uma organização perfeitamente *lean*, e por isso a expressão *hospital lean* deveria ser, na verdade, um modo abreviado de dizer "hospital que está usando métodos *lean* de maneira sistemática para melhorar e gerenciar".

O que é um hospital *lean*?

Usando a definição original do *lean* contida no livro *The Machine that Changed the World*, será que existe em algum lugar do mundo um hospital que opera com a metade de tudo, em comparação com outros hospitais? Um hospital *lean* nesses termos precisaria ter, entre outras mensurações:

- Metade dos erros.
- Metade das infecções.
- Metade das lesões em pacientes.
- Metade do tempo de espera.
- Metade do tempo de internação.
- Metade dos profissionais (ou, mais provavelmente, metade do volume rotativo de funcionários).
- Metade dos custos.
- Metade do espaço.
- Metade das reclamações de pacientes e médicos.

Os hospitais podem não chegar a se aperfeiçoar ao ponto alcançado pela Toyota, de ser literalmente duas vezes melhor que seus concorrentes (essa vantagem, de qualquer forma, já foi coberta pelos concorrentes com o passar do tempo). Dito isso, o que precisamos é estabelecer bem alto as metas a serem superadas pelo nosso hospital. A história tem mostrado que os conceitos *lean* permitem um pensamento revolucionário, levando a um desempenho radicalmente melhor, em vez de a modestos ganhos incrementais, tais como a redução de 95% nas infecções de corrente sanguínea relacionadas com o cateter venoso central registrada nos hospitais do grupo Allegheny General.[1] O ThedaCare e o Gundersen Lutheran (WI) conseguiram, cada um, alcançar uma redução de custos de 25 a 30% para pacientes internados e pacientes de cirurgias cardíacas.[2,3] Mesmo se alcançássemos a metade dos erros ou a metade das lesões em pacientes de outros hospitais, isso seria o bastante? Não, mas precisamos batalhar pela perfeição, ainda que a perfeição absoluta pareça algo extremamente difícil – quando não impossível – de alcançar.

Poderíamos até mesmo sair dos limites dos hospitais, explorando para melhorar o sistema de atendimento à saúde no seu todo. Hospitais *lean* poderiam trabalhar para reduzir as visitas às emergências à metade mediante a coordenação do *continuum* de cuidados nas respectivas comunidades. O Group Health (WA) reduziu as visitas às emergências dos seus membros em 29% mediante sua abordagem de medicina de família centrada no paciente, baseada em princípios *lean*.[4] Os hospitais também podem trabalhar para prevenir as readmissões, como o fez o UPMC St. Margaret Hospital (PA), que reduziu os índices de readmissão para doenças pulmonares obstrutivas crônicas (DPOC) em 48%.[5] O impacto de conquistas como essas em sistemas pagadores e incentivos financeiros deixamos para seu julgamento.

Os hospitais estão, de fato, obtendo resultados com o *lean*. O desafio atual é espalhar essas ideias de tal forma que cada hospital possa concretizar melhorias. Devemos aprender com os líderes e com o exemplo que eles estão estabelecendo, adaptando seus métodos ao nosso hospital. Podemos também compartilhar ideias e colaborar com outros hospitais que estejam aprendendo. Um exemplo disso é a Healthcare Value Network, um projeto conjunto do *Lean* Enterprise Institute e do ThedaCare Center for Healthcare Value. Dezenas de organizações por toda a América do Norte compartilham e aprendem umas com as outras em um ambiente de colaboração. A Pittsburgh Regional Health Initiative, lançada por Paul O'Neill, é um exemplo de projeto regional; espera-se que ela venha a ser replicada em outras regiões, estados ou países.

Qual seria o aspecto de um hospital *lean*?

Tendo a oportunidade de caminhar por um hospital que aderiu ao *lean*, você certamente procuraria por sinais visíveis dos métodos em uso. Indicadores visíveis poderiam incluir 5S e controles visuais, marcando e rotulando os pontos em que cada item deve ser armazenado. Você poderia igualmente ver cartazes de trabalho padronizado, ou *kanban*, postados e em uso. Sugestões, mensurações de desempenho ou relatórios A3 poderiam estar expostos em paredes. A estrutura física e o *layout* seriam compactos, lógicos e eficientemente organizados.

Porém, boa parte daquilo que torna um hospital *lean* não pode ser diretamente observado durante uma visita semelhante. Podemos observar diretamente os processos de pensamento e a mentalidade da organização? Podemos ver como as pessoas resolvem problemas? Com tempo suficiente para tanto, poderíamos, quem sabe, observar diretamente supervisores interagindo com seus funcionários, mas normalmente não temos oportunidades como essa em uma visita. A Toyota tem sido sempre muito transparente ao permitir que outros fabricantes de automóveis, mesmo seus concorrentes diretos, percorram suas fábricas. Outras empresas costumam copiar as ferramentas e métodos visíveis, mesmo acabando muitas vezes sem entender a verdadeira natureza do Sistema Toyota de Produção.[6]

Qual seria a experiência de um paciente em um hospital *lean*?

Conjecturar qual seria a experiência perfeita de tratamento de um paciente, e como ele iria senti-la, é um bom exercício. Por exemplo, para um paciente de cirurgia ambulatorial, como seria uma experiência de serviço perfeito e atendimento perfeito? Isso pode parecer similar à criação de uma versão de estado ideal de um mapa do estado futuro da cadeia de valor. Podemos desafiar a nós mesmos sobre como tudo deveria funcionar a fim de estabelecer metas para as nossas melhorias *lean*.

O paciente conseguiria prontamente a marcação de uma consulta ou procedimento, caso o hospital fizesse todo o possível para minimizar demoras mediante aumento da capacidade e do rendimento com melhorias de processos de baixo custo. O hospital apresenta uma clara estimativa do custo total esperado para o pagador e dos gastos extras para o paciente (quando aplicáveis), tudo isso com base em preços padrão transparentes para procedimentos de rotina.

A experiência *lean* do paciente começa antes da chegada e pode incluir passos pré-cirúrgicos tais como agendamento e providências para que tudo seja comunicado adequadamente a ele (por exemplo, a necessidade de chegar aos laboratórios ou os tempos de jejum pré-cirurgias), a fim de evitar quaisquer ruídos na comunicação, retrabalho ou demoras. Pense na experiência global do paciente, desde o momento em que ele se dirigir ao hospital. Há sinalização clara sobre onde estacionar e para onde se dirigir para fazer o registro? O paciente conseguirá se registrar sem precisar repetir as mesmas informações a diversas pessoas? O paciente poderá evitar demoras excessivas antes do início do procedimento?

Do ponto de vista clínico e cirúrgico, o hospital garante que todas as medidas preparatórias e os passos de qualidade sejam seguidos antes do procedimento, inclusive a confirmação da identidade do paciente, a demarcação do local da operação e o tempo-limite do protocolo universal? Qual é a garantia de que o processo esteja livre de erros para proteger o paciente de qualquer tipo de dano ou lesão? Todos os participantes (enfermeiros, médicos, anestesiologistas, etc.) estão conscientes de seus papéis e interações e do trabalho padronizado? Há entre eles um ambiente de equipe em que todos focam no paciente, em vez de pensarem em termos de hierarquia e títulos? Os clínicos estão seguindo práticas baseadas em evidências que são as melhores para o paciente?

Além da cirurgia propriamente dita, qual é o serviço oferecido aos parentes ou amigos que estão esperando pelo resultado? Eles estão sendo informados do estado do paciente a fim de amenizar suas preocupações? O paciente tem condições de passar pela área de recuperação pós-operatória e ser liberado sem quaisquer demoras evitáveis além do tempo exigido de recuperação? Foi feita uma comunicação clara e sem qualquer ambiguidade a respeito das responsabilidades pós-operatórias do paciente para ajudar na própria recuperação e para prevenir infecções? O paciente recebeu uma fatura 100% exata e de fácil compreensão (mais uma vez, quando aplicável)?

Qualquer que seja a sua visão sobre o tratamento perfeito, jamais se esqueça de incluir tanto o cuidado clínico quanto os aspectos de serviço da experiência do paciente. Começar com nova visão e novo pensamento voltados para a perfeição seguramente orientará uma melhoria mais precisa do que buscar melhorias incrementais em relação às práticas e ao desperdício atuais.

Como seria trabalhar em um hospital *lean*?

Trabalhar em um hospital *lean* deveria ser uma experiência positiva para funcionários, líderes e médicos. Depois de observar tantos casos de melhoria do ânimo e engajamento de funcionários dificilmente você encontrará funcionários que se disponham a deixar um hospital *lean* para trabalhar em qualquer outro. Em alguns casos, a vida profissional acaba se tornando tão fundamentalmente diferente (e melhor) que funcionários que se transferiram para um hospital ou clínica tradicionais voltaram correndo, por se considerarem incapazes (ou não estarem mais dispostos a tanto) de operar em um ambiente e cultura não *lean*.

Muitos dos pontos-chave dessa causa já foram abordados, mas os funcionários em um ambiente *lean* deveriam esperar, entre outras coisas:

- Ser ouvidos pelos supervisores, ter suas ideias solicitadas, ter a liberdade de fazer melhorias para o aperfeiçoamento do sistema e ser tratados com respeito.
- Desenvolver a disciplina para trabalhar dentro de um sistema, mas também para manter a criatividade exigida pelo *kaizen*.

- Não ficar sobrecarregados com mais trabalho do que aquele que conseguem fazer com alta qualidade, nem ficar parados, sem nada para fazer.
- Ser desafiados a crescer pessoal e profissionalmente, sempre dispostos a aprender e a melhorar habilidades pessoais e técnicas de liderança e de resolução de problemas.
- Experimentar um sentimento de orgulho pela contribuição prestada a uma organização de alto desempenho, entender suas funções e o impacto de seu trabalho em relação a pacientes, colegas de trabalho, linha de frente do hospital e comunidade.

Mais uma vez, o *lean* não é um sistema preocupado em agradar pessoas, nem um ambiente em que todo mundo é amigo de todo mundo, evitando conflitos. A cultura *lean* de "respeito pelas pessoas" também exige um sentido de responsabilidade, pois o verdadeiro respeito desafia os funcionários, e todos os envolvidos, a estarem em constante melhoria de suas habilidades em benefício dos pacientes e da organização.

Gerentes e líderes podem esperar um ambiente em que os rumos e objetivos da liderança sênior sejam claros e viáveis. Os gerentes de todos os níveis teriam voz na formatação da estratégia do hospital, trabalhando com seus funcionários para desenvolverem planos de melhorias destinados a cumprir seus objetivos de norte verdadeiro. Os gerentes podem esperar que os membros das equipes sejam francos a respeito de problemas, desperdícios e quase acidentes, criando um ambiente transparente livre de caça a culpados e propício às melhorias.

Como descreveríamos um hospital *lean*?

Para criar uma visão, podemos ainda definir como descrever um protótipo de hospital *lean*. Um bom ponto de partida para qualquer hospital poderia ser o de seguir os 14 princípios gerais do Modelo Toyota. Um hospital *lean* poderia também ser caracterizado pelas seguintes características: estratégia e sistema de gerenciamento, pacientes, funcionários, desperdício e *kaizen*, tecnologia e infraestrutura.

Estratégia e gerenciamento de sistemas

Um hospital *lean* tem projetos e objetivos rigidamente integrados com a estratégia e visão do hospital, passando do uso isolado de ferramentas e chegando ao comprometimento de todos os funcionários e líderes na construção de uma cultura *lean*. A estratégia *lean* e a estratégia do hospital são indivisíveis, o que é transmitido ampla e constantemente por toda a organização.

Um hospital *lean* sabe que o sucesso tem origem não apenas na excelência clínica e tecnológica, mas também no envolvimento dos funcionários e na excelência operacional. Esses hospitais ajudam as partes interessadas a entenderem que investir dinheiro em novas tecnologias e ampliação de espaços não é a única forma de demonstrar um comprometimento com o serviço à comunidade.

Um hospital *lean* tem um método e um modelo de liderança que são ensinados a supervisores e gerentes e colocados em prática por todos os líderes. Comportamentos *lean*, tais como ir ao *gemba*, fiscalizar os processos, colaborar com esforços de melhoria e ser um líder servidor são usados como critérios para a seleção de funcionários, para as revisões de desempenho e para as promoções.

Um hospital *lean* cria relacionamentos de colaboração para todos os parceiros e as partes interessadas, inclusive médicos, fornecedores e pagadores. As práticas de segurança dos pacientes e os dados sobre qualidade são métodos compartilhados abertamente com outros hospitais e a comunidade, em vez serem usados como uma fonte de vantagem competitiva.

Um hospital *lean* tem um grupo pequeno e centralizado que mantém consistentes práticas e treinamentos *lean*. Esse grupo faz o *coaching* de líderes e das equipes para orientar as melhorias e se apropriar de seus processos, em vez de fazer o trabalho prático por eles. Essa equipe central, juntamente com a liderança sênior, continuamente orienta e desenvolve os gerentes em comportamentos *lean* e filosofias de gerenciamento.

Um hospital *lean* tem líderes específicos que são responsáveis como um todo pelo fluxo, pelo gerenciamento e pela melhoria das principais cadeias de valor no cuidado dos pacientes.

Um hospital *lean* determina níveis adequados de pessoal com base nos volumes de pacientes, nas cargas de trabalho e no tempo necessário para que o trabalho seja realizado de maneira segura e com alta qualidade. Os melhores esforços são desenvolvidos para equilibrar o volume de pessoal com o volume de trabalho em diferentes períodos de tempo. Assim, passa-se a depender menos de *benchmarking* ou de restrições orçamentárias como principais orientadores da política de pessoal.

Pacientes

Um hospital *lean* é apaixonada e meticulosamente focado nos pacientes e em seus familiares e amigos, tendo como objetivo um atendimento à saúde perfeito, sem danos; ao mesmo tempo, trata os pacientes e sua disponibilidade de tempo com o maior respeito. O paciente está em primeiro lugar em todas as atividades, decisões e prioridades. A liderança ajuda a criar essa expectativa em todas as partes interessadas.

Um hospital *lean* envolve os pacientes, na condição de seus principais consumidores, e seus entes queridos nos esforços de melhoria de processos. Novos projetos e processos são testados para garantir que venham a suprir as necessidades dos pacientes.

Um hospital *lean* provê serviços de excelência e os melhores cuidados clínicos. O paciente é cercado por um ambiente caloroso, preocupado, em que os funcionários e os médicos têm tempo para atender inteiramente suas necessidades físicas e emocionais.

Um hospital *lean* estabelece metas de erradicação de erros evitáveis – aqueles que podem causar lesões ao paciente –, e qualquer outra meta nessa área é inaceitável. A equipe trabalha incansavelmente para alcançar esse objetivo por meio do trabalho padronizado, de resolução da causa-raiz dos problemas e de sistemas à prova de erros, em vez de depender de indivíduos que se mostrem cuidadosos ou confiáveis apenas quando são observados. Quando ocorre algum erro evitável, os pacientes e seus responsáveis não pagam pelo trabalho exigido em decorrência disso.

Funcionários

Um hospital *lean* reconhece que os funcionários são a verdadeira fonte de valor para os pacientes e o hospital, em vez de enxergar neles estritamente um custo a ser reduzido. A cúpula se compromete seriamente com todos os funcionários a fim de que as melhorias não sejam sinônimo de demissões.

Um hospital *lean* ajuda os funcionários a entenderem que nem toda atividade agrega valor. Em vez de definir o desperdício como "nossa função", todos trabalham para eliminá-lo, o que permite que mais tempo seja dedicado aos pacientes.

Um hospital *lean* envolve totalmente cada funcionário na melhoria do seu próprio trabalho e da equipe, apoiando o desejo inato de prover atendimento perfeito aos pacientes. Os líderes ajudam os funcionários a entender como o seu trabalho se ajusta na cadeia de valor e trabalham em estreita colaboração com eles, em *kaizen*. Os funcionários não são mandados para casa cada vez que sua carga de trabalho diminui, pois essa ocasião é vista como uma oportunidade para *kaizen*.

Um hospital *lean* não sobrecarrega os funcionários com trabalho que não possa ser feito com alta qualidade, nem pressiona as pessoas a trabalharem mais ou a serem mais cuidadosas como meios para alcançar qualidade, segurança e eficiência.

Desperdício e kaizen

Um hospital *lean* reconhece que existem desperdícios em cada um dos processos, focando na melhoria contínua e na solução das causas-raiz dos problemas em vez de aceitar paliativos ou "remendos" provisórios. Os indivíduos (funcionários ou líderes) não são culpados pelo desperdício ou por problemas.

Um hospital *lean* resolve proativamente problemas e reduz desperdício, em vez de se mostrar estritamente reagente. Os funcionários são incentivados a exporem o desperdício e a fazerem melhorias no sistema, em vez de esconderem problemas e fingirem que está tudo bem.

Um hospital *lean* promove a divisão dos silos departamentais no intuito de melhorar o atendimento e prevenir atrasos para os pacientes, permitindo que os funcionários tenham orgulho de seu trabalho ao se sentirem capazes de cooperar ao longo de cadeias de valor, em vez de subotimizar sua própria área.

Um hospital *lean* valoriza a padronização dos métodos de trabalho em nome da melhoria da segurança, da qualidade e da produtividade, em vez de permitir que as pessoas produzam, cada uma, métodos diferentes para a realização de trabalho idêntico ou impeçam que um paciente receba o método de atendimento mais indicado.

Um hospital *lean* nunca fica satisfeito em ser melhor do que a média do setor, em estar no melhor percentil ou em ganhar láureas; ele sempre se preocupa em realizar cada vez mais. A perfeição é um alvo difícil de atingir, mas é o único alvo aceitável para um hospital *lean*.

Tecnologia e infraestrutura

Um hospital *lean* é fisicamente projetado para minimizar o desperdício para os pacientes e para todos aqueles que trabalham em suas dependências. Ele é projetado com contribuições diretas do pessoal para dar apoio a fluxos de trabalho e cadeias de valor eficientes, em vez de forçar departamentos e funcionários a ajustarem seu trabalho ao espaço disponível. Um hospital *lean* foca mais naquilo que é funcional e eficiente para os pacientes e as equipes, em vez de ter processos ruins e entradas de mármore e fontes no saguão. Esses hospitais usam um *design* colaborativo e repetitivo e constroem práticas como entrega de projetos integrados.

Um hospital *lean* tem tecnologia de processos, automação e sistemas de informação que tornam o trabalho mais fácil ou menos suscetível a erros. O hospital não aplica automação ou novos sistemas simplesmente pelo prazer de contar esse tipo de novidade. Os funcionários e médicos se envolvem profundamente na seleção de tecnologias que supram suas necessidades. Um hospital *lean* investe o tempo necessário para treinar adequadamente todas as partes interessadas em novas tecnologias, garantindo que elas possam ser usadas com maior eficiência, em vez de ficar culpando indivíduos por não utilizarem os sistemas.

Em 2001, a indústria começou a afirmar que pretendia "ver uma Toyota na assistência à saúde".[7] A essa altura, não havia um hospital que fosse líder indiscutível em termos de processos ou resultados radicalmente diferentes dos outros. Mesmo que alguns líderes estejam surgindo claramente e sendo conhecidos na assistência à saúde *lean*, as histórias de sucesso podem ser encontradas em centenas de hospitais em todo o mundo. É mais provável que, com o tempo, venha a emergir um grupo de hospitais com resultados muito superiores aos do setor como um todo. Os defensores do *lean* poderiam supor que muitos dos integrantes desse grupo venham a ser aqueles que estão usando com maior eficiência os princípios *lean*. Esse conjunto de líderes continuará a aprender uns com os outros, melhorando continuamente. Os hospitais fora desse grupo provavelmente ficarão cada vez mais para trás – muitos deles inclusive acabarão fechando. Todos temos agora a oportunidade de estabelecer objetivos superiores, trabalhando duramente todos os dias para reduzir o desperdício, respeitar as pessoas e prover tratamento e cuidado cada vez melhores para os pacientes, por meio dos métodos *lean*.

Pontos para discussão em grupo

- Quais são as principais mensurações que podemos melhorar em 50% em nossa organização?
- Como as pessoas podem reagir a uma meta de "erradicação de falhas" ou "perfeição"?
- Quais medidas centradas no paciente são complicadas pelo sistema de pagamento e pelos incentivos fiscais em nosso país?
- Qual é a sua visão de longo prazo para um hospital *lean*?

NOTAS

Capítulo 1

1. Graban, Mark, "Lean is 'Loving Care'?", 25/01/2010, http://www.leanblog.org/2010/01/lean-is--loving-care, acessado em 10/04/2011.
2. Weinger, Matthew B., Jason Slagle, Sonia Jain e Nelda Ordonez, "Retrospective Data Collection and Analytical Techniques for Patient Safety Studies", *Journal of Biomedical Informatics*, 2003, 35: 106-19.
3. Ford, Henry, e Samuel Crowther, *My Life and Work* (Garden City, NY: Doubleday, Page and Company, 1922), 219.
4. Liker, Jeffrey K., *The Toyota Way: 14 Management Principles from the World's Greatest Automaker* (Nova York: McGraw-Hill, 2004), capa.
5. Ohno, Taiichi, *Toyota Production System: Beyond Large-Scale Production* (Nova York: Productivity Press, 1988, 3).
6. Ibid, 97.
7. Stratton, Brad, "Gone But Never Forgotten", *Quality Progress*, março 1994, http://www.deming.org/index.cfm?content=654 (acessado em 01/07/2011).
8. Bodek, Norman, "Who Can Shout Louder?", http://www.superfactory.com//articles/Bodek_Shout_Louder.htm (acessado em 07/01/2008).
9. Liker, Jeffrey K., *Toyota Under Fire* (Nova York: McGraw-Hill, 2011), 23.
10. Agence France-Presse, "Akio Toyoda's Testimony to U.S. Congress", *Industry Week*, 23/02/2010.
11. Womack, James P., Daniel T. Jones e Daniel Roos, *The Machine That Changed the World: The Story of Lean Production* (Nova York: HarperPerennial, 1991), 13.
12. Taylor, Alex, "How Toyota Defies Gravity", *Fortune*, 08/12/1997, http://cnn.com/magazines/fortune/fortunearchive 1997/12/08/234926/index.htm (acessado em 01/07/2011).
13. Spector, Mike, e Gina Chon, "Toyota University Opens Admissions to Outsiders", *Wall Street Journal*, 05/03/2007, http://www.careerjournal.com/myc/management/20070306-spector.html (acessado em 20/12/2007).
14. Wellman, Joan, Howard Jeffries e Pat Hagan, *Leading the Lean Healthcare Journey* (Nova York: Productivity Press, 2010).
15. Appleby, Julie, "Care Providers Slam Health System", *USA Today*, 09/05/2001, p. A01.
16. *ValuMetrix Services*, "Clinical Laboratory Improves Turnaround Time by 60%", estudo de caso, http://www.valumetrixservices.com/sites/files/client_results_pdf?CS_Alegent_Lab_OC4029.pdf (acessado en 03/04/2011).
17. Ford, Anne, "Thanks to Weak Economy and More, Efficiency Is King", *CAP Today*, abril 2010, http://lnbg.us/20T (acessado em 01/07/2011).
18. Lefteroff, Lewis, e Mark Graban, "Lean and Process Excellence at Kingston General", *SME Lean Manufacturing 2008*, 53.
19. McCarthy, Douglas, e David Blumenthal, M.D., "Committed to Safety: Ten Case Studies on Reducing Harm to Patients", *The Commonwealth Fund*, http://www.commonwealthfund.org/Content/Publications/Fund-Reports/2006/Apr/Committed-to-Safety--Ten--Case--Studies-on-Reducing--Harm-to-Patients.aspx (acessado em 03/04/2011).
20. *California Health Advocates*, "Creative Interventions Reduce Hospital Readmissions for Medicare Beneficiaries", 07/10/2010, http://www.cahealthadvocates.org/news/basics/2010/crative.html (acessado em 03/04/2011).

21. Toussaint, John, e Roger Gerard, *On the Mend: Revolutionizing Healthcare to Save Lives and Transform the Industry* (Cambridge, MA: Lean Enterprise Institute, 2010), 29.
22. St. Boniface Hospital, "The Health Care Report with Guest Dr. Michel Tétreault", *St. Boniface Hospital*, 07/11/2010, http://www.saintboniface.ca?English/template.cfm?tID=291 (acessado em 03/04/2011).
23. *ValuMetrix Services*, "Avera McKennan", estudo de caso, http://www.valumetrixservices.com/sites/default/files/client_results_pdf/CS_Avera%20McKennan_ED_OC4047.pdf (acessado em 03/04/2011).
24. Auge, Karen, "Denver Health Services Saves Millions Using Toyota Efficiency Principles", *Denver Post*, 29/07/2010, http://www.denverpost.com.ci_15627406 (acessado em 03/04/2011).
25. Weed, Julie, "Factory Efficiency Comes to the Hospital", *New York Times*, http://www.nytimes.com/2010/07/11/business/11seattle.html, 10/07/2010, (acessado em 8/04/2011).
26. Estados Unidos, *Hospital Adaptation for the Job Instruction Manual*, agosto 1944, Subgrupo 211.23.3 Arquivos Gerais do Treinamento no Âmbito da Indústria de Serviços, Arquivos da War Manpower Commission (WMC), Grupo de Arquivos 211, *National Archives Building*, Washington, D.C., http://chapters.sme.org/2004/TWI_Materials/National_Archives-March_2006/Job_Instruction/Hospital/Materials-Hospitals.pdf (acessado em 20/12/2007).
27. Dinero, Donald A., *Training Within Industry*: The Foundation of Lean (Nova York: Productivity Press, 2005), 48.
28. Truffer, C.J. et al, "Health Spending Projections through 2019: The Recession's Impact Continues", *Health Affairs*, 29/03/2010, (3): 522/9.
29. Hobson, Katherine, "Will There Be Enough Primary-Care Physicians to Treat New Medical Patients?", *Wall Street Journal*, 18/03/2001, http:// blogs.wsj.com/health/2011/03/18/will-there-be--enough-primary-care-physicians-to-treat-new-medical-patients/ (acessado em 3/04/2011).
30. Blue Cross Blue Shield, Michigan, "Lean Transformation in Health Care Cuts Waste, Improves Care", comunicado à imprensa, 8/04/2010, http://new.bcbsm.com/news/2010/news/2010/news--2010/news_2010-04-08-15043.shtml (acessado em 11/04/2010).
31. Zuckerman, Stephen, Jack Hadley e Liza Iezzoni, "Measuring Hospital Efficiency with Frontier Cost Functions", *Journal of Health Economics*, 1994, 13(3): 255-80.
32. Vitaliano, Donald F., e Mark Toren, "Hospital Cost and Efficiency in a Regime of Stringent Regulation", *Eastern Economic Journal*, 1996, 22(2): 167-75.
33. *American Association of Colleges of Nurses*, "Fact Sheet: Nursing Shortage", http://www.aacn.nche.edu/media/factsheets/nursingshortage.htm (acessado em 03/04/2011).
34. Halvorson, Deanne, "Pharmacy Salary and Staffing Suplement", *Pharmacy Purchasing and Products*, novembro, 2010, http://www.pppmag.com/article/796/November_2010/Pharmacy_Salary_Staffing_Supplement/ (acessado em 03/04/2011).
35. Marsh, Beezy, "Agency Nursing Costs £450m", *Mail Online*, http://www.dailymail.co.uk/health/article-100135/Agency-nursing-costs-450m.html (acessado em 03/04/2011).
36. Gaba, D.M., and S.K. Howard, "Fatigue among Clinicians and the Safety of Patients", *New England Journal of Medicine*, 2002, 347: 1249-55.
37. Galewitz, Phil, e Andrew Villegas, "Uninsured Rate Soars, 50+ Million Americans Without Coverage", *Kaiser Health News*, http://www.kaiserhealthnews.org/Stories/2010/September/16/census--uninsured-rate-soars.aspx (acessado em 03/04/2011).
38. *Committee on Quality of Healthcare in America* e Institute of Medicine, *To Err is Human* (Washington, D.C.: National Academies Press, 2000), 1.
39. Clancy, Carolyn, "Reducing Health Care-Associated Infections", *AHRQ*, 01/04;2009, http://www..ahrq.gov/news/test040109.htm (acessado em 03/04/2011).
40. Morgan, Gwynn, "Private Sector Health Care: Think Quality, Regulation", *Toronto Globe and Mail*, 16/04/2007, http://theconference.ca/private-sector-health-care-think-quality-regulation (acessado em 20/06/2011).
41. Hall, Sarah, "Medical Error Death Risk 1 in 300", *The Guardian*, 07/11/2006, http://www.guardian.co.uk.society/2006/nov/07/health.lifeandhealth (acessado em 03/04/2011).
42. "Medical Massacre", *Guardian Unlimited*, 05/03/2001, http://guardian.co.uk/leaders/story/0,,446385,00.html (acessado em 20/06/2011).

43. Committee on Quality (Comitê sobre Qualidade), *To Err Is Human*, 26.
44. Gawande, Atul, "The Checklist", *The New Yorker*, 10/12/2007, http://www.newyorker.com/reporting/2007/12/10/071210fa_fact_gawande (acessado em 03/04/2011).
45. Zajac, Andrew, "FDA Seeks to Reduce Drug Dosage Errors", *Los Angeles Times*, 05/11/2009, http://articles.latimes.com/2009/nov/05/nation/na-fda-drugs5 (acessado em 03/04/2011).
46. Fillingham, David, exposição, *First Global Lean Healthcare Summit* (Primeira Cúpula Global da Assistência à Saúde Lean), 25/06/2007.
47. Toussaint e Gerard, *On the Mend*, 3.
48. Graban, Mark, "Riverside Medical Center Puts Lean in the Laboratory", *SME Lean Manufacturing*, 2007, 56.
49. Ibid, 53.
50. ValuMetrix Services, "For Riverside Medical Center, Lean Is Not Just about Better ROI", estudo de caso, http://www.valumetrixservices.com/sites/default/files/client_results_pdf/CS_Riverside-Lab_OC10114.pdf (acessado em 03/04/2011).
51. Senge, Peter, *The Fifth Discipline: The Art & Practice of the Learning Organization* (Nova York: Doubleday Press, 1994) 14.
52. Adams, Jim, e Mark Graban, "CMCD's Lab Draws on Academics, Automakers, and Therapists to Realize Its Own Vision of Excellence", *Global Business and Organizational Excellence*, maio/junho 2011, 13.
53. Bersch, Carren, "Winning Teams: A Common Vision Yelds Uncommon Results", *Medical Lab Observer*, abril 2009, http://www.mlo.online.com/features/2009_april/0409_lab-management.pdf (acessado em 03/04/2011).
54. Gibson, William, "Talk to the Nation", programa da National Public Radio, 30/11/1999, http://www.npr.org/templates/story/story.php?storyId=1067220.

Capítulo 2

1. Ohno, Taiichi, *Toyota Production System: Beyond Large-Scale Production* (Nova York: Productivity Press, 1988), 6.
2. Womack, James P., e Daniel T. Jones, *Lean Thinking* (Nova York: Free Press, 2003), 15.
3. Convis, Gary, "Role of Management in a Lean Manufacturing Environment", *Society of Automotive Engineers*, http://www.sac.org/manufacturing/lean/column/leanjul01.htm (acessado em 10/04/2011).
4. Liker, Jeffrey, e David Meier, *The Toyota Way Fieldbook* (Nova York: McGraw-Hill, 2005), 242.
5. Divisão de Relações Públicas e Divisão de Consultoria em Gestão Operacional, *The Toyota Production System, Leaner Manufacturing for a Greener Planet* (Toyota City, Japão: Toyota Motor Corporation, 1998), 7.
6. Liker, Jeffrey K., e David Meier, *The Toyota Way Fieldbook* (Nova York: McGraw-Hill, 2006), 26.
7. Liker, Jeffrey K., *The Toyota Way* (Nova York: McGraw-Hill, 2004), 71.
8. Ulrich, Dave, *Delivering Results: A New Mandate for Human Resource Professionals* (Cambridge, MA: Harvard Business School Press, 1998), 179.
9. Convis, "Role of Management".
10. Toussaint, John, e Roger Gerard, *On the Mend: Revolutionizing Healthcare to Save Lives and Transform the Industry* (Cambridge, MA: Lean Enterprise Institute, 2010), 122.
11. Liker, Jeffrey, e Michael Hoseus, *Toyota Culture: The Heart and Soul of the Toyota Way* (Nova York: McGraw-Hill, 2008), xxvii.
12. Ohno, *Toyota Production System*, xiii.
13. Toyota Motor Corporation, "CSR policy", *website* corporativo, http://www.toyota-global.com/sustainability/csr_initiatives/csr_concepts/policy.html (acessado em 30/01/2011).
14. Graban, Mark, "How Lean Management Helped Hospitals Avoid Layoffs", *Fierce Healthcare*, 01/10/2010, http://www.fiercehealthcare.com/story/how-Lean-management-helped-hospitals-avoid--layoffs/2010-10-01 (acessado em 30/01/2011).

15. Savary, Louis M., e Clare Crawford-Mason, *The Nun and the Bureaucrat* (Washington DC: CC-M Productions, 2006), 26.
16. *Institute for Healthcare Improvement* (Instituto para a Melhoria da Assistência à Saúde), "Improvement Tip: Find 'Muda' and Root it Out", http://www.ihi.org/IHI/Topics/Improvement/ImprovementMethods/ImprovementStories/ImprovementTipFindMudaandRootitOut.htm (acessado em 10/04/2011).
17. Liker e Hoseus, *Toyota Culture*, 326.
18. Womack, Jim, "Respect for People", boletim mensal por *e-mail* do *Lean Enterprise Institute*, 20/12/2007, http://Lean.org/Community/Registered/ShowEmail.cfm?JimsEmailID=75 (acessado em 10/04/2011).
19. *Japanese Management Association* (Associação Japonesa de Administradores), *Kanban Just in Time and Toyota: Management Begins at the Workplace* (Nova York; Productivity Press, 1986), xv.
20. Scholtes, Peter R., *The Leader's Handbook: Making Things Happen, Getting Things Done* (Nova York: McGraw-Hill, 1997), 331.
21. Toussaint, John, exposição, *Lean Healthcare Transformation Summit* (Cúpula da Transformação Lean da Assistência à Saúde), junho/2009.
22. Spear, Steven J., *The High-Velocity Edge: How Market Leaders Leverage Operational Excellence to Beat the Competition* (Nova York, McGraw-Hill, 2010), 22.
23. Spear, Steven J., "Fixing Healthcare from the Inside, Today", *Harvard Business Review*, Reimpressão 1738, 05/09/2005.
24. Shook, John, exposição, *First Global Lean Healthcare Summit* (Primeira Cúpula Global da Assistência à SaúdeLean), 25/06/2007.
25. Deming, W. Edwards, *Out of the Crisis* (Cambridge, MA: MIT CAES Press, 1982), 88.
26. Healthcare Value Network, "Network", *website*, http://www.healthcarevalueleaders.org/network.cfm (acessado em 30/01/2011).
27. Spear, Steven, e H. Kent Bowen, "Decoding the DNA of the Toyota Production System", *Harvard Business Review*, set/out 1999, 77, n° 5: 97-106.
28. Kenagy, Charles, *Designed to Adapt: Leading Healthcare in Challenging Times* (Bozeman, MT: Second River Healthcare Press, 2009), 1.

Capítulo 3

1. Hagan, Patrick, Exposição a visitantes da Healthcare Value Network, 03/02/2011
2. Kenney, Charles, *Transforming Healthcare: Virginia Mason Medical Center's Pursuit of the Perfect Patient Experience* (Nova York: Productivy Press, 2010), 122.
3. National Health Service (Serviço Nacional de Saúde), "The Productive Ward: Releasing Time to Care", http://www.institute.nhs.uk/quality_and_value/productive-ward/case_studies.html (acessado em 30/01/2011).
4. Robert Wood Johnson Foundation, "Transforming Care at the Bedside", http://www.rwjf.org/qualityequality/product.jsp?id=30052 (acessado em 30/01/2011).
5. Lean Enterprise Institute, "Principles of Lean", http://www.lean.org/WhatsLean/Principles.cfm (acessado em 20/12/2007).
6. Womack, James P., e Daniel T. Jones, *Lean Thinking* (Nova York: Free Press, 2003), 16
7. Berwick, Donald, "2009 National Forum Keynote Video on Demand", http://www.ihi.org/IHI/Programs/AudioAndWebPrograms/BerwickForumKeynote2009.htm (acessado em 4/07/2011).
8. Porter, Michael, "What Is Value in Health Care?", *New England Journal of Medicine*, 8/12/2010, http://healthpolicyandreform.nejm.org/?p=13328 (acessado em 8/04/2011).
9. Sayer, Natalie J., e Bruce Williams, *Lean for Dummies* (Hoboken, NJ: Wiley, 2007), 51.
10. Porter, "What Is Value".
11. Womack e Jones, *Lean Thinking*, 28
12. Laura Landro, "Hospitals Boost Patient Power as Advisors", *Wall Street Journal*, 8/08/2007, http://online.wsj.com/public/article/SB118652860268491024.html (acessado em 10/04/2011).

13. Flinchbaugh, Jamie, e Andy Carlino, *The Hitchhiker"s Guide to Lean: Lessons from the Road* (Dearborn, MI: *Society for Manufacturing Engineers*, 2005), 14.
14. Studer Group, "It's Now or Never: Resources to Ensure that Never Events Never Happen Again", http://www.studergroup.com/never (acessado em 30/01/2011).
15. Liker, Jeffrey K., *The Toyota Way: 14 Management Principles from the World's Greatest Automaker* (Nova York: McGraw-Hill, 2004), 28-29.
16. Stencel, Christine, "Medication Errors Injure 1,5 Million People and Cost Billions of Dollars Annually: Report Offers Comprehensive Strategies for Reducing Drug-Related Mistakes", *National Academy of Sciences*, 20/07/2006, http://www8.nationalacademies.org/onpinews/newsitem.aspx?RecordID=l1623 (acessado em 10/04/2011).
17. Davies, Tom, "Fatal Drug Mix-up Exposes Hospital Flaws", *Washington Post*, 22/11/2006, http:///www.washingtonpost.com/wp-dyn/content/article/2006/09/22/AR2006092200815.html?nav=hcmodule (acessado em 10/04/2011).
18. Tiernon, Anne Marie, "Families Upset ower New Heparin Overdose Cases", *MSNBC Online*, 22/11/2007, http://www.wtht.com/story/7394819/families-upset-over-new-heparin-overdose-cases (acessado em 10/04/2011).
19. Pham, Hoangmai H., Paul B. Ginsburg, Kelly McKenzie e Arnold Milstein, "Redesigning Care Delivery in Response to a High-Performance Network: The Virginia Mason Medical Ceter", *Health Affairs Web Exclusive, Health Affairs*, 2006, 26: w532-44, http://content.healthaffairs.org/cgi/reprint/hlthaff.26.4.w532v1.pdf (acessado em 10/04/2011).
20. Park Nicollet Health Services, "Everything to You at Park Nicollet Frauenshuh Cancer Center", vídeo, http://www.youtube.com/watch?v=PUre7cMDYd4 (acessado em 30/01/2011).
21. Berger, Steven, "Analyzing Your Hospital's Labor Productiviy", *Healthcare Financial Management*, abril/2005, http://findarticles.com/p/articles/mi_m3257/is_4_59/ai_n13621288 (acessado em 10/04/2011).
22. Bodek, Norman, *Kaikaku: The Power and Magic of Lean* (Vancouver, WA: PCS Press, 2004), 115.

Capítulo 4

1. May, Matthew, *The Elegant Solution: Toyota's Formula for Mastering Innovation* (Nova York: Free Press, 2006), 72.
2. CC-M Productions, "The Deming Library: A Study in Continual Improvement, Parts 1 and 2 Discussion Guide", http://forecast.umkc.edu/ftppub/ba541/DEMINGLIBRARY/DLVol26-27.PDF (acessado em 08/04/2011).
3. Womack, James P., e Daniel T. Jones, *Lean Thinking* (Nova York: Free Press, 2003), 19.
4. Rother, Mike, e John Shook, *Learning to See* (Brookline, MA: Lean Enterprise Institute, 2003), Introdução.
5. Jimmerson, Cindy, *Value Stream Mapping for Healthcare Made Easy* (Nova York, NY: Productivity Press, 2010), 19.
6. Kim, CS, W. Lovejoy et al., "Hospitalist Time Usage and Cyclicality: Opportunities to Improve Efficiency", *Journal of Hospital Medicine*, jul-ago 2010, 5, nº 6: 329-34.
7. Graban, Mark, e Amith Prachand, "Hospitalists: Lean Leaders for Hospitals", *Journal of Hospital Medicine*, jul-ago 2010, 5, nº 6: 317-19.
8. Weed Julie, "Factory Efficiency Comes to the Hospital", *New York Times*, 10/07/2010, http://www.nytimes.com/2010/07/11/business/11seattle.html (acessado em 08/04/2011.

Capítulo 5

1. Hetzel, Joe, e Andy Brook, "Kanban at Park Nicollet Health Services", apresentação, http:www.premierine.com/about/events-education/breakthroughs/2009/presentation/web/concurrent/LST5--209A-htzel-brook-v2.pdf (acessado em 08/04/2011).
2. Ohno, Taiichi, *Toyota Production System: Beyond Large-Scale Production* (Nova York: Productivity Press, 1998), xiii.
3. Ford, Henry, *Today and Tomorrow* (Garden City, NY: Garden City Publishing, 1926), 51.

4. Baumgart, A., e D. Neuhauser, "Frank and Lillian Gilbreth: Scientific Management in the Operating Room", *Qualitiy and Safety in Health Care*, 2009, 18:413-15; doi:10.1136/qshc.2009.032409.
5. Divisão de Relações Públicas e Divisão de Consulta às Operações de Gestão, *The Toyota Production System: Leaner Manufacturing for a Greener Planet* (Toyota City, Japão: Toyota Motor Corporation, 1998), 2.
6. Ibid.
7. Pitter, Didier, "Improving Compliance with Hand Hygiene in Hospitals", *Infection Control and Hospital Epidemiology 2000*, 21: 381-86.
8. Carling, P., P. N. Church e J. Jefferson, "Operating Room Environmental Cleaning – An Evaluation Using a New Targeting Method", *American Journal of Infection Control*, junho 2007, 35: E26-27.
9. Liker, Jeffrey K. e David P. Meier, *Toyota Talent* (Nova York: McGraw-Hill, 2007), 145.
10. Marriott, J.W., e Adrian Zackheim, *The Spirit to Serve Marriott Way* (Nova York: HarperCollins, 2001), 17.
11. Ohno, Taiichi, *Toyota Production System: Beyond Large-Scale Production* (Nova York: Productivity Press, 1988), 98.
12. Gilbreth, Frank B., "Scientific Management in the Hospital", *The Modern Hospital*, fevereiro 1914, 2:87-88.
13. Liker e Meier, *Toyota Talent*, 119.
14. Dinero, Donald A., *Training Within Industry: The Foundation of Lean* (Nova York: Productivity Press, 2005), 175.
15. Brown, Percy S., "A Few Facts About Scientific Management in Industry", *American Journal of Nursing*, 1927, 27:828-32.
16. Shingo, Shigeo, *A Revolution in Manufacturing: The SMED System* (Nova York: Productivity Press, 1985), 113.
17. *American Society for Quality*, "Ferrari's Formula One Handovers and Handovers from Surgery to Intensive Care", Quality of Healthcare web site, http://asq.org/healthcare-use/why-qualitiy/great-ormond-street-hospital.html (acessado em 04/04/2011).
18. Liker e Meier, *Toyota Talent*, 173.
19. Abelson, Reed, "In Bild for Better Care, Surgery with a Warranty", *New York Times*, 17/05/2007, http://www.nytimes.com/2007/05/17/business/17quality.html?_r=1&ref=policy&oref=slogin (acessado em 10/04/2011).
20. Geisinger Health System, "ProventCare by the Numbers", http://www.geisinger.org/provencare/numbers.html (acessado em 08/04/2011).
21. Tebbets, John B., "Achieving a Predictable 243-Hour Return to Normal Activities after Breast Augmentation. Part I. Refining Practices by Using Motion and Time Study Principles", *Plastic and Reconstructive Surgery*, 2000, janeiro, 273-90.
22. Gawande, Atul, *The Checklist Manifesto: How to Get Things Right* (Nova York: Metropolitan Books, 2009), 136.
23. Pronovost, Peter, e Eric Vohr, *Safe Patients, Smart Hospitals: How One Doctor's Checklist Can Help Us Change Health Care from the Inside Out* (Nova York: Hudson Street Press, 2010), 1.
24. Brody, Jane E., "A Basic Hospital To-Do List Saves Lives", *New York Times*, 22/01/2008, htpp://www.nytimes.com/2008/01/22/health/22brod.html (acessado em 04/04/2011).
25. Henry, Tanya Albert, "Hospital Checklists Helps Pneumonia Rates Tumble by 70%", *American Medical News*, 11/03/2011, http:ama-assn.org/amednews/2011/03/07/prse0311.htm (acessado em 04/04/2011).
26. *Institute for Healthcare Improvement*, "Allegheny General Hospital: Lower Infection Rates Have Lowered Costs", Institute for Healthcare Improvement, 20/01/2006, http://www.ihi.org/IHI/Topics/Critical/IntensiveCare/ImprovementStories/AlleghenyGeneralHospitalLowerInfectionRatesHaveLoweredCosts.htm (acessado em 04/04/2011).
27. Bleakley, Alan, carta ao editor, *The Independent*, 02/07/2008, http://www.independent.co.uk/opinion/letters-interfering-state-858284.html (acessado em 05/04/2011).
28. Mann, David, *Creating a Lean Culture* (Nova York: Productivity Press, 2005) 33.

29. Toussaint, John, e Roger Gerard, *On the Mend: Revolutionizing Healthcare to Save Lives and Transform the Industry* (Cambridge, MA: Lean Enterprise Institute, 2010), 174.
30. Liker e Meier, *Toyota Talent*, 40.
31. Estados Unidos, *Hospital Adaptation for the Job Instruction Manual*, agosto 1944, Subgrupo 211.22.3, Arquivos Gerais do Serviço de Treinamento no Âmbito da Indústria, Arquivos da War Manpower Commission (WMC), Arquivo Grupo 211, Edifício dos Arquivos Nacionais, Washington, D.C., http://chapters.seme.org/204/TWI_Materials/National_Archives_March_2006/Job _Instruction/Hospitals/Materials-Hospitals.pdf (acessado em 20/12/2007).
32. Chuy, Jesus, e Peter P. Patterson, "A Breakthrough in Training-Call it Near-TWI", Lean Blog, 30/06/2009, http://leanblog.org/2009/06/breakthrough-in-training-call-it-near/ (acessado em 04/04/2011).

Capítulo 6

1. Takahara, Akio, e Collin McLoughlin, *Clinical 5S for Healthcare* (Bellingham, WA: Enna, 2010), 1.
2. Leone, Gerard, e Richard D. Rahn, *Supplies Management in the OR* (Boulder, CO: Flow, 2011), 1.
3. Galsworth, Gwendolyn, *Visual Workplace, Visual Thinking* (Portland, OR: Visual-Lean Enterprise Press, 2005), 13.
4. Ibid, 15.
5. Liker, Jeffrey K., *The Toyota Way* (Nova York: McGraw-Hill, 2003), 159.
6. Hemmila, Donna, "Banding Together for Patient Safety", *Nurse Week*, http://nsweb.nursingspectrum.com/CFForms/GesteLecture/bandingtogether.cfm (acessado em 20/12/2007).
7. Toussaint, John, apresentação, *First Global Lean Healthcare Summit*, 25/06/2007.
8. Takahara e McLoughlin, *Clinical 5S*, 11.
9. Yee, Chen May, "Hard Times Curtail Park Nicollet's Ambition", *StarTribune.com*, 23/05/2009, http://www.startribune.com/business/45871162.html?elr=KArks:DCiU1OiP:DiiUiD3aPc:_Yyc:ULPQL7PQLanchO7DiUr (acessado em 03/04/2011).
10. Productivity Press Development Team, *5S for Operators* (Nova York: Productivity Press, 1996), 12.
11. Wellman, Joan, Howard Jeffries e Pat Hagan, *Leading the Lean Healthcare Journey* (Nova York: Productivity Press, 2010), 88.
12. Productivity Press Development Team, *Kanban for the Shopfloor* (Nova York: Productivity Press, 2002), 1.
13. Lusky, Karen, "Laying Lean on the Line, One Change at a Time", *CAP Today*, julho 2009, http://www.cap.org/apps/cap.portal?_nfpb=true&cntvwrPtlt_actionOverride=%2Fportlets%2FcontentViewer%2Fshow&_windowLabel=cntvwrPtlt%7BactionForm.contentReference%7D=cap_today%2F0709%2f0709_laying_lean.html&_state=maximized&_pageLabel=cntvwr (acessado em 03/04/2011).
14. Brook, Andy, apresentação no Park Nicollet Health Services, agosto/2010.
15. Wellman, *Leading the Lean*, 91.
16. Wellman, 91.
17. Wellman, 91.
18. Jones, Del, "Hospital CEOs Manage Staff Time, Inventory to Cut Costs", *USA Today*, 10/09/2009, http://www.usatoday.com/news/health/2009-09-09-saving-money-hospitals_N.htm (acessado em 08/04/2011).
19. ValuMetrix Services, "Northampton General Hospital uses Lean to cut turnaround time by 40%, avoids £158.000/year in labour, storage and inventory costs", website, http://.excellence.eastmidlands.nhs.uk/EasySiteWeb/getsource.axd?AssetID=37152&type+full&servicetype=Attachment (acessado em 08/08/2011).
20. ValuMetrix Services.
21. ValuMetrix Services.
22. ValuMetrix Services.
23. Liker, Jeffrey K., e Michael Hoseus, *Toyota Culture: The Heart and Soul of the Toyota Way* (Nova York: McGraw-Hill, 2008), 7.

Capítulo 7

1. Kenney, Charles, *Transforming Healthcare: Virginia Mason Medical Center's Pursuit of the Perfect Patient Experience* (Nova York: Productivity Press, 2010), 58.
2. Ibid., 59.
3. Nalder, Eric, e Cathleen Crowley, "When Few Hospitals Report, Honest Ones Look Bad", *Hearst Newspapers*, 30/07/2009, http://www.chron.com/disp/story.mpl/deadbymistake/wa/6555174.html (acessado em 07/04/2011).
4. Ibid.
5. Szabo, Liz, "Global goal: Reduce medical errors", *USA Today*, 23/08/2005, http://usatoday.com/news/health/2005-08-23-medical-errors_x.htm (acessado em 04/07/2011).
6. Woolcock, Nicola, e Mark Henderson, "Blundering Hospitals 'Kill 40.00 a Year'", *The Times Online*, 13/08/2004, http://www.timesonline.co.uk/tolnews/uk/heatlh/article46999999178.ece (acessado em 14/04/2011).
7. Black, Nick, "Management Mistakes in Healthcare: Identification, Correction and Prevention", *Journal of the Royal Society of Medicine*, 2005, 98: 432-33.
8. Bodinson, Glenn W., "Change Healthcare Organizations from Good to Great", *Quality Progress*, novembro 2005, 22-29.
9. "Depoimento sobre Segurança do Paciente: Sustentando uma Cultura de Melhoria Contínua de Qualidade em Hospitais e outras Organizações, depoimento da Dra. Carolyn M. Clancy à subcomissão permanente do Senado sobre Investigações da Comissão em Assuntos Governamentais. 11/06/2003. *Agency for Healthcare Research and Quality*, Rockville, MD, http://ahrq.gov/news/tst61103.htm (acessado em 10/04/2011).
10. Comissão sobre Qualidade do Atendimento à Saúde na América e Institute of Medicine, *To Err Is Human* (Washington, DC: National Academies Press, 2000), 43.
11. Breuer, Howard, "Dennis's Quaid"s Newborn Twins Hospitalized", *People*, 20/11/2007, http://www.people.com/poeople.article/0,,20161769,00.html (acessado em 03/04/2011).
12. Deming, W. Edwards, *The New Economics*, 2nd. Ed. (Cambridge, MA: MIT CAES, 1994), 33.
13. Committee on Quality, *To Err Is Human*, 19.
14. Wachter, Robert, e Peter Pronovost, "Balancing 'No Blame" with Accountability in Patient Safety", *New England Journal of Medicine*, 2009, 361: 1401-6.
15. Committee on Quality, *To Err Is Human*, 110.
16. Merry, Allan, e Alexander McCall Smith, *Errors, Medicine, and the Law* (Cambridge: Cambridge University Press, 2001), 32.
17. Committee on Quality, *To Err Is Human*, 54-55.
18. Mamberto, Carola, "What Factory Managers Can Teach Hospital Wards", *Wall Street Journal*, 25/06/2007, p. B3.
19. Toussaint, John, apresentação, *Primeira Cúpula Global da Assistência à Saúde Lean*, 25/06/2007.
20. Toussaint, John, e Roger Gerard, *On the Mend: Revolutionizing Healthcare to Save Lives and Transform the Industry* (Cambridge, MA: Lean Enterprise Institute, 2010), 69.
21. Ibid., 29.
22. Toussaint, John, "Writing the New Playbook for the U.S. Health Care: Lessons from Wisconsin", *Health Affairs*, setembro 2009, 28, nº 5: 1347.
23. Toussaint e Gerard, *On the Mend*, 106.
24. Ibid., 24.
25. Hollenbeak, Christopher S., "Dispelling the Myths: The True Cost of Healthcare-Associated Infections", *Healthcare Financial Management*, março 2007, http:////findarticles.com/p/articles/mi_m3257/is_3_61/ai_n18764839/ (acessado em 20/04/2011).
26. Pronovost, Peter, et al., "Sustaining Reductions in Catheter Related Bloodstream Infections in Michigan Intensive Care Units: Observational Study", *British Medical Journal*, 2010, 340:c309, http://www.bmj.com/content/340?bmj.c309.full (acessado em 04/04/2011).
27. Agnew, Judy, e Aubrey Daniels, *Safe by Accident?* (Atlanta: Performance Management Publications, 2010), 57.

28. Kopelman, Richard E., David J. Prottas e Anne L. Davis, "Douglas McGregor's Theory X and Y: Toward a Construct-Valid Measure", *Journal of Managerial Issues*, 22/06/2008, http://www.allbusiness.com/science-technology/behavior-cognition/11414872-l.html (acessado em 03/04/2011).
29. Rode, Jenny, "Breaking the Rice Ceiling", *Battle Creak Enquirer*, 11/02/2006, http://www.leansigmainstitute.com/news/lean/2006/02/breaking-rice-ceiling.html (acessado em 02/01/2008).
30. McSween, Terry, E., *The Values-Based Safety Process: Improving Your Safety Culture with Behavior-Based Safety* (Nova York: Wiley, 2003), 90.
31. Toussaint e Gerard, *On the Mend*, 115.
32. Ishikawa, Kaoru, *Introduction to Quality Control* (Nova York: Productivity Press, 1990), 448.
33. Jimmerson, Cindy, *A3 Problem Solving for Healthcare*. (Nova York: Productivity Press, 2007), 102.
34. Shook, John, *Managing to Learn* (Cambridge, MA: Lean Enterprise Institute, 2008), 13.
35. Shook, John, "Managing to Learn", workshop, 19/01/2010.
36. Shook, John, *Managing to Learn*, 113.
37. Sobek, Durward K. II e Art Smalley, *Understanding A3 Thinking: A Critical Component of Toyota's PDCA Management System* (Nova York: Productivity Press, 2008), 82.
38. Toussaint, John, Correspondência pessoal, 07/04/2011.
39. Graban, Mark, "LeanBlog Video Podcast 2 – Kevin Fireswick, Error Proofing Handwashing", 28/04/2009, http://leanblog.org/v2, (acessado em 08/04/2011).
40. Gawande, Atul, *Better* (Nova York: Metropolitan Books, 2007), 21.
41. Ibid., 24.
42. *Institute for Healthcare Improvement*, "All FMEA Tools", http://www.ihi.org/ihi/workspace/tools/fmea/AllTools.aspx (acessado em 03/04/2011).
43. Taxis, K. e N. Barber, "Ethnographic Study of Incidence of Severity of Intravenous Drug Errors", *British Medical Journal*, 2003, 326:684.
44. "Testimony on Patient Safety".
45. Woletz, Todd, "Behavioral Safety Observation Program Presentation", 15/03/2007, http://www.conney.com/expo2007/expo07_presentations/ToddWoletz_BSOP_Safety%20Day.ppt (acessado em 22/12/2007).
46. Bates, D. W., D. L. Boyle, M. B. Vander Vilet, J. Schneider e L. Leape, "Relationship between Medication Errors and Adverse Drug Exams", *Journal of General Internal Medicine*, 1995, 10: 199-105.

Capítulo 8

1. Grady, Denise, "Study Finds No Progress in Safety at Hospitals", *New York Times*, 24/11/2010, http://www.nytimes.com/2010/11/25/health/research/25patient.html (acessado em 08/04/2011).
2. Classen, David C., Roger Cesar et al., "'Global Trigger Tool' Shows that Adverse Events in Hospitals May Be Ten Times Greater than Previously Measured", *Health Affairs*, 30/04/2011, nº 4: 581-89.
3. Josie King Foundation, "What Happened", http://.josieking.org.page.cfm?pageID=10 (acessado em 03/04/2011).
4. Pronovost, Peter J., *Safe Patients, Smart Hospitals: How One Doctor's Checklist Can Help Us Change Health Care from the Inside Out* (Nova York: Hudson Street Press, 2010), 1.
5. Kroft, Steve, "Dennis Quaid Recounts Twin's Drug Ordeal", *60 Minutes*, 16/03/2008, http://www.cbsnews.com/stories/2008/03/13/60minutes/main3936412.shtml, (acessado em 03/04/2011).
6. Davies, Tom, "Fatal Drugs Mix-Up Exposes Hospital Flaws", Washington Post, 22/11/2006, http://www.washingtonpost.com/wp-dyn/content/article/2006/09/22/AR2006092200815.html?nav=hcmodule (acessado em 03/04/2011).
7. Celizic, Mike, "I Don't Want This to Happen to Anyone Else", *Today*, 04/10/2007, http://today.msnbc.msn.com/id/21127917/ns/today-today_health/ (acessado em 03/04/2011).
8. Epstein, Reid J., "Medical Blunder", *Newsday*, 02/10/2007, http://www.newsday.com/news/medical-blunder-1.664691 (acessado em 04/04/2011).
9. *MailOnline*, "Dennis Quaid's Newborn Twins Rushed to Intensive Care Unit After Accidental Drug Overdose", http://www.dailymail.co.uk/tvshoowbiz/article-495359/Dennis-Quaids-newborn-twins-rushed-intensive-care-accidental-drug-overdose.html (acessado em 04/04/2011).

10. Toyota Motor Corporation, "Toyota Production System", http://www.toyota-global.com/company/vision_philosophy/toyota_production_system/ (acessado em 10/04/2011).
11. Kowalczyk, Liz, "R.I. Raps Hospital for Errors in Surgery", Boston Globe, 27/11/2007, http://www.boston.com/news/local/articles/2007/11/27/ri_raps_hospitalfor+errors+in_surgery/ (acessado em 10/04/2011).
12. Atassi, Leila, "Former Pharmacist Eric Cropp Gets 6 Months in Jail in Emily Jerry's Death from Wrong Chemotherapy Solution", http//www.cleveland.com/new/plaindealer/index.ssf?base/cuyahoga/1250325193310800.xml&coll=2 (acessado em 04/04/2011).
13. Blitzer, Wolf, "The Situation Room", http://transcripts.cnn.com/TRANSCRIPTS/1002/15/sitroom.02.html (acessado em 04/04/2011).
14. Grout, John, *Mistake-Proofing the Design of Healthcare Processes, AHRQ Publication 07-0020* (Rockville, Maryland: *Agency for Healthcare Research and Quality*, 2007), 41, 76.
15. Wahlberg, David, "Day 1: Medical Tubing Mistakes Can Be Deadly", *Wisconsin State Journal*, http://host.adison.com/news/local/health_med_fit/article_bc888491_1f7d_5008-be21_31009a4b253a.html (acessado em 04/04/2011).
16. *Joint Commission* (Comissão Conjunta), "Tubing Missconnections – A Persistent and Potentially Deadly Occurrence", http://www.jointcommission.org/asserts/1/18/SEA_36.PDF (acessado em 04/04/2011).
17. "Double Key Bounce and Double Keying Errors", *Institute for Safe Medication Practices*, 12/01/2006, http://www.ismp.org/Newsletters/accurate/articles/20060112.asp?ptr=y (acessado em 10/04/2011).
18. Kaufman, Marc, "Medication Errors Harming Millions, Report Says", *The Washington Post*, 21/07/2006, http://www.washingtonpost.com/wp-dyn/content/article/2006/07/20/AR2006072000754.html (acessado em 09/04/2011).
19. *California Healthcare Advocates*, "Creative Interventions Reduce Hospital Readmissions for Medicare Beneficiaries", 08/10/2010, http://www.cahealthadvocates.org./new/basics/2010/creative.html, acessado em 09/04/2011).
20. Sakles, J.C., Laurin, E.G., Rantapaa, A.A. e Panacek, E., "Airway Management in the Emergency Department: A One Year Study of 610 Tracheal Intubations", *Annals of Emergency Medicine, 1998*, 31: 325-32.
21. Grout, *Mistake-Proofing*, 78.
22. Dittrich, Kenneth C., MD, "Delayed Recognition of Esophageal Intubation", *CJEM Canadian Journal of Emergency Medical Care*, 2002, 4, n° 1: 41-44. http:///.cjem-online.ca/v4/n1/p41 (acessado em 09/04/2011).
23. WordNet Search, 3.0, http://wordnet.princeton.edu/perl/webwn?s=mistake (acessado em 20/12/2007).
24. Shingo, Shigeo, *Zero Quality Control: Source Inspection ant the Poka-Yoka System* (Nova York: Productivity Press, 1986), 45.
25. Kenney, Charles, *Transforming Healthcare: Virginia Mason Medical Center's Pursuit of the Perfect Patient Experience* (Nova York: Productivity Press, 2010), 50.
26. Gaffney, F. Andrew, Stephen W. Harden e Rhea Sheldon, *Crew Resource Management: The Flight Plan for Lasting Change in Patient Safety* (Marblehead, MA: HCPro, 2005), 1.
27. Grunden, Nalda, *The Pittsburgh Way to Efficient Healthcare: Improving Patients Care Using Toyota Based Methods* (Nova York: Productivity Press, 2007), 53.
28. Pedersen, Craig A., Phillip J. Schneider e Douglas J.Scheckelhoff, "ASP National Survey of Pharmacy Practice in Hospital Settings: Prescribing and Transcribing – 2004", *American Journal of Health-System Pharmacy*, 2005, 62: 378-90.
29. Monegain, Bernie, "CPOE: Stumbling Block on Way to Meaningful Use", *Healthcare IT News*, 17/06/2010, http://www.sae.org/manufacturing/lean/colunmn/leanjul01.htm (acessado em 10/04/2011).
30. Convis, Gary, "Role of Management in a Lean Manufacturing Environment", *Society of Automotive Engineers*, http://www.sae.org/manufacturing/lean.column/leanjul01.htm (acessado em 10/03/2011).
31. Kwann, Mary, David Studdert, Michael J. Zinner e Atul A. Gawande, "Incidence, Patterns, and Prevention of Wrong Site Surgery", *Archives of Surgery*, 2006, 141: 353-58.
32. Burger, Maureen, "Time Out for Patient Safety at the Bedside", *Joint Commission Resources*, http://www.jcrinc.com/Time-Out-for-Patient-Safety/ (acessado 04/04/2011).

33. Joint Commission, "Improving America's Hospitals the Joint Commission's Annual Report on Quality and Safety – 2007", http://www.jointcommission.org/assets/1/18/2007_Annual+Report.pdf (acessado em 13/03/2011).
34. Davis, Robert, "'Wrong Site' Surgeries on the Rise", USA Today, 17/04/2006, http://www:usatoday.com.news/health/2006-04-17-wrong-surgery_x.htm (acessado 04/04/2011).
35. Meier, David, entrevista pessoal, 02/01/2008.
36. Schifferes, Steve, "The Triumph of Lean Production", BBC News Online, 27/02/2007, http:news.bbc.co.uk/2/hi/business/6346315.stm (acessado em 10/04/2011).
37. Ibid.
38. Kenney, *Transforming Healthcare*, 52.
39. Ibid, 65.
40. *The Leapfrog Group*, "The Leapfrog Group Announces Top Hospitals of the Decade", 30/11/2010, http:://www.leapfrogroup.org/news/leapfrog_news/4784721 (acessado em 04/04/2011).

Capítulo 9

1. Ontario Ministry of Health and Long-Term Care, "Ontario Wait Times", http://www.health.gov.on.ca/en/public/programs/waittimes/surgery/default.aspx (acessado em 06/04/2011).
2. Departamento de Saúde, "NNHS Referral to Treatment waiting time statistics, January 2011", http://www.dh.gov.uk/en?Publicationsandstatistics?PublicationsStatistics/DH_125005 (acessado em 06/04/2011).
3. Merrit Hawkins & Associates, "2009 Survey or Physician Appointment Wait Times", http://www.merrithawkins.com/pdf/mha2009waittimesurvey.pdf (acessado em 06/04/2011).
4. Toussaint, John, e Roger Gerard, *On the Mend: Revolutionizing Healthcare to Save Lives and Transform the Industry* (Cambridge: MA: Lean Enterprise Institute, 2010), 95 (Edição brasileira: *Uma Transformação na Saúde – Como Reduzir Custos e Oferecer um Atendimento Inovador* {Porto Alegre: RS – Bookman, 2012).
5. UPI, "Average US.ER Wait Time 4-Plus Hours", 26/07/2010, http://www.upi.com/Health_News/2010/07/26/Average-US-ER-wait-time-4-plus-hours/UPI-76891280122494/ (acessado em 06/04/2011).
6. Alberta Health Services, "What's the Length of Stay for Patients in Our Busiest Emergency Departments?" http://www.albertahealthservices.ca/764.asp (acessado em 09/04/2011).
7. Crane, Jody, e Chuck Noon, *The Definitive Guide in Emergency Department Operational Improvement: Employing Lean Principles with Current ED Best Practices to Create the "No Wait" Department* (Nova York: Productivity Press, 2011), 195.
8. Ng, David, Gord Vail, et al., "Applying the Lean Principles of the Toyota Production System to Reduce Wait Times in the Emergency Department", *CJEM Canadian Journal of Emergency Medical Care*, 2010, 1, nº 1: 50-57.
9. NPress, "NPress Reveals Patient Pet Peeves Survey Results", 13/02/2010, http://texasprnews.com/texas_articles/2010/02/npress-reveals-patient-peeves-survey-results-137109.htm (acessado em 09/04/2011).
10. Bahri, Sami, *Follow the Learner* (Cambridge, MA: Lean Enterprise Institute, 2009), 29.
11. "Ellerbe Becket Minneapolis, MN: Park Nicollet Melrose Institute St. Louis Park, MN", *Healthcare Design*, 09/09/2009, nº 9: 260-61.
12. Welman, Joan, Howard Jeffries e Pat Hagan, *Leading the Lean Healthcare Journey* (Nova York: Productivity Press, 2010), 216.
13. Graban, Mark, "Toyota's Commitment to People", LeanbBlog.org, 01/09/2008, http://www.leanblog.org/2008/09/toyotas-commitment-to-people/ (acessado em 09/04/2011).
14. ValuMetrix Services, Kaiser Permanenete Case Study, http://.valumetrix_services.com/sites/default/files/client_results_pdf/cs_Kaiser_East_Lab_OC10113.pdf (acessado em 01/07/2011).
15. Berczuck, Carol, "The Lean Hospital", *The Hospitalist*, junho de 2008, http:the_hospitalist.org/details/article/186537?The_Lean_Hospital.html (acessado em 09/04/2011).

16. Korner, Kimberly T., e Nicole M. Hartman, "Lean Tools and Concepts Reduce Waste, Improve Efficiency", *American Nurse Today*, março de 2011, http://www.americannursetoday.com/articles.aspx?id=76000&fid=7364 (acessado em 09/04/2011).
17. Crane e Noon, *Definitive Guide*, 133.
18. Nelson, Roxanne e Maureen Shawn Kennedy, "The Other Side of Mandatory Ov ertime", *American Journal of Nursing*, abril 2008, 108, nº 4: 23-24.
19. Costello, Tom, "Hospitals Work to Improve ER Wait Times", *MSNBC.com*, 20/11/2006, http://www.msnbc.msn.com/id/15817906/ (acessado em 10/04/2011).
20. *American College of Emergency Physicians*, "Emergency Department Waiting Times". http://www.acep.org/content.aspx?id=25908 (acessado em 06/04/2011).
21. Otto, M. Alexander, "ED Triage May Delay Treatment in Acutely Ill", *ACEP News*, http://www.acep.org/content.aspx?id=49469 (acessado em 09/04/2011).
22. *AHRQ Innovations Exchange*, "Team Triage Reduces Emergency Department Walkouts, Improves Patient Care", http://www.innovations.ahrq.gov/content/aspx?id=17358&tab=1#a3 (acessado em 09/04/2011).
23. Hafen, Mark, "A Case fort Getting Rid of Waiting Rooms", *Veterinary Hospital Design*, 04/01/2011, http://veterinaryhospitaldesign.dvm360.com/vethospitaldesign/articleDetail.jsp?id=701835&pageID=3 (acessado em 09/04/2011)
24. Przybylowski, Ted, Jr., e Mary Frazier, "No Waiting", Healthcare Design, novembro 2010, http://www.healthcaredesignmagazine.com/article/no-waiting (acessado em 04/07/2011).
25. McConnell, K.J. et al, "Ambulance Diversion and Lost Hospital Revenues", *Annals of Emergeny Medicine*, 2006, 48: 702-10.
26. Ibid.
27. *American College of Emergency Physicians*, "Emergency Department".
28. Toussaint e Gerard, *On the Mend*, 34
29. Toussaint, John, "Writing the NewPlaybook for U.S. Health Care: Lessons from Wisconsin", *Health Affairs*, setembro de 2009, 28, nº 5: 1343-50.
30. Ibid.
31. Toussaint, John, Exposição na Healthcare Value Network, março de 2011.
32. ValuMetrix Services, Estudo de Caso, Farmácia, no Memorial Health University Center, http://www.valumetrixservices.com/sites/files/client_results_pdf/CS_MemorialHealth_Savannah_Pharmacy_OC10134.pdf (acessado em 04/07/2011).

Capítulo 10

1. Convis, Gary, "Role of Management in a Lean Manufacturing Environment", Society of Automotive Engineers, http://www.sae.org/manufacturing/lean/column/leanjul01.htm (acessado em 10/04/2011).
2. Jones, Dan, "The Beginner's Guide to Lean", *Lean Enterprise Institute*, http://www.lean.org/common/display/?o=15 (acessado em 03/04/2011).
3. Vasilash, Gary S., "David Mann and Leading Lean", *Field Guide for Automotive Management*, http://findarticles..com/p/articles/mi_m0KJI/is_9_118/ai_n26997935/ (acessado em 10/04/2011).
4. Toussaint, John, exposição, *Lean Healthcare Transformation Summitt* (Cúpula da Mudança Lean da Assistência à Saúde), 09/06/2010.
5. Shook, John, "Lessons from Toyota for Healthcare Management", *Lean Enterprise Academy*, http://www.leanuk.org/pages/event_summit_2007_speaker_shook.htm (acessado em 03/04/20111).
6. Shook, John, exposição, *First Global Lean Health Care Summit* (Primeira Cúpula Global da Assistência à Saúde Lean), 25/06/2007.
7. Ibid.
8. Toussaint, John, e Roger Gerard, *On the Mend: Revolutionizing Healthcare to Save Lives and Transform the Industry* (Cambridge, MA: Lean Enterprise Institute, 2010), 76 - Edição brasileira: *Uma Transformação na Saúde/ Como Reduzir Custos e Oferecer um Atendimento Inovador*, Bookman, Porto Alegre, 2012).

9. Ibid, 78.
10. Taninecz, George, "Strategy Deployment", ThedaCare Center for Health Care Value, 4. (Appleton, WI: Relatório, 2011).
11. Liker, Jeffrey K., *The Toyota Way* (Nova York: McGraw-Hill, 2004), 37.
12. Shea, Connor, "Do You Have a Daily Management System, or Just Parts?", *Daily Kaizen Blog*, 23/05/2010, http://dailykaizen.org/2010/05/23/do_you_have_a_daily_management_system_or_just_parts-by_connor_shea/ (acessado em 03/04/2010).
13. Toussaint e Gerard, *On the Mend*, 172.
14. Joiner, Brian, *Fourth Generation Management: The New Business Consciousness* (Nova York: McGraw-Hill, 1994), 9.
15. Donnelly, Laura, "Patients Forced to Wait Hours in Ambulances Parked OutsideA&E Departments", *The Telegraph*, http://www.telegraph.co.uk/healthnews/5412191/Patients_forced_to_wait_hours_in_ambulances_outside-AandE-departments.html (acessado em 03/04/2011).
16. Wheeler, Donald J., *Understanding Variation: The Key To Managing Chaos* (Knoxville, TN: SPC Press, 1993), 28.
17. *Public Affairs Division*, "The 'Thinking' Production System: TPS as a Winning Strategy for Developing People in the Global Manufacturing Environment", 08/10/2003, http://www.toyotageorgetown.com/tps.asp (acessado em 10/04/2011).
18. Tozawa, Bunji, e Norman Bodek, *How to Do Kaizen* (Vancouver, WA: PCS Press, 2010), 299.
19. Bodek, Norman, Entrevista pessoal, 30/12/2007.
20. Imai, Masaaki, *Kaizen: The Key to Japan's Competitive Success* (Nova York: McGraw-Hill, 1986), 113.
21. Tozawa e Bodek, *How to Do Kaizen*, 301.
22. Smalley, Art, e Isao Kato, *Toyota Kaizen Method: Six Steps to Improvement* (Nova York: Productivity Press, 2010), 4.
23. Shook, Exposição.
24. Adams, Jim, Eentrevista pessoal, junho de 2007.
25. Magee, David, *How Toyota Became #1* (Nova York: Portfolio, 2007), 34.
26. Imai, *Kaizen, The Key*, 112.
27. Mann, David, *Creating a Lean Culture* (Nova York: Productivity Press, 2005), 149.

Capítulo 11

1. Lusky, Karen, "Laying Lean on the Line, One Change at a Time", CAP Today, julho 2009, http://www.cap.org/apps/cap.portal?_bfpb=true&cntvwrPtlt_actionOverride=%2Fportlets%2FcontentViewer%Fshow&_windowLabel=cntgvwtPtlt%7BactionForm.contentReference%7D=cap_today%2F0709%2F0709h_laying-lean.html&_state=maximized&_pageLabel=cntvwr (acessado em 03/04/2011).
2. Ruhlman, Jeannie, e Cheryl Siegman, "Boosting Engagement While Cutting Costs", *Gallup Management Journal*, 18/06/2009, http://gmj.gallup.com/content/120884/boosting-engagement-cutting-costs.aspx (acessado em 06/04/2011).
3. Meier, David, apresentação, *workshop* do Lean Enterprise Institute, 06/10/2009.
4. Liker, Jeffrey K. e David Meier, *The Toyota Way Fieldbook* (Nova York: McGraw-Hill, 2006), 310.
5. Toussaint, John, e Roger Gerard, *On the Mend: Revolutionizing Healthcare to Save Lives and Transform the Industry* (Cambridge, MA: Lean Enterprise Institute, 2010) 67.
6. Marchwinski, Chet, e John Shook, *Lean Lexicon* (Brookline, MA: Lean Enterprise Institute, 2003), 34.
7. Toussaint e Gerard, *On the Mend*, 66.
8. St. Martin, Christina, "Seeking Perfection in Health Care: Applying the Toyota Production System to Medicine", Desempenho e Práticas de Grupos Médicos de Sucesso: Relatório 2006 Baseado em Dados de 2005, *Medical Group Management Association*, 20.
9. Patterson, Sarah, apresentação, Fórum Nacional do Institute for Healthcare Improvement, 07/12/2011.
10. Graban, Mark, "LeanBlog Podcast #76- Dr. David Jaques, Lean in Surgical Services", *LeanBlog Podcast*, 14/10/2009, http://leanblog.org/76 (acessado em 04/04/2011).

11. Graban, Mark, "LeanBlog Podcast #23 –Group Health Cooperative Lean Panel", *LeanBlog Podcast*, 26/04/2007, http://www.leanblog.org/23 (acessado em 10/04/2011).
12. Nelson-Peterson, Dana L., e Carol J. Leppa, "Creating an Environment for Caring Using Lean Principles of the Virginia Mason Production System", *Journal of Nursing Administration*, 2007, 37-289.
13. ValuMetrix Services, *West Tennessee Healthcare Case Study*, http://www.v alumetrixservices/com/sites/default/files/client_results_pdf?CS_WestTennessee_Jackson%20Madison_Lab_OC_4020.pdf (acessado em 01/07/2011).
14. Lean Enterprise Institute, "New Survey: Middle Managers Are Biggest Obstacle to Lean Enterprise", 18/07/2007, http://www.lean.org?WhoWeAre?News Article Documents/Web_Lean_Survey.pdf (acessado em 10/04/2011).
15. Flinchbaugh, Jamie, *The Hitchhiker's Guide to Lean* (Dearborn, MI): Society of Manufacturing Engineers, 2006), 39
16. Graban, Mark, "How Lean Management Helped Hospitals Avoid Layoffs", FierceHealthcare.com, 01/10/2010, http://www.fiercehealthcare.com/story/how-lean-management-helped-hospitals-avoid-layoffs/2010-10-01 (acessado em 04/04/2011).
17. Serrano, Leo, correspondência pessoal, fevereiro 2011.
18. Maass, Kathy, entrevista por telefone, fevereiro 2011.
19. Slunecka, Fred, correspondência pessoal, 08/12/2009.
20. Avera McKennan, "Leading the Way with Lean", *newsletter* interna, http://wwww.avera.org/pdf/mckennan/Leading%20the%20Way%20with%20LEAN%20update.pdf (acessado em 03/04/2011).

Capítulo 12

1. The Commonwealth Fund, "Case Study: Perfecting Patient Care at Allegheny General Hospital and the Pittsburgh Regional Healthcare Initiative", 30/09/2008, http://www;commonwealthfund.org/Content/Innovations?Case-Studies-Perfecting-Patient-Care-at-Allegheny-General-Hospital-and--the-Pittsburgh-Regional-Health.aspsx (acessado em 01/07/2011).
2. Toussaint, John, "Writing the New Playbook for U.S. Health Care: Lessons from Wisconsin", *Health Affairs*, 28/09/2009, 28, nº 5: 1343-50.
3. Boulton, Guy, "Integrated Systems Hold Down Costs while Keeping Up Quality", *Milwaukee Journal-Sentinel*, 12/09/2009, http://www.jsonline.com/business/59087997.html (acessado em 04/04/2011).
4. Reid, Robert J., Katie Coleman, E. A. Johnson, et al.,"The Group Health Medical Home at Year Two: Cost Savings, Higher Patient Satisfaction, and Less Burnout for Providers", *Health Affairs*, 29/05/2010, nº 5: 835-43.
5. California Health Advocates, "Creative Interventions Reduce Hospital Readmissions for Medicare Beneficiaries", 07/10/2010, http://www.cahealthadvocates.org/news/basics/2010/creative.html (acessado em 04/04/2011).
6. Taylor, Alex, "How Toyota Defies Gravity", *Fortune*, 008/12/1997, http://money.cnn.com/magazines/fortune/fortune_archive/1997/12/08/234926/index.htm (acessado em 22/12/2007).
7. Appleby, Julie, "Care Providers Slam Health System", *USA Today*, 09/05/2001, pag. A01.

Glossário

A jusante O próximo passo ou departamento em uma cadeia de valor. Por exemplo, depois que um paciente estiver pronto para ser admitido pelo departamento de emergência, a unidade de internação à qual ele está sendo encaminhado é o departamento *a jusante*. O contrário disso seria *a montante*.

A montante O passo ou departamento anterior na cadeia de valor. O contrário de *a jusante*.

À prova de erros Prática de projetar ou modificar sistemas, processos ou equipamentos, a fim de prevenir que erros venham a ocorrer, ou de torná-los mais raros. Inclui também práticas para tornar os erros mais aparentes ou os sistemas mais robustos, conseguindo-se assim tolerar a ocorrência de erros.

Acúmulo de lotes (*batching*) Trabalhar com materiais em quantidades maiores do que uma unidade, como transportar lotes de testes ou produzir lotes de medicamentos. Em um lote de biscoitos, fazemos mais de um cada vez por causa do tamanho das formas e do forno. A formação de lotes normalmente tem a conotação de desperdício, mas pode ser necessária em razão das restrições no sistema.

Baka yoke Expressão japonesa que significa "à prova de burros" ou "à prova de tolos", não preferível na prática *lean*. Ver *poka yoke*.

Cadeia de valor O processo inteiro do começo ao fim para o cuidado dos pacientes ou o fluxo de um produto, tipicamente atravessando múltiplos departamentos do hospital.

Causa-raiz Causa fundamental de problema, erro ou falha em um sistema. Chamada de causa-raiz porque é preciso quase sempre olhar abaixo da superfície de um problema para localizá-la. Relacionada com a abordagem dos *cinco porquês*.

Cinco por quês Método que consiste em perguntar continuadamente "por que" até alcançar a causa-raiz (ou as causas) de um erro ou problema.

Corda *andon* Método para sinalizar a ocorrência de um problema, alertando os supervisores da necessidade de assistência. Normalmente, trata-se de uma corda pendente em uma linha de produção. Quando o problema não tem solução imediata, o processo ou a atividade de trabalho é interrompido para garantir *jidoka*, ou qualidade na fonte. Genericamente, qualquer método de delegar poder aos funcionários para interromper temporariamente o trabalho a fim de garantir a qualidade.

Desperdício Atividade que não agrega valor para o consumidor ou paciente. Sinônimo de *sem valor agregado*.

Desvio A prática de transferir pacientes para outros hospitais, mesmo que isso possa pôr sua vida em risco pela demora, por causa da superlotação do departamento de emergência.

Embarque (*boarding*) Manter os pacientes à espera em um departamento de emergência, geralmente em um grande corredor, depois de terem sido atendidos, porque existe um problema que impede que sejam admitidos e fisicamente transferidos para uma unidade de internação.

Erro Resultado de algo que não deu certo, mesmo que todos os participantes no sistema tenham tido a melhor das intenções e atuado apropriadamente. Dentre os tipos de erros há aqueles baseados na capacidade, em razão dos quais uma ação não planejada foi procedida; lapsos constituem um erro mental; deslizes, erros físicos.

Espaguete, diagrama Uma representação pictórica do movimento de um funcionário ou produto ao longo de uma área física, extraindo seu nome da forma que um prato de espaguete cozido poderia assumir. Também chamado de *mapa espaguete*.

Espera, desperdício por Um tipo de desperdício no qual não há atividade pelos funcionários, pacientes ou produtos em um sistema.

Espinha de peixe (Ishikawa), diagrama Diagrama visual que mostra as múltiplas causas que contribuem para um evento. As espinhas do peixe representam categorias como pessoas, métodos, máquinas, materiais ou ambiente.

Estado atual Versão de um mapa da corrente de valor que mostra como está o trabalho no dia de hoje.

Estado futuro Versão de um mapa da corrente de valor que mostra como as coisas podem, devem ou irão funcionar no futuro.

Estado ideal Versão do estado futuro de um mapa de corrente de valor que mostre como as coisas deveriam funcionar, dadas as circunstâncias e os processos ideais.

Estado prático Versão do mapa da cadeia de valor de estado futuro que mostra como as coisas podem realisticamente funcionar depois de algumas melhorias de processos. O processo será melhor que o estado presente, mas não tão bom quanto poderá ser no estado ideal.

Estoque de segurança Estoque de suprimentos ou materiais mantido especificamente como proteção contra atrasos previstos por parte de fornecedores ou contra uma utilização em taxa superior à normal.

Estoque zero Ter disponibilidade zero de um item qualquer, ferramenta ou suprimento em estoque.

Evento *kaizen* Um evento formalmente definido, tipicamente com uma semana de duração, no qual uma equipe é formada para analisar o processo atual e promover melhorias em um processo ou cadeia de valor, sendo dispersada depois do evento.

Excesso de processamento, desperdício por Fazer mais trabalho do que o necessário para o bom tratamento do paciente ou para satisfazer as necessidades dos clientes. Por exemplo, manter tubos de amostras de sangue em rotação por mais tempo que o necessário em uma centrífuga não produz testes com melhores resultados; o excesso de tempo é o superprocessamento.

Falhas, desperdício por Tipo de desperdício em que alguma coisa não foi feita da maneira certa na primeira vez. Pode se aplicar a produtos em um processo (uma amostra de sangue com falha) ou ao processo na sua totalidade (uma ordem para tratamento que o médico deixou de enviar, atrasando com isso o tratamento). As falhas em geral conduzem a retrabalho.

FIFO Primeiro a entrar, primeiro a sair (*First in first out*). Descreve o fluxo de materiais ou pessoas em um sistema: o item que está há mais tempo em estoque é usado em primeiro lugar, ou o paciente que espera há mais tempo é o primeiro a ser atendido.

Flebotomista O encarregado no hospital por extrair e coletar amostras de sangue dos pacientes.

Fluxo Inexistência de espera em uma cadeia de valor. *Ver também* Fluxo de uma peça.

Fluxo de peça única *Ver* Fluxo de uma única peça.

Fluxo de uma única peça Ideal *lean* pelo qual os pacientes ou produtos são tratados, atendidos ou encaminhados um de cada vez. Também conhecido como fluxo de peça única. O fluxo de uma peça é uma diretriz ou meta, mais do que uma determinação absoluta.

FMEA Análise de modos de falhas e efeitos, na sigla em inglês. Um método para *brainstormings* e análises do potencial de falhas ou erros em um sistema, a fim de priorizar as atividades de prevenção.

Gargalo Estágio em um processo ou cadeia de valor que constitui o passo do estrangulamento do fluxo geral.

Gemba Termo japonês que significa o "lugar de verdade", ou "o local em que o trabalho é realizado".

Genchi genbutsu Expressão japonesa que significa "vá e veja".

Gerenciamento de qualidade total Sistema de gerenciamento de qualidade baseado em métodos estatísticos e redução de variação, popular nas décadas de 1980 e 1990.

Heijunka Termo japonês que significa "nivelar", seja a demanda de um serviço ou a carga de trabalho das pessoas em um sistema. Um sistema nivelado teria os mesmos volumes de pacientes, ou cargas de trabalho, em cada tempo de incremento.

Hoshin Kanri *Ver* Implantação estratégica.

Implantação de diretrizes *Ver* implantação estratégica.

Implantação estratégica Sistema *kaizen*. Projeto de melhoria de longo prazo (de 12 a 16 semanas) ou séries de projetos com objetivos como melhorar uma área mais ampla do que um ponto *kaizen* ou um evento *kaizen*. Conhecida também como *transformação lean*.

Inspeção Procurar falhas ou problemas de qualidade depois do fato, inspecionar produtos um de cada vez ou em lotes. Sistemas à prova de erros são mais eficazes para assegurar a qualidade total.

Jidoka Termo japonês para "qualidade na fonte".

Kaikaku Termo japonês para "mudança radical ou transformacional".

Kaizen Palavra japonesa que significa "melhoria contínua" ou "pequenas mudanças para o bem".

Kanban Palavra japonesa traduzida como "sinal" ou cartão. Método para gerenciar e controlar o movimento de ordenamento dos materiais em um sistema.

Lean Metodologia de qualidade e melhoria de processos baseada no Sistema Toyota de Produção, que prioriza as necessidades dos clientes, a melhoria da qualidade e a redução de atrasos e seus custos, tudo isso por meio da melhoria contínua e do envolvimento dos funcionários.

Mapa da cadeia de valor Diagrama que mostra uma cadeia de valor, incluindo os passos do processo, os tempos de espera e os fluxos de comunicação ou informação. Ilustra também elementos de tempo e designações de atividades como sendo ou não agregadoras de valor.

Movimento, desperdício de Tipo de desperdício relacionado com a movimentação dos funcionários, especialmente em caminhadas.

Mudança rápida *Ver* Redução de preparação.

Nemawashi Termo japonês que significa "estabelecendo as bases", frequentemente usado no contexto do compartilhamento e discussão de documentos A3.

Paliativo Reação a um problema que é focada em minimizar o impacto de curto prazo sem nada fazer para prevenir que o mesmo problema venha a ocorrer no futuro. Por exemplo, se um medicamento estiver faltando, o enfermeiro andar até outros gabinetes para encontrar uma dose para o seu paciente seria um paliativo. Essa ação nada faz para prevenir que o medicamento venha a faltar na próxima oportunidade.

Parâmetros Mensurações de desempenho que são acompanhadas ou mapeadas para aferir a eficiência de um departamento ou processo.

PDCA (PDSA) Planejar-fazer-verificar-agir (ou planejar-fazer-estudar-ajustar, na sigla em inglês. Um ciclo de melhoria contínua, similar ao método científico. Originalmente batizado como o ciclo Shewhart, em homenagem a um influente estatístico da melhoria da qualidade. Ficou mais amplamente conhecido como o ciclo de Deming, em homenagem a W. Edwards Deming.

Poka yoke Expressão japonesa que significa "à prova de erros" ou "à prova de enganos".

Ponto *kaizen* Melhoria pequena, que afeta apenas uma peça ou uma parte do processo e exige pouco tempo para ser completada.

Preenchimento dos níveis Ver *Heijunka*.

Processo de Preparação de Produção (3P) Metodologia de espaço e planejamento de processos seguidamente realizada em um formato de evento de três dias, que se caracteriza por envolvimento do pessoal, foco no fluxo e projetos iterativos que são testados em maquetes físicas.

Produto Termo que em geral se refere ao ponto central de um processo ou cadeia de valor. Pode ser um paciente ou um produto físico, como um medicamento ou uma amostra de paciente.

Puxar Movimentar pacientes, produtos ou suprimentos somente quando necessário, com base em um sinal de um departamento ou processo situado mais à frente (*a jusante*). O oposto de *empurrar*, que desencadeia um movimento quer a parte *a jusante* esteja ou não preparada.

Redução de preparação Uma metodologia para reduzir o tempo requerido para trocar a utilização de um recurso, como um equipamento ou uma sala, de uma finalidade ou paciente para outros.

Relatório A3 Método padrão da Toyota para o planejamento e a resolução de problemas, que leva o nome pelo uso de uma única folha de papel tamanho A3, com dimensões aproximadas de 420 x 297 mm.

Retrabalho Trabalho e atividade feitos para corrigir uma falha ou substituir um trabalho com falha. Por exemplo, quando um pedido à farmácia incorretamente ignora a alergia de um paciente e, por isso, tem de ser refeito para que se apronte a medicação certa.

RIE Evento de melhoria rápida. *Ver Evento kaizen*.

RPIW *Workshop* de processo de melhoria rápida. *Ver Evento kaizen*.

Seis Sigma Metodologia de melhoria da qualidade que é orientada por análise estatística e outras ferramentas, lideradas por especialistas chamados Faixas Verdes (Green Belts) e Faixas Pretas (Black Belts). Um nível de qualidade Seis Sigma refere-se a um processo com apenas 3,4 falhas por milhão de oportunidades.

Sem valor agregado Termo que descreve uma atividade que não satisfaz uma ou mais das três condições para agregar valor.

Sistema de dois recipientes Tipo de sistema *kanban* em que um item é conservado em dois recipientes de igual tamanho. Um recipiente vazio serve de sinal para que um substituto do mesmo item seja comprado ou movimentado.

SMED Métodos para troca rápida de ferramentas, na sigla em inglês; outro termo para redução de preparação ou mudança rápida.

Subprodução, desperdício por Fazer um trabalho mais cedo do que o necessário pelo cliente ou criar itens ou materiais não necessários. Um exemplo seria a extração de mais tubos de sangue que o necessário para os testes.

Takt Ritmo da demanda do cliente ou da carga de trabalho, expresso em unidades de tempo. *Takt* é igual ao tempo de trabalho disponível em um período dividido pelo número de unidades de trabalho a serem completadas. Se uma clínica tem 240 minutos para dar 100 vacinas programadas contra gripe, por exemplo, o tempo *takt* é de 2,4 minutos.

Talento, desperdício de Tipo de desperdício que se refere a não utilizar plenamente os talentos ou o potencial de contribuições dos funcionários.

Tempo de processamento Tempo decorrido entre a emissão de uma receita até que o resultado ou outro produto (por exemplo, um medicamento) esteja pronto. Pode ser também mensurado a partir do momento em que o pedido é recebido ou a partir do momento em que uma amostra é recebida em laboratório.

Trabalho padronizado Método *lean* que documenta a melhor maneira atual de completar em segurança uma atividade com os devidos resultados e a mais alta qualidade. Refere-se também ao método de gerenciamento para garantir que o trabalho padronizado seja seguido e melhorado.

Trabalho por peça (*piecework*) Sistema de pagamento de funcionários com base em sua produção de um determinado item ou unidade de serviço executada. Frequentemente usado na indústria do vestuário (século XVI) e no atendimento à saúde (século XVIII a.C.). O trabalho por peça visa proporcionar incentivos aos funcionários, mas também estimula a superprodução.

Transporte, desperdício por Tipo de desperdício relacionado à movimentação de um produto na cadeia de valor.

Valor agregado Atividade que cumpre todas as três seguintes regras: 1) o consumidor precisa se dispor a pagar pela atividade; 2) a atividade precisa transformar o produto ou serviço de alguma forma; 3) a atividade deve ser feita corretamente desde a primeira oportunidade.

Violações Ações intencionais que investem contra práticas aceitas, em contraposição a erros, que podem ocorrer mesmo quando todos estejam seguindo o método correto.

ÍNDICE

5S, *ver* Gerenciamento visual, 5S, e *kanban*

A

À prova de erros, 155-172
  abandonando a tendência de culpar indivíduos, 155-156
  alertas de segurança de pacientes, 169-170
  caminhada pelo *gemba*, 157-158
  conclusão, 172
  criando qualidade na fonte pelo impedimento do erro, 156-158
  Darrie Eason, caso de, 156-157
  evento único, 169-170
  exemplos de impedimento de erros nos hospitais, 164-167
    abreviações banidas para evitar os erros, 165-168
    prevenindo erros em cirurgias pelo bloqueio de erros, 168-169
    sistemas informatizados como inibidores de erros, 167-168
  jidoka, 156-157
  lições *lean*, 172
  não de "burros", 164-167
  parando a linha de produção (*andon*), 168-172
  poka yoke, 164-165
  pontos para discussão em grupo, 172
  por que 100% de inspeção não é 100% eficaz, 158-161
  prevenindo erros no sistema à prova de erros, 170-172
  problema que não se resolve, 155-156
  registro computadorizado dos pedidos médicos, 167-168
  ser cuidadoso não basta, 157-159
  sistemas de registros médicos eletrônicos, 167-168
  tipos de impedimento de erros, 160-165
    dificulte a criação do erro, 161-163
    torne impossível criar o erro, 160-161
    torne o sistema robusto para que ele consiga tolerar erros, 164-165
    torne óbvio que o erro ocorreu, 163-164
  uso significativo de padrões, 167-168

A&E Sala, *ver* Acidentes e emergências, sala de
Abreviações banidas, 165-167
Ação do tipo comando e controle, 90-91
Acidentes e emergências, sala de (A&E), 215-217
Adaptativo, projeto, 33-34
Alcoa Corporation, 152-153
  pirâmide de segurança, 152-153
Alegent Health, 8-9
Allegheny General Hospital, 8-9, 98-99, 136-137, 165-167, 258-259
Ambiente de trabalho, revitalização do, 106-107
Análise de modos de falhas e efeitos (FMEA), 149
  gerente de laboratório, 156-157
  usando identificação de erro, 149-150
Andon
  conceito, 169-171
  puxar cordas
    equivalente de, 169-170
    resposta, 126-127
    sistema, real, 169-170
Atividade "obrigatória", 110-111
Atividades sem valor agregado, 43-46
  exemplos de, 43-46
  improdutivas, 56-58
  requeridas, 54-56
Auditorias de processos, 212-215
  hierarquia de *rounds*, 213-215
Avera McKennan, 8-9, 33-34, 51-52, 187-188, 243-245, 250-251

B

Bahri Dental Group, 173-174
Bancos de fluxo, 15-16
Barnes-Jewish Hospital, 239-241
Bolton Improving Care System, 236-237

C

Cadeia de valor, mapeamento, 60-61
Canadian Institute for Health Information, 12-13
Cargas de trabalho
  departamentos de emergência, 177
  desigual, 49-51
Causa-raiz, análise de, 148-149; *ver também*

Resolução proativa da causa-raiz de problemas
CBCs, *ver* Contagens completas de sangue
Cedars-Sinai Hospital, 155-156
Centers for Medicare and Medicaid Services (CMS), 42-43
Children's Medical Center (Dallas), 194-195, 228-229, 241-242, 247-248
Cinco porquês, 145-146, 148-149, 172, 188, 281
Cliente
    indicador visual da satisfação de necessidades, 220-221
    interno, 247-248
    parceria entre fornecedor e, 11-12
    satisfação, 6-8, 209
CMS, *ver* Centers for Medicare and Medicaid Services
Consumidor final, 38-39
Contagens completas de sangue (CBCs), 250-251
CPOE, *ver* Registro computadorizado dos pedidos médicos
Cripta, 123-124
Custos, *ver* Valor e desperdício
CyberKnife, tratamento de câncer, 173-174

D

Dados quantitativos, coleta de, 235-236
Danos, prevenindo, *ver* Evitando erros
Defesa dos hospitais *lean*, 3-20
    boa qualidade custa menos, 13
    cartões *kanban*, 6-8, 121, 125
    conclusão, 19
    do sucesso departamental ao sucesso do hospital, 18-19
    estudo de caso (laboratório, Children's Medical Center Dallas), 14-19
    excelência ilusória, 14-15
    laboratório central, 16-17
    lições *lean*, 19-20
    linha de frente do processo, 15-16
    melhores práticas, copiando, 9-10
    melhoria dos hospitais com *lean*, 6-9
        gastos de capital, evitar, 8-9
        melhoria nos escores de envolvimento dos funcionários, 17
        redução do tempo de espera por internação para pacientes de cirurgias ortopédicas, 8-9
        redução nas infecções relacionadas às movimentações de corrente sanguínea, 8-9
        redução no tempo do ciclo de descontaminação e esterilização de instrumentos, 8-9
        redução no tempo médio de permanência dos pacientes, 8-9
        redução nos índices de reinternação de pacientes com DPOC, 8-9
    mural da fama *kaizen*, 231

origens do termo *lean*, 6
papel da Toyota na difusão do *lean*, 4-6
pensamento *cost-plus*, 11-12
pontos para discussão em grupo, 19-20
problemas na assistência à saúde
    pressões dos preços e desafios dos custos, 9-12
projeto de "transformação *lean*", 14-15
sentido de propósito, 4-5
"silos" departamentais, 4, 20
sistema *kanban*, 15-16
trabalho padronizado, 18
Denver Health, 8-9
Desdobramento estratégico, 241
Desempenho, mensurações de, 212, 216
    Balanced Scorecard visam a todas as partes interessadas, 217-218
    medidas ágeis orientam melhorias oportunas, 215-218
    parâmetros devem ser visíveis, visuais e estatisticamente significativos, 219
Deslizes, 134-136
Desperdício, *ver* Valor e desperdício
Diretor operacional, 37-38, 137-138, 208-209
Diretor-presidente, 156-157, 206-207
Discussão em grupo
    em defesa dos hospitais *lean*, 19-20
    fluxo, aprimorando o, 192, 197, 199
    funcionários, conquistando e liderando, 231-232
    gerenciamento visual, 5S e *kanban*, 129
    hospitais *lean*, 19-20
    prevenindo erros e danos, 172
    processo e cadeias de valor, observação de, 75-76
    resolução proativa da causa-raiz de problemas, 153-154
    trabalho padronizado (alicerce do *lean*), 101-102
    valor e desperdício, 58
    visão geral do *lean* para hospitais, 34-35
    visão para hospital *lean*, 263-264
DNR, pedidos, *ver* "Não repetir" (DNR), pedidos, 106
Documentação
    FMEA, 149-150
    gravação em vídeo, 68-69
    laboratório, 114, 116
    modelos de processos, 84-85
    reconhecimento por meio de, 15-16
    trabalho padronizado, 78-80, 84-87
Doença pulmonar obstrutiva crônica, 162
DPMO, *ver* Falha por milhão de oportunidades
DPOC, *ver* Doença pulmonar obstrutiva crônica

E

ECG, *ver* Eletrocardiograma
Eletrocardiograma (ECG), 189-190

Emergência, 39-40
  armazenamento, pontos de, 107-109
  carga de trabalho, reclamações, 183-185
  congestionada, 186-187
  enfermeira, 249-250
  melhorando fluxo de pacientes na, 186-188
  puxar, 39-40
EMR, sistemas, *ver* Sistemas de registros médicos eletrônicos
Equiparação das cargas de trabalho, 183
Espaço em branco, 68-69
Espaguete, diagramas, 69-70
Espera, desperdício por, 49, 53
Espinha de peixe, diagrama, 141-142
Estoque
  compensações com, 117-120
  desperdício de, 49-52
  gerenciamento, 49-51
Evento único, 122, 170
Eventos de melhoria rápida (RIE), 239-240, 284
Excelência ilusória, 14-15
Excesso de processamento
  definição, 45-46
  desperdício por, 52-54

F

Falha
  desperdício por, 344-48
  do processo, 45-47
  por milhão de oportunidades (DPMO), 135-136
Farmácias
  desperdício por superprodução nas, 47-48
  melhorando o fluxo nas, 199-202
Fluxo de peça única, 175-176, 202, 282
Fluxo, aprimorando, 173-203
  "alarme falso", diagnósticos de, 189-190
  abordando a *mura* ao equilibrar pessoal e cargas de trabalho, 183-187
  cadeias de valor devem fluir como um rio, 175
  cargas de trabalho desiguais como barreira ao fluxo, 176-183
  desigualdade de fundo natural, 176-178
  mura causada pela subutilização de rotas de entrega, 178-180
  mura causada pelos *rounds* matutinos, 176-179
  mura criada pelo agendamento de serviços, 179-181
  mura no processo de alta dos pacientes, 180-183
  conclusão, 202-203
  espera, um problema mundial, 173-175
  flebotomistas, 179 183-184, 193-194
  fluxo de peça única, 175-176
  foco no fluxo, 174-175
  lições *lean*, 202
  melhorando o fluxo de pacientes, 190
    centro ambulatorial de tratamento de câncer, 186
    emergência, 186-187
    reduzindo o tempo "porta-balão", 189-190
  melhorando o fluxo para departamentos auxiliares de suporte, 191-202
    farmácias, 199-202
    laboratórios clínicos, 192-193
    melhorar o fluxo também melhora a qualidade e o trabalho em equipe, 195-198
    patologia anatômica, 196-199
    reduzindo atrasos nas áreas de recepção do laboratório, 194-196
    reduzindo atrasos nas áreas de testes do laboratório, 196-198
    reduzindo os atrasos na coleta de amostras, 192-193
  pontos para discussão em grupo, 203
  sete fluxos do atendimento à saúde, 175
FMEA, *ver* Análise de modos de falhas e efeitos
Ford Motor Company, 170
"Fracassos" bem-intencionados, 230-232
Frauenshuh Cancer Center, 48
Funcionários(s), *ver também* Funcionários, conquistando e liderando
  acúmulo de estoque, 122-123
  atividade, 68-76
    atendimento inicial, 71-74
    enfermagem, 71-73
    serviços perioperatórios, 74-76
  escassez, lidando com a, 11-12
  escores de envolvimento, 16-17
  especialista em contornar problemas, 137-138
  espera, desperdício por, 49-51
  gravação em vídeo, 68-69
  hospital *lean*, 262-263
  linha de frente, 93-94
  mural da fama *kaizen*, 231-232
  resistência, 243-245
  sobrecarregado, 171, 193, 197, 199, 252
Funcionários, conquistando e liderando, 205-232
  cartão de ideias *kaizen*, 227-228
  comparação de estilos de liderança, 206-207
  conclusão, 230-232
  folha do mural da fama *kaizen*, 231-232
  gráficos de tendências, 219-220
  hoshin kanri, 209-210, 283
  implantação de políticas, 209-210
  implantação estratégica, 208-210, 283
  lean como um sistema e uma filosofia de administração, 210-212

lições *lean*, 231-232
mantra SQDCM, 217-218
mudando o estilo de gerenciar, 205-208
muro da celebração, 230-232
"norte verdadeiro", objetivos de, 209-210
papel do gerente, 207-209
parâmetros de tempo de processamento do laboratório, 220-221
parâmetros típicos para avaliar melhorias *lean*, 218-219
PDCA, ciclo, 224, 230-232
pontos para discussão em grupo, 232
problemas comuns de gerenciamento, 209-212
sistema *lean* de gerenciamento diário, 212-232
    acompanhamento visual das sugestões, 229-232
    auditorias de processos ou *rounds*, 212-215
    Balanced Scorecard engloba todas as partes interessadas, um, 217-218
    comunicação das mudanças *kaizen*, 230-232
    encontrando um método melhor para gerenciar *kaizen*, 226-229
    hierarquia de *rounds*, 214-215
    kaizen e gerenciamento por influência, 223-232
    medidas ágeis orientam melhorias oportunas, 216-217
    mensurações de desempenho, 216
    papel dos supervisores no *kaizen*, 225-226
    parâmetros devem ser visíveis, visuais e estatisticamente significativos, 219-221
    problemas com as caixas de sugestões, 224-225
    reuniões diárias em pé com as equipes, 222-223

G

Geisinger Health System, 97-98
Gemba, caminhada pelo, 141, 158, 244
Genchi genbutsu, 59-60, 212, 283
Gerenciamento
    da mudança, importância do, 249-250
    problemas comuns de, 210-211
    visual, 5S e *kanban*, 103-129
        5S: organizar, armazenar, limpar, padronizar e sustentar, 106-128
            armazenar, 108-111
            limpar, 111
            organizar, 107-108
            padronizar, 111-115
            sustentar, 115
    atividade "obrigatória", 111
    balcão de laboratório, 112-113
    compensações com estoques, 117-120
    conclusão, 129

corda *andon*, 127
cripta, 123-124
exemplo de caso, 126-128
exemplos para o fluxo de pacientes, 104-105
exemplos para prevenir problemas no processo, 105-106
kanban, gerenciamento de materiais, 116
    cartão, 124-125
    estudo de caso de, 123-126
    para repor suprimentos, 119-123
lean é mais que um conjunto de ferramentas, mas ferramentas podem ajudar, 103-104
lições *lean*, 129
objetivo do, 103-104
pontos para discussão em grupo, 129
posto de enfermagem, 110
problemas com os sistemas tradicionais de materiais, 116-119
rastreador de paciente, protótipo, 105-106
reduzindo o desperdício pelo, 103-104
revitalização do ambiente de trabalho, 106-107
salas de cirurgia, projetos de melhorias, 122-123
sexto S, segurança, 113, 115-116
sistema *two-bin* (dois compartimentos), 120-123
Gerente
    análise de modos de falhas e efeitos, 156-157
    linha de frente, cenário maduro de implantação estratégica, 209-210
    papel do, 207-209
        objetivos, 207-208
    trabalho padronizado para, 98-99
GHC, *ver* Group Health Cooperative
Gráfico de tendências, 219-220
Group Health Cooperative (GHC), 241
Group Health, 258-259

H

Harvard Vanguard Medical Associates (HVMA), 222-223
Health and Hospital Corporation (HHC), 123-124
Heijunka, 78-79, 101, 145-148
Henry Ford Health System, 233-234
Hoshin kanri, 209-210, 283
Hospital, *ver também* Visão geral do *lean* para hospitais
    declarações de missão, 24-26
    infecções em, 145
Hospital Metodista (Indianápolis), 46
Hôtel Dieu Grace Hospital, 173-174

I

Implantação estratégica, 209-210
Impressora de mesa, 111-115

Infecções
   de corrente sanguínea associadas ao cateter venoso central (CLABI), 98-99
   infecções em hospitais, 145
Influência, gerenciamento por, 223-232
   acompanhamento visual das sugestões, 229-230
   comunicação das mudanças *kaizen*, 230-232
   encontrando um método melhor para gerenciar *kaizen*, 226-229
   papel dos supervisores no *kaizen*, 225-226
   problemas com as caixas de sugestões, 224-225
Inspeção, efetividade, 158-159
Institute for Healthcare Improvement, 40, 152-153
Institute of Medicine (IOM), 155-156
Ishikawa, diagrama de, 141-142, 282

J

Jackson-Madison Laboratory, 243
Jidoka, 156-158, 169, 283

K

Kaiser Permanente, da Mid-Atlantic States, 178-179
Kaizen
   base para o, 80-81
   cartão de ideias, 227-229
   eventos, 64-65, 238-242, 253-254
   gerenciamento por influência e, 223-232
      acompanhamento visual das sugestões, 229-232
      comunicação das mudanças *kaizen*, 230-232
      encontrando um método melhor para gerenciar *kaizen*, 225-229
      papel dos supervisores no, 224-227
      problemas com as caixas de sugestões, 224-225
   hospital *lean*, 262-264
   sistema, 15-16
   mural da fama, 15-16, 231-232
   surtos de, 61-62
   tipos de, 237-239
Kenmore Clinic, 222-223
Kingston General Hospital, 8-9

L

Laboratório
   áreas de recepção do, reduzindo atrasos nas, 194-196
   áreas de testes do, reduzindo atrasos nas, 196-198
   balcão de, 113
   falta de equipe, 11-12
   folha do "mural da fama *kaizen*", 231-232
   mura para, 176-178
   mural visual de ideias, 230
   parâmetros do tempo de resposta, 218
Laboratórios clínicos, aperfeiçoando o fluxo nos, 192-193
Lapsos, 134-136
Lean, lições
   casos dos hospitais *lean*, 19-20
   erros e danos, prevenindo, 172
   fluxo, aprimorando o, 202
   funcionários, conquistando e liderando, 232
   gerenciamento visual, 5S e *kanban*, 129
   primeiros passos do *lean*, 255-256
   processo e as cadeias de valor, observando o, 76
   resolução proativa da causa-raiz dos problemas, 153-154
   trabalho padronizado como um alicerce do *lean*, 101-102
   valor e desperdício, 58
   visão geral do *lean* para hospitais, 34-35
Liderança
   estilos de, comparação, 206-207
   tradicional do "jaleco branco", 206

M

Mapa da cadeia de valor (MCV), 60-62, 181-183, 283
   do estado futuro, 62-63
Marriott Hotels, 84
Mary Washington Hospital, 173-174
Massachusetts Institute of Technology (MIT), 6
Materiais, gerenciamento de
   kanban, 113-116
   problemas com sistemas tradicionais, 116-118
Maus funcionários, 137-138
McLeod Regional Medical Center, 133
Medicare, 11, 43, 181
Médicos
   assistentes (PA), 73-74, 198
   cardiologistas, 189-190
   encaminhar pedido/prescrição de, 191-192
   oncologistas, 179-180, 190-191
   rounds matutinos, 96, 177-178, 183, 252
   trabalho padronizado aplicado aos, 97-98
Melhores práticas, copiando, 9-10
Memorial Health, 201-202
Métodos *lean*, *ver* Gerenciamento visual, 5S e *kanban*
Michigan Quality System, 236-237
MIT, *ver* Massachusetts Institute of Technology
Movimento, desperdício de, 51-54
MRSA, *ver Staphylococcus aureus* resistente à meticilina

Muda, 27-28, 181
Mudança rápida de ferramentas (SMED), 89-90, 284
Mura, 28-29
   abordando ao equilibrar pessoal e cargas de trabalho, 183-186
   causada por
      agendamento de serviços, 179-180
      processo de alta dos pacientes, 181-183
      rounds matutinos, 177-178
      subutilização de rotas de entrega, 178-180
Mural visual de ideias, 229-230
Muro da celebração, 231

N

"Não repetir" (DNR), pedidos, 106
National Health Service (NHS), 11-12, 173-174, 214-216
NHS, *ver* National Health Service
"Norte verdadeiro", objetivos, 209-210
Northampton General Hospital NHS Trust, 123-126
Número de prioridade de risco (RPN), 149-150

O

Ohno, círculo de, 59-60
Organização Mundial da Saúde, 132, 136

P

Paciente(s)
   alertas de segurança (PSAs), 170
   "corrente de apoio", 127
   danos, uso de métodos *lean* para evitar, 126-128
   desconforto com câmeras, 66-68
   espera, desperdício por, 49-50
   fluxo, aprimorando o, 186-192
      emergência, 186-187
      reduzindo o tempo "porta-balão", 189-190
      tratamento oncológico ambulatorial, 190-192
   fluxo, gerenciamento visual para o, 104-105
   hemato-oncologia, 91-92
   hospital *lean*, 262-263
   Medicare ou Medicaid, 180-181
   processo de alta, *mura* no, 180-183
   rastreador, protótipo, 105-106
   segurança, especialistas em, 133-134
   segurança, melhorando a qualidade e a, 132-133
Padrões das caminhadas, 69-70
   centro de quimioterapia, 71
   montando um carrinho cirúrgico, 74-75
Padrões, uso significativo de, 167-168
Park Nicollet Health Services, 48-49, 78-79, 119-120
Parrish Medical Center, 234-236

Patologia anatômica, melhorando fluxo na, 196-199
PDCA, ciclo, *ver* Planejar-fazer-verificar-agir
PDSA, *ver* Planejar-fazer-estudar-ajustar
Penn State Hershey, centro médico, 187-188
Pensamento do *cost-plus*, 10-11
PIB, *ver* Produto Interno Bruto
Pittsburgh Regional Health Initiative, 33-34, 258-259
Planejar-fazer-estudar-ajustar (PDSA), 30-32, 239, 283, 293
Planejar-fazer-verificar-agir (PDCA) ciclo, 30-33, 139-146
Pneumonia associada à ventilação (VAP), 98-99
Poka yoke, 165, 172, 284
Poluição visual, 77-78
Prevenindo erros, 155-171
Primeiros passos do *lean*, 233-256
   armadilhas dos eventos *kaizen*, 240-241
   blocos de exames, redução dos, 251-252
   como começamos, 233-234
   conclusão, 255
   dados quantitativos, coleta de, 234-237
   dedicando recursos internos (equipe *lean*), 247-249
   estabelecendo uma linha-modelo e um plano de ação, 246
   eventos de melhoria rápida, 239-240
   eventos *kaizen*, 237-240
   importância do gerenciamento da mudança, 249-251
   lançadores de projetos *lean*, 245-246
   lições *lean*, 255-256
   mapeando um projeto, 247
   motivações para instituir o *lean*, 235-236
   partindo da metade do caminho, 245-246
   patrocínio e liderança por parte dos executivos, 243-245
   pontos para discussão em grupo, 256
   por onde começamos?, 234-237
   qual é o nome?, 237
   resistência, 243-245
   retrato do sucesso de um hospital (Avera McKennan Hospital), 251-255
   rounds matutinos, reinvenção dos, 252-254
   tipos de *kaizen*, 237-239
   transformação *lean*, 241-242
   workshop de melhoria rápida de processos, 239-240
Procedimentos operacionais padrão (SOPs), 77-78
Processo e as cadeias de valor, observando o, 59-76
   acabando com os silos e reduzindo a subotimização, 63-64
   atividade do funcionário, 69-75
   atendimento inicial, 72-74

enfermagem, 71-72
serviços perioperatórios, 74-75
atividade do produto, 65-69
ferramentas, 65-66
laboratório, 67-69
pontos iniciais e finais para análise, 66-68
câmeras, pacientes e, 65-68
como encontrar o desperdício, 59-60
conclusão, 75-76
criando um mapa de cadeia de valor do estado atual, 61-62
diagrama espaguete, 69-70
espaço em branco, 68-69
estrutura funcional em silos, 63-64
eventos *kaizen*, 64-65
genchi genbutsu, 59-60, 283
interação entre iguais, 69-70
lições *lean*, 76
mapas de estado futuro, 62-63
mapeamento de cadeia de valor, 60-61
mapeamento do fluxo de materiais e informações, 60-61
médico, 73-74
melhorias no *layout*, oportunidades para, 69-70
o que é uma cadeia de valor?, 60
observando o processo, 64-65
Ohno, círculo de, 59-60
padrões das caminhadas, 69-70
pontos para discussão em grupo, 75-76
surtos de *kaizen*, 61-62
Produto interno bruto (PIB), 9-10
Programa de Assistência aos Funcionários, representante do, 254-255
Programa TWI, *ver* Treinamento na Indústria, Programa
Projetos de melhoria de salas de cirurgia, 122
ProvenCare, 97-98
PSAs, *ver* Alertas de segurança de pacientes
Puxar, gerenciamento de materiais, 39-40

Q

Qualidade
círculos de, 141-142
melhoria da, 132-133
exemplos de, 135-136
fluxo, 195-196
obstáculos culturais à, 133
Quase acidente, resolução proativa de, 150-151

R

Registro computadorizado de pedidos médicos (CPOE), 167-168
Registros médicos eletrônicos (PME, ou EMR), sistemas de, 167-168

Resolução proativa da causa-raiz de problemas, 131-154
A3, resolução de problemas pelo, 142-149
cinco porquês, 141, 145-149
exemplo, 143-144
cartazes não funcionam, 145-146
análise de
causa-raiz, 148-149
modos de falhas e efeitos, 149-150
círculos de qualidade, 141-142
conclusão, 153
descobrindo causas-raiz e evitando erros, 137
deslizes, 134-135
diagrama da espinha de peixe, 141-142
encontre causas-raiz usando métodos simples, 141-142
exemplos de melhoria da qualidade, 135-136
gemba, 140-142
heijunka, 146-148
Ishikawa, diagrama de, 141-142
lapsos, 134-136, 282
lições *lean*, 153
Mary McClinton, a história de, 131-133
maus funcionários, 137-138
melhorando qualidade e segurança do paciente, 132-133
número de prioridade de risco, 149-150
obstáculos culturais à melhoria da qualidade, 133-134
paliativos e a necessidade de eliminar as causas-raiz, 137-139
perguntando "por que" em vez de "quem", 139-140
pirâmide de segurança, 152-153
pontos para discussão em grupo, 154
por que os erros acontecem?, 134-135
processo de "descanso", 152-153
questões mais comuns na resolução de problemas, 142
resolução proativa de quase acidente, 150-151
sistema "do respeito pela humanidade", 131-132
teoria Y, 137
violações e erros, lapsos e deslizes, 134-135
Ressonância magnética (RM), 104-105, 173-174
Retorno sobre o investimento (ROI), 228-229
RIE, *ver* Eventos de melhoria rápida
Risco, número de prioridade de, (RPN), 149-150
Riverside Medical Center, 245, 248
RM, *ver* Ressonância magnética
Robert Wood Johnson Foundation, 8-9
ROI, *ver* Retorno sobre o investimento
Royal Bolton Hospital NHS Foundation Trust, 13-14
RPIW, *ver Workshops* de melhoria rápida de processos
RPN, *ver* Número de prioridade de risco

S

Seattle Children's Hospital, 8-9, 14-18, 122-123, 174-175
Shadyside Hospital, 26-27
Silver Cross Hospital, 26-27
Sistemas de registros médicos eletrônicos (EMR), 167
SMED, *ver* Mudança rápida de ferramentas (SMED)
SOPs, ver Procedimentos operacionais padrão
SQDCM, mantra, 217-218
St. Boniface Hospital, 8-9
St. Elisabeth Hospital (Holanda), 4-5
Staphylococcus aureus resistente à meticilina (MRSA), 148-149
STP, *ver* Sistema Toyota de Produção
Superprodução, desperdício por, 47-48
Supervisores, resistência dos, 243-245
Suprimentos
    uso do *kanban* para reabastecimento, 119-123

T

Talento, desperdício de, 54-55
Tempo "porta-balão", reduzindo o, 189-190
Teoria Y, 136-137
ThedaCare, 8-9, 12-13, 25-34, 98-99, 136-137, 173-175, 189-190, 206-207, 209-210, 236-237, 243-245, 258-259
Toyota, Sistema de Produção (STP), 4-5
    casa modelo da, 77-78
    cultura gerencial para, 25-26
    desenvolvimento, 7
        humano, 23-24
    ferramentas técnicas, 25-26
    filosofia, 24-35
    fundadores, 5-6
    métodos gerenciais para, 25-26
    representação, 23-24
Trabalho em equipe, fluxo melhorado e, 195-196
Trabalho padronizado (alicerce do *lean*), 77-102
    ação de comando e controle, 90-91
    alicerces do *lean* (trabalho padronizado), 78-80
    analisando o tempo médio das operações, 85-86
    auditorias padronizadas, 213-214
    conclusão, 101
    definição de trabalho padronizado, 80-83
        "atual", 80
        "completar com segurança", 81
        "mínimo possível de recursos", 83
        "o melhor modo", 82
        "resultado adequado e a mais alta qualidade", 80
    definindo papéis e responsabilidades, 89-90
    "equilibrar o nível", cargas de trabalho, 78-80, 85-86
    distribuição de pessoal com base em dados, 86-87
    escrito por aqueles que fazem o trabalho, 84-85
    explicando os porquês pelo trabalho padronizado, 91-92
    funcionários da linha de frente, 93-94
    heijunka, 78-80
    lean e *checklists*, 98-99
    lições *lean*, 101-102
    medindo e observando a adesão, 93-94
    métodos de padronização, 80-81
    mudança rápida de ferramentas, 90
    necessidade do trabalho padronizado, 77-78
    padronizado, não idêntico, 83-84
    padronizando rotinas diárias, 88
    Park Nicollet System of Care, 79
    perguntando "por que?" quando o trabalho padronizado não é seguido, 94-97
    poluição visual, 77-78
    pontos para discussão em grupo, 102
    procedimentos operacionais padrão, 77-78
    "resistência" ao trabalho padronizado?, 94
    tarefas importantes, 82-83
    tipos de documentos, 87-88
    Toyota, metáfora da casa, 78
    trabalho padronizado
        documentos e sistema, 92-93
        é aplicável aos administradores, 99
        pode se aplicar aos médicos, 97-98
    trabalho robotizado, 89-90
    treinando de acordo com, 100-101
    trocas rápidas, 90
    visão geral dos alicerces *lean*, 78
Transformando o atendimento junto ao leito, 38-39
Transporte, desperdício por, 48-49
Tratamento oncológico ambulatorial, melhorando o fluxo de pacientes no, 190-192
Treinamento na Indústria (TWI), Programa, 9, 100-101, 210-211

U

Unidade de tratamento intensivo (UTI), 134-136, 254-255
Unidade neonatal de cuidado intensivo, 155-156
University of Michigan Medical Center, 180-181
University of Pennsylvania Medical Center, 98-99
UPMC St. Margaret Hospital, 8-9, 258-259
UTI, *ver* Unidade de tratamento intensivo

V

Valor agregado, atividades com e sem, 43-45
Valor e desperdício, 37-58
    atividades sem valor agregado
        improdutivas, 56-57
        necessárias, 55-56
    cargas de trabalho mal distribuídas, 49-50

conclusão, 57-58
consumidor final, 39-40
definição de cliente, 39-40
definição de valor, 39-43
   atividade deve ser feita corretamente desde a primeira vez, 43
   atividade precisa transformar de alguma forma o produto ou serviço, 42
   cliente deve estar disposto a pagar pela atividade, 41-42
desperdício, 44-55
   aprendendo a identificar e descrever, 45-46
   de estoque, 50-51
   de movimento, 51-53
      da enfermagem, 52-53
   de talento, 54-55
   não é o mesmo que custo, 37
   o que é, 37-39
   por espera, 49-50
      funcionários esperando, 49-50
      pacientes e produtos esperando, 49
         procedimentos "a seguir descritos", 49
   por excesso de processamento, 53-54
   por falhas, 46-47
      falhas do processo, 46-47
   por superprodução, 47-48
   por transporte, 48-49
exemplos de atividades com e sem valor agregado, 43-45
gerenciamento mais efetivo de estoque, 50-51
lições Lean, 58
pontos para discussão em grupo, 58
princípios do pensamento *lean* para os hospitais, 39-40
puxar, 39-40
Valor, mapa da cadeia de (MCV), 60-61, *ver também* Processo e cadeias de valor, Observando o
   a jornada integral do paciente, 61-62
   o estado atual, 61-62
   o estado futuro, 62-63
Vanguard Health Systems, 146-148
VAP, *ver* Pneumonia associada à ventilação
Violação
   definição de, 134-135
   exemplo de, 134-135
Virginia Mason Medical Center (VMMC), 18-19, 25, 37-39, 166-167, 169-171, 209-210, 240-241
Virginia Mason Production System, 237
Visão geral do *lean* para hospitais, 21-35
   ciclo do planejar-fazer-verificar-agir, 31-32
   competências organizacionais para o *lean*, 29-34
      pessoas em todos os níveis da organização são ensinadas a se tornarem experimentalistas, 33-34

      problemas são enfrentados imediatamente pela experimentação rápida, 31-32
      soluções são disseminadas adaptativamente por meio da experimentação colaborativa, 32-33
      trabalho é projetado como uma série de experimentos duradouros que revelam imediatamente os problemas, 29-31
   conclusão, 34
   cultura gerencial para o STP, 25-26
   declarações de missão e valores do hospital, 24-25
   ferramentas *lean* selecionadas, 25
   lições *lean*, 35
   "Modelo Toyota", filosofia do, 26-29
      melhoria contínua, 27
      respeito pelas pessoas, 27-29
   muda, 27-28
   o que é *lean*, 21-22
   Ohno, o *lean* na definição de, 21-22
   pensamento *lean*, 23
   pontos para discussão em grupo, 35
   quatro regras em uso para o *lean*, 33-34
   triângulo Toyota (ferramentas, cultura e sistema de gestão), 23-26
      desenvolvimento humano, 24
      ferramentas técnicas, 25
      filosofia, 24-25
      métodos gerenciais, 26
Visão para um hospital *lean*, uma 257-264
   estratégia e gerenciamento de sistema 261-264
      desperdício e *kaizen*, 263
      funcionários, 263
      pacientes, 262
      tecnologia e infraestrutura, 263-264
         entrega de projeto integrado, 263-264
   hospital *lean*
      como descreveríamos um, 261
      como seria trabalhar em um, 260-261
      o que é um, 257-259
      qual seria a experiência de um paciente em um, 259-260
      qual seria o aspecto de um, 259
   kanban, cartazes de, 259
   pontos para discussão em grupo, 264
VMMC, *ver* Virginia Madison Medical Center
VSM, *ver* Mapa da cadeia de valor

W

Workshops de melhoria rápida de processos (RPIW), 239-242

Y

Yuma Regional Hospital, 100-101